追寻教育理性的光芒

ZHUIXUN JIAOYU LIXING DE GUANGMANG

柳海民 ◎ 著

东北师范大学出版社

NORTHEAST NORMAL UNIVERSITY PRESS

长 春

图书在版编目（CIP）数据

追寻教育理性的光芒 /柳海民著. —长春：东北
师范大学出版社，2023.6
ISBN 978 - 7 - 5681 - 9337 - 5

Ⅰ . ①追… Ⅱ . ①柳… Ⅲ . ①教育—文集
Ⅳ . ①G4-53

中国版本图书馆 CIP 数据核字（2022）第 157793 号

□策划编辑：张晓方
□责任编辑：张晓方　　□封面设计：壹品设计
□责任校对：王　品　　□责任印制：许　冰

东北师范大学出版社出版发行
长春净月经济开发区金宝街 118 号（邮政编码：130117）
电话：0431—84568046
传真：0431—85691969
网址：http：// www. nenup. com
东北师范大学音像出版社制版
吉林省优视印务有限公司印装
长春市净月小合台工业区银湖路 1188 号（邮政编码：130031）
2023 年 6 月第 1 版　 2023 年 6 月第 1 次印刷
幅面尺寸：169 mm×239 mm　印张：22.5　字数：419 千

定价：80.00 元

作|者|简|介

柳海民，吉林永吉人，教育学博士，国家级教学名师，教育部跨世纪优秀人才，东北师范大学教育学部教授、博士生导师。历任东北师范大学教育科学学院院长，东北师范大学校长助理、教务处处长，东北师范大学党委副书记、副校长，教育部幼儿园园长培训中心主任。主要学术兼职有中国教育学会学术委员会委员、全国教育基本理论学术委员会荣誉委员、教育部高等学校教育学类专业教学指导委员会副主任等。主要从事教育基本理论、教师教育、教育改革与教育政策研究。

曾主持研制我国《幼儿园园长专业标准》、《义务教育质量评价指南》中的"学校办学质量评价标准"，参与研制《中学教师专业标准》《教育学类教学质量国家标准》。任教育学原理国家重点学科和国家级教学团队负责人，国家精品课程和国家级精品视频公开课主持人，教育部"马工程"重点教材《教育学原理》首席专家，国家"2011计划"中国基础教育质量监测协同创新中心首席专家，国家社会科学基金重大课题"新时代中国教育高质量发展的路径和对策研究"主持人。出版专著、教材40余部，发表学术论文200余篇。获国家级教学成果奖、教育部高等学校科学研究优秀成果奖、全国教育科学研究优秀成果奖、全国普通高等学校优秀教材奖等奖励50余项。

序

中国教育源远流长，对教育现象的研究也已有两千多年的历史。《学记》就是世界上最早的教育研究著作。它第一次全面论述了教育的地位和作用、教育与社会政治的关系、学校制度、教学原则和方法、教师、学生和师生关系等。但对现代教育学的研究，我国起步比较晚，是在清末民初时期从西方传入的。最初是通过日本辗转传过来的，后来我国学者又从日本翻译了多本教育学论著，内容主要是介绍德国赫尔巴特传统教育学派的理论。到了20世纪二三十年代，中国又从美国引进了杜威现代教育学派的理论。中华人民共和国成立初期，一面倒地向苏联学习，凯洛夫教育学曾在中国一统天下。从1958年开始，中国教育学术界才逐渐认识到中国要建设自己的教育理论体系。改革开放以后，在解放思想、实事求是的思想路线指引下，中国教育学术界重新展开教育理论的研究。40多年来，中国教育学科有了很大的发展，涌现大批科研成果，为教育理论建设打下了坚实的基础。

今天，教育学科已经发展到一个群体。但我总认为，教育科学的发展，教育基本理论的研究是最重要的基础，它探讨了教育的基本规律，是各分支学科的根源，也就是教育之道。建设中国特色社会主义教育理论体系，我觉得还得在三方面下功夫。一是要以马克思主义为指导，将马克思主义的历史唯物主义和辩证唯物主义作为中国教育学科建设的方法论基础，将马克思主义关于个人全面发展和教育与生产劳动相结合的思想作为中国教育的理论基础。二是要以中华优秀传统文化为基础，探讨中国传统文化对教育的影响，批判和摒弃陈旧落后的思想观念，继承中国优秀教育传统。三是要以研究和解决中国现实教育问题为鹄的，总结提升中国教育发展的丰富经验；深入教育实际，研究和破解教育发展过程中的矛盾和问题；把立德树人、培养时代新人作为教育研究的重点；研究数字化时代未来教育的发展趋向。

海民教授长期研究教育基本理论，一生问道教育、探究教育、奉献教育，积累了丰硕的成果。现在集成专著《追寻教育理性的光芒》。邀我作序，我觉得是学习的好机会。

全书内容反映海民教授对教育理性的追寻集中体现在四大方面：教育基本理论、基础教育、教师教育和教育学科发展。这些研究成果既反映了他稳定的研究方向和孜孜以求的研究志趣，更与他供职的师范院校和师范院校的服务对象有着直接的关系。本书的主要特点有：

问道析理，注重形上理论研究。作为一名专事教育基本理论研究的学者，基本理论的功底和能力决定着其学术水平和质量。在这一点上，海民教授做出了很多努力，他所发表的学术成果中特别注重理论内涵的挖掘。如在"析知识、能力、素质"、"素质教育本论"等文章中，都清晰地说明了知识、能力、素质之间的关系，素质教育的学理意蕴等，表达了个人的认识和主张。对人的全面发展这一教育基本理论问题也有鲜明的个人见解。这些研究成果对深化我国教育基本理论研究具有重要的学术价值。

直面现实，持续基础教育探索。基础教育是师范大学的直接服务对象，身处师范大学的教育学者多会把研究领域与基础教育联系起来，海民教授也不例外。在本书呈现的研究成果中，有关基础教育的研究一直与时俱进，准抓节点，站位前沿，形成了系列高水平研究成果。2019 年，党的十九届五中全会提出"建立高质量教育体系"，这是党中央为新时代中国教育改革发展确定的新方向。海民教授以敏锐的学术意识洞察了中国教育的发展态势，率先在《中国教育报》《教育研究》上发表有关教育高质量发展的论文，成为中国教育高质量发展研究的先声。

　　此外，海民教授在教师教育改革、教育学科发展等方面也多有学术建树。他是一位踏实勤奋的学者，每年都有新作问世。在这些不断集腋成裘的学术成果中，不乏诸多创新的主张。如他与史宁中教授在《教育研究》上发表的"素质教育的根本目的与实施路径"一文中提出的改"双基"为"四基"、改"双能"为"四能"、改单项的演绎思维训练为演绎与归纳思维训练并重的主张已写入数学新课标，这是一位教育学人用自身所学服务于教育实践的精彩一笔。

　　希望海民教授不断垦拓，在问道教育与服务实践中贡献新的智慧。薪火相传，承旧布新，中国教育也将在一代又一代学人的筚路蓝缕追寻中迈向"中国教育现代化"新征程。

北京师范大学

2022 年 4 月 10 日

目　　录

四、上下求索·中国教育学思考　/281

一　问道析理

教育基本理论

素质教育本论

"素质"一词，古已有之。"素质"作为一个稳定的心理学名词，曾长期沉淀在心理学和教育学的教科书及不同年代出版的心理学和教育学类的工具书里。[①] 它的原始意义通常指个体从上代继承的生理解剖上的特点。20 世纪 80 年代初开始，"素质"一词突然突破其狭窄的内涵，被人们广泛地运用于各种重要文件、讲话和表述之中。进入 20 世纪 90 年代，素质、素质教育伴随其社会地位的隆起，逐渐成为教育领域的专有名词，同时成了一个歧义颇多的概念。有人曾把它分成狭义、中义、广义三个层次；有人则把它划分为教育学和心理学两个不同的范畴；还有人把它划分为生理学上的素质概念、教育学上的素质概念、社会学上的素质概念；等等。

我们认为，目前，"素质教育"中的"素质"一词是在教育社会学的意义上加以使用的，它已由原本为生理学和心理学所界定的狭窄概念扩张泛化成一个含有社会学和教育学双重意义的特定概念。它的含义可界定为个体在先天基础上，通过后天的环境影响和教育训练而形成的顺利从事某种活动的基本品质或基础条件。简言之，素质是天赋条件和后天习得才能的"合金代"。每个人的天赋不同、后天习得不同，因此而形成的能够从事某种活动的能力或条件便不相同。由此我们也可以说某人是否具有从事此类活动、此种工作的素质。素质教育即学校教育中以发展人的多方面素质为根本目的的教育活动。教育是一种活动，是社会各种各样的活动中的一种。教育因以知识为媒体去培养人而与社会上的生产活动、军事活动、科研活动、文艺活动、宗教活动等相区别。同理，素质教育则因以培养和发展人的多方面素质为教育活动的根本目的而成为素质教育。

---

① 1930 年由商务印书馆出版的《教育大辞书》对"素质"一词的界定是："指身体的或精神的能力之胚基，但得适当机会即能营一定程度之发育成长也。" 1928 年由上海中华书局出版的《中国教育辞典》对"素质"的解释是："指身体的或精神的能力之胚基。苟得适当之机会，则此胚基可发育成长以达于一定之程度。"

　　既然素质教育是以发展人的多方面素质为目的的教育活动，那么，我们在言及教育之前，就有必要先对这"多方面的素质"做深入的研究。苏联教育家乌申斯基说："如果教育学想从各方面去教育人，那么它就应当首先全面了解人。"① 无论是过去还是现在，教育的一个最大问题是对人研究不够，对学生了解不够。今天，我们欲实施素质教育，但若对素质也了解不够，研究不够，那么，素质教育的具体目标也就无从谈起。

　　素质不是一个平面的结构，它是多维的，是立体的。

　　从人的素质存在的属性来看，人的素质可分为自然素质与社会素质、身体素质与心理素质、理性素质与非理性素质。自然与社会、身体与心理、理性与非理性并存于一体，这是人与动物的根本区别之一。古希腊著名哲学家亚里士多德把人的灵魂分成三种：植物灵魂、动物灵魂、理性灵魂。人与动物都有植物灵魂和动物灵魂，但因为人还有动物所没有的理性灵魂，因而人可以使自身的众多生理行为处在理性的支配之下，使人成其为人，具备人性而与动物的自然生理行为及其兽性相区别。

　　自然或身体素质主要指个体由上代继承而来的生理解剖特点，包括人的机体的形态、结构、机能和神经系统的特点等，这是人的其他素质获得发展的前提。社会或心理素质主要指人在社会环境影响和教育的培养之下形成的知、情、意、信、行、智、德、体、美、劳、技、群、管、感、观、记、思等基本品质。

　　从人的素质发生的区别来看，人的素质可分为先天与后天的素质、显性与隐性的素质、能动与受动的素质、早发与晚成的素质。个体在出生时就从母体那里继承了一部分先辈们所具有的一些素质，如机体形态、智慧潜能等，由此便与同龄人出现了彼此素质上的差异。后天的素质则主要是指来源于家庭和学校教育培养出的各种品质。人的素质还有显性与隐性之分，如体质，根据遗传学的孟德尔遗传规律，便有显性与隐性基因的存在。能动与受动的素质表现为相对条件下的自发发展与训练发展。早发与晚成素质的存在构成了人的发展早晚的差异，所谓少年早慧与大器晚成就是这方面的直接体现。

　　从人的素质发展的水平差异来看，人的素质有常态与偏态之分，有潜在与现实之别。人的智力水平通常可分为三类：智商为 120 以上者为超常，80—120 为正常，80 以下为智力缺陷。智商不同表明了个体之间素质

---

　　① 张焕庭. 西方资产阶级教育论著选 ［M］. 2 版. 北京：人民教育出版社，1979：502.

的差异。人的素质还有现实的、期望的、潜在的不同水平。苏联著名心理学家维果茨基曾提出著名的"最近发展区"理论。他认为学生的发展通常有两级水平：现实的发展水平与期望的发展水平。两个水平之间的发展区间即为最近发展区。其实，个体的素质都有现实、期望、潜在三类，只不过每个人在这三类素质中具有的可能性有所不同罢了。

从个体具有的社会角色看，人的素质又有性别、族别、职别、级别、群别等不同。人与人所以处在不同的行业与工作部门、工作类别，不同的社会层次、社会等级里，这与每个人所具有的素质有着直接的关系。就绝大多数人来说，特别是在一个根据自我需要自由选择职业的社会里，自身具有的基本专业素质和能力水平是决定自己社会角色的一个根本性因素。

从人的素质存在的时间和空间看，人的素质又有不同时代、不同年龄、不同区域、不同国别、不同个体影响环境的不同。不同时代包括古代、现代、今天和未来；不同年龄包括少年、青年、壮年、老年；不同区域包括世界的东方和西方，国内和国外，一个国家里的城市和乡村、内地和沿海、南方与北方，以及城市里的不同社区；不同个体影响环境包括家庭环境、社区环境、学校环境、班级环境、群体环境等。上述种种不同造就了人与人之间不同的素质。

从人的素质的发展变化看，素质又有有限与无限的素质、稳定与可塑的素质、进化与退化的素质、遗传与变异的素质、核心与派生的素质等。人的许多素质，特别是自然方面的素质，其发展不仅是有限的、稳定的，而且会伴随年龄的增长和受到自然规律的制约而逐渐老化、退化；相反，人的心理方面的素质却蕴藏着巨大的发展潜能，它本身不仅是不断发展的，而且发展的速度会越来越快并一直持续到壮年，之后才会随身体机能的下降而逐渐减弱。

从人的各种素质发展的共同内容来看，人的素质可分为政治、思想、道德、文化、身体、心理六种。1993年中共中央、国务院发布的《中国教育改革和发展纲要》指出："中小学要由'应试教育'转向全面提高国民素质的轨道，面向全体学生，全面提高学生的思想道德、文化科学、劳动技能、身体心理素质，促进学生生动活泼地发展。"该纲要明确规定了素质教育的基本内容。

政治素质，主要指对民族、阶级、政党、国家、政权、社会制度和国际关系的情感、立场和态度。我国目前德育中进行的"四项基本原则"教育、社会主义制度教育、党的基本路线教育、国史国情教育等，均属政治素质方面的教育。政治素质教育事关学生基本的政治方向，着重解决以经济建设为中心，坚持四项基本原则和坚持改革开放的基本路线问题。

思想素质，主要指基本的世界观和思想方法问题，包括思想信仰、理想动机、信念追求、民族精神等。思想素质教育就是要用辩证唯物主义和历史唯物主义的立场、观点和方法武装学生，培养和发展他们正确地观察和科学地分析与解决问题的能力。

道德素质，主要指个体所具有的处理个体与个体、个体与集体、个体与社会之间关系的品质。道德素质教育包括教育学生养成良好的道德修养、文明的行为习惯、高尚的道德情操以及道德思维能力、道德判断能力、责任感、事业心、奉献精神、遵守纪律的品质等等。

科学文化素质，主要指一个人所具有的基础文化知识、基础科学知识、基本的读写算动手能力、审美观点和劳动技能等。当代社会，科学文化素质还包括良好的外语、计算机操作能力等。科学文化素质教育不单要解决学生适应未来生活所必需的基础知识、基本理论和基本技能问题，而且要解决学生的智力发展、能力提高问题。

身体素质，主要指个体所具有的基本的生理机能条件。身体素质不仅有强弱优差之别，亦因人种、生活地域、生活水平、后天锻炼等的不同而有较大的差异。对学生进行身体素质教育，一方面是要运用科学的方式锻炼学生的体魄，增强学生的体质，使其掌握基本的身体锻炼方法，另一方面还包括与增强体质直接相关的健康教育及传授各种常见病、传染病的防治知识，从而使学生能够健康成长。

心理素质，主要指良好的个性品质的发展，包括顽强的意志力，积极的情感，面对困难、挫折、失败的承受力以及健康的兴趣、爱好、需要、友谊、交往、成就感、荣誉感等各种心理状态的正常发展和心理失衡、心理疾病的自我调整、自我矫治。人们在面对衣、食、住、行、玩、工作、学习、交往等问题时，常常会遇到不同程度的困惑或挫折，由此而产生心理矛盾和心理冲突，并通过喜、怒、哀、惧、爱、憎、欲等协调或不协调的心理状态表现出来。进行心理素质教育，就是要使学生形成健康的心理和善于控制、把握自己的能力。

人的素质本身的构成从来都不是单一的，而且任何一个社会对人的素质的要求也不是单一的。素质教育与应试教育的根本不同在于，素质教育是在遵循人的自身发展规律和人与社会需求之间客观规律的基础上展开教育活动的。其具体表现在如下方面：

素质教育是普及性教育。普及是把发展教育的着眼点放在每一个社会公民素质的提高上。普及、选拔、淘汰都是教育的应有功能。为国家培养高精尖人才，需要选拔；保证教育应有的质量，需要淘汰。但是，作为一种国民教育，特别是义务教育阶段的国民教育，它的基本任务是在全体公民国民素质提高的基础上择优汰劣。本为普及，末为择优。世界上诸多发达国家如德、美、日、法、英等，在开始它们的义务教育时都是以对全体国民的普及为最终目标的，因而才有了今天这种国民素质程度。

素质教育是基础性教育。基础是指我们的教育应把为学生奠定良好的求知和从业基础作为教育活动的出发点。就人生的全部旅程来说，学习阶段是为个体完满地适应未来生活、应对未来社会挑战奠基的阶段。奠基不仅需要知识，需要充溢的才华，还需要强健的体魄、高尚的思想品德、正确的审美观念、熟练的劳动技能等。因此，基础教育中的基础，不仅是纵向教育层次上的客观排定，更是素质内容累积发展上的逻辑需要。坚实的基础源于多种素质的有机融合，它要求学生德智体美劳的全面发展。提高整个中华民族的素质，要从培养每一个人的素质入手；提高每一个人的素质，要从奠定每一方面的基础入手。基础教育只有严格履行自己的任务，才能为每一个人的素质发展奠定良好的基础；只有每个人具备了良好的素质，才能提高整个民族的素质。素质教育摒弃应试教育行为中的单一基础培养和专业化、专门化教育模式，把教育活动的基点定位在学生的发展基础上，念念不忘基础教育的性质和任务。

素质教育是发展性教育。发展性指教育活动不单是强调学生对知识的被动接受，更要培养学生学会对知识的主动索取；不单要学生谨遵师授，更要培养学生的主体精神，学会学习，学会做人，学会关心，学会生存。素质教育的发展性有量和质两个方面的要求。量的要求是使学生尽可能做到多方面的发展，即德智体美劳等各个方面的发展。全面相对于片面，片面即单方面、某一方面的发展。质的要求有二：一是各个方面的非均衡发展，即全面发展不应是各个方面的平均发展，不是一刀切、齐步走。人的精力、能力、兴趣及遗传优势都是有限的，让每个学生都门门通、门门精是不现实的，故应追求"合格＋特色"。二是生动、活泼、主动的发展，而不是被教师牵着走的被动、机械的发展，要做到"道（导）而弗牵，强而弗抑，开而弗达"。

素质教育是综合性教育。综合性或曰全面性是指素质教育要求教育功能在学校活动中的全面辐射和全面落实。素质教育与应试教育不是两种完全对立的教育，却是两种不同的教育。素质教育不是不要考试，素质教育也要把考试作为检测学校、教师和学生质量的重要手段。因此，考试依然是素质教育的内容之一，但它在素质教育中仅仅是一种评价的手段而已。素质教育也不是不要升学率。素质教育要实现的教育目标是多方面的，包括合格率、及格率、优秀率、毕业率、升学率等。升学率在这多项指标当中，只是其一，不是唯一；是局部，不是全部。应把升学率的高低看成素质教育的自然结果，素质教育实施得越好，优秀人才越多，升学率也越高，它们之间是一种相辅相成的关系。

由应试教育转向素质教育是 20 世纪末和 21 世纪初中国教育的伟大战略任务。在实践领域纷纷展开各自的素质教育或深化各自的素质教育整体改革的过程中，从理论上弄清素质和素质教育的含义，对于科学地进行素质教育实践十分必要。因为"理论是行动的先导"，没有理论指导的实践是盲目的实践，而盲目的实践是要走弯路的。

[原文刊载于《现代教育科学（高教研究）》1997 年第 2 期]

跨世纪文化转型与新世纪教育重塑

悠久浩博的中国教育是灿烂辉煌的中国文化的一部分。在漫长而曲折的历程中，教育时时受到文化发展特别是文化变迁的影响和制约；同时，教育作为一个相对独立的社会要素，又是文化赖以延续和发展的基础，是文化不断创新的动力。教育与文化之间的联系启示我们，在今日中国文化处于重大历史转型的时期，认真研究其转型的内容和特点，对于明确教育改革的方向、目标和未来的发展道路至关重要。

一、历史的启示——中国近现代史上三次重大的文化转型与教育超越

鸦片战争以来的 156 年是中国历史上的大动荡、大变革时代，也是社会政治、经济、文化、教育的大转型、大超越时代：封闭落后的封建社会在帝国主义列强的炮火轰击之下，沦为半殖民地半封建社会；丧权辱国的民族危机促使资产阶级和中国共产党奋起抗争，最终迎来社会主义的诞生。在这一百多年的历史变革中，中国文化和教育从传统走向近现代的历程是与中国近现代经济基础、政治结构的变化以及中国人对西方文化的认识水平密切联系的，它大体经历了三个大的文化转型与教育超越阶段。当然，这种阶段性的划分只具有相对的意义，并不是说在某个阶段只有某一特定内容的文化变革和教育革新，而是说在某个阶段某一文化与教育的变革暂居主要地位。

（一）从鸦片战争到 1915 年新文化运动开始时

从鸦片战争到 1915 年新文化运动开始时是中国近现代史上第一次跨世纪文化转型与教育超越：由典型的封建宗法文化转向资产阶级民主文化，由偏重伦理纲常、社会典章、空而论道的封建教育转向"中学为体、西学为用"、重科学、崇实业的近代教育。

鸦片战争前的中国封建社会有两个典型特征：宗法与专制[①]。以血缘关系为纽带的宗法制度系统而完备，君主专制制度严密而坚挺，二者的结合形成了一种"家国同构"的社会政治结构，这种社会政治结构深刻影响着中国的社会文化。其宗法特征致中国形成伦理型文化，其专制特征致中国形成政治型文化。然而，无论是伦理型还是政治型，其发源均为儒家学说。自汉武帝"罢黜百家，独尊儒术"，儒学在意识形态领域取得统治地位并成为传统文化核心以后，其间尽管有魏晋变式玄学、宋明变式理学，但其基本精神和特点依然如故。稳定不变的原因不是儒学比其他学说有多少无与伦比之处，而是贯串在儒家学说中的三纲五常、贵贱尊卑等思想早已成为历代统治者维持其封建统治的依据和工具。在统治阶级需要与推崇的"造化"之下，儒学自然成为社会文化主流。它是统治阶级利益的集中体现，集中反映着统治阶级的需要。有什么样的社会需要和主流文化，便有什么样的教育。封建的宗法制度和专制主义的核心是确保其政治统治的稳定，统治者最关心的不是士农工商，不是百姓生死，而是如何保证其统治的长久。为此，封建社会的历代统治者便把教育的多种功能收缩聚合在为统治阶级培养人才的单一政治功能上，反映在教育内容里，就是理所当然地把社会典章、伦理纲常作为教育的主要内容，抛弃了中国古代颇为发达的自然科学知识。与封建的宗法文化遥相呼应，封建教育向人们灌输的是服从守序、忠孝节义、君主观念、忍让观念。三纲五常的伦理说教，存理灭欲的修养之则，"非我族类，其心必异"的排外心理，等等，把人的思想、意志和行为完全禁锢在统治阶级的政治需要内，并且历经朝朝代代的不断强化，获得了极大的稳定性。

鸦片战争改变了这种状况。1840年，西方列强的坚船利炮轰开了古老中国的封建壁垒。为救亡图存，一些先进的中国人提出"师夷长技以制夷"的主张。改革派龚自珍、魏源的"经世致用"哲学，洋务派曾国藩、李鸿章、张之洞的"中体西用"模式，改良派康有为、梁启超、谭嗣同的"变法维新"运动，以及民主革命派孙中山的"三民主义"共和理想，成为推动社会发展进程、涤荡封建宗法制度、置换民族人文精神、引导公众价值信仰的文化主流。

改革、改良、革命派们在以资产阶级民主文化清除封建宗法文化的同时，从来也没有忘记借助教育的力量去完成推翻封建专制的政治使命。改

---

① 张岱年，方克立. 中国文化概论［M］. 北京：北京师范大学出版社，1994：55.

革派从变科举、学西方、兴学校入手，是为革除封建教育、学习西方科学技术的先声。到洋务运动时，便实质性地迈出了请进来（西艺、西政）、派出去（留学生）的历史步伐。自然科学的声光电化和社会科学的勤工通商等以及开办的各式新学校为许多国人闻所未闻，令人们眼界大开①。再到维新派和革命派，封建教育的根基开始动摇，代之而起的是资本主义性质的新教育。尽管由于资产阶级的软弱，新教育为时尚短，但它所实现的不是一般性的小改小革，而是由封建主义到资本主义的历史性跨越，这是教育性质上的根本转变。历史已经证明，它开创了中国历史上以民主文化和科学教育为一个进步社会培养人才的先河，它所确立的课程体系、学制系统、教育宗旨、办学思想，以及由新教育培养起来的人才，对现代社会的变革和发展起到了重要作用。

鸦片战争促使中国发生一场文化与教育变革，其根本原因何在？鸦片战争后，西方资本主义势力入侵，中国以小农业和家庭手工业为物质支撑点的封建经济开始瓦解，建立在自然经济基础之上的封建专制制度也随之发生动摇。马克思说："物质生活的生产方式制约着整个社会生活、政治生活和精神生活的过程。"② 作为封建经济和政治的反映并反过来为其服务的文化与教育，它所适应和满足的只是封建的政治经济需要。当其服务的对象性质发生变化时，依然静止不变的文化与教育便会与其发生矛盾，不能有效回答和解决新的政治经济所提出的问题，这就必然迫使封建文化与教育进行革新，以适应新的政治经济。马克思曾精辟地指出，"随着经济基础的变更，全部庞大的上层建筑也或慢或快地发生变革"③，故新的经济形式确立以后发生的文化与教育变革是社会发展规律发生作用的必然结果。"这样，中国文化……就大体实现了从传统向近代的转变。"④

（二）从 1915 年新文化运动开始到中华人民共和国成立前夕

从 1915 年新文化运动开始到中华人民共和国成立前夕，是中国近现代史上的第二次重大文化转型和教育超越：中国由近代步入现代，由资产

---

① 周溯源. 洋务运动给近代中国提供了哪些新的东西 [J]. 社会科学研究，1993（1）：84-88.

② 中共中央马克思恩格斯列宁斯大林著作编译局. 马克思恩格斯选集：第 2 卷 [M]. 北京：人民出版社，1995：82.

③ 中共中央马克思恩格斯列宁斯大林著作编译局. 马克思恩格斯选集：第 2 卷 [M]. 北京：人民出版社，1995：83.

④ 张岱年，方克立. 中国文化概论 [M]. 北京：北京师范大学出版社，1994：442-443.

阶级民主文化转向无产阶级革命文化，由旧民主主义教育走向民族的、科学的、大众的新民主主义教育。

从 1840 年鸦片战争开始，中间经历太平天国运动、中法战争、中日战争、戊戌变法、义和团运动、辛亥革命，直到 1919 年五四运动前夜，这 80 年是中国人民进行旧民主主义革命的时期。1915 年开始的新文化运动，虽从性质上说还未脱离资产阶级民主主义革命的范畴，却促使中国文化在一个新的水平上迅速发展，并导致了无产阶级领导的新文化的兴起与新民主主义文化的诞生，因此，"具有划时代的意义，是中国文化近代化道路上的一个重要里程碑"[①]。

五四运动爆发前的新文化运动是第二次文化转型的催生号角。启蒙思想家们举起了"民主"与"科学"两面大旗，向封建的文化思想发动了一场猛烈的进攻。民主与专制相对。提倡民主，就是反对君主专制和军阀独裁，反对封建旧礼教和旧道德，实现人权平等、人格独立、思想自由，使国民冲决封建罗网，自觉居于主人地位。科学与迷信相对。提倡科学，就是反对愚昧落后、迷信盲从的蒙昧主义，提倡科学精神、求实态度和理性思维。启蒙思想家们面对现实、对比中西，力主要弃旧图新就必须输入西方近代文化，批判中国固有文化，批判旧的制度、思想、道德。新文化运动以它的革命精神和战斗勇气，震动了中国思想界，极大地启发了中国人民的民主意识觉醒，为后来的马克思主义传播和 1919 年五四运动的爆发创造了有利条件。五四运动爆发后，新文化运动从一场思想解放潮流发展成为马克思主义思想运动。随着马克思主义在中国的传播，建设民族的、科学的、大众的文化的主张，很快取代了争论不休的"中体西用论""全盘西化论"和"中国本位文化论"，成为发展中国文化的新方向。所谓民族的，即新民主主义文化不仅带有民族的个性，而且要为挽救民族危机、维护民族独立服务；所谓科学的，即反对封建迷信，主张实事求是，保持文化内容的科学性和方法的辩证性；所谓大众的，即民主的，即使人民群众享有文化权。以马克思主义为指导，"民族的、科学的、大众的"新民主主义文化作为推动社会发展、代表社会发展潮流的新文化，带动中国教育开始了推翻封建主义旧教育、建立无产阶级新教育的第二次历史超越。其中，中国共产党在老解放区实施的各种教育形式是这次超越的突出代表。老解放区教育不仅为当时的革命战争输送了大量人才，也为社会主义

---

① 张岱年，方克立. 中国文化概论［M］. 北京：北京师范大学出版社，1994：443.

建设培养了大批骨干。对全国教育来说，老解放区教育虽只是星星之火，却带来了建立代表大多数人民利益的全新教育制度，实现教育性质的彻底转变和教育主体实质换位的曙光。

（三）从中华人民共和国成立至十一届三中全会前

从中华人民共和国成立至十一届三中全会前是中国近现代史上的第三次重大文化转型与教育超越：由封建主义的非无产阶级文化全面转向计划经济条件下的社会主义文化，由非无产阶级教育全面转向社会主义教育。

1949 年中华人民共和国的成立标志着一个代表人民利益的新政权的诞生。这个政权有着与以往任何一个剥削阶级社会完全不同的政治制度、国家形式、经济体制，客观上需要一种新文化、新教育为其鸣锣开道，培养人才。社会主义新中国根据政治经济需要，打破剥削阶级千百年来对文化的独享和垄断，使人民成为文化的真正主人；与此同时，根据社会主义建设与发展需要，立即着手进行文化转轨，即由中华人民共和国成立前的革命性文化转向建设性文化，从理想描绘文化转向现实反映文化。教育上，实现性质和功能上的两大转变：即由封建剥削阶级教育和帝国主义奴化教育变成独立的社会主义人民大众教育，由千百年来仅仅为封建统治阶级培养政治人才的单一教育功能转向为社会主义的政治、经济、科技等服务的多种功能。新的社会制度赋予中国教育的全新性质和全新图景是前所未有、十分明显与肯定的，那就是它把被殖民者奴化的教育变成了独立的民族的教育，把剥削阶级独享专制的教育变成了大众的、为劳动人民享有的教育。这一翻天覆地的超越是中国自有阶级社会以来前所未有的变化。中国人民从此走向文化翻身，真正成为教育的主人。

这三次重大的文化转型与教育变革启示我们：教育要不断适应社会发展的需求，就要不断调整自身，或曰教育的变革图新是由社会的发展变化决定的。教育所以要不断地否定自我，这是由社会的不断前进决定的。过去是，今天是，将来依然会是如此发展，这就是教育与社会发展相互作用的必然结果和必然体现。

二、现实的分析——跨世纪文化转型及其特点

改革开放以来，中国步入了跨世纪社会转型的新时期。当今中国实践着的"社会转型"的含义是：从农业文明转变为工业文明或后工业文明，从计划经济转向市场经济，从民主法制不健全的社会转向法治社会。在文

化转型方面，则由偏重教化，向思想性、教育性、消遣性、娱乐性兼备，着重陶冶人的情操、提高人的精神境界的方向转轨。在新文化的构建上，不是走从前的那种对传统文化和外来文化肯与否的两极道路，而是以博大的胸怀和战略的眼光，认真研究、吸取历次文化转型的经验，面向 21 世纪，在继承中国传统文化精华和吸取外来文化有益成分的基础上，根据社会主义现代化建设的要求，立足本国，放眼世界，扎根现实，借鉴传统，建立一个有中国特色的符合国情、民情和市场经济需要的社会主义新文化。

与市场经济相适应的社会主义新文化，作为一个特定时代、特定主体内在精神的外在体现，是物质文化、思想文化、制度文化的综合体，包括价值观念、思维方式、行为标准、道德规范、审美情趣等多方面的内容和社会取向。改革开放以来，由于社会主义经济制度的重大转变和社会主义中心任务的转移，受制于政治（制度）、经济（物质）的文化转型，其必然地出现了许多新特点：

第一，新的文化转型在文化建构的思想方法上，不是以功利主义的态度"头痛医头，脚痛医脚"地思谋文化重建，而是从提高综合国力，建设民主、富强、繁荣的社会主义现代化强国的总体目标出发，着眼现实，面向长远，立足自己，面向全球，以世界为参照系，建设一个富于长久生命力的大文化。这与以往那种狭隘的以宗族、本土为参照系的封建文化是完全不同的。

第二，在古今关系上，不再一味地用批判态度对待传统文化，而是立足现实，依托优秀传统，实行古为今用，批判继承，重构创新，创造转化，走向未来，达到古今的有机结合。

第三，在中西关系上，既不是全盘西化，盲目照搬，不分良莠，多多益善，也不是视之为洪水猛兽、污染毒素、异端邪说而将其统统赶走，而是立足于中国国情，坚持民族特色，提倡民族风格、民族气派，实行"洋为中用，中西互补，以我为主，兼取众长，择优而选，择适而从"，特别是根据"三个有利于"吸取借鉴已成共识。

第四，在文化构建的整体思路上，不是一步到位，而是采取分步推进的原则。即根据人民的文化素质和心理承受能力，实现远大目标与近期目标，社会需要与个体需要，理论指导与社会陶冶，物质文化与精神文明的有机结合。富裕起来的中国人，在新文化的建设中，正由最初的制度约束逐渐走向自觉的境界。

第五，文化构建内容上的新特点更加明显。改革开放以来，计划经济下的社会本位一元结构正转向市场经济条件下的价值取向多元化，自由、民主、平等、正义、人权、尊重个性等正成为人们推崇的价值观念。独立思考、辩证分析、鼓励创造、动机与效果并重、不尚空谈、重视效益的新型思维方式蔚成风气。过去以他制、他律为根本要求和显著特征的个体自我的理想人格和行为模式正转变为以自制、自律为特点，并与他制他律相结合的觉醒的主体意识；重义轻利、盲目服从、小我服从大我等社会道德规范正转向义利并举、法教统一、群己并重、天人合一；契约、法治、民主、开放、竞争、平等等社会意识和时间、效益、信息、效率等社会观念正成为新型文化的重要内容之一。

文化转型，说到底是以新文化取代旧文化，以新的社会人文精神主导社会和人的思想与行为。从发展的角度看，有人对 21 世纪的中国所面临的文化图景做了这样的预测：文化性质从工业文化转向信息文化，文化主体从区域文化走向全球文化，文化状态从离散时空文化转向同步时空文化，文化变迁从稳态文化转向动态文化，文化权力由垄断性文化转向平等性文化，文化层次由精英文化转向大众文化，文化传递由纵向文化转向横向文化和逆向文化，文化方法由分析文化转向综合文化，文化结构由偏重物质文化转向精神文化，文化态度由自信文化转向自省文化①。而代表 21 世纪核心的社会人文精神也将有新的内涵。在中国历史上，代表古代文化的人文精神是仁民爱物，修己安人，重义轻利，贵和尚中；代表近现代文化的人文精神是爱国主义、民族主义、科学民主、尚武尚实；中华人民共和国成立以后，特别是改革开放以来，具有中国特色的现代人文精神正在神州大地得到彰显。独立自主、艰苦奋斗、集体主义、爱国主义等正成为民族团结社会进步的主要凝聚力量和激励力量。21 世纪，适应市场经济需要的社会人文精神在现有基础上，将融入适应时代发展和社会需要，为广大中国人民梦寐以求和推崇认同的社会成就感、责任感、义务感、实业精神、事业精神、工业精神、全球意识、环境意识、效率意识、开拓进取、奋斗节俭、人己互惠、经济正义、讲求效益、科学民主、求新务实、法治道德、自由平等、公正公平、竞争协同、友善和谐、义利并举等重要内容。

---

① 郜正. 当代文化发展的十大趋势 [J]. 天津社会科学，1994 (1)：59-63.

三、未来的构想——新世纪教育使命重塑

文化转型，首先是人的转型。要使新的社会人文精神成为全体中国人民共同奉行的行为准则，首先要提高民族文化素质。仅此一点便决定了教育在文化转型中的重要地位和作用。古往今来的历史证明，一个国家有什么样的主体文化，便会有什么样的教育；反过来，一个社会有什么样的教育，便会强化什么样的社会文化。教育与文化之间的互动关系决定了跨世纪文化建构时必须先行考虑教育的发展走向。著名物理学家杨振宁教授说，要想知道21世纪的教育是什么样子，首先要看21世纪的文化是什么样子。根据当代中国文化转型特点和21世纪文化发展趋势，我们认为，21世纪教育发展的基本思路和构想应该是：

（一）时间维度上

21世纪将是国际政治、经济、科技、文化等全展新姿的时代。和平与发展的国际政治、众多经济圈和谐共进的国际经济、突飞猛进的国际科技和东西交融的大文化时代将是21世纪的基本架构。21世纪的中国教育将把自己置于全球背景之中，在参照国际政治、经济、科技、文化的总体时代特征和发展趋势之下迈开自己的时代步伐。教育观念将从片面的教育功能观、教育质量观、教育主体观、教师作用观、教育评价观、人才素质观转向科学的、辩证的、全面的、适应时代需要的功能观、质量观、主体观、教师观、评价观、人才观，偏执地强调某一极点的思想方法将逐渐为历史所淘汰，改革的、开放的、各种鲜活的教育观念将统领21世纪教育发展。教育制度将从计划经济体制下的一元、单调、刻板、垄断、国家统领走向市场经济体制下的主体多元、结构合理、形式灵活、途径多样、平等竞争、国家宏观管理的新体制。教育发展将由后行、并行、缓行的古、近代短视模式走向优惠、优选、先行的现、当代理想模式。教育内容将由趋向分化、学科独立走向多学科内容的有机综合和知识、品德、能力多方面要求的有机统一。教育目的将从封闭社会要求的专一、专学、专业、专才转向开放时代博学、广智、多能、通才的全面发展。教育对象将从有数、有限、有格、有别的精英教育走向取消入学条件和限制的全民教育，人类孜孜以求的教育机会均等和学习化社会的伟大理想将成为21世纪教育的一大"景观"。教育时空将从学龄、职前的传统教育时限和班级、学校封闭的教育空间走向超越有限学习时间的终身教育和超越有限教育空间

的学校教育开放化、社会化与国际化。先进的交通和通信技术将打破城乡之间、国家之间的地域阻隔，使全球同步教育成为现实。教育手段将从单纯依靠教师的言传身教、划一低效走向集教师、教材、课堂讲授与先进的电子传媒、信息高速公路等于一体的多样高效。上述种种变化落实到人才的总体规格上，是造就一代适应 21 世纪社会发展和时代需要，德智体美劳全面发展且富于个性的新人。具体而言，21 世纪培养出的年轻一代应具有时间效率、电子信息、全球拓展、星际协同、平等公正、竞争尝试等全新的时代意识，见利思义、社会责任、勤奋忘我、敬业乐群、爱国怜世、自信自尊、知情意共具、真善美统一等优良的思想品德和拼搏进取、勇于创造、自强不息、竞争开拓等时代精神。在才智方面，不是现时工匠而是未来的大家，不是守财奴而是创业者，不是理论技术的转换机而是新理论新技术的发生器，不是体力运用而是智力的发挥，不是影响本土而是波及全球，前无古人后无来者，影响国家影响时代，全面发展，富于个性。总之，21 世纪的中国教育将是一个适应 21 世纪社会发展状态和需要的新教育，它既放射着传统教育精华的永恒光彩，又鲜明地体现着 21 世纪的蓬勃生机和不可阻挡的时代锋芒。

（二）空间维度上

21 世纪的中国教育既要与国际接轨，具有国际性、全球性，也要具有民族特点和中国特色。和平与发展的世界主题和科学技术的突飞猛进，使国家间的教育开放和交流成为时代潮流，由此形成一个大教育时代。如同世界众多文化各具优势但都不可能成为主导全球的主体文化，各国教育全方位与多层次的交流与融合只是使本国教育臻于完善的一种手段。21世纪的中国教育要走在世界教育发展的前列，一方面，要继承和保持中华民族教育中的优势和精华，在纵向上立足现实依托传统，实行古今融合，显示民族个性；另一方面，必须敞开胸怀，吸取不同国家教育的优良之处，在横向上以我为主兼取众长，实行中外互补。历史上，清王朝对历史传统的僵化固守、洋务派对西学的机械照搬等，都未能解决中国社会的发展问题。今天，我们强调民族特点和中国特色是站在全球和历史的制高点上，横视中外古今教育的历史，通过古为今用、洋为中用，把具有中国特色、再现文明古国辉煌的教育个性锤炼得更加成熟、棱角分明。中国教育不想主导世界，但要征服世界。继承传统不是食古不化、回归历史、重蹈覆辙，而是推陈出新、创造发展；借鉴西方不是邯郸学步、生吞活剥、盲目照搬，而是选择重构、内化吸收。其实，西方各发达国家的教育，除具有各自的优长，亦带有鲜明的民族特性和国家特征，全盘照搬是行不通的。因此，具有中国特色的社会主义教育，必须从中国现实出发，植根于中华民族的文化土壤之中。离开中国现有文化的基点，教育的中国特色就会消失，其生命力就会被消耗。

（三）功能维度上

在功能上，21世纪的中国教育必须是适应社会主义市场经济需要的教育。中国的现代化首先是人的现代化，人的现代化需要现代化的教育去造就。毛泽东曾说："一定的文化（当作观念形态的文化）是一定社会的政治和经济的反映，又给予伟大影响和作用于一定社会的政治和经济；而经济是基础，政治则是经济的集中的表现。"教育在其历史发展中不仅如是如斯地受到政治经济的影响和制约，也通过自身特定的人才培养和文化传播，在历史的发展进程中发挥重要作用。今天，教育要具有推动社会发展的强大功能，必须遵循三个规律：一是教育与政治的规律，二是教育与经济的规律，三是教育自身的规律。中国目前乃至21世纪初叶的最大政治是社会主义现代化建设，决定现代化实现的经济基础是社会主义市场经济。21世纪的中国教育要适应市场经济的需要，就必须根据市场经济体制的运行要求和教育自身的规律，进行全方位的调整。调整的基本思路是全面改革过去计划经济体制下建立的教育框架，根据市场经济的运行原理，构建新的教育体制和运行模式。新教育体制的基本内容主要包括以下方面：市场经济条件下的利益主体多元化需要教育打破国家包揽教育的单一格局，实行国家、集体和个人等多种办学模式并存；市场经济多方吸纳资金的优势要求教育打破国家教育经费的单一投入，实行财、税、费、产、社、基等多渠道并存；市场经济条件下产业结构比例的不断变化要求打破教育结构的单一和僵化，实行根据市场预测，发挥办学主体作用，不断调整教育结构；市场经济条件下产业、个人都具有市场主体独立性的特点，要求打破以往高度集中、统得过多、条块分割的管理体制，扩大学校的办学自主权；等等。通过这些改革，中国教育在20世纪末完成一次历史性的调整和自组，从而在21世纪以新的功能加速中国现代化目标的实现。

[原文刊载于《东北师大学报（哲学社会科学版）》1996年第5期]（柳海民　黄建如）

略论教育优先发展

1994 年的全国教育大会提出要进一步落实教育优先发展的战略。优先发展也可称为超前发展、先行发展或教育先行。教育优先发展不仅含有先于经济发展而超前发展的意义，而且包括在同一时期同等条件下，教育要优于其他行业而先行发展。

从历史来看，各国的教育发展基本有三种模式。

一是后行模式，即教育滞后于经济发展而发展，或等经济有了一定程度的发展以后再发展教育。当代教育发展的历史证明，在整个古代社会，教育基本上是走在经济发展之后的。这种"教育后行"的历史现象是与古代社会的生产力发展水平及其对教育的需求相适应的，是符合古代社会发展规律的。

二是并行模式，即教育发展与经济发展同步，表现在具体教育行为上，即教育投资随经济增长而增长，教育规模随经济发展对劳动力需求的增加而扩大，教育结构随生产力水平的提高而完善，教育内容随科学技术的发展而丰富。教育与经济发展并行是世界上众多国家采取的一般模式，如加拿大、法国、比利时等。

三是先行模式，即教育发展先于其他行业和现有经济发展水平而超前、提前发展。在世界教育史上，德国、日本是这方面的突出典型。

长期以来，很多人把教育看成远水不解近渴的消费型事业，理所当然地认为应该"一工交，二财贸，行有余力才兴教"。党的十一届三中全会召开后，邓小平同志从世界发达国家经济腾飞的经验中，看到了教育发展之于社会发展的重大历史作用，看到了教育与经济和科技发展之间的制约关系，提出了尊师重教、教育先行的思想。早在 1977 年，邓小平同志就指出："我们国家要赶上世界先进水平，从何着手呢？我想，要从科学和教育着手。"（《邓小平文选》第二卷，第 48 页）1988 年，邓小平同志又进一步说："我们要千方百计，在别的方面忍耐一些，甚至于牺牲一点速度，把教育问题解决好。"（《邓小平文选》第三卷，第 275 页）邓小平同志不仅把教育的作用提高到一定的高度，而且科学地揭示了教育在现代化建设中的地位。在邓小平同志的反复倡导下，从1982年党的十二大把教育确定为三大战略重点之一，到1987年党的十三大提出把发展科学技术和教育事业放在首要位置，再到1992年党的十四大提出把教育摆在优先发展的战略地位，再到1994年全国教育大会提出进一步落实教育优先发展战略，教育由后位被提到首位。

现代社会，许多国家所以十分重视教育，竞相实施教育先行，绝非偶然，这是由教育在现代经济发展中的突出作用决定的。

第一，现代社会科技是第一生产力。

国际的经济竞争，核心是科技竞争、人才竞争，最终是教育竞争。进入20世纪90年代以后，世界处在新旧世纪交替的重要历史时期，各发达国家掀起高新技术角逐浪潮。在未来十几年里，谁能在高新技术领域保持优势，谁就有可能在新世纪的竞争中领先。为夺取新世纪的战略主动地位，许多国家和地区都在紧张地研究对策。在科技发展战略上，1993年初，美国提出"信息高速公路"计划，同年11月，又成立由总统亲任主席的国家科技委员会；1992年4月，俄罗斯发布《关于保护俄罗斯科学技术潜力的紧急措施》总统令；同年，英国重新设立科学部长，并在内阁中设立科学技术办公室；1992年8月，澳大利亚公布联邦政府第一份科技白皮书。这一连串的事件表明，各国正千方百计谋划对策，抢占高科技制高点。与科技战同行，各国正在教育上大做文章，具体对策是加快教育改革，培养高质量的人才。如：美国提出《美国2000年的教育战略》，法国制定《法国教育指导法案》，英国抛出《教育改革法》《高等教育白皮书》。因此，实行教育优先发展，是我国争取国际竞争中的战略主动地位，从容迎接21世纪挑战的需要。

第二，教育是国家经济高质量发展的巨大推动力。

一个国家经济的高质量发展除了指经济结构合理、运行高效外，还指人们能够以一种社会成就感和责任感去完成经济行为，而不是贪图财富和牟取暴利；能够以一种工业精神和实业精神主导社会经济行为，而不是重商主义、流通致富。这无疑需要民族整体素质的提高，需要教育的启迪和培养。

第三，教育是提高社会经济发展速度和效益的最有效途径。

自20世纪70年代以来，现代商品中的科技含量越来越高，科技因素在经济发展中的作用日趋强大。众多的实践证明，商品中的科技含量越大，竞争力越强，辐射力越广。在现代生产中，谁能减少资源、能源、财力的有形投入，增加产品中科技文化的无形投入，谁就能夺得市场。而无形投入就是由教育投入完成的人的智力的提高和人才培养。教育经济学的定量研究证明，经由教育而培养训练出来的劳动者，其劳动熟练程度越高，越能提高生产率，进而提高社会经济效益。苏联一位经济学家计算过，一个工人进修一年，便可提高劳动生产率1.6倍。我国科学工作者的统计结果证明，一个人接受小学教育可比文盲提高生产率43%，接受中学教育可提高108%，接受大学教育可提高300%。提高劳动生产率就是降低单位生产成本，就是提高经济效益。美国经济学家舒尔茨通过定量测算，认为1929—1957年间美国国民经济增长的部分里有33%是由教育带来的。舒尔茨根据他的测算研究，提出了人力资本理论，其核心理论可归纳为：有技能的人的资源是一切资源中最为重要的资源，人力资本投资的效益大于物力资本投资的效益。

第四，教育是加速中国摆脱人口重负、提高人口质量进程的重要途径。

社会质量从根本上说决定于人口质量。人口质量主要是指人口总体的文化程度构成。我国目前有12亿多人口，截至1994年，文盲率尚为22.2%，每十万人口中受过高等教育的人数仅为186人，同期的日、美、韩分别为2 328、5 591、3 899人（参见1993年《世界教育报告》）；每千人中科学家的人数中国是0.4人，日、美、加、以色列分别是4.7、3.8、2.3、4.4人（参见1994年《世界科学报告》）。人口素质的高低决定于教育的发展程度。中国要在短期内改变人口素质状况，除了发展教育没有他途。

第五，改变我国教育自身的长期落后状况更需教育的优先发展。

教育自身的落后是我国人口质量不够高的直接原因。今天，我们要想实现教育发展与社会需求同步，唯一的出路就是打破常规，实现教育先行。否则，如果教育依然像过去那样跟在经济发展后面保持常规的等速模式，落后状况将难以改变。因此，要实现教育的彻底改观，加速四个现代化的实现进程，教育的超常规优先发展势在必行。

优先发展，重在落实。要保证教育优先发展的中央决策落到实处，需要全党和全国各族人民共同努力，共同完成这项决定21世纪中国命运的伟大工程。

（一）提高认识转变观念，脚踏实地真抓实干

教育优先发展的落实是个实践问题。实践中能否保证教育优先发展，

关键在领导。从近几年不同经济发展程度的省市和地区优先发展的典型案例来看，目前在我国，决定教育能否优先发展的因素已不完全是经济条件和人民的物质生活水平（改革开放十几年来，人民的生活水平已经有了根本改观，经济承受能力大大增强），关键是各级领导是否认识到了教育优先发展的伟大意义，是否有决心、有魄力、有措施去践行中央决策。近年来的实践证明，只要领导重视教育，即使条件困难，优先发展依然可行。因此，各级领导应深刻认识教育与科技、经济之间的关系，应从战略的高度去认识教育的作用。

（二）保证投入

教育优先发展离不开财力支撑，为此必须首先保证投入。保证投入，一是确保教育投资增长高于国民经济增长，舍得花大钱办教育；二是在各行各业的投资分配中优先保证教育投资，肯于在教育上花费。近年来，不少实行教育优先发展的省、市、区提出，在保证《纲要》提出的"三个增长"外，实行安排财政预算时教育经费计划单列，优先划拨；财政预算外资金也优先考虑教育的实际需要；各级党政机关在研究制定发展规划和年度计划时，优先考虑教育的发展。此外，还应有必要的时间投入、宣传投入等。这多方面的投入汇在一起，才能确保教育优先发展的真正实现。

（三）优先保证义务教育的普及

义务教育是其他各级各类教育的基础，同时是培养各级各类人才和提高整个国民素质的关键。为此，应将普及义务教育作为教育先行发展战略的"重中之重"来抓，其具体落实也要优先于其他各级各类教育。国家应该考虑加大义务教育阶段的投资力度，使义务教育逐渐走向完全免费，从而调动全体人民的受教育积极性，更好地实现教育公平和国民素质提高。

（四）认真贯彻执行《教育法》

法律带有强制性，它是人们进行各种活动的依据和保证。在人们还不能自觉地进行某项活动时，通过法律强制其进行是必要的。对于教育优先发展，也可以借助法律武器，保证投入到位、计划到位、领导到位。只有这样，才能确保教育优先发展落到实处。

［原文刊载于《高校理论战线》1995 年第 6 期，收入本书时略有删节］

个体认识发展过程、特点与教育过程
——关于教育过程哲学基础的思考

像传统观点那样，仅仅把教育过程归之于人的认识发展过程无疑是片面的。因为教育过程不单是人的认识发展过程，也是技能形成、品德完善、体质增强、能力提高的过程。故教育过程运行要以多方面的过程理论研究做基础。

在多方面的过程理论中，认识过程作为其理论基础之一，无疑占据着核心地位。因为在教育过程完成的多方任务中，认识的提高与发展是主导其他任务完成的前提和基础。因此，在以往教育学对列宁和毛泽东认识过程三阶段研究的基础上，认真分析恩格斯对个体认识发展过程的专门论述，对教育学科学确定教育过程的哲学基础，有着重大的理论重建意义和新的启示。

一、人类总体认识发展的一般过程

个体认识是相对于总体认识而言的。要阐明个体认识发展的过程和特点，需先清楚总体认识发展的一般过程。关于人类总体认识一般过程的产生与发展，恩格斯在《自然辩证法》中表明，不单人，包括人的认识，都是由分化产生的，即分化是人及人的认识发生的起点。恩格斯说，不仅动物，"人也是由分化产生的"①。分化使脊椎动物从最初的动物中发展出来，然后又使人从脊椎动物中发展出来，然后又经数万年努力产生手脚分化，直立行走，"人猿之间的鸿沟从此不可逾越"②。"有了人，我们就开始有了历史"③。人的出现标志着理智生命的出现，从此世界一分二：一是理智生

---

① 中共中央马克思列宁恩格斯斯大林著作编译局. 马克思恩格斯选集：第 4 卷 [M]. 北京：人民出版社，1972：156.
② 中共中央马克思列宁恩格斯斯大林著作编译局. 马克思恩格斯选集：第 4 卷 [M]. 北京：人民出版社，1972：156.
③ 中共中央马克思列宁恩格斯斯大林著作编译局. 马克思恩格斯选集：第 4 卷 [M]. 北京：人民出版社，1972：157.

命的主体，一是同主体对应的物质客体。恩格斯说："手的专门化意味着工具的出现，……意味着生产"①，"我们在某种意义上不得不说：劳动创造了人本身"②。劳动把人从动物界中分离出来，使人成为与自然界对应的主体，自然界成为客体。这便是最初的主、客体分化。

但严格地说，此时主、客体的分化仅仅是完成了人猿揖别的使命，宣告了由猿到人转变的完成，还未真正开始人类认识的历史。因为此时虽有主、客体间事实上的分化，但作为主体的人尚无主、客体分化的意识。具体表现为：原始人不能把自己同自己的思维区分开，同他人区分开，处于人我不分的状态。

人类认识的真正开始应从人类具有自我意识时算起。自我意识是主、客体分化的内在标志。恩格斯说，人类历史所以和自然史不同，其区别"仅仅在于前者是有自我意识的机体发展过程"。自我意识内在地包含着主体对自己精神活动的认识，对主体外客体人与物的认识。当人类认识到"我"与"非我"，"人我关系"与"物我关系"时，人类总体认识的历史才宣告开始。

马克思主义认识论不仅揭示了人类认识产生的起点，而且指明了认识发展的根本原因是实践。瑞士心理学家皮亚杰关于个体心理发生的研究结果证明了马克思主义认识论上述观点的正确性。

皮亚杰从大量观察中确认，初生的婴儿处于一种既无主体也无客体的混沌不分状态，主客体的分化完全是由后来的活动促成的。因此，活动是认识的来源。皮亚杰认为，儿童思维中主、客体概念的建立，主、客体的分化，其动因来自儿童自身的活动。只有当儿童用自己的活动反复作用于某一物体时，他才最终意识到某一种物体的存在，"因此，知识的来源，既非来自客体，也非来自主体，而是来自最初无法分开的客体和主体之间的相互作用"。③

关于人类总体认识的产生与发展，历史上亦有许多哲学家曾有过不同侧面的研究。法国哲学家列维·布留尔的《原始思维》探讨了原始社会状态下人类认识的发生和发展，研究了从原始意识向文明社会意识的转变。

---

① 中共中央马克思列宁恩格斯斯大林著作编译局. 马克思恩格斯选集：第4卷［M］. 北京：人民出版社，1972：157.

② 中共中央马克思列宁恩格斯斯大林著作编译局. 马克思恩格斯选集：第4卷［M］. 北京：人民出版社，1972：508.

③ 皮亚杰. 皮亚杰学说及其发展［M］. 陈孝禅，等译. 长沙：湖南教育出版社，1983：17-18.

黑格尔的《精神现象学》概括了人类意识的发生。皮亚杰的《发生认识论》则从儿童心理的个体发生入手，探讨了人类总体认识发生发展的一般历程。

应该说，这些哲学家对人类总体认识发展的研究均有不同的建树，为今日之后继续研究提供了可贵的历史阶梯。但是，马克思主义经典作家比他们伟大而高明的地方在于，革命导师们不仅正确揭示了人类认识的来源和发展形式，而且撇开了各种具体的认识形式和种种细节，从总的方面概括了人类总体认识的一般过程。

列宁在《哲学笔记》中指出，人类总体认识所经历的一般过程是："从生动的直观到抽象的思维，并从抽象的思维到实践，这就是认识真理、认识客观实在的辩证途径。"[①] 所谓生动的直观，即人们在实践活动中面对的客观自然及由此而获得的各种生动的感性形象和认识。感性的材料积累多了，人的大脑便运用一系列科学的抽象思维方法对其进行加工制作，促使认识达到事物的本质和规律，获得理性层次的认识。认识发展至此并未完结。理性认识还要再回到实践中，接受实践的检验，并同时使认识进一步深化和完善。毛泽东在《实践论》中丰富和发展了列宁的这一科学论断。他指出："通过实践而发现真理，又通过实践而证实真理和发展真理。从感性认识而能动地发展到理性认识，又从理性认识而能动地指导革命实践，改造主观世界和客观世界。实践、认识、再实践、再认识，这种形式，循环往复以至无穷，而实践和认识之每一循环的内容，都比较地进到了高一级的程度。这就是辩证唯物论的全部认识论，这就是辩证唯物论的知行统一观。"[②]

列宁和毛泽东的上述论断是对人类总体认识发展过程的最精辟概括，它曾为教育学阐明个体认识发展过程和特点提供了重要的哲学基础和理论依据。

二、人类个体认识发展过程

与复杂而漫长的人类总体认识过程相比，个体认识的发生发展过程是总体认识发生发展过程的复演，是人类总体认识高度浓缩式的等格缩小，两种认识发展的内容及其阶段之间存在着高度相似的平行性发展特征。对

---

① 中共中央马克思列宁恩格斯斯大林著作编译局. 列宁全集：第38卷 [M]. 北京：人民出版社，1986：81.

② 毛泽东. 实践论：汉英对照 [M]. 北京：商务印书馆，1965：50-52.

此，恩格斯曾独到地指出："正如母腹内的人的胚胎发展史，仅仅是我们的动物祖先从虫豸开始的几百万年的肉体发展史的一个缩影一样，孩童的精神发展是我们的动物祖先，至少是比较近的动物祖先的智力发展的一个缩影，只是这个缩影更加简略一些罢了。"① 恩格斯的这一论述在认识论史上第一次天才地向我们揭示了个体对总体认识发展过程的两个平行性类似发展及其复演的特点。

第一个平行类似发展：一个人在母腹中发育成长的过程同整个生物、动物发展的历史相平行与类似。具体表现为：在发展阶段上，一个人在母体中发育成长的历史，一开头只是一个受精卵，这时相当于生物进化的单细胞阶段；之后胎儿有一段发育状况形同腔肠动物阶段；再后来又同动物发展史中的脊索阶段类似；最后才开始有了脊椎。在发展时间上，生物的进化，从原生物演变到人类经历若干年，而胎儿从受精卵发展到降生的人只有十个月的历程。这是个体在生理上以十个月的短暂时间高度概括地复演了生物进化的漫长历史及其阶段。这一复演为个体认识实现飞跃性发展提供了生理上的巨大可能。

第二个平行类似发展：个体认识发展的过程与人类总体认识发展的历史相平行与类似。这种类似与平行具体表现为：在认识发展史的演进阶段，一开始，人刚出生时什么也不懂，同动物差不多；后来，小孩的智力逐渐发展起来，就相当于最原始的人类；再后来，小孩逐渐懂事，开始会说话、识数，这就相当于原始人逐渐开化。开始识字、会做四则运算，相当于人类进步文明阶段。学生在初中学代数几何，此时他们的认识已是当时埃及、希腊、罗马人的认识水平，相当于欧几里得、阿基米德那些大科学家的认识。到高中和大学一年级，学到解析几何、微积分，就相当于笛卡尔、牛顿时代人类的认识水平了。到大学或研究生毕业时，个体认识已渐趋达到当代科技发展水平，与人类总体认识发展程度类似。在认识发展时间上，人类文明发展史经历了几百万年才从蒙昧状态发展到文明时代。而一个人从初生婴儿的蒙昧状态到一名合格社会成员的智力发展史只不过二十年左右。二十年中，个体学到的知识与人类千百年文化发展的历史相当，学生的认识同千百年来人类总体认识发展水平类似。这是个体在心理上以二十年左右的短暂时间高度概括地复演了人类总体认识发展的漫长历

---

① 中共中央马克思列宁恩格斯斯大林著作编译局. 马克思恩格斯选集：第 4 卷 [M]. 北京：人民出版社，1972：517.

史。个体心理发展的这一特点为使个体认识实现与人类总体认识的平行发展，在短时间内达到总体认识的同等水平，提供了心理上的巨大可能。

科学发展到 20 世纪以后，恩格斯在《自然辩证法》中揭示的这两个平行发展的原理得到了皮亚杰个体认识发生研究的进一步说明。

皮亚杰认为，儿童的思维发展与原始人的思维发展经历着类似的过程，儿童心理发展的历史重演了人类认识发展的历史。基于这一思想，皮亚杰在他的著作中多次将儿童心理发展一定阶段表现出来的思维特性与人类认识发展史中的相应阶段加以比较，以揭示彼此的对应关系和相互联系，证明个体心理发生研究可帮助弄清人类认识发生发展过程的基本阶段。

在《发生认识论原理》中，他说：“在我们看来，我们并不相信，在儿童的思维和原始人的思维之间可能的相似之处（我们在后面将看到某些与希腊物理学类似的情况）是由于任何遗传。心理发展规律的持久性就可以解释这两方面吻合的道理，而且既然一切的人（包括原始人在内）都是从儿童开始的，那么儿童时期的思维正像出现于我们自己的思维之前一样，也是出现在我们最远的祖先的思维之前的。”① 在皮亚杰看来，无论个体还是整个人类，认识的最初阶段都是儿童式思维。个体认识发生发展的过程是人类认识过程的浓缩，是人类认识发展阶段与内容的类似性重演与再现。

综上可见，生物从单细胞发展到人的历史是几亿年，个体从受精卵到出生是十个月，时间大大缩短。人类从蒙昧到文明的历史是几千万年，个体从出生时的什么都不懂到拥有合格社会成员的智力是二十几年，历程高度相似，认识水平却不相上下。个体认识与总体认识之间这种高度类似的平行性发展现象为阐明学生认识过程特点提供了坚实的科学依据。

三、个体认识过程特点与教育过程

个体认识所以能在短时间内达到与人类总体认识水平几近同等的高度，原因不仅在于个体生理发展的巨大潜能为个体认识飞跃性发展的实现提供了可能，而且在于伴随科学技术的进步，人变得更加聪明。人借助高度发展了的思维和创造能力去精心谋划个体认识的加速发展，因而使个体

---

① 让·皮亚杰. 儿童的心理发展：心理学研究文选 [M]. 傅统先，译. 济南：山东教育出版社，1982：47-48.

认识过程的每一阶段都与人类总体大不相同，体现了创造与飞跃的特点。

在生动的直观阶段，个体感知的主要不是生动丰富的自然景物，而是人类的已有观念，是间接经验。即使是科学家，其某一新的认识的获得，也要借助大量的已有研究成果去完成。至于学生，则更是以感知人类认识的已知真理为主，以掌握人类抽象概括出来的各门学科知识为主。因此，学生个体的认识过程，其认识的第一步就是站在前人的肩膀上，借助历史的阶梯，在前人已有认识的基础上进行的。教育过程中学生对各种生动直观的现象和材料的获得并非时刻让学生直面自然和社会，更多的是借助于教学手段和教师的言语描述。所以，生动的直观对个体来说是以间接经验为主，直接经验为辅。

在抽象概括阶段，学生个体的抽象概括不像人类总体那样，其材料是浩瀚的，结果是未知的，形式是独立的，目的是发现和发明式的。学生个体则不然。他们抽象概括的材料是典型、有限的；结果对学生是未知，对他人是已知的；概括活动虽最终也要通过思考去完成，但有教师的指导和帮助；概括的目的是实现知识的系统化、结构化，认识和理解事物的本质和规律。所以，抽象概括对学生来说是以认识规律为主，发现规律为辅。

在实践阶段，人类总体的实践，其形式主要是社会实践，其目的是验证已形成的理论，并为社会生产一定的物质产品。学生则不然。学生虽也要以社会为课堂，但其实践的主体形式是教学实践，如实验、实习、练习、问答、调查等，是在人为设置的环境中进行的；实践的目的主要是加强理论与实际的联系，帮助形成技能、强化记忆等。所以，实践对学生个体来说是以教学实践为主，社会实践为辅。

正因为教育过程中个体的认识是站在历史发展的阶梯上，把前人认识的终点作为起点，从间接经验入手，加入人类总体认识的巨流，后来者有幸避免重走前人在获取各种认识时经历的漫长而曲折的道路，大大节约了认识时间，以最高效率和最简便的方式去建构个体认识的大厦，由此才可能有我们今天所能见到的：个体认识时间与总体认识长度在终点上趋近于平行发展，在水平上达到同等认识高度。

个体在认识过程中每一阶段的认识特殊性把个体认识与总体认识的平行发展拉向了现实。学校教育过程作为人类"社会遗传"的专门形式，作为社会知识经验转移和传递的专门过程，要保证甚至加速个体认识向总体认识的逼近，就要求教育充分发挥自己的职能作用，根据个体认识过程的特点，在过程运行中保证三个"为主"：

第一，在教育过程实施形式上必须以学校教育为主。

个体获得经验的形式多样，其中，学校教育是最有效的形式。在学校教育产生前的很长一段时间内，人类总体认识遥遥领先，个体认识与总体认识之间存在着巨大的差距。然而，学校教育的产生和发展使这种现象发生了突破性的变化：学校教育在总体与个体之间架起了一座使个体认识直接达于总体认识的桥梁，从此使得个体认识逼近总体认识的距离大大缩短。尽管总体认识的历程极其漫长，任何点滴认识成果都经历了几代人的努力和探索，耗费了无以数计的时间和精力，但是，在学校中，学生可在教育者的帮助下，用短短二十年左右的时间学到人类几千年、科学家几十年创造出的知识财富精华。学校教育之所以能做到这一点，是因为它充分认识了人类文化的继承性特点，充分发挥了个体获得性遗传的作用，科学地实施了间接经验的传授，正如马克思所说："再生产科学所必需的劳动时间，同最初生产科学所需要的劳动时间是无法相比的，例如学生一小时内就能学会二项式定理。"①

第二，在学校教育过程实施途径上必须以教学为主。

教育过程实施途径也是众多的。但经过历史的反复洗礼和时间的长久考验，唯有教学才是高效高质进行人类知识传递的最有效途径。人们可以通过自学、劳动、各种活动等去获得对客观世界的认识，但它们在单位时间内使个体获得的认识成效是无法与教学相比的。教学所以能成为个体认识客观世界的捷径，其根本原因在于教学具有明确的目的性和方向性，具有高度的计划性和系统性，具有严密的组织性和严格的制度性等，因而才保证了学生在教师的引导下，以二十年左右的时间和劳动花费，"用人类创造的全部知识财富"的精华丰富了自己的头脑，最终成为一名合格的社会成员。

第三，在教育过程内容选择上必须以间接经验为主。

可构成教育过程内容的人类经验也是浩繁的。但经过历史的反复筛选和漫长教学实践的长期检验，在直接经验与间接经验这两大类别里，人们已获得共识去选择后者。教育过程在内容传授上所以强调以间接经验为主，其根本原因在于间接经验本身所具有的巨大知识含量和对直接经验的替代作用。代表着人类总体认识水平的间接经验是全世界各民族各时代共

---

① 中共中央马克思恩格斯列宁斯大林著作编译局. 马克思恩格斯全集：第 26 卷［M］. 北京：人民出版社，1972：561-565.

同认识的汇聚。在纵向上它是古今合一的产物，在横向上它具有全球认识的特点。因此，它是时间和人类智慧的共同累积。它突破了直接经验所具有的个别人在个别国家、个别领域及个别时间阶段所取得的一招一式经验的局限，包含了巨大的时空跨度和众人辛勤劳动的结晶，因而可以成为富于普遍意义的真理。至于其替代作用，恩格斯的认识图式做了最好的回答。他说："现代自然科学已经把全部思维内容都起源于经验这一命题扩展到这样的方式，以致把它的旧的形而上学的限制和表述完全抛弃了。由于现代自然科学承认了获得性的遗传，它便把经验的主体从个体扩大到类；每一个体都必须亲自去经验，这不再是必要的了；个体的个别经验，在某种程度上可以由它的历代祖先的经验的成果来代替。"① 毛泽东也曾指出，从知识的总源来说，一切真知都是从直接经验发源的；从个人获得知识的途径来说，不外乎直接经验和间接经验两种，而且，在我为间接经验者，在他人则为直接经验。

学校教育过程所以不同于人的自然成长过程，不同于物质产品生产过程，不同于科学研究过程，其本质恰恰在于教育过程是一个经教育者的精心设计和组织而使人的身心获得加速发展的过程。教育过程的本质决定了学校教育活动要体现和完成促进和加速个体认识向总体认识逼近的任务，就必须做到在实施形式上以学校教育为主，在实施途径上以教学为主，在实施内容上以间接经验为主。坚持"三为主"的根本原因不是经验证明，不是权威决断，不是个人需要，而是我们以往不曾认识的个体发展的历史客观现实和主宰二者认识平行运行的客观规律。过去我们虽模糊地感觉到有客观的规律在"三为主"背后起作用，但仅限于在学校职能、教学作用、历史教训等方面去做文章，未能从根本上揭示"三为主"存在的内在根据。现在看，这个内在根据应是个体认识对人类总体认识复演与平行发展这个客观的规律。过去，不管我们是否认识到，个体认识都在这样顽强地进行着，我们坚持"三为主"时是自觉地遵循了这一规律，因而使个体认识的加速发展得以实现，保持了教育过程的特质，保证了教育的职能。反之，破坏"三为主"时，则是在不自觉地违背个体认识发展的客观规律，其所造成的结果是严重地阻碍了个体认识的加速发展，此时，学校教育过程的本质和职能被硬性地剥夺，丧失了其本质所在，因而与生产劳动

---

① 中共中央马克思列宁恩格斯斯大林著作编译局. 马克思恩格斯选集：第 3 卷 [M]. 北京：人民出版社，1972：561-565.

过程、军事训练过程、科学研究过程没有什么两样。所以，学校坚持"三为主"是遵循个体认识发展客观规律，保持学校教育过程本质的根本所在。反之，如果认为个体认识发展必须亦步亦趋地跟在人类总体认识获得过程及其阶段之后，置个体认识于复演人类总体认识自然发展历程的境地里，认为唯有这样，才能使学生获得真实的认识，发展他们的创造能力，这就从根本上忽略了个体认识发展的特点，违背了个体认识发展的客观规律。如果教育过程按照这样的思想去组织，就无疑是把高度发展的个体拉回到原始状态中，使个体认识复归于原始开始，走上与人类总体认识过程同步同速吻合的道路，那么，个体认识就无法趋近人类总体认识的高度。

因此，认真而深入地分析人类总体认识的发展过程、个体认识的发展过程及其特点，对于教育学领域在理论上坚持正确的思想观点，在实践上理直气壮地坚持按客观规律办事，以及为教育过程揭示加速个体认识形成策略和提供坚实的科学依据，都有着重要的意义。

[原文刊载于《东北师大学报（哲学社会科学版）》1992 年第 4 期]

简论"个人全面发展"的科学内涵
及其基本特征

全面发展学说是马克思主义科学理论体系中的重要内容之一，由于备受教育学关注而为教育学广泛运用。但多年来，很多教育学论著只是在一个笼统、模糊的层次上去理解和使用它，对于它的确切内涵，很少有人进行深刻的分析、严格的限定、全面的理解和科学的使用。这样做的结果是，不仅从根本上有悖于马克思主义全面发展的基本原理，而且易因对学说认识的肤浅甚至误解而导致认识上的分歧和无休止的学术纷争。

一、关于"个人全面发展"概念的界定

关于"全面发展"一词的提法，目前几乎所有的教育论著中使用的都是"人的全面发展"这一模糊的、笼统的概念。这是不符合马克思主义原意的。

纵观马克思主义经典论著，从马克思和恩格斯创立这一学说并在《德意志意识形态》这部著作中将其作为一个独立概念正式使用时开始，在他们的其他著作中贯串的便都是同一思想，使用的就几乎都是被严格限定了的"个人的全面发展"或"全面发展的个人"，而不是大多数人目前惯常所用的一般的、笼统的、模糊的"人的全面发展"；指的是具体的、现实的个体（即作为"个"而存在的实实在在的人）的全面发展，而不是笼统的、抽象的人（即作为"类"而存在的人）的全面发展。例如：

"个人的全面发展……这也正是共产主义者所向往的。"①

"私有制只有在个人得到全面发展的条件下才可能消灭，因为现存的交往形式和生产力是全面的，所以只有全面发展的个人才可能占有它们，即才可能使它们变成自己的自由的生活活动。"②

---

① 中共中央马克思列宁恩格斯大林著作编译局. 马克思恩格斯选集：第 3 卷 ［M］. 北京：人民出版社，1972：330.

② 中共中央马克思列宁恩格斯大林著作编译局. 马克思恩格斯选集：第 3 卷 ［M］. 北京：人民出版社，1972：330.

"私有制和分工的消灭同时也就是个人在现代生产力和世界交往所建立的基础上的联合。"①

"代替那存在着阶级和阶级对立的资产阶级旧社会的，将是这样一个联合体，在那里每个人的自由发展是一切人的自由发展的条件。"②

"大工业还使下面这一点成为生死攸关的问题：……用那种把不同社会职能当作相互交替的活动方式的全面发展的个人，来代替只是承担一种社会局部职能的局部个人。"③

"工厂中分工的特点，是劳动在这里已完全丧失专业的性质。但是，当一切专门发展一旦停止，个人对普遍性的要求以及全面的趋势就开始显露出来。"④

"在这个转变中，表现为生产和财富的宏大基石的，……是社会个人的发展。"⑤

"每一个单独的个人的解放的程度是与历史完全转变为世界历史的程度一致的。"⑥

"这里谈的是一定历史发展阶段上的个人，而决不是任何偶然的个人。"⑦

"个人的全面性不是想象的或设想的全面性，而是他的现实关系和观念关系的全面性。"⑧

"生产力和社会关系——这二者是社会的个人发展的不同方面。"⑨

① 中共中央马克思列宁恩格斯斯大林著作编译局. 马克思恩格斯选集：第3卷［M］. 北京：人民出版社，1972：516.
② 中共中央马克思列宁恩格斯斯大林著作编译局. 马克思恩格斯选集：第1卷［M］. 北京：人民出版社，1972：273.
③ 中共中央马克思列宁恩格斯斯大林著作编译局. 马克思恩格斯全集：第23卷［M］. 北京：人民出版社，1972：534.
④ 中共中央马克思列宁恩格斯斯大林著作编译局. 马克思恩格斯选集：第1卷［M］. 北京：人民出版社，1972：153.
⑤ 中共中央马克思列宁恩格斯斯大林著作编译局. 马克思恩格斯全集：第49卷［M］. 北京：人民出版社，1972：218.
⑥ 中共中央马克思列宁恩格斯斯大林著作编译局. 马克思恩格斯全集：第8卷［M］. 北京：人民出版社，1972：516.
⑦ 中共中央马克思列宁恩格斯斯大林著作编译局. 马克思恩格斯全集：第8卷［M］. 北京：人民出版社，1972：516.
⑧ 中共中央马克思列宁恩格斯斯大林著作编译局. 马克思恩格斯全集：第49卷［M］. 北京：人民出版社，1972：36.
⑨ 中共中央马克思列宁恩格斯斯大林著作编译局. 马克思恩格斯全集：第49卷［M］. 北京：人民出版社，1972：36，219.

"节约劳动时间等于增加自由时间，即增加使个人得到充分发展的时间，而个人的充分发展又作为最大的生产力反作用于劳动生产力。"①

（以上引文中的重点号均为笔者所加。）

从目前所见的马克思和恩格斯把"全面发展"作为特定概念使用的二十几处用语中及上面我们的引述中可以看到，在马克思和恩格斯的全面发展学说里，他们的"全面发展"一词及其思想是始终与个人、个体联系在一起、呼应在一起的，是有限定的运用，而不是对人的笼统的运用。

马克思和恩格斯在其全面发展学说里对人的严格限定，并不是一个一般的用词问题，而是从根本上反映着马克思主义的辩证唯物史观同费尔巴哈抽象的人的旧唯物史观的原则区别，反映着马克思主义同空想社会主义的原则区别。

空想社会主义者虽然天才地提出了人的全面发展的理想和要求，但他们把人的发展置于抽象的人性基础上，以人性的自身发展需要为出发点。而且，他们不懂得人的发展同社会物质生产的必然联系，认不清个人全面发展的客观规律，找不到实现全面发展的根本道路。所以，他们关于人的全面发展的思想同其全部思想一样，带有鲜明的空想色彩。而费尔巴哈虽把人作为出发点，但由于他是脱离社会关系来看待人的，"因而这个人始终是宗教哲学中所说的那种抽象的人。这个人不是从娘胎里生出来的，他是从一神教的神羽化而来的……虽然他同其他的人来往，但是任何一个其他的人也和他本人一样是抽象的。"② 马克思主义则不同。马克思主义所研究的人与从前一切人的研究根本不同，其原则区别就在于马克思主义把人从天堂拉到了人间，从现实的人出发去阐述他们关于个人全面发展的思想。

所以，对"全面发展"一词的称谓，绝不能随便地将其看成一个简单的用词问题。因为这里含有两种根本不同的哲学观及其思想内容。或许，对马克思主义稍有深入研究的人都会发现，马克思只是在1845年前的早期著作中经常运用一般的"人"这一概念，但在1845年以后的许多著作中，就很少再见到他们笼统地使用"人"的概念了。马克思和恩格斯非但不再笼统地谈"人"，而且针对费尔巴哈抽象的"人""类"论调，给予了

---

① 中共中央马克思列宁恩格斯斯大林著作编译局. 马克思恩格斯全集：第49卷 [M]. 北京：人民出版社，1972：225.
② 中共中央马克思列宁恩格斯斯大林著作编译局. 马克思恩格斯全集：第4卷 [M]. 北京：人民出版社，1972：232.

深刻的批判与痛击。他们在后来的许多著作中始终强调，对人的考察和研究必须紧紧把握作为现实个体而存在的人这一唯一正确的立脚点。由此可见，马克思和恩格斯在使用全面发展概念时，所以要冠以"个人"二字加以限定，这绝非偶然。他们的用意十分明显：不仅在思想主张上，就连概念的使用都标示了他们所倡导的个人全面发展学说与空想社会主义和费尔巴哈的人的发展思想方面的本质区别。因此，在研究马克思主义全面发展学说和使用全面发展的概念时，应尊重马克思主义经典作家的原意，应该以使用"个人全面发展"这一概念为妥。

二、关于个人全面发展的基本含义

"个人全面发展"一词的基本内涵，在马克思主义经典作家的原著中并无一句完整而明确的表述。为此，符合他们原意的解释只能产生于对他们的若干论述做系统考察后的综合。

1845 年，恩格斯《在爱北斐特的演说》中提出"每一个人都无可争辩地有权全面发展自己的才能"的主张。

1845—1846 年，马克思和恩格斯在《德意志意识形态》这部著作中第一次创用"个人全面发展"这一概念时指出：个人全面发展实际上就是"全面发展其才能"，"就是全面地发展自己的一切能力"。

1847 年，恩格斯在《共产主义原理》中把全面发展的个人叫作"一种全新的人"。这种全新的人是能够"根据社会的需要或他们自己的爱好，轮流从一个生产部门转到另一个生产部门"，是"各方面都有能力的人，即通晓整个生产系统的人"。

1867 年，马克思在《资本论》中指出："大工业又通过它的灾难本身使下面这一点成为生死攸关的问题：承认劳动的变换，从而承认工人尽可能多方面的发展是社会生产的普遍规律。"

1878 年，恩格斯在《反杜林论》中进一步指出："通过社会生产，不仅可能保证一切社会成员有富足的和一天比一天充裕的物质生活，而且还可能保证他们的体力和智力获得充分的自由的发展和运用。"

综合上述及马克思、恩格斯在众多篇章里所阐发的关于个人全面发展的一贯思想，可以认为，所谓个人全面发展，就是每个社会成员的智力和体力都获得尽可能多方面的、充分的、自由的和统一的发展。这就是马克思主义关于个人全面发展的基本含义。

三、关于个人全面发展的本质特征

依据马克思和恩格斯在上述定义中阐述的个人全面发展的主张，个人全面发展的本质特征可集中概括为如下三方面。

（一）个人智力和体力的尽可能多方面发展，这是发展的量的方面的特征

马克思和恩格斯首先用"尽可能多方面"六个字表明了个人智力和体力发展的广度。在他们看来，所谓个人全面发展，首先要达到的标准是智力与体力发展的尽可能多方面性。"多方面"就是欲求广泛和全面。"尽可能"就是在考虑社会条件、自身实际及与他人的差异等情况下，充分发挥个人的主观努力，尽其所能地去达到多方面的程度。每个人只有首先实现了智力和体力的多方面发展，才有可能以此为基础去实现不同生产部门之间的自由流动和转换，满足个人的兴趣和需要。

（二）个人智力和体力充分的、自由的发展，这是发展的质的方面的特征

质的方面的特征之一是智力与体力的"充分"发展。充分发展是指个人智力和体力两方面在各自的领域得到最大程度的发展。"充分"的发展表明了马克思和恩格斯对个人智力与体力发展的深度和程度的设想和要求。在他们看来，个人智力与体力的发展必须是量与质的统一，是广度与深度的结合。如果仅有发展范围上的要求，没有发展程度上的规定，还不足以说明是否达到了全面发展的境界。对此，马克思曾指出，人的体力和智力也曾有"原始的丰富"，但这并不是真正的全面发展。马克思认为，留恋原始社会里那种原始的丰富是可笑的。因此，全面发展的智力和体力不仅要求范围上是广泛的，还要求发展程度上是充分的。

质的方面的特征之二是智力与体力的"自由"发展。所谓自由发展，一是每个人的发展不屈于任何其他的活动和条件，二是个人的发展能为个人所驾驭。自由的发展既是充分发展的前提，又是它的必然结果。因为只有在有了"自由"保证的条件下，摆脱了种种条件的干扰和限制，才有可能达到充分发展的程度。反之，只有达到了充分发展的状态，个体才能最终摆脱自我贫困的羁绊与束缚，使自己由必然王国走向自由王国，在最大的自由度里全面发展自己的才能。

质的方面的特征之三是在全面发展基础上的个性发展。过去有人说，马克思主义的个人全面发展学说不含个性发展的内容，这种说法是片面

的。其实，马克思和恩格斯关于个人"充分的自由的发展"主张本身就包含了倡导个性发展的伟大思想。这是因为，既然他们强调要使每个人都获得充分的自由地发展，那么，这种充分而自由发展的结果，就必然包含每个人依照个人的意愿和实际，在自己感兴趣、有特长的方面获得突出的发展，这无疑便是个性发展的范畴。马克思和恩格斯曾明确指出："而无产者，为了保住自己的个性，就应当消灭他们至今所面临的生存条件，消灭这个同时也是整个旧社会生存的条件，即消灭劳动。"① 他们认为，在资本主义条件下，只有消灭了剥削性的劳动，无产者才有可能去获得充分的自由地发展自己的条件，才有可能保住自己的个性。因此，马克思主义的个人全面发展学说非但不否定个性的发展，而且相反，是一贯主张发展每个人的个性的。马克思在个人全面发展学说里一针见血地指出，所以会造成个人的片面发展，其根本原因是罪恶的资本主义制度及由此而生的生产资料私有制和旧的社会分工等完全剥夺了人们发展自己的权利和自由，在个人发展的道路上制造了种种障碍、约束和限制。因此，要想实现个人的全面发展，就必须根除资本主义制度，还给个人发展自己的权利和自由。既然个人可自由选择自己的发展方向和内容，那么又怎么不会有个性的产生呢？

不仅如此，马克思主义所强调的个性发展比以往任何思想家、教育家所主张的个性发展都伟大得多。因为马克思主义所要求的个性是在"尽可能多方面发展"的基础上，经充分、自由的发展之后所获得的个性，即全面发展水平之上的个性。这与那种限制了或荒废了其他方面的发展，片面突出某个方面而发展成的个性有着根本的不同。西方资产阶级所倡导的个性，是在压抑和牺牲人的全面性发展的基础上形成的一种片面发展或局部技巧与特长，它是以牺牲人的整体为代价而发展成的狭隘领域中的专长或技艺。这种个性发展，表面上看是在发展个性，实质上是对完整人格的摧残和分割。马克思主义所要求的则恰与资本主义所要求的相反，它要使每个人在整体才能尽可能全面、充分发展的基础上塑造个性品格。这是资产阶级所标榜的个性根本不可比拟的。

（三）个人智力和体力的统一的发展，这是发展的度的方面的特征

统一的内容有二：一是统一于个体，二是统一于物质生产过程。是否

---

① 中共中央马克思列宁恩格斯斯大林著作编译局. 马克思恩格斯全集：第 8 卷 [M]. 北京：人民出版社，1972：87.

实现智力和体力在个体身上的统一及其与物质生产过程的统一，这是区别发展性质的根本分野和标志。马克思和恩格斯指出，个人片面发展的基本特征就是智力与体力的分离。因而，个人的全面发展，从根本上说也就是智力与体力的统一。

个人全面发展实现与否，除了要看智力与体力的发展范围、程度及其与个体的结合与统一，还要看智力和体力与物质生产过程是否也达到了统一。如果二者的发展在个体身上是分离的，与物质生产过程也是分离的，那么这都不是真正的全面发展。智力与体力作为统一的劳动能力，之所以会被分离在生产过程之外，皆是由于资本的作用。资本把智力作为特权，并把它从劳动者身上分离。劳动者在生产过程中只剩肢体的作用，作为头脑作用的智力则被资本所掌握。因此，个人的全面发展，智力与体力的统一发展，除上述量与质两个方面的规定和要求，还必须加上智力和体力与个体、与生产过程双重统一这一点，即智力和体力既要统一于一体，又要统一于物质生产过程，这才是全面发展的本质特征。

[原文刊载于《教育研究与实验》1992 年第 2 期]

教育是社会的上层建筑^①

　　教育伴随着人类社会经历了上千年的历史，与人类的各种活动形影不离。但是我们对教育本质的研究却很不够。"文革"时期，正常的学术研究遭到了破坏。今天，在全国人民同心同德为实现"四化"贡献力量的大好形势下，以马列主义、毛泽东思想为指导，从实际出发，实事求是，理论联系实际地对教育的本质问题进行认真探讨，这不仅是发展教育科学的需要，而且对于促进社会主义现代化具有重大意义。

　　历史唯物主义告诉我们，上层建筑是与经济基础相对而言的，是建立在经济基础之上的政治、法律等制度以及同经济基础相适应的社会意识形态。它有几个基本的特征：由于经济基础在阶级社会里具有阶级性，反映经济基础的上层建筑也必然具有鲜明的阶级特征；一定的上层建筑都是由一定的经济基础直接决定的，生产力对上层建筑的作用必须经过经济基础的折光；上层建筑属于思想意识形态，主要是思想观点与制度的统一。这些是上层建筑的本质特征，因而也应当是我们衡量教育是否属于上层建筑的主要工具。

　　几千年来教育发展的历史和当今教育的实践证明，在整个社会结构中，教育属于社会意识形态范畴，完全具有上层建筑的特征。这些特征在教育发展过程中，特别是在阶级社会里，表现得更为明显。

一、教育是一种普遍的永恒的社会现象

　　教育是各种社会共同具有的一种普遍的、永恒的社会现象，但它又不是一成不变的。当一种社会经济结构被另一种社会经济结构代替时，教育也随之改变性质，教育的目的、内容和某些方法、形式也会随之发生相应

---

　　① 当前，在全国教育理论界，学者正在对教育是否属于上层建筑的问题展开热烈的讨论。本文意在结合自己的学习心得，谈一点不成熟的看法。

的变化。在生产力水平十分低下的原始社会，没有阶级和剥削，教育也就没有阶级的色彩。但是，随着对抗阶级的出现，教育也就有了鲜明的阶级特征。一定的教育总是从属于一定的阶级，反映一定阶级的利益和要求并服务于一定的阶级，成为阶级斗争的重要手段之一。正如马克思所说："一个阶级是社会上占统治地位的物质力量，同时也是社会上占统治地位的精神力量，支配着物质生产资料的阶级，同时也支配着精神生产的资料。"① 人类五种社会形态的教育已充分证明，一定社会的教育从来都是一定阶级借以培养接班人的工具。谁受教育，受什么样的教育，把受教育者培养成什么样的人，是由当时占统治地位的阶级根据政治、经济的需要决定的。因此，各个阶级在进行教育时无不把本阶级的意愿和要求寓于教育内容之中，以达到巩固本阶级专政的目的。

　　体现在教育中的哲学、思想观点、教育目的、制度及社会科学方面的教育内容，其鲜明的阶级性是显而易见的。那么，属于自然科学方面的教育内容，其阶级性又体现在哪里呢？自然科学知识本身是没有阶级性的。但是，当它变成教育内容，在教育过程中以课程的形式体现时，就不能不受经济基础的影响，在阶级社会中不可能完全没有阶级的烙印。比如，课程内容的选择、程度的深浅等都是受统治阶级意志支配的。以资产阶级学校教育为例：早在 19 世纪初，资产阶级竭力反对给工人以教育。然而到19 世纪下半期，随着生产力的发展，资产阶级清楚地看到，从脑力劳动中榨取的剩余价值要比从体力劳动中榨取的多得多。他们受自身追求高额利润欲的驱使，不仅普遍给工人以技术教育，而且不断延长着普及义务教育的年限，并把自然科学引进教育内容。资本主义教育的实践说明，自然科学纳入教育内容，一方面是出于生产力的要求，另一方面则是为了实现资产阶级获取高额利润、缓和阶级矛盾的目的。另外，不同阶级对自然科学和社会科学知识所采取的态度也是不一样的，符合本阶级需要的就被取用，否则便加以排斥或拒绝。如封建主和教会对哥白尼太阳中心说的激烈反对，资产阶级在 20 世纪 40 年代对原子能的控制和使用，等等。这些都说明科学技术知识的选择和使用都是有着阶级色彩的。科学技术又总是以意识形态的形式存在的。因此，科学技术不可能像工具那样可以直接拿来使用于生产过程。自然科学知识本身和传授自然科学知识的教育是有区别

---

　　① 中共中央马克思列宁恩格斯斯大林著作编译局. 马克思恩格斯全集：第 1 卷 [M]. 北京：人民出版社，1972：52.

的，虽然二者只差"传授"二字，但传授什么样的知识，不仅取决于培养接班人的需要，而且在传授过程之中也要赋予其一定的阶级内容。

例如孔丘，虽然他的哲学思想是唯心主义的，但是他在教育实践中，为了取得良好的教育效果，采取了一些极为有效的教育方法，如"因材施教""启发诱导"等。由于这些方法符合人类认识规律，即使是在今天的教学实践中我们也常常采用它们。我们继承它们，不仅是继承孔丘本人的经验，而且是继承整个前人的共同财富。因为规律是客观的，孔丘只不过是在一定程度上认识了它们，运用了它们而已。因此，反映人的认识的普遍规律的某些方法，本来是各社会上层建筑相通的东西，我们就不能用它们是否具有阶级的属性来衡量教育是否具有上层建筑属性。事实上，不仅教育，任何一个上层建筑领域都同样在某些方面、在某种程度上存在着非阶级性的因素。例如国家，在现代除了对内有阶级统治、对外有反对外来侵略或扩张的职能，也担负着发展生产和提高文化科学技术水平的任务。尽管这样，对于国家、法律、哲学、艺术等属于上层建筑，在马克思主义看来是没有异议的，因为起决定作用的并不是这些，而是上层建筑的本质属性。

二、教育与经济基础的关系

教育是由经济基础决定，随经济基础的变化而变化，并为经济基础服务的。生产力对教育的决定作用要经过经济基础的折光，因此是间接的。经济是社会的基础。"物质生活的生产方式决定着社会生活、政治生活以及精神生活的一般过程"①，决定着社会的面貌。一定的教育观点、教育理论和教育实践，产生于一定的经济基础。在不同的经济基础上，总是要形成与其相应的教育这种上层建筑。社会经济基础的更替，迟早会引起教育的根本变革。人类社会经历了五种基本经济形态，也相应地产生了五种社会的教育。教育的性质决定于它所由产生并为之服务的经济基础的性质。至于说在一定的经济基础没有发生质变的情况下，生产力和科学技术的发展，促使教育内容、方法和形式发生了变化，或者是经济基础变了，而某些教育内容、方法和形式在一段时间内并未发生变化，这在历史发展过程中不是鲜见的现象。这种现象正是上层建筑共有的独立性和继承性的一种

---

① 马克思，恩格斯. 马克思恩格斯文选（两卷集）：第 I 卷［M］. 北京：人民出版社，1958：341.

表现，而且它所反映的并不是教育本质的根本东西，因此，我们也就不能据此否认或部分否认教育是上层建筑。任何一种教育，它的内容、方法和形式虽然同一定的生产力的发展和科学技术水平有联系，但主要是由一定的政治经济制度决定的。它集中地反映在经济政治生活中属于统治地位的那个阶级利益的需要和意志上。因此，教育内容、方法和形式，就其整个体系来说，都脱离不开阶级利益的需要。

从教育自身的扩展性来看，教育是由经济基础决定的，其与生产力的联系是间接的。有人认为生产力的发展水平可以直接影响教育发展的规模、速度以及教育内容的改进，然而事实并非如此。从教育规模的发展来看，英国的生产力比法国高，但英国幼儿教育普及率只占20％，法国却占90％多；英、法、美等国的生产力发展水平都比朝鲜民主主义人民共和国高，中学普及率却都赶不上朝鲜。这就说明，教育事业发展的规模和速度并不完全决定于生产力的发展。生产力的发展可以为办教育提供必要的物质条件，但能提供多少，则必须由一定社会制度的国家机关根据需要与可能来安排，因此，这种影响作用不是自然而然的。从教育内容的改进来看，美国在20世纪初，工业生产迅速发展，科学技术也达到了世界较高水平。但直到20世纪50年代，美国学校中自然科学的教育内容并未反映当时生产力和文化科学技术的发展状况。直到1957年，苏联第一颗人造卫星上天，才使美国各垄断集团觉察到了教育内容的落后。为了培养大批科技人员与苏联争霸，便锐意改革中小学课程，尤其是中小学的数、理、生、化课程。究其实质，这无疑是经济政治的需要，是为了应对全球性的经济竞争和军备竞赛。在我国，随着社会的发展，根据生产力的发展水平不断更新教育内容，扩大教育规模，采用先进的教学方法，看到教育对生产力的促进作用，这正是国家机关从无产阶级政治、经济利益的需要出发，不断调整生产关系和生产力之间，经济基础和上层建筑之间存在的那部分不相适应的矛盾在教育领域的反映。毫无疑问，教育与生产力的关系是极为密切的。但是，我们并不能因为今天我们要大力发展生产力，就把教育和生产力的关系说成是直接的，或人为地把教育作为生产力去调整生产关系和上层建筑。为了尽快赶上现代科学技术的步伐，迅速改变我国科技事业落后的面貌，发展教育事业是势在必行的。但是，这种发展必须适合生产力状况，必须由在上层建筑中处于主导地位的国家机关根据本阶级的需要对教育加以调整才能实现。历史经验证明，当国家机关暂时还没有意识到新的科学技术能给它带来怎样的利益时，即这种技术还没有成为基础的需要时，先进的生产力是不会自发地对教育产生作用的。只有当国家机关发现了新的文化科学技术会给它的经济利益带来巨大变化时，才会采取各种有效的方式，对教育实行改革。正如恩格斯所说："社会一旦有技术上的需要，则这种需要就会比十所大学更能把科学推向前进。"①

从培养人的方面来看，教育与生产力的联系是间接的。教育为经济基础服务，除了具有上层建筑的共同特征，还有它自己专门的特点。教育是通过培养劳动者来为经济基础服务的。这个劳动者在参加生产，同生产力中的劳动工具和劳动对象结合之前，不能称为生产力的一个因素。根据受教育者的认识规律，通过教师指导，学生获得一定的知识技能，形成一定的思想观点，成为既能从事社会生产又能从事社会生活的社会成员。这是各社会教育的共同任务，也是各阶级办教育的根本宗旨。尽管学生有时也参加一定的实践活动，但这种实践不仅与社会实践有别，而且主旨在于巩固、扩大、加深所学的知识，形成运用知识的技能，为将来从事生产活动奠定基础。因此，教育所培养的人，不是生产力要素中那种直接生产物质财富的人，而是将来生产物质财富的人，即它的后备军。教育过程就是把这种可能的、潜在的生产力转化为直接的、现实的生产力的过程，而不属于任何一种生产物质财富的活动。

三、教育质的规定性

作为上层建筑的教育，其教育思想、理论、方针、路线都属于社会意识形态领域，活动内容也主要以观念形态表现出来。教育对人的影响，就其实质来说，主要是通过思想和知识，通过一定的设施和具体的活动过程，对人的身心产生一定的影响，从而为一定的社会服务。这些具体的活动过程或体现于家庭、社会，或体现于专门的教育机关。从这点来看，教育当然具有物质活动的实践性。但这并不是教育的特殊性，事实证明，整个上层建筑的各个部分都不是与物质活动完全脱离的。例如，政治、法律作为上层建筑，绝不仅仅体现在思想观念上，也反映在与其思想观念相适应的国家政权、军队、警察、法庭、监狱以及党政等组织制度和物质设施上。文学艺术属于上层建筑，属于观念形态，然而也存在文艺组织、演出机构等特定的物质形式和活动机构。因此，具有活动实践性和一定特质的附属机构是上层建筑的共同特征。教育活动的实践性也正是这一特征的表现。毛泽东在《矛盾论》中指出："矛盾着的两个方面中，必有一方是主

① 中共中央马克思列宁恩格斯斯大林著作编译局. 马克思恩格斯全集：第8卷［M］. 北京：人民出版社，1972：505.

要的，他方是次要的。事物的性质主要地是由取得支配地位的矛盾的主要方面决定的。"对于教育，我们不但敢于承认它具有物质活动的实践性，而且敢于证明这个非上层建筑因素并不影响教育作为上层建筑的性质。因为，教育中上层建筑的因素是规定教育性质的矛盾的主要方面，质的非根本矛盾的非上层建筑因素，总是为质的根本矛盾的上层建筑的因素所规定或影响。这就是教育这个事物的质的规定性。

有人认为，教育中有属于自然科学方面的教学内容，有某些不为阶级局限的教育方法和手段，有活动的实践性，因此，教育就不完全是上层建筑。其实这种现象并非教育所独有，而是一切上层建筑的共同特性。如：军队是上层建筑，军队中的武器是没有阶级属性的，但军队若离开了武器就不成其为军队；军队要训练，要打仗，具有活动的实践性，但军队若离开了这个实践性，也就失去了军队的主要职能，而不成其为军队了。然而，我们并不因为武器没有阶级属性，并不因为军队具有活动的实践性而怀疑甚至否定军队的上层建筑性质。既然军队如此，那么我们也就不能因为教育具有某些具体的设施、具有活动的实践性而否定它的上层建筑属性。因为教育是一个完整的统一体。设施是实现教育目的、实施教育制度不可缺少的机构，实践性是教育职能的根本保证，离开了这两者也就谈不上什么教育了。马克思主义认识事物向来主张对具体问题进行具体分析。剖析个别是为了认识整体。利用教育个别因素的特性来否定教育本质的整体属性，这是不符合马克思主义认识论的。

综上所述，教育的发展史证明，教育是整个社会上层建筑的一部分。这样来确定的教育的本质也是比较符合教育自身实际的。革命导师正是从这种实际出发来分析教育的本质的。马克思和恩格斯在《共产党宣言》中，在批驳资产阶级时指出："难道你们的教育不是由社会决定的吗？不是由你们借以进行教育的那种社会关系决定的吗？"革命导师在这里非常肯定地把教育看成上层建筑。毛泽东在1957年也指出："学校教育，文学艺术，都是意识形态，都是上层建筑，都是有阶级性的。"可见，把教育归于上层建筑，这是马克思主义的一贯观点，也是毛泽东的一贯思想。革命导师这些精辟论述的正确性已为教育的历史雄辩地证明了，在未来的教育实践中，其正确性也必将继续得到证明。

[原文刊载于《吉林师大学报》（现名《东北师大学报（哲学社会科学版）》）1979年第4期]

重大成就：教育基本理论的创新发展

中华人民共和国成立后的教育基本理论是在对"中华民国"时期教育研究（包括解放区教育经验）的继承、对苏联等社会主义国家教育学研究的借鉴、对资产阶级教育思想批判的基础上产生和发展的。改革开放后，教育基本理论在对中国教育实践的批判、反思、引领中，获得了进一步的创新发展。

一、时代建树：教育基本理论发展的主要贡献

教育基本理论是对教育现实的抽象表述，是对教育改革的理性表达，是对教育世界的理论表征。对现实的抽象表述追求对现实的客观描述，对改革的理性表达指向对美好目标的向往，对教育世界的理论表征则体现了对教育世界的反思、对教育理想的批判、对教育理论的审视和对教育未来的构建。正是在这个意义上，中华人民共和国成立后的教育基本理论发展呈现了历史的厚重感，具备了理论的深度与高度，甚至可以说达到了一个标志鲜明的历史阶段。概括来讲，教育基本理论的重大成就主要体现在中华人民共和国成立后，特别是改革开放以来教育理论谱系中五个重要的有代表性的理论。

第一，辨清了教育本质论。教育的本质是教育的内在规定性，是教育有别于其他事物的根本特征。人们在研究教育本质问题时，经历了理论探讨的迷雾，曾误把教育的属性当作教育的本质；经过了上层建筑说、生产力说、双重属性说、个体社会化说、传授说等说法，最终提出了教育的本质是根据一定社会需要培养人的社会实践活动的主张。为此，无论为教育加上多少个属性，都无碍于教育作为培养人的活动的本质规定性。进一步说，教育因培养人而与社会的其他活动相区别成其为教育，教育丧失了这一本质就丧失了其独特性。明晰教育本质的重大意义在于明确了教育的本体方位，知道教育是什么、应该干什么，并为人们分析教育现象、诊断教育问题、把握教育实践标准提供了明确的依据。

第二，明确了教育功能论。教育功能是教育之于社会发展和人的发展所起的作用，主要包括教育的社会功能和本体功能。教育的本体功能是教育自身所具有的职责和能力。教育的社会功能是教育通过自身传递知识技能、培养思想品德以及发展智力和体力等基本职能的发挥而产生的对社会政治变革、经济发展、科技进步、人口质量提高等的作用。教育功能分为正功能和负功能，正功能意味着发挥的是积极的作用，负功能意味着产生的是消极作用。教育功能理论的提出使人们明确了教育在社会发展和人的发展中的重要性，为提升教育的社会地位提供了重要的舆论力量。

第三，确立了教育先行论。教育基本理论工作者对邓小平提出的"我们要千方百计，在别的方面忍耐一些，甚至于牺牲一点速度，把教育问题解决好"的观点进行了深度解读，对联合国教科文组织的报告《学会生存》中的教育优先发展思想进行了全方位的诠释，对世界各国尤其是日本和德国教育先行发展的成功实践进行了细致的研究，明确了教育优先发展的内涵，即：纵向上，社会用于发展教育的投资要适当地超越于生产力和经济发展的现有状态而超前投入；横向上，教育发展要先于或优于社会上其他的行业和部门而先行发展。教育先行理论为党中央确立科教兴国、教育优先发展战略提供了坚实的理论依据。

第四，提出了素质教育论。针对"应试教育"给创新人才培养带来的消极影响，研究者们提出了素质教育理论。素质教育，就是全面贯彻党的教育方针，以提高国民素质为根本宗旨，以培养学生的创新精神和实践能力为重点，造就"有理想，有道德，有文化，有纪律"的德、智、体、美等全面发展的社会主义事业的建设者和接班人。素质教育实践的国家指向是：德育为先、能力为重、全面发展。素质教育理论成为21世纪中华民族实现伟大复兴进行教育改革的指导思想。

第五，形成了教育公平论。中国地域广大，各地教育发展差异较大。在基本实现九年义务教育、让所有孩子都能上学之后，中国教育改革的目标开始指向缩小城乡、地区、学校间的差异。为此，提出了教育公平与均衡发展的理论。经过多年研究，研究者明确了教育公平的三大含义：教育机会公平，意味着保障公民依法享有受教育权利；教育过程公平，体现为每个人在资源分配中具有公平的份额，尤其是要向弱势群体倾斜，缩小教育差距；教育结果公平，保证公民受益于教育的公正性。教育公平理论成为中国教育走向更高水平、更高质量的均衡的重要理论支撑。

二、学科构建：推进教育学科学化的进程

教育基本理论从理论思维的高度更关注于教育学的学科发展，把促进学科发展作为自己的任务。中华人民共和国成立后，凯洛夫《教育学》的引入对中国教育学学科的起步起到了奠基作用，并促进了中国教育学教材体系的形成。除了学习苏联凯洛夫教育学，结合中国教育实际和应教学之急需，中国开始建构自己的教育学。改革开放后，我国迎来教育基本理论发展的春天，以重建作为使命，以改革作为动力，以创新作为目标，推动教育学学科实现了一次历史性的跨越。

第一，放眼世界，提出了教育学的新话语。中华人民共和国成立以来，特别是改革开放以来，教育基本理论突破地域限制，着眼于教育学的全球发展。基本理论研究者关注教育学在中国的产生与发展，但并没有局限于作为学科的教育学在中国的发展，而是放眼世界，关注世界各国尤其是欧洲各国、美国、日本等的教育学学科发展状况，关注外国教育学对中国教育学的影响。研究者还引进其他学科的话语，促进了教育学的话语新生。概括来说，研究者引进了"主体""主体性""生活世界""自由"和"生命"等哲学话语，丰富了教育基本理论的研究；引入了复杂理论、解释学、现象学等理论作为教育理论研究的方法论，进而拓宽了教育学的分析视角。

第二，纵观历史，推进教育学学科体系的建设。在相当长的一段时间内，教育学学科体系的建设走的是演绎思维之路，参照苏联教育学、西方教育学构建中国的教育学学科体系，导致教育学学科体系出现"依附性"。针对教育学学科体系的建设困境，教育基本理论研究者的学科独立和学科立场意识日益觉醒，开始对教育学学科发展进行学术史的关注，反思了不同历史时期、不同学术派别教育学研究的方法论，分析了各种教育学派别的理论特征与学术地位，通过研究教育学发展的学术史，获得对当今教育学发展的启示。教育基本理论引入了研究范式的概念，探讨了教育学的理论前提和研究方法论，提出要形成中国的教育学范式，以促进教育理论的本土原创。最为重要的是，研究者采取了理论与实践互相观照、知行合一的学科建设立场，通过关注中国本土教育实践、反思教育理论本体，力图提出有理性穿透力、有普遍说服力的学科体系。同时，注重与其他学科的对话与交流，努力在与诸多学科的对话中坚持教育学自身的学术立场。

第三，创生概念，从多个视角反思教育学的学科发展。在促进学科发

展的过程中，教育基本理论研究者借鉴、创生了许多新概念，作为分析教育学学科发展的理论工具。研究者提出了学科体系和逻辑起点的概念，力图通过澄清概念找寻教育学更为科学的理论起点，以建立更为科学的理论体系；凸显"问题"与"体系"之争，以进一步厘清教育学的学术发展之路；通过探讨科学与人文的学科性质，探寻教育学的学术生命所在。研究者们也提出理论原创、理论思维、方法论、理解方式、学科立场等概念来分析教育学研究的特殊性，凸显教育学的学术地位。这些概念成为教育基本理论分析教育学学科发展的重要工具和理论视角，在丰富教育基本理论自身发展的同时，促进了学科的发展。

三、直面现实：引领重大教育改革走向

中华人民共和国成立后的教育基本理论始终如一地保持的理论品格就是对教育实践的学理关怀。教育基本理论以自己的方式对教育实践中的各种事件的发展变化给予了理论的回应，在促进教育实践发展的同时，实现了自身的发展。中华人民共和国成立后，教育基本理论从对教育政策的诠释走向对教育改革的价值引领。进入 21 世纪，中国改革开放的广度和深度都发生了巨大变化，教育变革不仅要提高质量，更要迎接世界和未来的挑战。置身于改革大潮中的教育基本理论，以独有的理论品格，引领着重大教育改革的发展走向。

第一，教育基本理论对中国教育改革进行价值批判与反思。教育基本理论承担着对教育改革问题进行价值判断和批判反思的重大任务。教育基本理论通过理论研究批判了片面追求升学率、学生负担过重等问题，提出了以素质教育引领学校实践的改革对策。教育活动归根到底是培养人的活动，教育必须回归到培养人上来，才能真正促进社会的发展，因此，必须从教育的本质理论和功能理论中寻找正确的理论指导。

第二，教育基本理论为教育改革的方向提供了理念引导。教育改革的成效取决于改革的方向。教育基本理论的重要任务是对教育改革方向的引领，这些引领包括教育必须为社会主义现代化建设服务、"三个面向"、教育优先发展、素质教育、教育公平、均衡发展、提高质量等。无论是1985 年颁布的《中共中央关于教育体制改革的决定》、1993 年颁布的《中国教育改革和发展纲要》，还是 1999 年颁布的《中共中央国务院关于深化教育改革全面推进素质教育的决定》、2001 年颁布的《基础教育课程改革纲要（试行）》、2010 年颁布的《教育规划纲要》，这些里程碑式的政策

的出台都与教育基本理论发展密切相关。这些政策的形成与教育基本理论对教育质量、教育公平、教育创新、教育体制等的研究密切相关。

第三，教育基本理论为中国教育改革方案提供策略支持。教育基本理论固然要遵循理论理性，遵循理论发展的一般逻辑，但在发展的过程中并没有忽视实践，而是以理论的方式关注着教育改革的方案，为方案提供策略支持。教育基本理论为中国教育改革提供了在制度安排、资源配置、实践构想等方面的策略支撑，提出的提升教育质量、促进教育均衡发展、建设学习型社会、优先发展教育等系列主张都具有鲜明的实践取向。研究者以"局外人"的视角进行中国教育政策的分析、监控与评估政策执行的效果等，以"局内人"的视角关注教育世界的运转，为中国教育改革策略提供恰当的知识论立场。这些都体现了教育基本理论研究者的本土意识和社会责任感。

中华人民共和国成立 60 多年，教育基本理论在挫折中获得了长足的发展。但任何事物的发展均非一帆风顺，教育基本理论必然会在应对时代发展提出的问题中获得新的生机和活力。

［原文刊载于《教育研究》2013 年第 2 期］（柳海民　王澍）

教育基本理论研究的第三条道路
——建构中层理论

　　教育基本理论研究开展 60 年来，代代学人，薪火相传，走出了两条路。这两条路是按照教育基本理论建构渠道的不同来描述的。一条是从上至下看的路，另一条是从下向上看的路。践行前者的著述有扈中平教授的《教育目的论》、柳海民教授的《教育过程论》以及傅维利教授的《教育功能论》等。践行后者的著述如马云鹏教授的《小学数学课程实施的个案研究》一文和陈向明教授的《王小刚为什么不上学了——一位辍学生的个案调查》一文。时至今日，两种研究道路仍旧"各美其美"，共同丰富了教育基本理论的来源渠道。前者践行的是演绎的认识论路径，后者践行的是归纳的认识论路径。前者注重从哲学、心理学和社会学等学科汲取营养而对教育基本理论的核心范畴进行研究，后者注重从基层中获知第一手的资料来验证和提升教育基本理论的解释力度。前者关注的是教育基本理论"璀璨的星空"，后者关注的是教育基本理论"闪烁着自己光芒的星星"。两者你中有我、我中有你，"美人之美""美美与共"。

　　毋庸讳言，第一条道路出现在前，第二条道路出现在后。前者对自身的方法论反思以及后者对前者的方法论批评是客观存在的。前者对自身的方法论反思的结论是要加强教育学的"自我意识"，稳固教育学的学科立场，克服对别的学科特别是对教育学三大基础学科的"路径依赖"。后者对前者的方法论批评主要集中在两点：其一，前者建构的教育基本理论不能直接解释和指导实践。其二，前者建构的教育基本理论忽视了实践工作者的生活体验。这种批评也随之成为第二条道路的立足点和着眼点，即立足于实践工作者的生活体验，着眼于建构出来的教育基本理论能够解释和指导实践。当然，这两条道路的一部分推动者并不完全同意笔者对其着眼点的归纳。具体地说，就是只同意其能解释实践，不同意其能指导实践。这些推动者不同意其能指导实践的理由是作为第二条道路主要研究途径之一的质的研究，其成果的推论存在一个困境，尽管不能否认有论者对上述困境做出了较有说服力的辩解。上述质疑在其语境下有其合理性。那么，有无策略能打通两条道路并去除其与教育实践的隔膜呢？在笔者看来，问题的解决需要一种解决问题的中介。由第一种道路建构得来的教育基本理论成果需要某种中介才能解释和指导实践，从而获取一种方法论意义上的"合理性"。第二种道路也需要某种中介才能走出困境，厘清"一"和"多"的关系，真正获取一种方法论意义上的"合法性"。

一、第一条道路的困境及其合理化策略

从教育基本理论研究 60 年来的发展脉络看，"从上至下看"的道路一度成为其主要研究路径，这从历届教育基本理论年会的主题足可管窥一斑。第一条道路建构理论的思维可以概括为黑格尔意义上的"思辨的思维"①。这种思维指的是"以思想的本身为内容，力求思想自觉其为思想"②。而这种思维成果在教育基本理论研究中起到了概念奠基的作用。倘若没有这些概念的界定与言说，今日之教育基本理论研究可能连一个可以借代的名称都没有。学科建设离不开学科命题的判断与推论，命题又是由一组组概念结成的。"概念性的认识"是学科建设辩证法的题中之义。但这种"概念性认识"有其"超验"之特性，它不同于纯粹意义上立足经验内容的表象思维，也不同于置经验内容于不顾的形式思维。这种"超验"之特性很容易被人误读为"脱离经验"，被指涉为"书生逻辑"。上述"误读"和"指涉"使第一条道路的合理性陷入困境。

（一）第一条道路的困境

从表面上看，第一条道路的困境在于教育基本理论研究成果的受众——基层的中小学教师对知识的用处产生了质疑。其质疑的核心是教育基本理论的相关知识不能直接提高教学效率，不能直接规范课堂秩序，不能直接提升考试成绩，如此云云。第一条道路的研究参与者的"学术自信"始终不能摆脱受众对知识合理性的质疑。从深层看来，第一条道路的困境就在于超验的思维方式不易引起实践工作者的共鸣。实践工作者对理论的功能有所期待无可厚非，不过这种期待确实将理论的功能狭隘化了。而这种狭隘化的客观结果之一是造成了第一条道路的困境。换言之，教育

---

① 黑格尔. 小逻辑 [M]. 贺麟，译. 北京：商务印书馆，1980：51.
② 黑格尔. 小逻辑 [M]. 贺麟，译. 北京：商务印书馆，1980：39.

实践工作者的思维模式是"经验"的，而第一条道路的研究参与者的思维模式是"超验"的。超验与经验之间有一个"真空带"。真空带的存在使得教育理论与教育实践"断裂"了。上述断裂根源于教育理论工作者和教育实践工作者的生活体验的"断裂"。教育理论工作者的短期调研和教育实践工作者的科研过程有可能会松动这种断裂，但是两者均不能弥合这种断裂。

（二）第一条道路的合理化策略

第一条道路的合理化策略由不能割裂的两个方面构成：一方面是认识自我的合理性，另一方面是改造他者的合理性。值得指出的是，认识的对象与改造的对象两者的合理性认定是不一样的。合理化的策略就是将两种合理性的"最小公倍数"求出，获得一种"视域融合"。

1. 认识自我的合理性基础

认识自我的合理性的主体是第一条道路的践行者。自我的合理性主要体现在两个方面，即演绎思维的合理性和教育理论与教育实践的张力合理性。

演绎思维的合理性在于第一条道路建构得到的教育理论对教育实践是一种超越和批判，而不是延伸与变形。若承认教育理论是教育实践的延伸与变形的话，那么两者的关系就是"实践理论化"，即用实践经验去看待理论超验，用前者来理解、解释后者，把理论变成了冠以某些理论名词的实践。理论的认识实践和改造实践的功能发挥变成了实践以仰视的姿态运用理论，把理论的结构性成果套用到实践的鲜活过程之中。而与之相对应的是"理论实践化"，它以承认理论对实践的超越这一命题为前提。"理论实践化"是指理论以超越实践的思维方式建构理论的"是什么""应该是什么""或者是什么"的知识图式去反思实践的"问题""原因"和"对策"。

教育理论与教育实践的张力合理性在于理论不是盲目地指导实践，实践也不是盲从地附属于理论。这似乎是不言自明的。真正能够指导实践的理论内容应立足于对人的科学认识，真正能够指导实践的理论形式应立足于科学的逻辑过程，真正能被理论指导的实践，必须是以人的主观能动性凸显为特征的实践。教条主义的人不具有主观能动性凸显的基质。一味地将所有教育理论均冠之以"不实用""不真实""不简单"的标签就是教条主义的表现，因为依赖所以教条，也是对主观能动性的自我消解。

2. 改造他者的合理性质疑

在此文意义上讲，他者指的是教育实践工作者。改造教育实践工作者对第一条道路的"偏见"不可能"毕其功于一役"，而只能在边际上一点一点地改变。也就是说，需要第一条道路做出某种妥协，在"超验"与"经验"之间找到一个黄金分割点。而这样的黄金分割点"进"可拉近与实践工作者的距离，"退"可坚守自身的方法论硬核而不至于"唯实践马首是瞻"。

理论的设想需要践行过程中的操作性定义。而这样的操作性定义有助于一种新的教育基本理论研究范式的诞生。本文题目中的"建构中层理论"的设想就是新的教育基本理论研究范式的一种可能。中层理论焉何能够改造他者的合理性？怎样改造他者的合理性？改造之中有什么误区？以上问题笔者将在第三部分言明。

二、第二条道路的困境及其合法化策略

20世纪末21世纪初，第二条道路在中国兴起。其兴起离不开几个学术重镇学科带头人的大力推崇。在十余年的历程中，第二条道路呈现"星星之火燎原之势"，大有"二分天下有其一"的趋势，近几年硕博论文的题材和采用的方法就是佐证。但"燎原"的过程并不是一帆风顺的。其一，第一条道路思维定式的打破和第二条道路思维方式的承认是一个问题的两个方面。第一条道路的参与者总是在自觉不自觉间质疑着第二条道路的合法性。其二，第二条道路的参与者有一个内部分化。有的研究成果确实是真正的"从下向上看"的研究途径的体现，曲解第二条道路的"方法论硬核"而"另辟蹊径"的研究成果也在一定程度上存在。这种"曲解"本身在第二条道路推行伊始自然不可避免，但由此造成的一种结果必须得到应有的重视。其结果在于误导了一些教育实践工作者，使他们以为第二条道路就是在"讲故事""发牢骚""探视隐私"等，这就在客观上导致第二条道路陷入了合法性困境。

（一）第二条道路的困境

第二条道路的研究成果给受众带来了一种全新的阅读体验。这里的受众包括教育理论工作者和教育实践工作者。新旧之间的契合存在一个化陌生为熟悉的过程。第二条道路的研究路径本身存在一个化熟悉为陌生的过程。在彼"陌生"和彼"熟悉"与此"陌生"和此"熟悉"四个范畴两两之间的不断流转中（见表1-1），总有一些排斥效应在发生。排斥之后果在一定程度上造成了第二条道路的合法性危机。

表 1-1　教育理论工作者和教育实践工作者对研究成果的阅读体验

	教育理论工作者的熟悉感	教育实践工作者的熟悉感
教育理论工作者的陌生感	碰撞一	碰撞二
教育实践工作者的陌生感	碰撞三	碰撞四

表1-1中，教育理论工作者的熟悉感的对象是第一条道路（A）以及第一条道路与实践互动结构（B）两者。教育实践工作者的熟悉感的对象是实践经验（C）以及实践与第一条道路互动结构（D）两者。教育理论工作者的陌生感的对象是第二条道路（E）以及第二条道路与实践互动过程（F）两者。教育实践工作者的陌生感的对象是理论超验（G）以及实践与第二条道路互动过程（H）两者。

对于"碰撞一"而言，第二条道路作为一种新鲜事物，被同人接受有一个过程。同时，从事第二条道路的学者也是"摸着石头过河"，有诸多的方法论责难要去回应，最为突出的就是质的研究成果的推广问题。也许A与E的碰撞相对不是很复杂，但B与F的碰撞就复杂得多了。第一条道路的成果来源于实践、高于实践并指导实践。第二条道路的成果虽来源于实践，却更多地注重被实践工作者所解释。如果说第一条道路具有天然合法性的话，那么第二条道路则处在合法性危机之中。前者的研究理路是占主导的理路，后者要想继续和完善其研究理路的话，与前者的碰撞不能不说是一个"必经之路"。

对于"碰撞二"来讲，C与E的碰撞似乎不是很激烈，第二条道路的合理性很大程度上是由实践赋予的。第二条道路的研究者在研究过程中既是"局外人"，亦是"局内人"。其中"局内人"的身份认同使得C与E的碰撞相对来说没有那么多的"隔膜"与"断裂"。D和F的碰撞说到底是一种结构与过程的碰撞，结构注重静态的共时性特征，过程注重动态的历时性特征，一动一静，彰显迥异。同时，结构与过程二者与实践的互动机制相差甚远，如果说前者是"抓大放小"的话，那么后者就是"以小见大"。

对于"碰撞三"来说，A与G的碰撞自古就有。现今二者的碰撞有一种"新瓶装旧酒"的意味。所谓"新瓶"，指的是A业已不处于一统江湖的地位了，教师对G的陌生感也随着师资素质的提升慢慢消退了。所谓"旧酒"，是指教育理论与教育实践一直以来处于"剪不断、理还乱"的纠葛状态。B 与 H 的碰撞似乎不在同一层面，但实践工作者头脑中对第二条道路的认识，诸如第二条道路就是指"讲故事""新闻采访"以及"体验生活"种种观点的萌生均是 B 与 H 碰撞的结果。第二条道路要想造福于教育实践，就不能回避这种碰撞，正视这种"熟悉"与"陌生"的冲突才是正确看问题的态度。

对于"碰撞四"而讲，C 与 G 的碰撞一直以来就是文史哲的经典话题，鉴于文章的第一部分已经言明，此处不再赘述。D 和 H 的碰撞是一个比较重要的问题，其中涉及质的研究成果的推广、质的研究成果的生成以及质的研究成果的解释等问题。尤其需要指出的是，质的研究成果不求"推广"的言说使得基层实践工作者对其的存在充满质疑。在实践工作者的眼中，第二条道路的研究成果就是"报告文学""新闻报道"和"日记摘载"等。D 与 H 碰撞中的排斥反应也是造成第二条道路合法性危机的一个原因。

（二）第二条道路的合法化策略

1. 认识自身的合法性来源

第二条道路在教育学中的地位大致相当于新史学在史学中的地位、常人方法论在社会学中的地位。新史学在史学界遭到了一些质疑。常人方法论在社会学界也遭到了一些质疑。正如有论者言明的那样："作为一种社会分析的角度，常人方法学不可能没有局限，比如缺乏对时间和历史的关注。而且，仅仅站在一个似乎'超然'的立场上，指责现有社会分析的缺陷，这是远远不够的，在许多时候也无益于社会学的发展。"[①] 第二条道路在教育学界也受到相应的指摘。指摘是第二条道路合法性危机的一个重要诱因。但指摘仅仅是指摘，不能因为"可能湿了鞋子"而"不在河边走"，"在河边走"有诸多践行的理由。具体讲来，第二条道路的方法论依据的是社会理论中的常人方法学（俗民方法论）。常人方法论有其存在的合理性。其一，要概括常人方法学的"方法论"，最适当的一句话就是胡塞尔的主张——"回到事情本身"[②]。"回到事情本身"是现代哲学的一个重要转向。如果说先前的哲学难免逃出"人类一思考，上帝就发笑"的尴尬的话，那么"回到事情本身"就是对上述尴尬的"拯救"或曰"圆场"。姑

---

① 杨善华. 当代西方社会学理论 [M]. 北京：北京大学出版社，1999：85.
② 杨善华. 当代西方社会学理论 [M]. 北京：北京大学出版社，1999：66.

且不论"拯救"与"圆场"的结果如何，单就其过程本身就有合法性。其二，常人方法学意图纠正以往的社会理论厚"结构"轻"过程"的弊端。以往社会理论的"宏大叙事"表面上和大众离得很近，事实上却和大众离得很远。于是"俗民方法论者不问社会怎样才可能有秩序，而问怎样才可能有秩序感"①。这样的话，与"大叙事"相对立的"小叙事"也有其存在的必要。而这种"小叙事"也是一种崭新的逻辑。事物的存在是和其对立面的存在联系在一起的。其三，社会理论中，结构与行动者的相互作用是一个永恒的主题，以往的社会理论可能比较关注相互作用的外在表现，相互作用的内在机理却较少有人问津。常人方法论较为关注相互作用的内在机理。常人方法论的命题可能将遵从几个预设：（1）社会秩序是由（赋予行动者共同的现实感）技术的运用来维持的；（2）共同现实究竟为何对于维持社会秩序是次要的，重要的是对于一套共同技巧的接受②。在"维持"与"接受"的情境转换中，常人方法论完成了对内在机理的一种可能解释。其四，原先的社会理论较为关注结构与行动者互动的内容，内容的载体——形式却受到了冷落。常人方法学为了改变这种现状，在其方法论假设中有意地加入了对形式的关注。因为形式对内容也有较大的反作用。在此意义上，加芬克尔最终得出结论："辨别一个人说话的意义，仅在于也完全在于辨别他说话的方法。"③ 综上所述，常人方法论的哲学依据有其合法性，小叙事的存在也有其合法性，关注内在机理的功能有其合法性，关注形式对内容的反作用也有其合法性。认清常人方法学的这几种合法性来源是第二条道路继续走下去的必要前提，也是回应第二条道路合法性危机的重要理由。

2. 改造他者的合法性质疑

质疑从下向上看的研究路径合法性的主体大致有几类：其一，从事第一条道路的教育理论工作者。前文已经交代了一些质疑的理由，但尚有一条理由不得不提，即怀疑第二条研究路径的"一哄而上"会造成一种学术无政府主义。这样的质疑有其道理，美国新史学的发展历程给我们提供了借鉴意义。"……这种情况发展下去就造成了历史研究专与通的失衡，以致美国大学生对19世纪90年代中期纽约下东区意大利移民的妇女地位的

---

① 于海. 西方社会思想史 [M]. 2版. 上海：复旦大学出版社，2005：447.

② 乔纳森·特纳. 社会学理论的结构：第6版 下 [M]. 邱泽奇，等译. 北京：华夏出版社，2001：89.

③ 杰弗里·亚历山大. 社会学二十讲：二战以来的理论发展 [M]. 贾春增，等译. 北京：华夏出版社，2000：201.

认识颇有见地，却分辨不清西奥多·罗斯福和富兰克林·罗斯福两个总统。表面上历史研究似乎是百花竞放，欣欣向荣，但实际上由于这些领域之间及其与整体之间缺乏有机联系和融会贯通，所以并无协调可言。整个说来，过去 30 年美国历史学由于缺乏中心课题或框架而陷入了'四分五裂'的局面。"① 这种质疑的改造需要一种学术诊断，有价值地践行第二条道路的研究成果似乎不是太多了，而是太少了。在这个时候提学术无政府主义也就显得为时过早。其二，从事第二条道路的部分教育理论工作者。这部分人只是把第二条道路当作一种学术宿命而不是学术使命，缺乏一种学术自信。是"宿命"而不是"使命"使得这部分研究者沦为了"他者"。而要消弭这种"我—他"之间的分裂，需要从两方面着手。一方面，认清第二条道路的研究目的。"常人方法学致力于揭示行动者相互交谈时所掩盖的未曾言说、无法提及的潜在社会现实。"② 此种目的与第一条道路研究目的之异是第二条道路存在的必要性。另一方面，认清第二条道路的研究策略。如果说第一条道路揭示的教育事实和教育事实揭示的其他教育事实存在一种相容性的话，那么，第二条道路揭示的两者就存在着一种不相容性。"索引性和客观表达之间的不匹配性，就是分别寓于生活世界和科学这两种意义领域的两种理性之间的不相容性。"③ 第二条道路试图解释"此种教育事实本身"（内）和"此种教育事实本身与彼种教育事实之间的关联"（外）张力之间的平衡。第二条道路的研究策略也即其存在的可能性。其三，教育实践工作者。他们对第二条道路合法性的质疑在于第二条道路的研究成果是否为理论。而第二条道路的践行者的回应是此理论非彼理论，第二条道路关注"异质性"而非"代表性"的特殊案例，意图通过"对一个个特殊案例的理解而达到人的认知结构的不断发展和完善"④。这样的回应会使实践工作者满意吗？很可能不会。因此，需要第二条道路做出一种妥协。

第二条道路的妥协，其主观动机在于得到实践工作者的认可，但在客观效果上极易失去其方法论的目的与策略，从而丧失其本来的面目。但这

---

① 戴格勒. 美国史求索：现代史学的挑战 [M]. 489. 转引自：何兆武，陈启能. 当代西方史学理论 [M]. 上海：上海社会科学院出版社，2003：482-483.
② 马尔科姆·沃特斯. 现代社会学理论 [M]. 2 版. 杨善华，李康，汪洪波，等译. 北京：华夏出版社，2000：43.
③ 马尔科姆·沃特斯. 现代社会学理论 [M]. 2 版. 杨善华，李康，汪洪波，等译. 北京：华夏出版社，2000：42.
④ 陈向明. 质的研究方法与社会科学研究 [M]. 北京：教育科学出版社，2000：424.

种妥协非做出不可，因为合法性危机是第二条道路研究路径发展的一大"瓶颈"。既然路不能改道，那只有寄希望于桥梁了。第三条道路就是这样的桥梁，但它绝不是包治百病的灵丹妙药，只是缩小理论与实践鸿沟的一个药方。故而第三条道路呼之欲出。

三、第三条道路的必要性和可能性

在社会科学界，中层理论不是什么新鲜的名词。无论是社会学还是史学，建构中层理论在某段时间内都是显性话语①。但在教育科学领域，中层理论无疑是一个新鲜的名词。中层理论既不是"放之四海而皆准"的理论体系，也不是简单明了的概念和假设。它介于这两者之间。以往的教育学理论，概念很多，但真正能在教育实践界引起共鸣的很少，似乎观点很多，但定理不多，没有稳定的研究旨趣。究其原因，主要是教育研究所得出的结论很难在教育实践中得到验证。中层理论的建构设想就是基于上述情况而做出的。社会学领域早已为我们提供了可资借鉴的理论源泉："中层理论由有限的几组假定所组成，通过逻辑推导可以从这些假定中产生能接受经验调查证实的具体假设。"② 中层理论是可以验证的。同时，这种验证也是有限度的。"中层倾向指明了研究中的未知数。这一理论没有自命通晓实际上未知的事物，而是公开承认建立知识体系还有待研究的问题，没有认定自己可以对当今一切紧迫的实际问题提供理论解决的办法，而承认只能解决现有知识可以澄清的问题。"③ 换言之，中层理论是反"乌托邦"的。

（一）第三条道路的必要性

第一条道路的思路讲求的是从上往下看，第二条道路的思路讲求的是从下往上看。第三条道路的必要性就在于中层理论能够提供一种从中间往两头看的思路。这样的思路既可为第一条道路合理性的困境提供出路，也

---

① 罗伯特·金·默顿. 论理论社会学 [M]. 何凡兴，李卫红，王丽娟，译. 北京：华夏出版社，1990；杨念群. 中层理论：东西方思想会通下的中国史研究 [M]. 南昌：江西教育出版社，2001；杨念群. 再造"病人"中西医冲突下的空间政治（1832—1985）[M]. 北京：中国人民大学出版社，2006.

② 罗伯特·金·默顿. 论理论社会学 [M]. 何凡兴，李卫红，王丽娟，译. 北京：华夏出版社，1990：92.

③ 罗伯特·金·默顿. 论理论社会学 [M]. 何凡兴，李卫红，王丽娟，译. 北京：华夏出版社，1990：93.

可以为第二条道路合法性的困境提供出路。中层理论的建构对于教育基本理论研究的意义至少表现在两个方面：一是尽可能地摆脱第一条道路只关注"星空"的指涉。现在的教育基本理论研究似是而非的结论比比皆是，对"社会—教育—人"三者关系的断语层出不穷，唯独看不见闪烁着自己光芒的"星星"，也即看不到日常生活中的教育者和受教育者。教育者和受教育者在其结论中只是与教育内容和教育手段并列的冷冰冰的符号表征。中层理论关注教育者和受教育者鲜活的生命体验，它的存在可以保证第一条道路建构出来的教育人学不至于沦为教育符号学。二是可为第二条道路的发展空间提供余地。第二条道路只是关注"异质性"的特殊案例，对教育实践工作者的迁移能力实是要求过高。而教育实践工作者的迁移能力不高造成的一个可能的客观后果是第二条道路的研究成果被"庸俗化"了，庸俗化为"奇闻逸事大汇编"。可能在此意义上，教育基本理论研究不仅仅需要"建筑工人"，也需要"建筑师"。中层理论就是这样的"建筑师"，它的存在可以保证第二条道路在匆匆赶路时能够不忘却自己的出路。

事实上，著名学者唐德刚在《袁氏当国》中早就有高论：史学是历史记录和历史哲学的整合。有哲学而无历史记录实属天书，有史实无哲学是"官场现形记"。所谓现形记，不免流于"知其然，而不知其所以然"，价值立场游移不定。教育基本理论研究何尝不是这样呢？第一条道路的研究成果厚超验薄经验，极易被教育实践工作者诟病为"天书"；第二条道路的研究成果厚个体薄总体，极易为教育实践工作者指涉为"教育现形记"，所谓"教育现形记"，不免流于教育现象本身而忽视教育现象的发生与互动机制。中层理论的建构既能厘清教育实践的逻辑，为所谓的"天书"加上注释，也能巩固一种公允的立场，为所谓的"教育现形记"提供一种稳固的价值关怀。

（二）第三条道路的可能性

教育基本理论中的中层理论，在缓解第一条道路的合理性困境和第二条道路的合法性困境的过程中获得了自身的合理性依据。那么，建构中层理论的第三条道路何以可能最终获得合法性呢？中层理论跨越了微观—宏观之区分，因此，建构中层理论的第三条道路必须在前两条道路的张力下明确自身的对象。教育社会学的一些命题，诸如教育失范、教育组织中的科层制人格、人的成长的参考群体理论均是中层理论建构出来的对象。如此说来，中层理论的建构并不陌生，只是本文意图将某种"自在"的建构变成一种"自觉"的建构。为什么偏偏是教育社会学的命题呢？教育学的基础学科有三：哲学、社会学和心理学。笔者认为，教育基本理论的基础学科也有三：教育哲学、教育社会学和教育心理学。如果说第一条道路的建构依赖于从教育哲学特别是教育社会哲学的进展中获知灵感，第二条道路的建构依赖于从教育心理学尤其是教育社会心理学的进展中汲取营养，那么第三条道路的建构更多地脱胎于教育社会学的学科进展。既然教育社会学的"脐带"能够为教育基本理论的第三条道路提供发育的营养，那么笔者对中层理论的建构可能开出的药方就是教育基本理论的社会学转向。

教育基本理论的社会学转向并不是孤立的，广义的社会学包括社会哲学和社会心理学。这样的话，中层理论的建构也可能需要打通"宏观"与"微观"的鸿沟。当然，中层理论本身有这样的潜力。潜力之一在于"中层理论可以提供所谓一般性理论或宏大理论所未能提供的说明，因为后两者与其说是说明，实际上不如说是一些概念图式"。"中层理论与这些宏大概念图式中的某些图式有所契合，因此可以将它们贯串在一起。"① 潜力之二在于中层理论建构出来的成果能够为实践所检验，而实践的反馈有助于修正某些假设和概念，这样的良性循环使得中层理论与实践中的"小叙事"贯串在了一起。看来，第三条道路存在的可能性也已具备。

[原文刊载于《教育理论与实践》2009 年第 1 期]（柳海民　王晋）

---

① D. P. 约翰逊. 社会学理论［M］. 南开大学社会学系，译. 北京：国际文化出版公司，1988：372.

再论教育理论的原创性

原创是创新的一个重要命题。教育理论原创是教育创新的价值尺度和导向，是对教育研究之果的价值判定。2001 年 6 月 22 日，江泽民代表党中央和国务院在中国科协第六次代表大会上的讲话中指出："要鼓励原始性创新，努力攀登世界科学高峰。原始创新孕育着科学技术质的变化和发展，是一个民族对人类文明进步做出贡献的重要表现，也是当今世界科技竞争的制高点。我国广大科技工作者要有攀登世界科学高峰的勇气和毅力，加强前瞻性、基础性、战略性领域的科技创新，努力提高我国科技的持续创新能力。"教育研究是教育实践的先导，全面提升教育研究的原创水平，对于推动科学的教育实践、培养具有创新能力的高素质人才，以强化中国科学与技术的原始创新性，具有十分重要的战略意义。

一、原创：教育研究的理性诉求

教育研究的繁荣不能简单地与教育研究的价值画等号。繁荣是质与量的综合体现，价值则是一种质的度量。中国的教育学及其研究，从 20 世纪 80 年代开始，进入了一个繁荣发展的新阶段。繁荣不仅开阔了学术研究的视野，深化了学科理论探究，强化了研究意识，形成了众多的理论成果，而且的确推动了教育实践的发展。但如果冷静审视过去 30 多年的教育研究历程及其成效，可知真正富有原创性质的研究成果极少，这是繁荣背后的悲哀。这就需要我们做一次痛彻的深思：中国的教育研究到底应该追求一种什么样的路向？中国教育研究者的责任和使命到底应该定位在哪里？

伟大的革命导师列宁曾说，判定一个人的社会贡献，不在于他为社会贡献了多少，而在于他为社会贡献了哪些新东西。中国的教育研究，要想形成与国际同行平等对话的能力，要诞生具有中国特色的突破性成果，就必须把原本性创新作为教育研究的根本追求和教育研究者的责任和使命。

原创是学术研究之要义的表征。 梁启超早在 1911 年就在《学与术》

中对"学术"问题有过精辟论述："学也者，观察事物而发明其真理；术也者，取所发明之真理致诸用者也。"学术研究从其肇始就被赋予了创造性的内涵。在今天，对学术的要求和理解更是以创造性和原创性为其使命。"学，是指学理，讲究渊源、承继、发展、创新，自成严密的体系；术，是指方术，探究方法、技术、应用，具有实践性……无一例外，都是创造性劳动的过程。"① 故原创性是学术研究的本义之一。

原创是学术研究之生命的表征。 理论存在和发展的价值就在于创新，理论创新乃理论思维的内在要求。没有原创性，学术研究就没有了动力，没有了方向，没有了规范，也没有了价值。如果原创性成了学术规范之外的要求，学术研究将永远停留在徘徊不前的水平。真正的理论是以高度的理论自觉对所处时代的理性把握，这种理性把握不仅仅表现为解释的功能，还应承担起理论建构的任务，以原创性的思想成果推动整个社会的进步。回溯人类历史发展进程，人类思想学术最具原创性的时代，柏拉图、亚里士多德、牛顿、爱因斯坦、哥白尼，乃至教育领域的夸美纽斯、赫尔巴特、斯宾塞等，无不是以推动所处时代的社会进步而实现其理论生命力的。虽然，历史的发展也演变着"原创"的内涵，但无疑，学术研究的最高旨趣在于诞生所处时代所要求的原创性理论成果。

原创是学术研究之质量的表征。 我们所处的时代不仅是"知识爆炸"的时代，更是所谓成果爆炸、专家爆炸、学说爆炸的时代。学术研究者众但研究学术者寡，学术高产者众但高产学术者寡，研究创新者众但具原创成果者寡。判定一项成果的质量与水平的标准无疑是多维多元的，包括政治的、经济的、社会的、文化的、学术的等。但在这多重标准的衡量中，最有价值的质量判定标准一定是与其原创性直接相关的。至今人们所以依然推崇孔子的"因材施教"，《学记》的"豫、时、孙、摩"，卢梭的"自然教育"，赫尔巴特的"三中心"以及杜威的"实用主义"，是因为它们从不同的侧面原创性地揭示了教育的客观规律，这成为此类教育问题研究的起点。现在，教育研究的成果虽多，但是真正基于探究原本的高质量成果或高质量研究依然为数不多，这也是目前教育研究水平不高、进步缓慢、决策部门和教育实践第一线不满意的重要原因之一。

原创是直觉思维之发明与发现的表征。 在科学研究的视域里，原创是直觉思维的产物，是直觉思维后的发明或发现。直觉思维是一种灵感的

① 陆敏，胡梅娜. 原创性：学术研究的基本准则 [J]. 政法论坛，2002 (1)：117-123.

闪现。这种灵感稍纵即逝，极其短暂，且有可能很难再现，但其孕育的过程却是极其漫长甚至是极其痛苦的。学术成果的价值与其付出的艰辛成正比。无数的结论已经证明，只有深深地根植于教育实践并全身心投入其中，才有可能终成正果，有些许原创的产生。真正的学术研究是枯燥的、寂寞的，而不是时时充溢着掌声和数量不菲的劳务回报。学术研究的目的之一是揭示规律，同时，学术研究本身也要遵循自身的规律才有可能催生新成果。客观规律和人的主观能动性的关系是哲学上的一个重要问题。人的主观能动性要受客观规律的制约，人只有在一定的客观条件下按照客观规律办事才能创造历史。当然，人不是客观存在的被动、消极的接受者，人具有自己的主观能动性。否认客观规律的作用，认为人可以为所欲为地创造历史，是"唯意志论"；认为人在客观存在面前毫无作为，抹杀人的主观创造性，是宿命论。追求教育研究的原创过程并获得原创性教育理论的关键在于确立真正的学术研究动机，在尊重和把握教育研究规律的前提下，充分发挥人的主观能动性，才有可能实现原创的研究目标。

二、原创性教育理论的学理剖析

明晰"教育原创理论"的内涵，是凝练、催生教育原创理论的认识前提。从一般意义上讲，原创理论是有关教育的原本、始初、根基、缘起性理论。就教育活动本身的复杂性来说，教育原创理论应该是一个需要在多维视野中透视其理论意蕴的多重规定性概念。

教育原创理论是一个新质获得性存在。 原创理论，无论作为一种思维过程，还是作为一种思想成果，它都属于认识范畴，但并非所有的认识都是原创的，只有获得新质的认识才能称得上是原创的。原创理论在本质上是人的认识的质变。在本体论层面上，原创认识"新质"的获得，以两种方式来实现：一种是对对象事物获得新的认识"元素"或者说"新基因"而实现质变；另一种是通过在对象事物已有认识"元素"或者"基因"的排序结构上的变化而获得新质。

表现在教育原创理论上，其品性之一是独立之创。这种原创是经历长期的教育实践和哲学思考，以其直觉思维的形式而提出，创立的一些理论。这些理论在其提出之初可能还未被人们认识到是独创、圣雅的伟大理论，但后续的教育实践证明这些理论暗合了教育规律，是人类成功教育经验的结晶。这些理论虽是本土的，但因其反映了教育规律，因而又具有全球的普遍性和相通性。其品性之二是"始初之创""纯粹原创（相对而言）"。这种原创是开天辟地的，从认识的起点到结果、从认识的元素到道路，都是前所未有的、彻底革命性的。这种原创犹如在人的生命基因中又发现了新的从未预见的基因一样，不管其形成是渐变的还是突变的，在结果上，就是一个"全新"理论的出现。如孔子提出的分科教学、墨子提出的"实利教育"、蔡元培提出的美育思想等都开思想之先河，提出了前所未有之理论。始初之创的标志还表现在，在横向比较上，该理论本国有而别的国家没有，在纵向比较上，该理论现在有（亦可以是历史坐标中的）而过去没有，方可谓之始初之创。其品性之三是确立之创，即由于该理论的真理性、科学性、普遍性、价值性等性质而被人们广泛认同，乃至成为该类教育理论体系的始基，成为具有本源性的原创理论。例如，美国经济学家舒尔茨提出的"人力资本投资"理论及其定量研究教育经济效益的方法。其品性之四是突破之创。突破之创是对现有思维方式、方法、技术、体系、模式、范式等的创新，是教育认识的已有元素"基因"的排序结构不同而形成的质变。例如，金刚石和石墨都是由碳元素组成的，但同素异形体之间的性质存在巨大、显著的差别——金刚石无比坚硬，石墨却非常之软；金刚石不能导电，石墨却能导电。研究表明，金刚石和石墨的物理性质存在如此大的差异，是因为金刚石和石墨里碳原子的排列结构不同。陶行知的生活教育理论虽然与杜威一样，也是对"教、学、做"三者关系的阐发，却是意义不同的教育学理论，在中国教育史上，也堪称教育原创理论之典范。

从现今的原创理论形成的方式上来看，笔者认为，现时代的研究水平决定了当代教育理论原创更多意义上是"排序结构式"的原创。因为在教育理论的发展中，一般意义上的"元素"或者说"原点式"的理论已基本提出，现在研究的着力点在于根据现时代各个学科发展和实践的发展需要，在新的认识水平上，对这些"认识元素"重新解说，建构新的理论架构、诠释架构或原理架构，这可能是当今教育理论原创的最大"亮点"和可能性道路。当然，笔者绝不排除当科技、文化等诸方面条件成熟时，"全新、异质"的原创理论横空出世。

原创性教育理论是一个先验批判性存在。 原创理论属于反思的认识，原创理论必须从前提批判或者说先验批判开始。

第一，原创理论是批判性的。"从当代学术的历史背景与现实境遇来看，如果说我们还能够有什么原创性，那么在我看来，它也只能是一种'批判性的原创'。所谓'批判性的原创'，与轴心时代'第一性的原创活动'不同，它在本质上是一种为复归'第一义'而展开的批判性的还原解释。"① 离开了理论批判，理论创新尤其是原创理论几乎不可能，批判性是原创理论的基础。

第二，原创理论是先验批判性的。"批判性的还原"有两种形态，一种是"存在"领域的经验批判，一种是"思维"领域的先验批判。经验批判针对的是知识生产中的各种具体理论产品，即显性认识成果，表现为对"常识""权威看法"的批判；而先验批判针对的是知识产生的隐性前提的批判审查，任何思想的产生都有其先于一切具体的知识生产的自明性或公理性的观念前提，先验批判就是对这种自明性的逻辑起点本身是否合法的纯粹观念批判，"目的在于清理各种陈旧的思想观念和非法的认识论模式，打通在主体思维结构中存在的各种观念的意识的'死结'，从而为人类精神再生产提供一种清晰而敏锐的逻辑武器"。经验批判产生不了原创，却是原创理论产生的前提，先验批判才是理论本身赋予原创的合法形式。

原创性教育理论就是对教育理论产生的"自明性、公理性"前提进行先验批判，从而完成思维跃迁而实现的认识成果。但是，理论产生的认识前提不是自然呈现的，而是隐性地存在的，需要一个思维澄清的过程，这种识别本身也是一项值得做的工作。只有对教育理论进行前提性批判，才有可能产生原创理论。

原创性教育理论是一个逻辑断裂性存在。 原创理论，必须跨越逻辑的鸿沟。原创理论不能通过一般的逻辑推理来实现。如果试图通过已有的解释框架来理论原创，在逻辑上几乎不可能。"既定的推理规则为人们从现存的知识中引出结论提供了公共的通道，而开拓者则偏离通常被接受的推理过程，跨越逻辑鸿沟，形成独见，取得了令人惊奇的结果。原创性所指向的是特见而非共识，是思想的突破而非成规的因袭，所以必然要'逆乎常纬'（康有为语），空所依傍，在一片孤独的境域中，开辟思想的新路径。"② 因此，只有跨越问题及其解决之间的逻辑鸿沟的理论研究才称得上是原创，而逻辑鸿沟的宽度，就是衡量理论原创性的尺度。教育理论原创，重要的前提就是理论研究者能否在已有的、复杂的认识背景中分离、改变解释框架和原则，以另一种方式去体认教育活动的本真内涵，而一旦

---

① 谢武纪. 教育学本土化何以何能：基于近 40 年来相关文献的回顾与反思 [J]. 现代大学教育，2017（6）：12-18.

② 郁振华. 权威、传统和原创性之间的紧张：波兰尼的观察和解决 [J]. 思想与文化，2001（00）：274-288.

教育理论跨越了这样的逻辑鸿沟，我们的眼光、思想都不同了，原来的启发性紧张也消失了，我们再也不会被原来的问题所困惑，教育理论原创也就"在途中"了。

原创理论难以程式化。如果理论研究仅仅遵循现有的研究程序和规则，那恐怕研究只能实现一般的常规性进步，而不可能出现令人"惊奇"的原创作品。因为原创在本质上就是一种跨越逻辑鸿沟的飞跃，这种飞跃常常表现为一个自生自发的突生过程，而不是一种刻意的努力。在"飞跃"的过程中，伴随的常常是理论研究者对于工作强烈的爱和激情。理论原创的情感维度是无法言说却又是不可忽视的重要方面。所以，对于一种机缘性事件的理论原创，"不可能在先由具体实现原创的原创智慧之外的一般心智来盲目地预言或否定，而只能抱怀疑式的开放态度，让将来开口作答。原创按其本质就排斥他人关于原创人、原创领域、原创方式的外在规划。搞计划原创必然是瞎指挥"。① 因此，原创教育理论应源于理论研究者对教育工作的爱和无限的激情，认识到原创性的飞跃特征和突生品格，在逻辑与断裂之间不做刻意的努力，却保持必要的张力、有为和无为的统一，从而实现一种辩证的、具体的识见，开辟教育思想的新境界。

原创性教育理论是一个历史过程性存在。 原创理论是一个历史的、发展着的概念，表征其内涵的提问方式以及衡量原创理论的标准，都是伴随着各自研究领域的发展、成熟以及与此阶段相适应的人们"认识论"基础的变化而不断演进的。

1. 经验主义的认识论基础与"证实"标准的教育原创理论。人类认识产生的最初阶段，人们关于教育的认识是以感觉论、自然主义的实在论为哲学基础的。人类在此时不能够自觉到认识的"真假"程度如何，而是以感觉经验为基础直接断言事物本身。以"感觉和经验"为基础的人类认识又分为两个发展阶段：个体经验主义的认识阶段和整体经验主义的认识阶段。

这一阶段教育理论原创的特点表现为人们关于教育认识与现实教育现象的直接对应，实践中出现了什么样的教育现象，就将什么总结为教育理论。这些现在被看成原创的理论，其实是对教育现象的直观描述和有效经验的直接总结。同时，在当时产生现在看来属于方法论层次的教育原创思想，如启发教学、因材施教、顺应自然、累积式学习等，也是经验层次的

---

① 崔平. 原创法度：哲学原创本质、方法和规范的逻辑分析 [J]. 江海学刊，2003 (3)：5-11.

现象描述。此时原创的标准是，"只要证明其'有'"，只要这样的教育现象或教育原则方法在教育活动中存在，并能够发挥作用，就算是有效用的教育理论，就是原创的教育理论，即以"证实"为原创的标准。之所以"证实"标准能够成为标准，并得到认可，是因为当时的教育理论在内容上还是"空白"的，还没有人言说，教育理论只是一个不证自明的概念，不可能也不需要反思，只需要不断地发现新的"元素"来让教育理论逐渐丰满起来。因此，在当时产生的原创理论中，占据教育中"第一次"的理论比较多。

这一阶段的历史表明，此时"教育理论原创"内涵的提问方式是"教育理论'有'什么"，衡量标准是"证实"。

2. 整体经验主义的认识论基础与"普适/证否"标准的教育理论原创。整体经验主义的认识阶段是伴随着科学的发展而逐步达到登峰造极程度的。在认识的水平上，达到寻求普遍规律的目的几乎成为理论发展的"不二法则"，它深刻反映了"单纯地从对象世界本身去寻求世界的统一性，并直接断言世界本身"的整体经验主义认识论特点。

3. 表现在教育原创理论的特点上，教育学研究者开始寻求统一的教育模式和方式方法，企图对教育做一个"全面、系统"的规定，以求达到普遍适用的效果。最具有代表性的就是赫尔巴特和杜威的教育理论。他们都首先从哲学的某一观点出发，对教育的性质做一个精确的界定，然后按照他们所认定的教育活动的性质，对教育系统进行全面的规定和阐述。其实，赫尔巴特所专注的目标就是试图建立"一种真正科学的教育学"[①]，一种既具有学术性格又能指导实践的"普遍妥当的教育学"。杜威的教育理论，依笔者看来，虽然其哲学基础是"实用主义"，主张只要有效用，就是好的教育，但从其最根本的意图上来看，杜威的理论仍然是对"普遍妥当的教育学"的一种变相追求，只不过他的教育学理论研究走了一条与赫尔巴特完全相反的路，"以学生为中心，以活动、活动课程为中心"罢了。其表面看起来不追求完善的教育学体系，却是以不追求体系的"活动"课程的方式追求"普适教育学"的新理解。因此，杜威没有从根本上超越寻求统一的体系和普适规律的教育学的初衷。同时，需要指出的是，这一阶段的教育理论原创虽然表现为"追求普适规律"，但是其方式仍然没有上

---

① 王坤庆. 教育学史论纲 [M]. 武汉：湖北教育出版社，2000：323.

升到反思层面，所以说，这个时候的认识论基础仍然是"整体经验主义"。

此时人们能够承认和认可的原创性理论的标准是"能否上升为统一、普遍的教育规律"，也就是说，不但要证明这一理论的"有"，更重要的是，这一理论不能在教育活动中是"无或不"的，即以"证否"为标准。只要存在"无或不"的现象，原来的理论就会遭到抛弃，这也就是为什么赫尔巴特的教育理论会在占有相当地位之后被杜威否定，而若干年后，杜威的教育理论同样遭受相同境遇的原因。因此，在这一发展阶段，人们虽然不能否定原创理论的存在，但是需要不断的原创。因为，每一次新理论的提出虽都有其合理性成分，但追求普适性让这样的原创理论难逃被批判、被抛弃的命运。所以，不断出现原创而又不断需要新的原创，是这一阶段教育理论原创发展的宿命。

这一阶段教育原创理论内涵的提问方式是何谓"普适"的教育理论，衡量的标准是"证否"。

4. 形而上学认识论基础与理性规约为标准的教育理论原创。人类社会整体的认识论发展到了无以复加的"形而上学"阶段。这一阶段，"思维和存在的关系"问题开始作为一个显性问题提出来了，人们超越了"直接断言事物存在"的认识阶段，开始反思：自己所认识到的事物或者说存在是不是"真实的存在"？"认识在多大程度上是可靠的？"因此，人类开始在"思维、认识"为本体的层次上来寻求"认识的统一性、普适性"，希望能够达到认识事物的"本真"面目的目的。

表现在教育原创理论的特点上，此时的教育研究开始进入科学研究的规范阶段。教育研究者在展开教育研究之前就假设了研究过程结束时所形成的成果，这些成果假设的很多目标都是朝向突破、原创、发现或发明的，因为此时的研究者已经理性地明确了什么是科学研究，科学研究成果的价值在哪里。为了实现研究的目标，研究者便对整个研究过程进行了精心的设计和控制，以便使获得的成果更有说服力。在这样的理性设计下，原创性的理论仍然难以产生是因为一门学科越是臻于成熟和完善，原创的难度也就越大。

原创性教育理论是一个实践选择性存在原创理论，必定来源于实践，实践的发展也是原创产生的动力，在最后检验上，实践也是唯一的标准。这是理论创新的认识论路线。同时，由于思维的认识成果以及时代的发展，人们越来越认识到"实践选择性"已经被提到了原创存在方式的高度。"人类存在的实践性，是人类存在的全部矛盾性的根源。因此，对人类存在的矛盾性的认识，必须诉诸对人类存在的实践性的理解；以理论的方式反思人类存在的矛盾性，必须升华为对人类存在的实践性的反思。"实践哲学向我们开启的是一个有别于理论理性的实践理性时代。

教育原创理论，消解了理论规律"一"的神话。对于教育原创理论及其标准这样直指"本体存在"的提问，最有力的回答莫过于实践。原创必须基于对事物进行研究，即使是奠基于前人思想之上的原创，也必须针对和最终依据特定事物进行，不能采取仅仅以给定思想为全部根据的纯粹推理形式。所以，在理论上，规律"一"只是本体论的承诺与寻求，在现实目标上，教育原创理论必须解除规律"一"的自我束缚，遵循一个从两极到中介、从层级到顺序的原则，消解一个绝对高高在上的教育规律性、普适性理论，确立当今的教育理论原创不可能再以"一呼百应"的姿态出现的观念（如果有，也就是作为方法论层次的教育理论，而绝不是具体的教育理论），教育原创理论是具体情境中的具体选择。同时，"共识选择"使得原创具有了理论自身普遍性所要求的公共意义。后现代主义哲学的实质其实不是现实虚无，相反，是来自最基础、最基层的选择和认定。

因此，教育理论原创性的判断只能是实践性的维度，实践选择赋予了教育理论原创生命力，离开了实践维度，原创就无从谈起。

原创性教育理论是一个言说论证性存在。 理论原创本身诸如先验批判性、实践选择性等特点，决定了理论原创必须采取论证性的言说方式。

论证是我们通常意义上所说的"摆事实、讲道理"。学术意义上，"学术有论证的义务。谁主张，谁论证；主张什么，论证什么"。论证是"用某些理由支持某一结论的一种思维方式或思维过程"，"质疑、批判和拷问必须以论证的形式进行；论证的内核是逻辑；论证的载体是语言；论证是一项创造性活动"。①

教育理论原创是对已有认识的先验批判，在别人未发现问题处发现问题，对通常未加省察和批判就接受的理论前提，质疑其合理性和存在依据，就要通过论证的方式说服人，否则，就不具理论的"思想力"；教育理论原创需要运用逻辑的力量去论证"逻辑的断裂"，从而被人们所接受；教育理论原创作为一项创造性活动，必须诉诸能产生创造性的论证性方式。总之，理论研究者站在高处的、俯视的、命令式的研究，只能停留在"教人去做、号召去做"一般的号召的水平上；而如果研究不能去揭示问

---

① 赵汀阳. 论证 [M]. 沈阳：辽海出版社，1999：73.

题深层次的内在原因，让人有所信服的话，号召只能是"空洞的号召"，命令只能是"无用的垃圾"。所以，教育理论原创应采取论证的方式，向读者展现"我"是如何以"我"的思维去思考教育理论问题，挖掘其背后的原因，以一种理论的力量去说服人，表露一种作者与读者共同思维的过程。也许这就是社会科学的"说服力、科学性"之所在，教育理论原创也基于此才能够得到"认同"。

三、当代语境下原创性教育理论的标准与价值

在"教育理论原创"内涵的多重规定性中，对于这一标准的澄明，需要回归到教育本身来做出理论论证。

教育问题，最根本的是"人"的问题。人在本性上对教育的要求，是制约教育的关键。人的性质是以其活动的性质加以判定的。在现实生活中，人的活动又直接对应并体现为经济活动、政治活动、文化活动等。人作为这些活动的主体，又在人的身上表现出经济性、政治性、文化性等的特征。所以，教育要培养在社会中具有生存和生活能力的人，就不可避免地要反映人的政治性、经济性、文化性等方面的内在要求。所以，教育经济学、教育政治学、教育文化学对教育的介入是不可避免的。教育经济学要从"人力资本理论"的角度，对人未来作为一个经济活动的主体必须具有的经济能力做出干预，深层次地从培养目标、培养规格等方面对人的培养产生影响。同理，教育政治学对人的政治性、教育法学对人的合法性等的培养都不会仅仅局限在对"教育活动中的政治问题、法律问题"的研讨上，而是深层次地在课程内容、教学方式、教育制度上做出规定，并要求其进行调整以适应人的这一方面的特性。因此，教育活动要求得到相关学科的理论观照，是人的根本要求。

现在的问题是，在教育活动中如何将人的经济性、政治性、合法性等方面的规格统一协调发展，而不至于使教育活动变成纯粹的经济活动、政治活动和法律活动呢？亦即教育如何才能、怎样才算是培养了人的多方面特性，既完成了教育的初衷，又让教育活动有了"尊严"，而不至于沦为其他学科的"殖民地"？

第一，"完全意义上的教育学"是以多学科视角审视的教育学。

教育学科不能排除任何一个学科的参与。教育学必须吸收其他学科精华。教育学承担的任务是众多的，人所具有的所有领域——经济、政治、

文化、人文等方面的素质的培养，只要是与人相关的，就需要教育能够提供发展的可能性。

从这个意义上说，教育学的学科本身要求其必然是集多个学科的关怀于一身，从多个视角来审视自身的发展，而不是像有的学者所说的那样，把别的学科对教育的关怀，视为对教育的侵犯。相反，如果教育学能够从全方位的、多方面的、从多个学科汲取营养来发展自己的话，那么，教育学自身也许就是"完全意义上的教育学"了，教育学才会逐渐走向成熟。

第二，教育学科边界问题的回答是"一个原则、各样表达、多种选择"。

其他学科对教育的参与不存在完美结合点，存在的只是"关系"中的点，即在不同情境下的不同排列组合。一个活动的总目标由多个子任务和子目标组成时，总目标不可能是各个部分单独目标的完全实现与再相加的总和，而总是在寻求最大可能解。因为某个目标的最大实现，总会在某种程度上、最大限度地损伤另外某个目标的达成。因此，在一个活动中，总目标的实现，就是要寻求在某个具体情境下的各个子目标不同的排列组合，而这些排列组合之间不存在"好坏优劣"之分，它只为具体情境负责。表现在教育理论上，任何一个教育理论都是选择其中有关学科的参与，以及排列组合不同的参与，这是理论的丰富性之所在。

换言之，教育理论在认识论的层次上寻求不到一个实体理论作为准则，"原创学术范式的内容不是对世界存在原理的某种实质断言，而是关于理论有效性的纯粹形式条件的规定，比如必须符合经验，必须符合逻辑形式原理，必须逻辑统一等等"[①]。那么，我们如何满足人们形而上学的本性要求，给出一个教育学的立场、一个教育学的特性呢？答案只能是：教育学的唯一立场就是在各个相关学科的参与下提供人的发展的全面丰富的可能性理论。这种回答蕴含着"一个原则、各样表达、多种选择"的辩证法意义。

第三，选择标准并不意味着教育实践活动中的后现代"怎么都行"。

过去形而上学的思维方式下追求的是一种"没有选择的标准"，也就是不得不选择的标准，个人没有选择其他样式的余地，那是一种本质主义的肆虐；但后现代主义语境下丢弃"标准"的"选择"，"没有标准的选

---

① 崔平. 在传承技艺与原创法度之间 [J]. 学术月刊，2003 (7)：10-13.

择"只能造成一种"存在主义的焦虑";而现在意义上的回答,则是一种"可以选择的标准"①。学校教育为人的发展提供了各种可能性,每个人可以从中做出自己的选择,发展自己的个性。但是,这种选择不是杂乱无章的,是有着深刻的历史"规定性"的,因为"标准既是对历史文化的一种承诺,更是现实生活中的一种选择和安排"。

在很多情况下,选择并不全然是个人凭主观意愿做出的,而是具有历史的必然性在里面,表现为某个历史时期,人们总会选择具有"共识的标准"。在即将开启的实践理性时代里,虽依然关注理论理性的作用,但实践理性对教育理论是否成为原创的判断将更有说服力。

原创性教育理论的价值形成和价值尺度,除却原创理论自身所涉及的层次、范围、深刻性、应用广度等因素外,还取决于其形成的思维路线和理论走向。这样,科学的思想方法对于形成更有价值性的原创成果就显得十分重要。

第一,有价值的原创成果一定是在第一手资料基础上进行研究的成果。第一手资料是指应用教育人类学、教育社会学等田野调查的方法,从社会政治、经济、生产、生活、人群、学校、教师、家长、学生以及各种教育现场所调查来的珍贵资料。资料来源本身即为原创,研究中使用的又都是这些原创性的第一手资料和第一手数据。这样,研究的结论就是绝对可信的,独一无二的,因此也就是最有价值的。教育学中的诸多问题都可以通过第一手资料加以说明,在第一手资料中加以提炼。道理是如此,现实中却少有人这样去做,是因为第一手资料的获得需要付出艰辛的劳动,这远比坐在书斋里杜撰要艰难得多。

第二,有价值的原创成果一定是符合国家发展需要和国家利益的成果。很多事实可以证明,一项有价值的研究必须能与国家发展中的重大理论或重大事件问题结合起来,能为社会发展需要服务,为解决国家急切需要解决的实际问题服务,这样的研究就能得到国家的支持,得到社会的承认,得到同行的认可。教育中也有许多这样重大的问题,如农村教育问题、高考制度中的公平问题,进城务工人员子女教育问题、九年义务教育的实际普及状态问题,等等。美国麻省理工学院的雷达研究、加州理工学院的航天研究、劳伦斯实验室的基因工程以及洛斯阿拉莫斯的"曼哈顿计

① 孙正聿. 当代人类的生存困境与新世纪哲学的理论自觉 [J]. 社会科学辑刊,2003 (5):9-16.

划"等，之所以能长期得到国家科学基金的资助，概因这些研究的意义重大且与美国的国家利益密切相关。

第三，有价值的原创成果一定是与推动学科发展相联系的成果。如果一项原创研究能够深化学科理论研究层次和系统性，能够创立学科的内容知识、实质知识和章法知识，能够开辟学科研究的新领域，形成新的学科理论价值，推动学科理论的发展等，这样的原创成果一定是更有价值的成果。

任何一项原创成果都不可能全面覆盖上述三个方面。但毫无疑问，只要符合其中一条就足可以强化该成果的存在意义。

［原文刊载于《东北师大学报（哲学社会科学版）》2004 年第 5 期］（柳海民　孙阳春）

求证现代教育方程的约定解①

——试论复杂性理论的教育学应用

一、引言：我们的世界与时代遭遇到了什么

1963 年的一个清晨，为躲避那台陈旧的计算机的噪声，气象学家、复杂性理论专家洛伦兹到麻省理工学院的咖啡馆度过近一小时的时光。也许那时他正在思索科学的问题或与人谈论足球比赛。与此同时，他的计算机正费力地处理简单的天气预报。因为计算机速度慢、准确性不高，所以洛伦兹并不相信计算机打印出来的结果。因此，他输入的初始值并不是前一天的最终数值，而是一个中间值。这样，计算机将对一段时间里的气温进行两次计算。当然，如果两个天气图像不一致的话，那显然说明在什么地方发生了差错。那天清晨，洛伦兹将 0.506 作为初始值输入计算机——那是计算机在前一天给出的中间值。然而，当他回来时，令人匪夷所思的事情发生了。尽管在一开始计算机对天气的预测与前一天得出的结果一样，但惊人的差异随后马上出现了，因为计算机绘制的两条曲线的相似处都消失了。计算机计算无误，因为当洛伦兹再次把 0.506 作为初始值输入计算机时，仍旧得出了相同的结果。问题出在哪儿？聪明的洛伦兹找到了原因。计算机自己进行计算的初始值精确到小数点后 6 位，而洛伦兹输入的中间值只保留到小数点后 3 位，即精确的值是 0.506127，而不是 0.506。这万分之一的误差相当于一阵轻柔的微风，很快就使天气预报变得一片混乱。这就是著名的"蝴蝶效应"，混沌理论由此而诞生。自然界中显现的问题，在社会领域中是否存在？这种现象是否为宇宙的规定性存在？人们不禁要问：我们的世界与时代遭遇到了什么？是非线性，是不确

---

① 在非严格的意义上，约定解等同于优化解。这一概念是在非线性数学的发展过程中提出的，它有别于初等数学的唯一性、确定性解，一般在高等数学，如微分方程等分支学科中使用。

定性，是随机性，是复杂性，是混沌，是自组织，是突变，是分岔，是……

二、复杂性理论的基本观点

如何定义复杂性呢？关于复杂性的现在的描述性定义大约有50种，熵、信息、逻辑深度、认识深度、各种各样的计算熵都和复杂性有关。[①]一般来说，我们可以把复杂性表述为：存在多个有意义、不确定、非周期的可区分状态，或者说多个有意义的区分状态以不确定、非周期的方式存在。现在我们所谈论的复杂性理论是系统科学的有机部分，它包括队伍庞大的理论学科群体。今天，在复杂性名义下的研究工作非常繁杂，其中典型的系统或现象有混沌（chaos）、分形（fractal）、复杂适应系统（complex adaptive system，简称CAS）、自组织临界态（self-organized criticality，简称SOC）等。自从复杂性理论诞生以来，其分支学科发展迅速，在数学、物理学、生物学、气象学、化学等领域均有理论发展和实践应用。

1. 关于系统的划分

系统科学从局部与整体的关系出发研究系统，按照系统规模划分，有小系统（little system）、大系统（large system）、巨系统（giant system）三类；按照系统结构简单与否划分，有简单系统（simple system）和复杂系统（complex system）两类。一般来说，小系统和大系统都属于简单系统，巨系统可能是简单的，也可能是复杂的。我国著名科学家钱学森将系统做如下分类：[②]

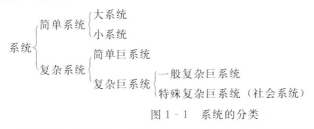

图1-1 系统的分类

现代教育系统是一个开放的复杂巨系统，更为重要的是，它内在地容含于特殊复杂巨系统——社会系统之中。现代教育系统不断地与外界环境

① 吴彤. 超越简单与还原：复杂性范式的兴起［A］//冯存礼，等. 百家讲坛：第1辑［M］. 北京：新世界出版社，2002：224.
② 金吾伦. 跨学科研究引论［M］. 北京：中央编译出版社，1997：227-228.

进行双向的物质与能量的交换，多重因素相互作用、相互影响，因而产生了十分复杂的教育结果。特别的是，人作为"万物的尺度"，是宇宙间最为复杂的存在物，因而说教育很难把握，实际上是说，人是最难把握的。正如钱学森所指出的："关于开放的复杂巨系统，由于其开放性和复杂性，我们不能用还原论的办法来处理它，不能像经典统计物理以及由此派生的处理开放的简单巨系统的方法那样来处理，我们必须用依靠宏观观察，只求解决一定时期的发展变化的方法。所以任何一次解答都不可能是一劳永逸的，它只能管一定的时期。过一段时间，宏观情况变了，巨系统成员本身也会有其变化，具体的计算参数及其相互关系都会有变化。因此对开放的复杂巨系统，只能做比较短期的预测计算，过了一定时期，要根据新的宏观观察，对方法做新的调整。"[①] 这不仅表明了复杂巨系统的基本特点，更为重要的是，它为我们研究教育问题、研究教育中的人指出了一条方法论原则。

2. 复杂性理论的一般特征

第一，非线性。产生复杂性的系统一定含有非线性因素，有了非线性未必产生复杂性现象，但没有非线性肯定产生不了复杂性问题。从形式上说，非线性在方程中指相关变量含有二次或二次以上的项。在非线性科学大量涌现之前，人类自觉不自觉地有一种乐观的想法，认为任何问题都可以线性地加以解决。从目前科学发展的状况看，宇宙间存在的大量问题是非线性的，只有很少部分问题可以线性地解决，因而，直接面对非线性是不可避免的。

第二，对初始条件的敏感性和依赖性。一般情况下，系统的演化依赖于其初始条件。耗散结构系统具有奇怪吸引子，当初始条件在吸引子以外时，系统演化对初始条件的依赖不是敏感的，因为无论从哪里开始，最后都落入吸引子上；一旦进入吸引子，系统的演化对初始条件便具有了极端敏感依赖性。

第三，非周期性。复杂性运动是非周期性的，同时，非周期运动不都是复杂性运动。复杂性运动一定是非周期性的，但复杂性系统中常常伴有周期性运动，也就是说，复杂运动与周期运动常混杂在一起，这才是真正的混沌运动、复杂性运动。

---

① 许国志. 系统科学 ［M］. 上海：上海科技教育出版社，2000：23.

三、复杂性理论的教育学应用举要

1. 开放的复杂巨系统（opening complex giant system）——现代教育的基本特质

教育过程是一个无限循环的迭代过程，其模式为：教育过程→发现问题→解决问题→投入新的教育过程→重新发现问题→问题的再解决（再次进入）教育过程。当我们用数学语言——迭加代数[①]加以表征就是：

$$F^1(t)=F(t),$$

$$F^2(t)=F(F(t))=F \cdot F(t)\cdots$$

$$F^n(t)=F \cdot F^{n-1}(t),$$

用$F^0(t)=t$表示恒同（恒等）映射，即$F^0(t)=t$。

注意：F^n在这里不是F的n次方幂，F的n次方幂用记号$[F(t)]^n$来表示。在经典的、线性的时空观下，迭加代数不会产生有趣的结果，然而，当时空转换为非线性时，混沌的现象就产生了。如果我们承认现代教育是在非线性的、复杂性的时空间进行的话，那么教育过程必定会产生混沌效应。有的时候，就像马克思所揭示的"种下去的是龙种，而收获的是跳蚤"，先哲们用欧洲革命与共产国际运动的确凿事实生动地向我们揭示了一个真理性的存在：混沌现象无处不在。为什么先进的、科学的理论与美好的愿望会产生令人如此失望的结果呢？此类问题在现代教育教学中、在我们的教师和学生中、在我们望子成龙的家长们中是否也会出现呢？事实已经做了最好的注脚。问题的本源在于现代教育系统的非线性、对外界诸多因素和条件的高度敏感性和高度依赖性，在于教育系统与社会系统的自相似性，社会系统某参量的细微变化，经过时间与空间的多重迭加，必然产生混沌效应。但这并不是说混沌是完全负面的、消极的，我们只有在科学的意义上，而不是在语言与语义的日常意义上来理解，才能真正认识混沌的"双刃剑"特性。现代教育系统的复杂性特质决定了教育研究的复杂性、艰巨性，从而决定了教育学的综合性、跨学科属性。历史上有很多教育学家对此多有论述。他们认为，"教育学是最辩证、最灵活的一种科学，也是最复杂、最多样化的一种科学"。[②] 教育的艺术是"一切人类艺术

---

① 迭加代数是复杂性理论中重要的数学模型，有广泛的多领域应用，形象地说，有类似于中国语言中的首尾相接的游戏。

② 马卡连柯. 论共产主义教育 [M]. 刘长松，杨慕之，译. 北京：人民教育出版社，1955：238.

中最困难和最重要的"一种。[①] 用中国学者叶澜女士的话说就是"教育理论的研究……可能是人世间复杂问题之最"。[②] 因此，外国教育史专家赵祥麟先生认为："综合性、跨学科性，各门学科之间的相互联系、相互渗透、相互转化，是现代科学发展的共同特征，不过这在教育理论中表现得更为突出。"[③] 在这一点上，复杂性理论与教育理论具有当然的联系。因而，从教育研究方法论和认识论的角度来看，复杂性理论将对教育理论的发展，特别是对教育实践活动具有极大的理论意义和现实意义。

2. 混沌（chaos） 运动中的分岔（bifurcation）[④]——教学中非线性思想的培养

我们认为，思维的跃迁就是一个分岔的混沌过程。

我们可以简单论证，周期性的学习过程和思维过程是不可能创新思想的。当我们思索一个问题时，从某一切入点进入，按照一个思路前进，兜了一圈，又重新回到了起点，问题没能解决，思维也没有实现跃迁。当我们重复原来的思路，按照这样的方式进行时，依然未能出现峰回路转。我们要提倡创新性思维，就必须打破周期性思维框架，使我们的思维有分岔而产生混沌，这是新思维产生的重要方法。我们自己会经常体会到这样的感受：对于百思不得其解的问题，我们在某一时刻忽然间有了答案。有人称之为"灵感"或"顿悟"。用复杂性科学来揭示问题的过程，就是从分岔到混沌的过程。灵感是一种阵发性混沌（曼恩威勒-伯姆创立的一种数学理论），它是长期思索，即一种非线性思维的结果。它是我们在思索过程中多次否定、多次寻找、多次反复的必然结果。分岔理论说明，如果我们在准周期阶段直接失去稳定性而进入混沌，在两点周期的多次循环往复中产生灵感和顿悟的话，我们的学习效率将会大大提高。在教学中，教师摈弃传统的教学手段和模式，而代之以非线性思想指导下的教学方式，对学生的思维能力培养有较强的指导作用。

3. 蝴蝶效应——道德教育如何防微杜渐

洛伦兹在一次讲演会上形象地说："可以预言：一只蝴蝶在巴西扇动

---

① 赵祥麟，王承绪，编译. 杜威教育论著选［M］. 上海：华东师范大学出版社，1981：264.

② 叶澜. 世纪初中国教育理论发展的断想［J］，华东师范大学学报（教育科学版），2001（1）：1-6.

③ 赵祥麟. 外国教育家评传［M］. 上海：上海教育出版社，2003：序言，3-4.

④ 张顺燕. 数学的源与流［M］. 北京：高等教育出版社，2000：267-299.

翅膀会在得克萨斯引起龙卷风。"在我们的教育现实中，经常会发生这种蝴蝶效应。常言道："十年树木，百年树人。"在教育和培养学生的过程中，绝不能忽视他们那些看起来微不足道的不良倾向。人的成长过程具有极大的相似性。教师和家长只有从小处着眼，从小事抓起，防微杜渐，才能不断地将学生引入正确的航道。对学生小时候的纵容，就会贻误学生的终生。蝼蚁之穴可溃千里大堤，教育工作必须从细微处抓起，否则，教育中的蝴蝶效应必然出现。尽管蝴蝶看上去很美，它很可能是危险性极大的害虫。

4. 复杂性知识——当代中学生的必备知识

事实上，复杂性理论的应用远不止以上的分支学科和理论。例如，分形几何学、自组织理论在我们的教育管理、教育政策的制定、教学过程、学生学习和思维训练中都有较为广泛的应用前景。这就为我们教育研究者提出了一个问题：既然复杂性科学具有重大的理论与实际价值，我们的大学、中小学教育中为什么没有开设这样的课程呢？世纪之交，我们的国家和民族面临着机遇与挑战，集中地反映在科学与教育方面。一份名为《课程改革：关于科学、数学及科技教育的革新》的报告中说，经济合作与发展组织的 13 个成员国正在加强中小学课程的实践性，使之与学生的日常生活联系得更加紧密。据悉，分形与混沌等复杂性科学已经进入欧美等发达国家的中学课堂，运用迭加代数和微分方程数值解等方法产生各种分形图的软件，已被中学生们操作和演示。长期以来，我国的科学教育课程存在脱离实际生活的问题，这引起了有识之士的极大关注。数学教育家张奠宙教授呼吁，尽早进行数学教育改革，加强数学的实践性。因而，复杂性科学知识理应成为新世纪中学生的必备知识。同时，我们欣喜地看到，此次新课程改革已经初步渗透了这样的科学教育理念，全日制义务教育阶段的课程标准融入了一定的复杂性科学思想。例如，分形几何学的初步知识、计算的复杂性问题、海岸线与分形等[1][2]，但总体感觉分量不够。我们认为，应充分利用综合性学习，从校本课程开发的角度，将复杂性理论分层次、有步骤地引入中学生的学习生活。据报道，江苏省某中学的数学教师已经将分形几何学导入中学生的课堂。笔者在网上看到，这位老师以

---

① 教育部基础教育司数学课程研制组. 数学课程标准解读 [M]. 北京：北京师范大学出版社，2002：237.

② 教育部. 普通高中数学课程标准 [M]. 北京：人民教育出版社，2003：105.

图文并茂的形式向学生们展示了几何学世界的奇妙图景。在这样的课堂上，没有理论的枯燥和抽象，有的是中学生体验到的数学之美。美国物理学家惠勒说："明天谁不熟悉分形，谁就不能被认为是科学上的文化人。"这位科学家已经从另一个侧面回答了我们所强调的复杂性科学的重要性与实施此项科学教育的必要性。

四、教育研究与复杂性理论的反思

1. 唯物辩证法、 教育理论与复杂性理论的关系

任何科学方法论都有它的哲学基础。系统科学的诸多创始人都很重视哲学思考，努力从哲学上论证本分支学科的方法论。20 世纪 60 年代以来建立的复杂性理论，如普里高津的耗散结构论、哈肯的协同学、托姆的突变论、艾根的超循环论、费根鲍姆（美国物理学家）的混沌学、芒德布罗的分形几何学、钱学森的系统学，同样重视对方法论的哲学思考。系统论的创始人贝塔朗菲承认马克思的辩证法对今天被称为一般系统论的理论观念的发展做出了自己的贡献。① 作为科学方法论的系统理论，一直对理论自身进行前提性的反思与批判，教育理论作为一种指导教育实践的应用学问，做到自我反思了吗？当我们将一种新的理论引入本学科后，是否考虑了该理论的适用范围与教育学自身逻辑的恰切性？在我们看来，系统科学与教育科学的哲学依据，归根到底是马克思主义的唯物辩证法。方法论体系是有层次区分的，作为哲学方法论的唯物主义辩证法位于方法论体系的最高层次，它能够对作为科学方法论的复杂性理论做出合理的解释与反思。哲学对科学的反思，并不是一般地把科学成果作为再认识、再思想的对象，而是以科学的思维方式与发展逻辑为对象进行的反思。复杂性理论对教育理论具有方法论的意义，而二者最终都要接受唯物辩证法的检验，这是我们从事跨学科理论嫁接和整合的基本原则。

2. 追问理论自身的前提， 避免教育研究陷入形而上学

复杂性科学致力于寻找系统演化方向的判定根据。在平衡态和近平衡态可以用熵来判断过程的方向，但在远离平衡态时，熵判断失效。也就是说，普里高津的耗散结构论、哈肯的协同学在简单巨系统中有效，因为简单巨系统尽管子系统数目繁多，相互的关系却相对简单，而在开放的复杂

① 许国志. 系统科学 ［M］. 上海：上海科技教育出版社，2000：32.

巨系统中可能失效。失效的原因是纯粹的数学动力学问题，求解非线性微分方程成为问题的关键，对此问题存而不论。我们关注的是，学者用复杂性理论来研究教育问题时，可能犯了简单化的错误，甚至是张冠李戴。如前面所述，人类社会是一个典型的、开放的复杂巨系统，处理一些复杂巨系统设计的问题应按照从定性到定量的"综合集成方法"或钱学森所倡导的"集成厅体系"。① 只是在我们要求不太高的情况下，也可以运用简单巨系统的理论加以分析解决。但这绝不能否认两个巨系统之间的重大差别和理论适用范围。当我们不自觉地、简单化地应用复杂性理论来从事教育学研究时，有可能走上形而上学的道路。因为我们并未从客观的实际存在出发，并未能深入认识理论的适用前提，科学的理论未见得都能解决现实问题。原因很简单，任何理论都有其自身的限度，任何理论最终都将被证伪，科技哲学家波普尔在《猜想与反驳》一书中已经较明确地阐释了这一观点。由于近代实证科学的发达，人类已经形成了理性主义的暨越，在科学繁荣的表象之下隐藏着（极端）科学主义的自大狂倾向。在中国的现代教育改革与研究中，应切忌如上问题的发生。

3. 复杂性理论对现代教育是否具有本体论功能

从方法论的角度将复杂理论引入教育科学研究，国内学者已经做了一些探索性的工作。教育学专家叶澜女士在专著《教育研究方法论初探》中用整章篇幅着重论证系统科学，特别是复杂性科学在教育研究中的方法论意义。② 实际上，作者在文中所论述的数学方法论，如概率论、模糊数学、突变论，都可以归入广义系统科学的范围之内，这些数学理论在随机性、不确定性、非线性等主要特征方面与复杂性理论有相似性。在根本意义上说，系统科学的产生、复杂性理论的发展是以数学为盟友的。同样，国内的一些教育学、心理学学者利用复杂性理论的观点来认识和解释教师教学、学生学习中的认知心理等问题。显然，复杂性理论在这些领域已经具有了认识论的功能，为认知科学与思维科学的发展开启了新的路径。然而，人类探索理论自身的功效到此为止了吗？接下来我们要追问的是：在本体论的意义上，复杂性理论是否对现代教育及其理论研究有作用？如果答案是否定的，需要我们做出理论论证；如果答案是肯定的，我们要继续追问：判定的标准怎样？这样，我们就在哲学反思的层面上来看待复杂性

---

① 许国志. 系统科学 [M]. 上海：上海科技教育出版社，2000：105.

② 叶澜. 教育研究方法论初探 [M] 上海：上海教育出版社，1999：186-215. 又可参见杨印，全王江. 复杂性教育研究初探 [J]. 开放教育研究，2001（1）：30-33.

理论与教育学研究的关系，这对我们来说是个巨大的理论思维的挑战。一些学者认为，"复杂性理论"当然应在认识论的意义上来界定，因为本体论的定义虽然可以讨论，但它是不可知的、无主体意义。在……认识论层面上，复杂性处于主体与客体相互作用的界面上，它应既有主体性又有客体性。① 存疑的一个问题是：我们如何看待本体论。哲学发展到今天，人类逐渐明确了，从来就没有在现象背后的实体性存在，"理念""始基""本质"不过是人类以理性的态度对概念的逻辑把握而已。更进一步说，从没有什么"本体论"，有的只是人类对本体论的承诺。在此意义上，否认复杂性理论的本体论功能就显得论据不足。事实上，复杂性理论已经为人类提供了新的世界观与人生观的可能性与现实性。循此而深入探讨这种理论对人类的本体论意义确有必要。

4. 我们应建设一个什么样的"教育集成研讨厅" 体系

科技哲学家库恩提出了一个著名的概念——"科学共同体"，它是指信奉或遵守最基本的信念与规则而形成的科学家集团。② 这样的组织绝不等同于民间的较为松散的协会或联合会等组织。具体地说，"科学共同体"是由一群本着科学精神、基本的学术规范，采取集体攻关、协同合作，执着探求科学真理的科学家形成的。这本身就体现了一种系统论的思想，整体大于部分之和。然而，这一概念也存在着一定的缺欠，它只强调了共同体内部的人与人的合作的一面，而忽视了人与物的关系。我们认为，以钱学森为首的中国科学家提出的"集成厅体系"概念是对库恩的"科学共同体"概念的超越。"集成厅体系"是把专家们和知识库信息系统、各种人工智能系统、快速计算机系统，组织成为巨型人机结合的系统；把逻辑、理性与非逻辑、非理性智能结合（专家们高明的经验判断代表了以实践为基础的非逻辑、非理性智能）；把今天世界上千百万人的聪明才智和古人的智慧都综合起来；强调发挥这个系统的整体效应和综合效应③。这个概念体现了把自然科学与社会科学综合起来的观点。值得我们注意的是，研讨厅的人并不是未加训练的老百姓，而是具有高度的科学性、高度的革命觉悟、高度组织纪律性的人；研讨厅体系中的"厅"并不是一个大厅，而是由高速信息网络、现代的通信设备及计算机的硬件构成的，使人们共同探讨与解决问题时有一种身临其境的技术环境。研讨厅体系的设计思想，

---

① 张本祥. 复杂性的概念界定及复杂性的基本问题 [J]. 系统辩证学学报，2002 (4)：21-24.

② 孙正聿. 哲学通论 [M]. 沈阳：辽宁人民出版社，1998：114.

③ 许国志. 系统科学 [M]. 上海：上海科技教育出版社，2000：316-319.

是把人的智慧集成于系统中，采取人机结合、以人为主的技术路线，充分发挥人的作用，使参加研修的专家集体在讨论问题时，相互启发，因为群众的创见远胜于一个人的智慧。复杂性理论的先行者们以宏大的视野、大胆的想象、科学的思维为教育学研究的前景开启了一扇窗户。这种思想绝不是靠单打独斗、做书斋文章或者仅为个人评定职称而产生的；它靠的是团结与合作，靠的是奉献与敬业，靠的是追求真理与知难而上，靠的是民主的思想与学术的自由。近几年，教育学界一直在热烈地讨论教育理论原创的问题。我们认为，现代教育理论的原创性不是哪个人、哪个系、哪个学校能够简单创生的，毋宁说，它需要广大教育研究者与实践者的集体攻关，发挥本学科、交叉学科、边缘学科、跨学科的综合优势来共同完成。在此意义上，我们认为，现代教育很难再出现像杜威的实用主义教育理论、卢梭的自然主义教育理论那样的个人化成果。我们坚信，新的教育理论一定会出现，但绝不是哪一个人或哪几个人的成果，它的知识产权只能归属于"教育研讨厅"：其中有教育家、心理学家、哲学家、科学家、经济学家等多门类的专家，它必然是个集体的成果。这样的理论成果是人际合作的结果，是个软件环境与硬件建设相配套的综合产物，是个理性逻辑与非理性直觉相伴相生的产物，在根本的意义上，它是人—人、人—物、物—物的复杂性运动的必然产物。因此，我们真诚地呼唤中国的"教育研讨厅"体系的出现。复杂性科学发展的历程及其学科属性为我们教育科研工作者提供了一种新的学术研究范式和价值观取向，这是我们研习复杂性理论得到的最深刻的感受。这一思想告诉我们，跨越学科壁垒，打破门户偏见，回到教育事情本身。

复杂性理论不论是理论自身，还是其发展过程中体现的科学精神与人文精神，都是中国的教育研究者应该予以足够重视的。本文只是在较为浅显的层次上加以初步探讨，由于篇幅所限，有些问题未能充分展开。但有一点是毫无疑问的，复杂性理论以其独有的魅力展示了新世纪科学研究（自然科学与社会科学）的广阔前景，并为教育科学研究提供了新的视角和突破理论自身局限的可能性。我们只有本着唯物辩证法的基本思想，科学地研究复杂性理论及其在教育学中的应用，才能在最大限度上将科学的理论为我所用，少犯错误，少走弯路。唯有这样，求证现代教育方程的约定解才有可能性，中国特色的原创性教育理论由此才能获得新生。

［原文刊载于《教育理论与实践》2004 年第 4 期，收入本书时略有删改］（柳海民 朱成科）

教育理论原创：缺失归因与解决策略

探讨教育学理论的原创性内涵，首先必须明晰，时下众所关心的教育学的原创，与其他学科的原创是否在同一个含义上使用的，有无自身的独特性。一个共识性的看法认为，教育学理论的原创性，从思想层面看，指在问题的来源和指向上，根据本国教育发展的实际情况，以本国教育发展的需要与实际问题为研究本源，获得原始性素材，做原始性（相对于验证性）的研究，进而得出在国内或国际范围内富有独特性和创新性的理论，因此，中国教育理论的原创性至少应体现"问题的原发性、研究素材的原始性、结论的独特性和创新性"①。可见，这里的原创性突出强调了本土性、本民族性。如果用经验归纳的方法，以其他学科为参照，本土性并非判断是否原创的必然尺度，如维特根斯坦的语言分析论、哈贝马斯的社会交往理论、哈耶克的自由主义经济学、纳什的博弈均衡论等并没有局限于本土、本民族，而是以一种普遍主义为逻辑尺度，推进人类文明的进程。把本土性作为教育学原创性的题中应有之义道理何在？笔者认为，不同于其他人文社会学科，教育学本质上是一种实践性学科，无论是一般原理的探讨，还是直接以改进实践为目的的研究，最终的指向都是面向实践的。教育实践是一种特殊性很强的实践活动，不同国家、不同地域的政治、经济、文化背景不同，教育发展的水平也不尽相同，这说明教育实践只能是一种本土性的实践而不是普适性的实践，虽然不同地域的教育实践也具有某种共通性。教育实践的这种性质决定了教育理论创新必须立足于特定的教育实践，服务于特定的教育实践，有学者将这一点概括为教育理论原创的价值性标准。因而，本土性必然地成为衡量教育理论原创的题中应有之义。教育学的原创研究是基于本土、面向本土的研究，解决本土现实教育问题，即原发性的教育问题。但这不是拒绝对外交流。在教育研究的过程

---

① 叶澜. 世纪初中国教育理论发展的断想 ［J］. 华东师范大学学报（教育科学版），2001，19（1）：1.

中，任何不注意汲取国外教育研究成功的经验、方法，无视已有科研成果的做法都是不明智的，也无益于实现与提高原创性。由于各国的教育有着共通性，这种基于本土的原创性教育理论亦具有一定的普适性。

从学科的角度理解，从学科发展的视角提出富有意义的新的概念、命题，有独特的思维方式和研究范式，采用创新性的命题框架和恰切性的研究方法论，成为同类研究的起点。原创性是以原发性问题为研究对象的思想的创新，也是研究方法、思维方式的创新，不是话语的花样翻新。原创性体现的是教育学的自我生成性，而不是其他学科的简单移植。换言之，教育学原创性研究要扭转的是教育学的"殖民地"现象。当然，无论是就学科发展而言，还是就教育思想而言，原创性都不具有终极真理的意味，随着时间的推移，原创性的理论也会被后来者批判甚至否定。正是在这个过程中，教育学不断得以发展。

上述对教育理论原创的理解实际上包括了两个方面，教育思想层面和科学发展层面。本文将在这个基本的概念框架下，集中探讨原创缺失的原因，并提出解决的对策。

一、我国教育学理论原创性缺失的归因分析

中国教育学自近代始以学科的形式移植自日本，被动是其起步时的特点，这是我国教育学理论缺乏原创性的历史原因。虽然在历史上，我国也有《学记》这样世界最早的教育专著，但是它还不足以使教育学脱离哲学等其他学科的怀抱而独立。而且，鸦片战争之后，闭关锁国的政策逐渐破产，在西方坚船利炮的威逼下，中国社会被迫门户开放，经历着前所未有的大变革，新式学堂创立，所谓的新式教育被引进，这是与传统教育大不相同的教育。由于它并不是在传统教育内部衍生的，集传统教育经验之大成的《学记》等教育专著对这种新的教育实践的阐释、规约与指导也就在相当大的程度上失去了原有的效度。教育实践的断裂式发展在很大程度上也使教育学学科的生成、独立、发展失去了可能性，伴随着"西学东渐"的历史潮流，旨在与新的教育相适应的教育学扶桑登陆。其中影响最大的是由立花铣三郎著、王国维译的《教育学》。

时代的精神文化氛围是教育学理论缺少原创性环境上的原因。"复制"的生产观念和以"工场"为精神再生产的原则，使精神文化的生产与传播弥漫着商业化的气息，"它的一个'元叙事'就是要竭力消除'原本'与

'类像'、'创造'与'模仿'、'天才'与'匠人'之间的本体差异",① 各种理论和思想一经提出，便有很多人效仿，并立刻纳入市场交换的轨道，这种批量化的知识生产方式"无情地扼杀掉主体自由的、全面的精神创造能力"，同时"恶性地损耗着人类文化世界中所积淀的用来进行精神再生产的各种精神资源"，② 极大地遏止了原创的可能，甚至与原创性背道而驰。教育学难能不受其裹胁，它直接助长了教育领域实用主义的研究风气和非切己的研究方式，使研究者的功利性动机胜过成就性动机。所有这些，无疑都对原创性的教育研究造成严重的"遮蔽"。

学术批判力的弱化使教育理论原创性的产生失去重要的支撑与条件。人的认识与实践不具有最终完成的性质，任何学术成就都有其历史性、相对性、不完全性，都有改进和更新的必要，因此，学术的发展需要批判精神。这种学术批判力的弱化表现在三个方面：第一，理论研究很多是对教育政策以及政策导向下教育实践的论证和诠释。第二，忽视本土既有教育文本和教育传统，对历史上丰富的教育经验缺乏合理的时代性阐释和批判。第三，对其他学科研究方法、言说方式、思维路向的简单移植，甚至完全从其他学科的视野而非教育学的视野分析各种教育问题。第四，在"西方中心主义"影响下对外来教育理论的盲目吸收。这一点表现得尤为突出。个别研究者对于西方的研究成果，出于自叹弗如的心理与迅速赶上他人的急迫愿望，往往模仿和照搬，而非借鉴与选择。教育学的发展也存在这种情况。回顾历史我们就会发现，"引进"是中国教育学理论发展的重要特征。近几年，随着全球化进程的加快，出现了教育理论与国际接轨的研究观，西方发达国家的教育理论与实践成为个别研究者首先关注的对象，并以之为尺度来判断我国当前教育实践的应有取向。不仅在内容上如此，在研究框架和研究范式方面，许多教育研究也没能跳出西方建构的理论体系，其从运用的概念、术语到言说方式、思维方式，都存在着强烈的西方化倾向。其中表现的理论偏执在于，重共性轻个性，重国际性轻民族性，重共时性轻历时性，重普遍性轻特殊性。这在很大程度上使原创性的教育研究失去了重要的支撑与条件。我们处于迫不及待地学习的过程中，随着学科建设正常的节奏被打破，无法获得有序而又有效的积累。

问题意识的淡薄使原创性教育理论的发展缺少推动力。问题是理论的

---

① 刘士林. 先验批判：20 世纪中国学术批评导论［M］上海：三联书店，2001：15.

② 刘士林. 先验批判：20 世纪中国学术批评导论［M］上海：三联书店，2001：9.

出发点和归宿，问题意味着智慧。人们发现了问题，往往意味着人们有了新的思维方式和新的研究视角，才会有破旧立新之举和原创性的成果。教育学研究问题意识的淡薄主要表现在：一方面，受苏联教育学理论的影响，对"体系"有强烈的偏好，[①] 追求纯粹的理论，远离教育生活，不能充分关注具体的问题；另一方面，在研究过程中缺乏反思。这种反思的内容主要有：第一，是真问题还是假问题。必须注意到问题也有真假，有的问题只是思维游戏的产物，遵循的是话语的逻辑而非思想的逻辑，这时候就需要研究主体有鉴别真假的敏锐的洞察力。第二，是自己的问题还是别人的问题。有些问题确实是问题，但是不属于"此时此地"的问题，是时空错位的问题。第三，问题的定位是什么。指对该问题重要程度的判断，在整个学科发展中处于什么样的地位，是根本性的问题还是局部细节的问题。这种反思的缺失在教育学中表现在：第一，研究的是别人的问题而非自己的问题。例如，一些关于后现代的教育研究。后现代主义是西方现代化发展到一定程度的产物，是对工业文明理性主义文化精神的一种扬弃。由于中国整体上是从农业社会、前现代社会向工业社会、现代社会转型，后现代所要解构的东西，在中国并没有经过充分的孕育和发展。有关后现代的一些课程观、教育理念，并不是中国语境下的问题，至少不具有代表性。第二，伪问题的存在。即问题本身是虚拟的，是炮制出来的，既非教育理论的发展或教育实践的改善所迫切需要去解释与解决的问题，也非研究者本人一心想去解释与解决的问题。第三，问题定位的偏颇。即往往把思想层面的问题按技术层面的问题来解决，只看到"冰山的一角"，使根本性的问题被遮蔽。

　　教育理论与实践的疏离使我国原创性教育学理论的产生失去了根基。理论是思想中的现实，实践性是理论的内在规定性。即便是文学、艺术这样的实践性并不太强的思想领域，也通过对生活的深刻体察，通过人物形象、艺术形象的塑造，生动、曲折但又淋漓尽致地反映着时代现实，并因而成为时代发展最敏感的神经。教育学是一门实践性很强的科学，那种远离现实的飘萍般无根的理论不可能具有原创性。教育学史也证明了这一点：凡是那些原创性的教育理论，大都产生于教育实践。例如，杜威全部的教育理论，都是以他创办的芝加哥大学实验学校（1896—1904）为实验

---

① 笔者在此并非反对体系的建构，而是认为当很多具体的问题在人头脑中还不甚清晰时，要建立较为理想的体系也是不可能的，只能使教育理论远离教育实践。

基础的。苏霍姆林斯基对教育理论卓越的贡献来自长达 30 年，尤其是在帕夫雷什中学多年的教育活动。当今，教育理论与实践的疏离表现之一就是封闭的教育研究仍然存在，远离教育一线，缺乏对实践的直接了解甚至间接了解，理论从头脑中凭空产生。造成这种现象的原因是多样的、复杂的。既有上述教育科研管理体制的原因，诸如没有充分考虑课题的性质而对课题进行程序化的阶段评审、数目化的管理，不利于研究者扎根实践进行长期性研究；又有人心浮躁、陷于功利的原因，而这与时代的精神文化氛围、教师职称评聘制度密切相连。还有一个原因是从事教育学研究的高校教师居多，教师被繁重的教学任务占据着大量的时间和精力，因而缺乏时间上的保证。

上述五方面的原因是紧密联系在一起的，历史的原因使原创的努力失去传统积淀的支撑；其余几点往往互为原因、互为表征，但又彼此不同。如问题意识这一因素，虽然问题意识的培养离不开教育理论与实践的结合，但是扎根于实践并不是问题意识获得的充分保证。故笔者将其各自单列。

二、如何提高教育学理论的原创性

（一）教育理论向教育实践的回归——教育学理论原创性增强的根本保障

以往对教育现象和教育问题的考察或是从主流的理论、观点和命题出发，或是从已有的教育决策、价值立场出发，或是盲目地追踪热点，导致很多原发性的问题被遮蔽。教育理论向实践的回归意味着要突破这种"自上而下"的常规的研究模式，形成一种"自下而上"的研究思路——从家长、受教育者、处于一线的教育工作者的视角考察问题。通过了解更多的"事件"、倾听更多的声音，开辟另一条有大量真实信息的、意义丰富的言说道路。因为来自不同方面的声音和流变的教育现实才是教育研究的源头活水，毕竟教育是一项由多重关系卷入其中的活动，受教育者、家长、教师之教育观念、价值取向、教育需求等都从根本上制约着教育改革的进展。所幸的是，这种实践的转向已为很多研究者所注意并践行。近两年出现的"叙事研究""田野研究"范式即是一例。当然，"自下而上"的研究思路并不是要求所有的研究者一窝蜂地涌到教育一线。因为当今社会媒体发达，依据大量充分的信息，研究者也可以对现实有较敏锐的把握，他们关键在于要有一种研究所必需的现实关怀。

（二）学术批判精神的提高——教育理论原创性增强的关键

谈到教育学理论的原创性，我们面临着三方面的现实困境：一是本土业已形成的教育经典文献、教育理论、教育思想、观点。二是现当代在文化交流和全球化条件下大量涌入的西方教育理论，它们共同构成了既定的文本现实。三是教育学移植来的其他学科的研究方式、思维框架、言说方式等。从批判的性质上看，又可分为两种[①]：一种是属于"思维"层面的先验批判。这种先验批判的含义从哲学的角度讲，是对用来整理感性材料的认识论模式的批判。从语言学的角度讲，是对决定着话语编码与意义生成的深层语法结构的审查；从精神生产方式的角度讲，是对在精神生产之前就已存在于生产者的内在生产观念的批判考察。总的来说，这种先验批判针对教育研究主体知识生产能力及其有效性的批判，论证的是教育研究者精神生产观念本身的合法性，是关于思维方式的批判，它直接规定着教育研究本体论上的可能性，对于教育理论创新有着更为重要的意义。一种是"存在"领域的经验批判。它针对的是教育知识生产中的各种具体产品，是对各种客观材料的批判，尤其是对各种"常识""权威看法"的再审查。就现状而言，前者更为匮乏。实际上，在教育研究中，对于我们惯用的一些理论思维都有重新检验的必要。比如，理论思维的历史宏大叙事方式下的"古代如何→近代如何→现代如何"的叙事逻辑，经验论的认识论模式，"理论联系实际""逻辑与历史的统一"等看似自明性的方法论原则和诸多西方化的思维方式、话语方式，都应成为先验批判的对象。对既有的具体的教育思想和论点重新审视也是一项必要的工作，如"应尊重儿童的兴趣爱好"[②]"没有教不好的学生，只有教不好的老师"[③]是不是一点没有问题，并不是确凿无疑的。批判是理论思维的特质，是理论创新的必

[①] 此处对两种批判的划分，借用了刘士林《先验批判》一书的用法。

[②] 尊重学生的兴趣是重要的，但是"尊重"是有限度的，因为，人类的知识总体对于儿童而言毕竟是外在的，换言之，学习的过程并不一定是一个愉快的过程，在这种情况下，如何尊重、怎样尊重儿童的兴趣爱好便是一个问题，而不能笼而统之地谈"尊重"。

[③] 这种观点看似充满了教学的人道主义精神，但细推敲是存在问题的。它预设的前提是每一个儿童的发展潜质是一样的，它将教育这个是师生双方"共在"的复杂活动简单化，其严重后果在于导致教育改革出现浮躁的情绪，使教师在改革的面前压力重重，不利于教师的自我发展，因而也不利于教育改革。

然要求，批判精神的觉醒与高扬预示着理论发展的机遇，否则，理论就会陷于静止与平庸。这对于人类思想发展的总体而言是这样，对于某种具体领域同样如此。

（三）教育研究问题意识的增强——教育学理论原创性提高的动力

问题产生于事物实有状态与应有状态的差别，从前者向后者过渡导致新知识、新理论的产生。只有以问题为切入点，才能找到理论发展的时代契机与生长点。正如有的学者所指出的那样："理论主体只有放弃对体系建构的偏好和狂妄，只有面对现实……从真正的教育问题而不是嫁接或移植的问题入手，才有可能摘除'迷惘'的眼镜。"[①] 教育研究者应该改变仅立足于理论面向理论的研究方式，树立"推进和改造教育实践"的使命，在对教育实践实然与应然的充分关照中发现问题，也在中国教育的现实处境中谋求教育学话语的生成，选择属于自己的言说方式。改革开放构成了我国社会发展总的现实，新旧规章制度的交替，经济、文化、政治领域的变革，使教育领域遇到了很多前所未有的问题，也给教育带来或巨大或细微的变化，且每天都在进行着。其中纠缠的理论问题是最迫切需要我们予以研究的。另外，很多传统的教育理论问题经过长期的蛰伏，在新的时代又以新的形式表现出来，需要我们有敏锐的洞察力。发现问题并不能保证研究的价值性，因为种种原因不能保证问题的价值性，这就需要研究主体的不断反思，这是我自己的问题，还是异域的问题；是真问题，还是假问题；是根本性的影响全局的问题，还是局部的问题；是思想层面的问题，还是技术层面的问题；教育学研究能解决到什么程度，在哪些方面需要其他学科的理论支持；等等。这种问题意识的增强与上述的两种批判共同构成了教育学理论原创性必不可少的条件，或者说原创"机制"。

（四）树立教育研究的超功利关怀——教育理论原创性增强的保证

原创性理论的产生离不开研究主体的改造，原创理论需要原创人格。这种人格的表征是：深厚的责任感，强烈的兴趣，超功利的动机，不怕吃苦、不怕冷落，执着，冷静，拒绝媚俗和媚雅，远离浮躁与浮夸。有强烈的民族自尊心，有求真务实的精神，有对教育实际需要的密切关注，有对

[①] 周作宇. 问题之源与方法之镜：元教育理论探索 [M]. 北京：教育科学出版社，2000：214.

教育现实苦乐忧患的深切感受。这种原创性人格作为原创性理论研究的内驱力，使其他进行原创研究的各种努力达到最终的整合，形成催生原创性理论的合力。当然，在经济生活为主体特征的社会，用这种人格气质来要求每个研究者似乎近乎苛刻、近乎虚妄，但我们能做的是使自己一点一点地向这种人格理想靠近。我们不一定达到，却可以始终在途中。只有切实地开展自我锤炼、改造，重塑深厚使命感和深切教育关怀，才有可能真正重建教育研究者与教育生活、教育研究的关系，即改变非切己的研究方式，凭借真诚与思索，走进教育生活。这样才能把教育研究升华到研究者生存方式、生存状态的高度，使教育研究的过程成为研究者的心路历程，去除外在目的的驱使与控制，去除功利主义对教育研究过程的遮蔽，保证原创性的研究成为可能。

（五）改革教育科研管理体制和学术成果的评价系统，营造健康的学术环境

无论是教育理论向实践的回归，还是学术批判力、问题意识的增强与教育研究者超功利关怀的树立，都离不开一个健康的、学术氛围导向正确的评价系统，以使研究者最大限度地持有实事求是的研究态度。要做到这一点，还需要进行教育科研管理体制的改革。体制是重要的，它"本身就包含着既定的信息，告诉人们是创新有利还是守成有利，是采取创新的活动方式还是采取守成的活动方式更能与现行的关系相吻合"。① 改革教育科研管理体制，使其更为机动、灵活，能够给研究者以更大的创新空间和自由度。在教育科研成果的评价上，不论研究成果大小，我们对于其中展现的原创性成分要给予充分的肯定，积极地鼓励原创意识与原创性研究，激发研究者教育科研的现实关怀，促进教育理论与实践的融合。

［原文刊载于《教育研究》2003 年第 9 期，收入本书时略有删改］（柳海民　李伟言）

---

① 颜晓峰. 创新理论的若干问题［J］. 上海社会科学院学术季刊，2002（2）：44-52.

二　观往知来

基础教育发展探索

高质量：中国基础教育发展路向的时代转换

当今的中国正处在"两个一百年"的历史交汇点。国家的未来发展方向在哪里？教育的未来发展道路是什么？这已然成为众所关注的焦点。党的十九大报告、十九届五中全会公报和《中共中央关于制定国民经济和社会发展第十四个五年规划和二〇三五年远景目标的建议》（以下简称《建议》）为全面建设社会主义现代化教育开好局、起好步确立了纲领性引领。《建议》针对教育发展提出"建设高质量教育体系"。一个振聋发聩的决定开启了中国教育发展的历史新阶段，明确了"十四五"时期教育改革发展的总方向和总要求。无独有偶，2016 年，联合国《变革我们的世界：2030 年可持续发展议程》（*Transforming our World：The 2030 Agenda for Sustainable Development*）（以下简称《议程》）正式启动，呼吁各国为今后 15 年内实现 17 项可持续发展目标而努力。其中，目标 4 为"确保包容和公平的优质教育，让全民终身享有学习机会"。中国和世界的两个重要文件的主旨交汇，为新时代我国基础教育改革发展路向的战略性调整指明了方向：由有质量发展转向高质量发展。

一、文献综述

对学术界而言，高质量发展可谓一个全新的领域，尽管世纪之交关于它的思考已初现端倪，但它正式起步是在党的十九大以后，属于典型的政策诱发型研究，且主要集中在经济学领域。2017 年，《南方经济》率先以"解读十九大报告亮点"为主题刊发了一组文章，《以高质量发展推进新时代经济建设》一文指出，新时期解决好发展不平衡不充分问题的关键在于高质量发展，体现为经济、社会、政治、文化与生态等方面的协同发展。有学者辨析了空间视角下的不平衡发展问题，提出要认识到空间经济不平衡发展的绝对性与相对性，在此基础上做出评估与校正。有学者指出，在经济新常态背景下，要实现"两个一百年"目标和中华民族的伟大复兴，就必须解决好经济发展的可持续性问题，这就要求加快我国经济增长方式的转型，坚定不移地走可持续发展之路。截至目前，经济学关于中国经济高质量发展的研究主要集中在以下几个领域。

一是关于经济高质量发展的可能性与必要性研究。研究者们认为，改革开放 40 多年以来，当我们成功地解决了"有没有"的问题，就自然过渡到"好不好"的阶段，也就是转向高质量发展阶段。一方面，由于我国社会主要矛盾发生了历史性变化，我国经济发展已经迈向高质量发展阶段，突出表现在经济发展质量出现积极变化、发展效率开始改善和发展动力正在转换等趋势性变化上；另一方面，国际、国内经济发展环境正在发生变化，以人工智能与先进制造技术深度融合为核心驱动力的新一轮产业革命正在改变全球价值链曲线，为世界经济高质量发展提供了"新车道"。二是关于经济高质量发展的本质、内涵的研究。根据比较政治经济学和福利国家理论，高质量发展是一类与报酬递增相联系的总括性制度与机制，并随着特定历史条件变化不断更新和完善。高质量发展具有很强的动态性，在经济学的基本意义上，是指能够更好地满足人民不断增长的真实需要的经济发展方式、结构和动力状态。有学者认为，高质量发展是比经济增长质量范围宽、要求高的质量状态。高质量发展的理论导向表现在提高供给的有效性，实现公平性发展、生态文明、人的现代化。有研究认为，高质量发展的核心内涵是供给体系质量高、效率高、稳定性高。总之，高质量发展具有十分丰富的内涵，可从社会矛盾变化和新发展理念及其问题、投入与产出、宏观与微观等角度理解。三是关于经济高质量发展的路径研究。有学者认为，要加快产业链条延伸，培育高质量发展的产业链新动力；提升传统产业，培育高质量发展的新兴产业动力；培育创新者，培育高质量发展的企业家新动力；发展数字经济，培育高质量发展的新业态动力；把握新趋势，释放高质量发展的信息化新动力；创新发展方式，培育高质量发展的绿色动力。有学者认为，应以创新驱动作为推动经济高质量发展的第一动力，以市场化改革作为推动经济高质量发展的主要抓手，以新一轮对外开放作为推动经济高质量发展的重要手段，以提高人民生活质量作为推动经济高质量发展的主要目标。在首届中国发展经济学学者论坛上，学者们一直认为，中国经济高质量发展的动力机制在于构建高质量发展的动力支撑、突破关键核心技术、注重人力资本投资以及实施有效的创新鼓励方式。

对于教育领域而言，早在 2001 年，北京市就提出了"高标准高质量发展基础教育"；2010 年以后，学术界陆续关注高等职业院校、民办高等学校、学前教育、初中教育高质量发展问题。但相比于经济学的研究，教育领域的研究明显滞后。少量研究集中在高等教育领域。有学者对高等教育高质量发展的内涵进行了初步探讨，认为高等教育高质量发展是指高等教育系统将高质量发展理念渗透融入教学、研究、服务等各类学术活动，获得了比较平衡、充分的发展，其成果较好地满足了自身需求和外部需求，包含特色强、质量优、满足需求能力强三个特征。有学者指出了中国高等教育高质量发展的若干问题，如高等教育高质量发展需要特别关注多样发展、创新发展、开放发展、集群发展和智能发展，要坚持正确的办学方向，扎根中国大地，遵循教育规律，以务实的改革行动实现高质量发展的理念。有学者提出了中国高等教育高质量发展的几大要点，如：保持适度办学规模，追求卓越教育质量；优化办学结构，提高办学效益；树立前瞻性发展理念，突出办学特色；传承独特优势，实现融合式创新发展；等等。在基础教育领域，有研究展开了初步探索，认为"优质均衡"应是中国义务教育高质量发展的时代路向，也就是在实现基本均衡的同时鼓励特色发展和优质发展，其动力机制是"抓两头带中间"，如着重抓高等教育和幼儿园及小学教育，带动中等教育发展；做好城市和乡村学校布局，带动城镇教育发展；做好宏观治理与微观教学，带动中观层面质量提升；做好逐优与补差，带动中间的可持续发展，促进教育质量整体全面提升。

整体来看，相比于经济学研究而言，教育领域对于高质量发展的反应相对滞后，尚处起步阶段。但是，滞后不意味着必然的否定性，相反，它内蕴着巨大的研究空间；经济学的先导性研究也为我们关于教育高质量发展的研究提供了一定的理论基础、致思路径与解释框架。因此，本文的目的在于，在吸收、转化经济学已有研究成果的基础上，对中国基础教育高质量发展做出基本的理论回应，主要解决中国基础教育高质量发展的可能性、本体论及方法论问题。

二、转换的可能性与必要性

（一）中国基础教育的发展数量已经达到历史高位

教育部发布的《2020年全国教育事业统计主要结果》显示，2020年，全国共有幼儿园29.17万所，在园幼儿4 818.26万人。其中，普惠性幼儿园覆盖率达到84.74%。学前教育毛入学率为85.2%。全国共有义务教育阶段学校21.08万所，招生3 440.19万人，在校生1.56亿人。小学学龄儿童净入学率为 99.96％，初中阶段毛入学率为 102.5％。全国高中阶段共有学校 2.44 万所。招生 1 504.00 万人，在校生 4 127.80 万人。高中阶段毛入学率为 91.2％。《2018 年全国教育事业发展统计公报》显示，2018年，全国共有幼儿园 26.67 万所，比上年增加 1.17 万所，增长 4.60％。学前教育毛入园率达到 81.7％，比上年提高 2.1 个百分点。共有义务教育阶段学校 21.38 万所，招生 3 469.89 万人，在校生 1.50 亿人。小学学龄儿童净入学率达到 99.95％。初中阶段毛入学率为 100.9％。高中阶段教育共有学校 2.43 万所，招生 1 349.76 万人，在校学生 3 934.67 万人，高中阶段毛入学率为 88.8％，比上年提高 0.5 个百分点。《中国教育统计年鉴 2008》显示，2008 年，全国共有学龄儿童 9 772 万人，入学儿童9 727.1 万人，毛入学率为 99.5％。其中，小学毛入学率达到 105.7％，初中毛入学率达到 98.5％。《中国教育统计年鉴 1998》显示，全国共有小学学龄儿童 13 369.3 万人，入学学龄儿童 13 226.8 万人，毛入学率为98.93％。《中国教育统计年鉴 1988》显示，全国 7～11 周岁学龄儿童总数为 9 655.8 万人，入学儿童 9 380.4 万人，学龄儿童入学率为 97.15％。而《中国教育统计年鉴 1978》显示，在我国 2 221 个县级单位中，入学率在95％以上的县级单位为 1 363 个，占全国 61.4％。入学率在 90％以上不足95％的县级单位有 544 个，占全国 24.5％。入学率在 85％以上不足 90％的县级单位数为 172 个，占全国 7.7％。而剩下的 142 个县级单位入学率则不足 85％。如果以入学率 95％为标准，则我国有 38.6％的县级单位在标准以下。70 余年筚路蓝缕的努力奋斗，推动基础教育由中华人民共和国成立之初的文盲充斥到现在的义务教育普及，由"能上学"到"有学上"，到 2019 年年底，全国有 95.3％的区县达到了基本均衡县的要求。进入新时代，我国的社会主要矛盾已发生变化。中国的各级各类教育水平显著提高以后，人民对美好教育、优质教育的向往更加强烈。过去要解决的是"有没有""够不够"的问题；现在要解决的是"好不好""优不优"的问题。前者聚焦基础教育的"速度和体量"，追求"速度优势"和"体量优势"；后者聚焦"效益和质量"，追求"效益优势"和"质量优势"。在解决了义务教育"有学上"之后，实现"上好学"已然成为老百姓对我国基础教育的殷切期盼。

（二）基础教育整体发展水平已跃升到世界中高收入国家行列

2019 年是中华人民共和国成立 70 周年。70 年来，我国基础教育取得的成就是全方位的。基础教育经历"改造与探索期""停滞与恢复期""改革与深化期"三个阶段,基础教育办学体制从工具理性向价值理性转变,从政府包揽走向公共治理,随着政治和经济体制的变革发展不断完善,管理体制历经曲折发展、恢复重建、改革计划管理、统筹推进与逐步完善和全方位系统化改革五个阶段,取得巨大成就,"中国模式"逐渐形成。义务教育财政投入水平不断提高,原有地区间投入差距状况得到改善,义务教育财政已开始迈入更高水平发展阶段。学校布局调整不断优化,经历"布点建校期""调整过渡期""规模扩张期""撤点并校期",已经走向"审慎调整期"。这些举措不仅顺应了经济社会发展、城镇化和人口变化,也在引领城镇化、产业结构调整及教育变迁中发挥着重要的先导作用。中小学教师队伍建设取得重大进展,数量上从缺乏到满足,质量上从低水平到高水平,培养上从学历教育、职前培育到职后培训。经过 70 年的不懈努力,我国教育完成了重要转变,探索出一条"中国道路"。无论是在推动普及、着力均衡,还是在提高质量、强化保障的伟大实践中,都创造了世所罕见的发展奇迹。我国基础教育整体发展水平已经达到世界中高收入国家平均水平,其中义务教育发展水平已经达到世界高收入国家平均水平。2009 年,上海学生参加 2009 年国际学生评估项目(Program for International Student Assessment 2009,PISA2009)测试,并一举夺魁,世界教育的目光自此转向了中国,英国等世界主要发达国家纷纷前往中国"取经"。2019 年,国家市场监管总局开展的 11 个领域公共服务质量监测结果显示,人民群众对义务教育的满意度位列第一。

(三)因应为建设创新型国家培养创新人才的教育新要求

多年前,美国经济学家舒尔茨(T W Schultz)研究认为,人力资本是一个国家经济发展的重要因素。近年,美国斯坦福大学(Stanford University)、胡佛研究所(Hoover Institution)的哈努谢克(E A Hanushek)教授及其研究团队提出,知识是一个国家发展的关键,人的认知技能,即一个国家的"知识资本",对经济的长期繁荣至关重要。他们通过实证研究得出一个重要结论:认知技能与经济增长之间具有非常稳健的关系,且这一关系对发达国家和发展中国家同样适用。这个新的研究成果提醒我们,学生的受教育年限只是一个量的确证,更重要的是他们在学校学到了什么,学的效果、质量如何,即是否掌握了相关的基础知识与基本技能,对学生创造力的培养已经成为建设创新型国家的迫切需求。早在 2005 年，我国就提出建设创新型国家的发展战略。2017 年，党的十九大要求加快建设创新型国家。2018 年，英国科学博物馆有学者统计得出，从旧石器时代到 2008 年之前，全世界共产生 1 001 项改变世界的重大发明，中国有 30 项，占 3％。这 30 项重大发明全部出现在 1500 年前，占 1500 年前全球 163 项重大发明的 18.4％，其中最后一项是 1498 年发明的牙刷。在 1500 年之后的五百多年间，全世界 838 项重大发明中没有一项来自中国。中国要全面建成创新型国家，就必须有创新的教育培养创新的人才，才会有创新的技术、创新的成果，形成世界竞争力。这就要求我们的教育在解决了基本均衡、基本公平的基础上，向更加公平、更有质量的方向发展。

三、高质量发展的核心意涵

据《说文解字》载，"质"即"以物相赘"，意即将某物或人做抵押以换取自己想要的东西，此处"质"为交换之意，由此可引申出作为名词的"交换之物"的用法，如"人质"。《康熙字典》载："《易·系辞》原始要终，以为质也。"南怀瑾在《系辞下传》中将其解释为：任何事情都有它的因果，有开始就有结果，这是"不虚假"的，诸如人生、宇宙，是"可以摸得到，是可以求证，可以研究的"。这同《注》中"质，体也"的用法相近，也就是事物本体、本性的意思。事物之本体、本性当然"不虚假"，就像"道"一样自在自为，不以人的意志为转移。"质"的英文表达常见的有"nature""matter""quality"，但一般用"quality"表示。《柯林斯高阶英汉双解词典》中将"quality"解释为"质量""品质"和"特性"等。其来源于拉丁语"qualis"，意为"种类""类型"和"要求"，引申为"质量""品质"。

以上是"质"的几种常见用法。随着时代语境及词义本身的历史嬗变，后一种用法成为当今的主要用法，即事物的"本体""本质"，包括其"属性""品质""特性"等。

《说文解字》中释"量"为"称轻重也"，郑玄《注》中有："量，犹度也。谓以丈尺度地。"这里的"量"即动词意义上的"估量""测度"等义。同时，《注》中有"量，谓豆、区、斗、斛、筐、筥所容受"的说法，这里的量是"容量""体积"的意思。另外，"量"还有"标准"和"规格"之意，如《管子·乘马》中有"黄金者，用之量也"的说法。"量"的英文单词表达有"measure""quantity""capacity"等，动词一般用

"measure"，名词一般用"quantity"，意为数量、总量。"quantity"来自拉丁语"quantus"，意为"多大""多少"，古法语"quantité"来自意大利语"quantus"，与"how much"同义。

可见，"量"的常见用法主要有两种：一是"估量""衡量"等动词义；二是词源学意义上表示程度"多大""多少"等的形容词用法，以及"数量""标准"等名词义。

简单梳理"质"与"量"的含义有助于我们理解何为"质量"。"质量"在不同的学科语境中有不同定义，例如：古代汉语中"质量"有资质器量，事物、产品或工作的数量以及优劣程度等意思，如三国魏时期刘劭所作《人物志·九征第一》中提道："凡人之质量，中和最贵矣。中和之质，必平淡无味；故能调成五材，变化应节。"物理学中指量度物体惯性大小的物理量。哲学中的"质量"是物体在相对时空中的一种物理属性，物体所蕴含能量的多少是物体质量的量度。质量管理学语境下，"质量"指产品的适用性，即产品特性满足用户需求的程度。

由上可知，质量主要有两种含义。一是事物本身所具有的属性，如事物的形状、颜色、气味等，这是"质量"之"质"的规定性；二是表示由此衍生的满足特定对象需求的程度，即适用性，如好坏、优劣等，这是"质量"之"量"的规定性。"质量"之"质"的规定性是事物的本体属性，内蕴满足对象程度的可能性，事物属性作用于不同对象则具有不同的适用性，产生不同的质量观。因此，质量是一个事实与价值耦合的概念，不同主体所理解、认可的质量都是事物自身属性与个体合意性的函数。是故，无论是作为认识对象还是认识结果的"质量"之所"是"都不止一种，而是人言人疏。只是随着人们物质获取力的不断提高、对事物认识的不断更新，以及体验丰富性的不断获致，追求高质量成为突出的时代话语，面临着由"量"到"质"的语境转型。如今，"质量"的概念已从符合性质量、适用性质量上升到满意性质量。

那么，什么是教育的高质量发展？高质量发展是对教育发展状态的一种事实与价值判断，意味着教育在"质"与"量"两个维度上达到优质状态，表现为教育享用价值与质量合意性的提升，具有教育供给及产出质量高、效率高、稳定性高等特点。我们认为，基础教育高质量发展是以"五大发展理念"为核心，以"三大动力变革"为手段，以人民群众对高质量教育需求的满足为导向，不断提高基础教育发展的优质化程度和水平，由规模扩张转向结构升级，由外延式发展转向内涵式发展，实现教育更公平、更均衡、更协调、更全面、更创新、更优质、更可持续及更安全的发展。它们体现在基础教育发展观念与思维的更新、教育增长方式和路径转变、教育体制改革和机制转换的过程中，但各有侧重。

四、四面八维：中国基础教育高质量发展的时代转换

（一）从当下惠及长远，树立更加优质、可持续的发展理念

改革开放 40 多年来，我国基础教育已基本解决"有没有"的问题，但是我们依然面临教育投入粗放、教育要素边际效益尚未充分发挥、对学生个体的全面发展关注不够，甚至在某种程度上付出以牺牲教育的未来发展换取教育的当下发展的代价等问题。未来教育高质量发展首先应实现理念转换，即需要改变旧有的规模扩张思维，树立增效提质的发展理念，关注个体全面发展，拒绝以牺牲教育的未来发展换取教育的当下优质发展，也就是在确立基础教育更优质发展理念的同时，牢牢树立可持续发展理念。

更优质的发展。优质既是一种教育发展的实然状态，又是一种事实判断。其基本要求是提高基础教育服务以及人才培养的质量与标准。高效、集约地发挥现有教育资源的要素潜力，实现各类教育投入产出效益最大化，使各类教育要素边际生产率与边际收益达到最优，全面促进教育发展制度、发展动能、发展过程、发展方式最优化。从实然状态看，我国东部沿海地区及发达城市，特别是北京、上海等地的教育已经跨入世界先进水平，其他省市和地区也有很多优质教育区和优质中小学校。优质教育区的成熟经验是：立足国家发展与国际竞争需要，创造性地实践教育优先发展的国家战略，为学校发展提供先进的教育理念、良好的教育资源支持、有力的政策安排、有效的过程推进、科学的评估标准和久久为功持续不竭的奋斗努力。这些优质校的共同样态是教育质量高、社会声望好。质量高、声望好的综合构成要素有正确的办学方向、良好的学校文化、系统的课程结构、优质的课堂教学、优秀的教学团队、优异的学生发展、完善的办学条件、精致的学校管理和强有力的学校领导。从事实判断看，由于历史的原因和城乡、区域差距，目前我国教育发展远远没有达到比较均衡的优质发展状态，促进基础质量提升已然成为我国广大中西部地区和众多中小学校的迫切任务。更为优质的教育无疑是一个比较性概念，可以包括以

下几方面内容：一是实现现有教育资源配置的进一步优化，使资源效益最大化；二是教师队伍建设取得更为全面性、实质性的进展，教师的师德师风、专业知识与教学能力等达到基本理想的状态；三是课程与教学能够满足不同生命特征及个性的孩子的需要，可以实现每个人自由而全面的发展；四是具有教育发展所需的良好的环境，这既指自然环境优美，又指社会环境和谐。但是，优质不等于高质量，教育高质量发展包括优质但不限于优质，优质是教育高质量发展的最佳状态。

更可持续的发展。 更可持续发展的教育指我们必须考虑教育发展的可持续性，以可持续的教育事实观、价值观、伦理观指导教育发展。上一代人发展教育不能以损害下一代人的教育发展为代价，而必须为下一代人的教育奠定绿色、和谐、健康的发展环境。我们要致力于资源节约型、环境友好型教育，打造基础教育可持续发展新常态，改变过度依赖外部教育治理的现状。可持续发展是世界各国教育的发展目标，特别是在历史大趋势、现代文明大背景大转换的当下，我们更应重视教育的可持续发展。自《议程》启动以来，联合国教科文组织已连续发布系列报告。2019 年高级别政治论坛特别纪念出版物《超越承诺：各国如何实现可持续发展目标 4》（*Beyond Commitments—How Countries Implement SDG 4*）集中展现了世界各国在教育可持续发展上所做出的努力。大多数国家将可持续发展目标 4 作为本国教育规划框架，通过多种方式将本国目标与可持续发展目标 4 联系起来。其中有六个领域能够加速实现目标：超越平均数、超越受教育机会、超越基础知识、超越学校教育、超越教育、超越国家。2019 年，联合国教科文组织第四十届会议确定了 "2019 年后可持续发展教育实施框架"（Education for Sustainable Development：Towards Achieving the SDGs，ESD for 2030），强调可持续发展教育是 "关于优质教育的可持续发展目标的组成部分，也是所有可持续发展目标的主要推进手段"，可持续发展教育可以使每个人都获得可持续发展所需的知识、技能、价值观和态度。大会确定了 "变革性行动" "结构性变化" "技术性未来" 的可持续发展技术路线。变革性行动指可持续发展教育必须更加关注每个学习者的个人转变过程及其发生方式；结构性变化指可持续发展教育需要更加关注不可持续发展的深层结构性原因，特别是经济增长与可持续发展之间的关系；技术性未来指技术进步可为某些 "旧的" 可持续性问题提供解决方案，但一些改变人们行为的可持续发展教育工作可能就不再具有现实意义。实现基础教育可持续发展需要学校前瞻未来，结合学校现有基础和未来构想，构建学校长远发展的顶层设计，制订《学校"十四五"发展规划》，科学谋划推动学校可持续发展的重点领域、重要事项的安排和落实。

（二）从部分推及整体，坚持更加公平、全面的价值遵循

在特定时期，为了在短时间内提高教育质量，我们允许一部分学校、一部分地区先发展起来，创办大批重点中学、示范性中学，这虽然取得了很大成效，但也以牺牲了教育公平为代价。时至今日，其依然造成很多遗留问题，比如教育改革的系统性不够，教育公平依然有待推进，学校发展千人一面，过分拔高智育制约了学生的全面发展，等等。进入新时代，中国基础教育高质量发展需实现价值转换，也就是要着力解决历史遗留问题，在巩固教育公平成果的基础上追求更公平的发展；同时，要将高质量发展理念及其发展成果从部分推及整体，实现更全面的高质量发展。

更公平的发展。 公平是永恒的价值，教育公平是教育永恒的发展追求。历经扫盲教育、普及教育、全民教育，当前我国教育已迈入优质教育阶段。我们对教育公平的关注，已经从机会公平转向过程公平与结果公平。中国基础教育发展的核心关切是人人共享高质量教育发展成果。党的十九大报告中明确提出，"努力让每个孩子都能享有公平而有质量的教育"。2019年的《政府工作报告》提出，发展更加公平更有质量的教育。"更加公平更有质量的教育"至少包括以下几方面内涵。其一，必须以教育公平为基础，在此基础上实现教育质量的进一步提升。"公平—质量"既是一个语法结构，也是一个发展逻辑，即基于教育公平底座实现质量追赶，逐步实现基础教育高质量发展从短期到长期、从初级到高级、从物质到精神的结构、内涵升级。其二，此处的教育公平依然需要从宏观与微观两个层面理解，即从社会与个人的结构性关系方面去理解。社会意义上的教育公平指区域、城乡、学校之间的教育不公平现象基本消除，特别是对于我国西部地区与东部地区。这首先要做到教育资源配置的基本均衡。其次，要增强教育制度供给的充分性与平衡性，建立健全基础教育高质量发展的"兜底"机制、保障机制，优化改进其分享机制和动力机制。个人意义上的教育公平首先指以人的发展为核心评估域的教育公平，即以实现人的全面发展为核心视点与内在关切。最后，要适当打破教育结构惰性对受教育者发展的制约，扩大受教育者的合理有序流动，提升教育获得感。更公平发展的实践体现是，通过全面提高基础教育教学质量，更好地实现受教育者接受教育起点的更公平，力争让每一所学校都优质，每一个孩子都能"上好学"；实现教育过程的更公平，力争让每一个教师都优秀，每一个孩子都能"学得好";实现教育结果的更公平,力争让每一个学生都出彩,每一个孩子都能优异发展。

更全面的发展。 全面贯彻党的教育方针,落实立德树人根本任务,坚持"五育"并举,是全面发展素质教育、培养德智体美劳全面发展的社会主义建设者和接班人的根本要求。更全面的发展,既要坚持全面系统的观点,又要蹄疾步稳、抓住关键;既要全面发力深化教育改革,坚决破除各方面体制机制弊端,又要增强改革的系统性、整体性和协同性,多点突破、纵深推进,着力拓展改革的广度和深度。更全面发展的宏观着力点是,要全面解决学前教育入园难、入园贵问题,推进学前教育步入普惠、优质发展快车道;要全面巩固义务教育成果,推进义务教育进入优质教育新阶段;要全面普及高中阶段教育,推进高中教育多样化、有特色发展;全面调动教师的积极性、主动性、创造性,健全中小学教师工资长效机制,全面实施绩效管理,落实集中连片特困地区生活补助政策,为教育发展提质、创新人才培养提供人力保障;全面完善教育质量标准体系,制定覆盖全学段、体现世界先进水平、符合不同层次类型教育特点的教育质量国家标准,突出学生发展核心素养与关键能力要求;全面推进依法治教水平,确保各项教育立法稳步推进,为基础教育提供全方位保护;全面提高经费使用效益,保障基础教育办学经费;全面提高国家教育创新能力,既包括基础教育理论创新、体制机制创新,又包括教育实践创新;要推动形成全面教育开放新格局,提升国际交流合作水平,学历互认、标准互通、经验互鉴,扎实推进"一带一路"教育行动。更全面发展的微观着力点是,以高质量的德智体美劳全面发展教育培养全面发展的人。落实立德树人,突出德育实效,完善德育工作体系,深化课程育人、文化育人、活动育人、实践育人、管理育人、协同育人;提升智育水平,着力培养学生的认知能力,促进思维发展,激发创新意识;强化体育锻炼,坚持健康第一,实施学校体育固本行动,严格执行学生体质健康合格标准;增强美育熏陶,实施学校美育提升行动,落实音乐、美术、书法等课程;加强劳动教育,充分发挥劳动综合育人功能,落实劳动教育指导纲要。

(三)从基本转向高位,盘活更加均衡、协调的体制机制

在消除教育发展不均衡现象、解决教育公平问题的过程中,教育发展体制机制不断健全,逐渐形成了教育发展的均衡协调机制,基本实现基础教育均衡、协调发展,教育活力不断激发,教育质量显著提升。但与此同时,教育发展总体布局有待优化,资源分配分布不够均衡,城乡教育一体

化尚未形成，区域、校际教育联动机制尚未有效建立等问题依然十分突出。因此，新时代基础教育高质量发展需要实现体制机制转换，从基本均衡、协调转向高位均衡、协调，在坚持、巩固业已形成的有效的体制机制的基础上，进一步调整、优化基础教育高质量发展的均衡、协调体制机制，以体制机制的建立健全、全面盘活促进教育高质量发展。

更均衡的发展。 教育均衡是新时代教育高质量发展的重要内涵之一。其不仅与教育公平有着千丝万缕的联系，在某种程度上可以说，教育均衡是教育公平的重要条件之一。如果说教育公平更多涉及关系正义的话，那么教育均衡则更多地指向分配正义。于是，更均衡的教育发展样态可以表现为优质教育资源的公平、有效分配。要立足于我国基础教育布局差异和区域发展不均衡的现实，科学规划、调整区域教育协调发展空间布局，健全区域教育协调发展体制机制，引导各地因地因时制宜，发挥比较优势，优化教育格局。同时，充分挖掘基础教育区域间梯次转移的空间潜力，积极培育内陆地区承接沿海地区教育迁移和延伸的能力，推动区域间特别是沿海地区和内陆地区基础教育的协调链接。要以供给侧结构性改革为主线，推动基础教育质量变革、效率变革、动力变革，着力提高供给质量，优化结构调整，矫正资源配置不当，扩大有效教育供给。尤其要扩大有效、高质的中高端教育供给，增强教育供给侧结构对人民高质量教育需求变化的适应性。破除阻碍受教育者自由流动的体制机制，尤其是城乡二元体制，建立城乡一体化的公共教育服务制度。在实践操作上，可以将均衡状态概括为全要素均衡、全过程均衡与全方位均衡。"全要素"指教育要素的配置性均衡，公平与利益是核心价值；"全过程"指教育发展过程的受益性均衡，均等与效率是关键指标；"全方位"指教育发展空间上的一体化状态，主要包括均衡与效益等价值考量。"三全"均衡同时体现了教育均衡的三级水平：公平与正义是义务教育初始均衡水平的价值表征，质量与品质是义务教育均衡化水平的发展旨归，个性与卓越是义务教育后均衡水平的核心诉求，教育高质量视域下的均衡显然追求个性与卓越。

更协调的发展。 教育高质量的协调发展意味着紧紧围绕统筹推进"五位一体"总体布局和协调推进"四个全面"战略布局，加强宏观教育政策协调和发展战略对接，确保形成整体顶层合力。深刻理解实施教育协调发展的战略要义，从当前我国区域、城乡与校际教育发展中不平衡、不协调的突出问题出发，坚持总体布局与分领域相结合，集中力量突破教育"卡脖子"环节。各级教育部门要充分发挥制度协调与政策配套优势，打造共建共享的教育协调发展新格局。充分继承教育发展规律与演化模式的匹配路径，协调教育系统内要素配置、运行机制以及反馈方式，提高教育内外联动，打造有机组合效果，进一步打破发展桎梏。一是坚决落实区域协调发展战略。充分发挥互联互通对教育高质量发展的辐射和带动作用，充分利用发达地区在历史基础、资源禀赋等方面的优势，构建区域教育高质量发展网络，同时，发挥欠发达地区的特色优势，加强东西对话，强化南北合作，创新强弱组合、精准对接、对口拉动机制，构建区域教育高质量发展规划、治理、交换与共享新局面。二是科学构建城乡协调发展新格局。建立更加有效的教育协调发展新机制，如协同规划机制、跨部门统筹协调机制等，促进教育协同联动高质量发展。以城市群为主体构建大中小城市和乡镇教育协调发展格局，不断补齐区域教育发展短板，突破农村教育发展瓶颈。三是努力实现校际协调发展目标。建立强强组合、强弱帮扶的校际发展新格局，充分发挥强校教育高质量发展的辐射带动作用，建立师资、课程、管理等共建共享新机制，逐步缩小校际差距，动员各方力量协同推进教育高质量发展。需要注意的是，协调既是理念也是机制，既是标准也是尺度，既是手段也是目标，是公平论与重点论、均衡与非均衡、补短板与出新招的统一。

（四）从追赶走向超越，打造更加创新、安全的路径保障

中华人民共和国成立 70 多年，特别是改革开放 40 多年以来，我国基础教育取得的成就是历史性的——办学规模不断扩大，办学水平不断提高，教育教学质量与日提升，教育经费和资源保障不断巩固加强，办学体制和管理制度日益科学完善，教育国际化水平显著提高。21 世纪以来，中国学生在国际学生评估项目测试中的优异表现更是为中国基础教育赢得了世界美誉。然而，与世界发达国家相比，我们依然面临着基础教育创新活力不够、学生创新意识及创造力不强等问题。另外，我们在借鉴西方教育理念与模式的同时，对于其潜在的风险意识不够，国家教育安全发展观念不强等问题也越来越突出。因此，中国基础教育高质量发展必须实现路径转换，改变跟跑西方教育的路径依赖，走出一条自我创新的发展之路，并且在国际、国内日益复杂的环境下强调国家教育发展的安全性。

更创新的发展。 党的十九届五中全会公报和《建议》提出，展望2035 年，我国经济实力、科技实力、综合国力将大幅跃升，经济总量和城乡居民人均收入将再迈上新的大台阶，关键核心技术实现重大突破，进入创新型国家前列。《建议》要求，坚持创新在我国现代化建设全局中的核心地位，深入实施科教兴国战略、人才强国战略、创新驱动发展战略，

完善国家创新体系，加快建设科技强国；深化人才发展体制机制改革，全方位培养、引进、用好人才，造就更多国际一流的科技领军人才和创新团队，培养具有国际竞争力的青年科技人才后备军。这些新的要求无疑对教育的创新发展提出了高要求、高挑战。更创新的发展意味着始终坚持创新是教育发展的第一动力，着力实施教育创新驱动发展战略，消除一切不利于教育创新的限制因素。突出问题导向，统筹兼顾、综合施策、提前布局，破解制约教育发展的体制机制障碍，补齐制度短板，消除僵化路径依赖，打破固化行为结构，激发教育创新活力，既要不断增强现有体制机制的适应性，又要以创新嵌入诱致体制机制革新。鼓励基础教育理论创新、实践创新、制度创新、文化创新等各方面创新，不断赋予中国教育鲜明的实践特色、理论特色、民族特色、时代特色，形成中国特色教育道路、理论、制度、文化。加快培育教育创新新动能，充分调动各方面积极性，增强创新意识，培养科学素养，全面激活全民创新精神，提升全民创新能力。以坚持促进创新思维发展为抓手，激发创新意识。基础教育阶段是培养创新人才的重要阶段，只有夯实基础才能孕育创新人才。在办学实践上，要坚持创新引领，以创新的方式、创新的过程、创新的管理，培育学生的创新意识和创新能力，提高人才培养质量。以丰富并创新课程形式为依托，完善创新课程体系、教学方法、学生活动等关键环节改革。创新教材体裁编排及话语体系，紧跟科学研究前沿，回应社会议题，进一步增强内容针对性与实效性。把握师生特点和发展需求，创新工作理念思路，改进工作方式方法，激活教师工作内生动力，不断提高师生的获得感。在人才培养过程方面，要根本改变传统的人才培养方式，构建体现基础教育课程改革宗旨、塑造学生核心素养和关键能力的教学新形态。新形态的内涵表达是：变"双基"为"四基"，即在"基础知识和基本技能"基础上，增加"基本思想"和"基本活动经历"；变"双能"为"四能"，即在"分析问题和解决问题"基础上，增加"发现问题和提出问题"；变单向思维为双向思维培养，即演绎思维与归纳思维培养并重。演绎思维可以为学生打下坚实的知识基础，但它不能给人以创新，因为演绎思维只能验证真理验证结论。要创新必须有归纳思维，因为归纳思维才能给人以创造和发现。

更安全的发展。 更安全的发展首先要求教育系统严把政治安全观。坚决落实好为党育人、为国育才的责任和使命，建设政治强、人格正、视野广、情怀深、自律严、质量高的思想政治课教师队伍，实施课程思政、教学思政、三全育人，打造铸魂育人的思想政治"金课"，不断完善思想政治课程体系，提升内涵，强化保障，发挥好思想政治育人的主渠道作用。要坚持以学生为本，让思想政治教育可亲可感，引领理想信念，培育爱国情怀，提升品德修养，熏陶高远志向，培养奋斗精神和锤炼个人修养，培养立志肩负民族复兴大任、德智体美劳全面发展的社会主义建设者和接班人。其次，要关注教育发展的政治安全。充分发挥党在教育事业中领导、协调的核心作用，切实增强"四个意识"，坚定"四个自信"，坚决做到"两个维护"。坚持马克思主义对教育事业的指导，牢牢把握教育领域意识形态领导权，自觉运用马克思主义的理论、思维与方法研究教育、发展教育、指导教育，谋求教育高质量发展。要明确中国教育与国外教育的政治立场与利益导向，防止国外教育系统政治风向向中国教育系统的传导与灌输，也要防范国内教育政治风险的变异与升级。要建立健全教育系统政治安全的风险识别、防治机制，使其拥有正确合理的政治意识、政治需要、政治内容、政治活动，并且在这些方面免于侵害和威胁。再次，要注重信息安全建设。信息安全包括物理安全和逻辑安全两个方面。前者要求教育系统中的网络系统各类通信、计算机设备等相关物质设施得到有效保护，以为教育高质量发展提供足够充分的硬件支撑；后者主要指教育系统的信息完整性、保密性以及可用性。它要求各类教育主体具备充分的信息安全素养，在日常的网络信息活动中自觉遵守相关法律规范，不泄密、不传谣，积极建设高质量的网络教育空间。最后，要切实保障校园安全。校园安全直接关系到广大青少年是否能健康、安全成长。近年来，国家高度重视校园安全工作，出台了《国务院办公厅关于加强中小学幼儿园安全风险防控体系建设的意见》《安全生产宣传教育"七进"活动基本规范》《推进安全宣传"五进"工作方案》等一系列重要文件，为教育高质量发展提供了政策屏障。校园安全建设需要积极贯彻国家关于校园安全建设的系列文件要求，深入推进公共安全教育相关课程建设，将公共安全教育融入德智体美劳全过程。创新教育形式，不断增强师生公共安全意识和能力，提高自保、自防、自救能力。结合教育系统实际情况，系统推进各级各类国家安全教育。探索实施健康副校长制度，强化联防联控，建立危机处理预案，落实责任分配，强化任务监督，切实强化学校安全教育，为教育高质量发展保驾护航。

五、走向转换需付出的努力

（一）学理研究聚焦

厘清教育高质量发展内涵。 理论是实践的先导，理论不会解决所有的实践问题，但是所有的实践展开都离不开理论。所谓"理论无实践则空，实践无理论则盲"。因应于我国经济高质量发展的战略举措和十九届五中全会提出的"建立高质量教育体系"的国家安排，我国教育必须尽快实现高质量发展转向。但存在一个前提性的理论问题：什么是教育高质量发展？当我们谈论教育高质量发展时，我们在谈论什么？这是我们首先需要解决的学理性问题。从目前已有的少量教育高质量发展研究成果来看，这一问题似乎尚未进入学者们的研究视野或者说尚未被很好解答。在没有充分厘清内涵的基础上，匆匆构建教育高质量发展的路线、指标可能是无源之水、无本之木，有可能导致教育实践肤浅化、狭隘化、功利化。因此，我们必须从厘清教育高质量发展的科学内涵开始，通过深度阐释其内涵、廓清其外延，推动我国基础教育高质量发展的理论研究。本文上述对教育高质量发展的内涵阐释只是初步尝试，在某种程度上而言，它仅仅是一个尚未开始的开始。

加强原生性教育理论研究。 厘清基础教育高质量发展的内涵是丰富新时代我国基础教育理论研究的重要方面，也是最为关键的理论先行。在此基础上，我国应该加强基础教育领域的原生性理论研究。中国基础教育高质量发展不是空穴来风，其学理聚焦与理论体系必须源自我国丰富而鲜活的基础教育理论与实践。只有源于我国基础教育发展现实的理论才具有科学的解释力，也只有建立起坚实厚重的原生性教育理论体系，我们才能盘活、下好中国基础教育高质量发展这盘大棋。因此，我们必须深入挖掘、诠释教育高质量发展的价值、逻辑与动力，从时间动态性和维度分割性的双向互动中全面评估基础教育发展现实，强调内源性、本土性理论生成。这就意味着，其一，我们要全面总结我国基础教育已有的成功发展经验，形成较为系统的一般性教育理论；其二，对已有基础教育理论成果进行全面的批判性分析与"创造性破坏"，发掘源于实践场、饱含生命力、富有时代性的科学教育理论，形成系统的框架与体系；其三，要不断地加强关于我国传统教育理论与实践的整理与研究，激活我国古代教育丰富的教化智慧，通过时代性转化为今所用。

创造性转化域外先进经验。 当然，我国基础教育高质量发展不是关起门来发展，基本的学理研究也不是一味地闭门造车，特别是在教育现代化不断向纵深推进、教育全球化浪潮席卷民族国家的当下，与世界脱轨就意味着被世界教育除名。因此，在强化我国基础教育本土性、原生性理论研究的同时，需要实现与国际基础教育对接，特别是与世界主要发达国家基础教育接轨，不断提高我国基础教育国际化水平，这也是教育高质量发展的题中之意。因此，我们必须处理好以下几对关系。一是本土性基础教育理论与世界性先进性教育理论的关系，必须以前者为主、后者为辅，不可本末倒置，构建域外为推、本土为拉的推拉综合作用的理论模式。二是积极主动参与全球基础教育发展与治理，扩大中西方教育交流，充分吸收西方发达国家基础教育经验，提高我国基础教育制度性、学术性话语权，提升教育研究影响力。三是"移植"和"转化"的关系。任何科学、先进的教育理论都是一定国情、社情与民情的产物，先进不意味着合适，重视域外基础教育研究也不意味着不加辨别地全盘照搬，而是需要基于我国教育发展现实与既有理论框架实现创造性转化，只有充分具备中国教育基因的理论，才能真正丰富我国基础教育高质量发展的学理研究。

（二）教育实践提质

构建提高质量的顶层设计。 基础教育高质量发展是国之大计、党之大计，需要构建具有针对性、系统性的顶层设计。全国教育大会以来，国家相继下发《中共中央 国务院关于学前教育深化改革规范发展的若干意见》《关于深化教育教学改革全面提高义务教育质量的意见》《关于新时代推进普通高中育人国务院办公厅方式改革的指导意见》等重要文件，对全面提高基础教育发展质量做出重大部署。2019 年 7 月 29 日，国务院召开全国基础教育工作会议，这是改革开放以来，以国务院名义召开的第二次全国基础教育工作会议，吹响了贯彻落实三个重要文件、全面提高基础教育质量的冲锋号。2019 年 11 月底，教育部印发《关于加强和改进新时代基础教育教研工作的意见》《关于加强初中学业水平考试命题工作的意见》《关于加强和改进中小学实验教学的意见》三个配套政策文件。这是我国基础教育高质量发展的重要政策进展，为推动我国基础教育高质量发展进程、构建高质量发展文化提供了重要的政策遵循。根据《建议》要求，要健全教育基本公共服务体系，完善共建共治共享的教育治理制度。围绕"五大理念"，积极构建基础教育"三大变革"的体制机制，既要有战略定力，又要有紧迫感，及时做出教育高质量发展的有效制度安排，创建和完善制度环境，加快形成推动基础教育高质量发展的政策体系、标准体系、指标体系、绩效评价与政绩考核，统筹兼顾，做好基础教育高质量发展的各项顶层设计。

创建基础教育的质量文化。 文化是最根本的教育环境，具有潜移默化的育人功能，要大力推进全国基础教育高质量发展文化建设，就要坚持文化引领、实践导向。其一，质量育人，标准先行。要不断完善基础教育高质量评价体系，建立以教学质量报告、教学评价、专业评价、课程评价、教师评价、学生评价为主体的全链条多维度教学质量评价与保障体系。其二，持续推进高质量教学工作审核评估和合格评估。要把评估、认证等结果作为教育行政部门和本校政策制定、资源配置、改进教学管理等方面的重要决策参考。其三，要构建基础教育自觉、自省、自律、自查、自纠的高质量文化，把其作为推动学校不断前行、不断超越的内生动力，将质量意识、质量标准、质量评价、质量管理等落实到教育教学各环节，内化为师生的共同价值追求和自觉行动。其四，全面落实学生中心、文化导向、持续改进的先进理念，加快形成以学校为主体，教育部门为主导，行业部门、学术组织和社会机构共同参与的具有中国特色、达到世界水平的质量保障制度体系。

学校因校实际的特色努力。 基础教育高质量发展的关键是学校，学校应明确发展思路，不断完善体制机制，科学制定发展规划，注重发展连续性，全面落实科学评估。深化课程育人、文化育人、活动育人、实践育人、管理育人、协同育人；打造教育强校、文化强校、人才强校、体育强校、健康校园。自觉创建深化东西互补、南北对话联动机制，发挥优质学校示范辐射作用，完善强弱帮扶、对口支援等办学机制，促进学校发展全面提质增效。设立课堂教学质量提升工程，定期开展主题式教学研讨，以研促教，以研带学。注重培育、遴选和推广优秀教学经验、模式和案例。加快数字校园建设，积极探索基于互联网的教学，促进信息技术与教育教学融合应用，完善监管机制。学校要健全教学管理规程，统筹制订教学计划，优化教学环节。坚持教学相长，注重启发式、互动式、探究式教学，引导学生主动思考、积极提问、自主探究。注重基础创新与原始创新，强化教育理论学习，提高教师教育学素养，增强教师教育研究能力，提升教师教育实践自信，打造高质量教师队伍。坚持教师主导，学生主体，保护学生好奇心和想象力，激发学生求知欲和学习兴趣，提高学生学习力和行动力。重视差异化教学与个别性指导相结合。探索以学科为基的综合性课程教学，强化跨学科、融学科思路，开展研究型、项目式学习，优化学科布局，强化课程思政。坚持健康第一，体育强校，实施学校体育固本行动，严格执行学生体质健康合格标准，普及医疗卫生知识，建立健全应对重大卫生事件体制机制。

[原文刊载于《教育研究》2021 年第 4 期]（柳海民　邹红军）

中国义务教育实施 *30* 年：成就、价值与展望

2016 年，对中国基础教育来说，是具有特殊历史意义的一年。因为，30 年前颁布和实施的《中华人民共和国义务教育法》（以下简称《义务教育法》），开启了我国以法律推进义务教育实施的历程。1986 年颁布的《义务教育法》开宗明义地指出："义务教育是国家统一实施的所有适龄儿童、少年必须接受的教育，是国家必须予以保障的公益性事业。"对于一个曾经文盲充斥、人口众多、经济落后、艰难步入义务教育进程的国家而言，这是意义重大的 30 年。30 年来，中国的义务教育，从文件颁布到开始实施，从局部落实到全面覆盖，从重点突破到全面普及，从追求达标到提高质量，意义非同寻常，值得我们认真地总结反思和鉴往知来。

一、辉煌成就：中国 30 年义务教育普及的伟大实践

尊师重教、为学受教是中华民族的悠久传统。但千百年来，学在官府一直是阶级社会的共有特征，教育是少数统治阶级和有钱人的特权。对于普通百姓，接受教育成了一种难以实现的期盼。这种现象直到中华人民共和国成立后才彻底终结。但当时国家经济落后，人民生活贫苦，众多学龄儿童难以入学接受教育。中国人民在实现政治翻身的同时，未能同步实现文化上的翻身。改革开放让中国迎来了一个全新的发展时代，随着经济、科技、文化的全面改革开放，教育必须先行。1986 年 4 月 12 日，第六届全国人民代表大会第四次会议通过《中华人民共和国义务教育法》，该法自 1986 年 7 月 1 日起施行。2012 年，中国政府发布《人类教育史上的奇迹——来自中国普及九年义务教育和扫除青壮年文盲的报告》，报告庄严宣布："公元 2011 年 11 月，中华人民共和国用事实向世界宣告：中国全面完成普及九年义务教育和扫除青壮年文盲的战略任务。"① 从 1986 年到

---

① 人类教育史上的奇迹：来自中国普及九年义务教育和扫除青壮年文盲的报告 [EB/OL]. http://www.qstheory.cn/kj/jysj/201209/t20120910_180593.html.

2011 年，占世界五分之一人口的中国用 26 年时间，实现了普及教育的目标，为新世纪中华民族的伟大复兴与崛起奠定了坚实基础。

回首历史，30 年义务教育普及的伟大成就表现为：

（一）起步晚，进程快

历史地看，中国是世界上以立法实行普及义务教育较晚的国家之一。1985 年 5 月，《中共中央关于教育体制改革的决定》提出，"有步骤地实行九年制义务教育。""义务教育，即依法律规定适龄儿童和青少年都必须接受，国家、社会、家庭必须予以保证的国民教育，为现代生产发展和现代社会生活所必需，是现代文明的一个标志。"1986 年《义务教育法》颁布，自此开启了普及九年制义务教育的伟大历程。然而，与世界上许多发达国家相比，我国在时间上晚了很多。世界主要发达国家普及义务教育的时间多在十九世纪七十年代前后（见表 2 - 1）。

表 2 - 1　世界主要发达国家普及义务教育的时间、标志
及中国义务教育立法与之相差年限

国家	提出普及义务教育的时间与标志	中国义务教育立法与之相差的年限（1986 年）
德国	1872 年，统一后的德意志帝国颁布《普通学校法》	114 年
英国	1870 年，英国议会通过教育署署长福斯特提出的《初等教育法》	116 年
法国	1882 年，法国教育部部长费里颁布了两个初等教育的法案，被称为《费里法案》	104 年
美国	1852 年，马萨诸塞州政府颁布《强迫就读法》	134 年
日本	1872 年，文部省制定了"教育令"	114 年
瑞士	1842 年，颁布 1842 年学校教育法，在全国实行强迫教育①	144 年
澳大利亚	1872 年，维多利亚区颁布的教育法最终确立了区一级的世俗、义务和免费教育制度②	114 年

从表 2 - 1 可以看出，中国开始普及义务教育的时间与世界发达国家

---

① 方彤. 瑞典基础教育 [M]. 广州：广东教育出版社，2004：25.
② 牛道生. 澳大利亚基础教育 [M]. 广州：广东教育出版社，2004：25.

相比，平均约晚了 120 年。

中国政府在普及义务教育的决策方面虽然起步较晚，但推行的进程快。"快"体现在两个方面：第一，立法快。1985 年 5 月 27 日，国家颁布《中共中央关于教育体制改革的决定》，做出实施九年制义务教育的决策，同时提出立法要求："需要制定义务教育法，经全国人民代表大会审议通过后颁行"。1986 年 4 月 12 日，第六届全国人民代表大会第四次会议通过了《中华人民共和国义务教育法》，规定自 1986 年 7 月 1 日开始实行。立法前后所用时间不到一年。第二，实施快。立法后，全国迅速进入"普九"（基本普及九年义务教育）实施状态。《义务教育法》规定："国务院教育主管部门根据本法制定实施细则，报国务院批准后施行。省、自治区、直辖市人民代表大会常务委员会可以根据本法，结合本地区的实际，制定具体实施办法。"由此，政府部门即开始着手落实义务教育的实践推进，"普九"在全国各地如火如荼地展开。全国小学学龄儿童入学率和毕业生升学率逐年上升：1985 年，入学率是 95.9%；1990 年，入学率是97.8%，升学率是 74.6%；2000 年，入学率是 99.1%，升学率是94.9%；2010 年，入学率是 99.7%，升学率是 98.7%；2013 年，入学率是 99.7%，升学率是 98.3%。[1][2]

（二）困难多，力度大

中国是世界上最大的发展中国家，学龄人口最多。因此，在普及义务教育的过程中面临着多重困难。这些困难主要有：第一，转变观念难。中国虽有尊师重教的悠久传统，但民众的重男轻女观念根深蒂固，这为女童的义务教育普及带来了多重阻碍。第二，动员入学难。中国地域广大，民族众多且分布不均匀，进行恰当的学校布局，保证每一个家庭都能送孩子入学，并不是一件容易的事情。第三，师资保障难。学龄人口众多，需要更多大量的合格教师，但当时教师社会地位低下，国家贫穷，保障教师的工资待遇、稳定教师队伍是各级政府面临的一大难题。第四，改善条件难。义务教育的实施在硬件设施上需要合格的校舍、必要的教室、桌椅板凳、基本的办公设备。但在穷国办大教育的背景下，能够保障学生在合格

---

① 教育部 2014 年教育统计数据全国基本情况：小学学龄儿童入学率 ［EB/OL］. http://old.moe.gov.cn/publicfiles/business/htmlfiles/moe/s8493/201412/181723.html.

② 教育部 2013 年教育统计数据全国基本情况：各级普通学校毕业生升学率 ［EB/OL］. http://old.moe.gov.cn/publicfiles/business/htmlfiles/moe/s8493/201412/181725.html.

的校舍里上课对当时的中国来说都是非常困难的。第五，提高水平难。优质的教育才能有效地促进人的发展和社会的发展，但提高师资水平、改善办学条件、提高教育质量绝非一朝一夕就可以实现。穷国办出有质量的义务教育是当时面临的最大难点。

首先，党中央高度重视义务教育普及。1987年，党的十三大报告指出，"把发展科学技术和教育事业放在首要位置"，"百年大计，教育为本。必须坚持把发展教育事业放在突出的战略位置，加强智力开发"。1992年，党的十四大报告指出，"我们必须把教育摆在优先发展的战略地位"，"要优化教育结构，大力加强基础教育"，"各级政府要增加教育投入"。1997年，党的十五大报告进一步明确提出："要切实把教育摆在优先发展的战略地位。尊师重教，加强师资队伍建设。发挥各方面的积极性，大力普及九年义务教育，扫除青壮年文盲。"2002年，党的十六大报告提出，"教育是发展科学技术和培养人才的基础，在现代化建设中具有先导性全局性作用，必须摆在优先发展的战略地位"，"继续普及九年义务教育"。2010年，党的十七大报告强调优先发展教育，建设人力资源强国，"优化教育结构，促进义务教育均衡发展"。总之，党代会的历次报告都为义务教育的发展指明了方向，突出了教育在国家建设中的重要战略地位。

其次，政府重点投入，优先发展义务教育。从政府的政策文件看，1994年，全国工作会议上首次提出基础教育优先发展。"两基"（基本普及九年义务教育，基本扫除青壮年文盲）是教育工作的重中之重。2001年，《国务院关于基础教育改革与发展的决定》再一次明确了基础教育优先发展的战略地位："基础教育是科教兴国的奠基工程，对提高中华民族素质、培养各级各类人才，促进社会主义现代化建设具有全局性、基础性和先导性作用。保持教育适度超前发展，必须把基础教育摆在优先地位并作为基础设施建设和教育事业发展的重点领域，切实予以保障。"义务教育优先发展的战略制定与实施有力推进了中国基础教育事业的发展，而优先发展首先体现在财政投入上。中国政府在诸多的法律政策文件中提出经费投入的目标，并在实践中不断加大投入力度。1986年颁布的《义务教育法》规定："国家对接受义务教育的学生免收学费。"2006年修订的《义务教育法》明确提出，"实施义务教育，不收学费、杂费。国家建立义务教育经费保障机制，保证义务教育制度实施。"从20世纪90年代起，除个别年份外，生均预算内公用经费均逐年增长；从2000年开始，生均预算内事业费和预算内公用经费均以两位数的速度增长。

第三，政府强化督导，"人大"检查绩效。为了实现"普九"目标，中国政府制定了多项督导制度。早在 1991 年，国家教委发布的《教育督导暂行规定》就明确提出，上级人民政府要对下级人民政府的教育工作、下级教育行政部门和学校的工作进行监督、检查、评估和指导，保证"普九"的顺利实现。而 1992 年国务院颁布的《义务教育法实施细则》明确指出，"地方各级人民政府及其教育主管部门应当建立实施义务教育的目标责任制，把实施义务教育的情况作为对有关负责人员政绩考核的重要内容"。至此，"普九"成为考核各级政府政绩的重要指标。另一方面，"人大"是义务教育实施的检查机构。1991 年 3 月，全国人大常委会做出了关于《义务教育法》贯彻实施情况检查的决定；2013 年，全国人大常委会执法检查组发布了关于检查《义务教育法》实施情况的报告；到 2013 年，"人大"进行了十五批次"基本普及九年义务教育、基本扫除青壮年文盲"的评估验收，有效督促了地方政府对义务教育的推进。

（三）时间短，成效好

自 1986 年《义务教育法》颁布到 2011 年，全国所有省级行政区、所有县级行政单位全部通过普及九年制义务教育和扫除青壮年文盲的国家验收，人口覆盖率达到 100%，青壮年文盲率下降到 1.08%。中国用 26 年时间完成了普及义务教育的目标，其进程之短，显示了中国政府励精图治、通过教育增强国家实力的决心和能力。英国于 1870 年颁布《初等教育法》，到 1918 年才实现全国范围内的免费初等义务教育，前后花了 48 年的时间。美国从第一个州颁布义务教育法案到第四十八个州实施义务教育法案，总共花了 68 年时间。而德国早在腓特烈二世就提出了普及初等教育，直到 1888 年才实现小学免费义务教育，前后有一个世纪之久。[①] 而作为世界上受教育人口最多的中国，普及义务教育不仅时间短，其成效更是有目共睹。

第一，过程落实卓有成效。中国义务教育实施实行分步走的范式：先考虑地区发展的不均衡，再重点突破，最后全面实现九年制义务教育。1992 年，国务院批准了《中华人民共和国义务教育法实施细则》，其第四条规定："省级人民政府根据本地区经济和社会发展状况，因地制宜，分

---

① 成有信. 九国普及义务教育 [M]. 北京：人民教育出版社，1985：79.

阶段、有步骤地推行九年制义务教育。"第七条规定："实施九年制义务教育，可以分为两个阶段。第一阶段，实施初等义务教育；第二阶段，在实施初等义务教育的基础上实施中等义务教育。"尤其在义务教育普及艰难的地区（偏远农村），实行精准的"普九"攻坚战略。2003 年 9 月，国务院召开了第一次全国农村教育工作会议，针对西部地区义务教育普及水平低、教育基础薄弱的现状，提出在西部地区集中力量打好"两基"攻坚战。自 2003 年以来，中央政府一直坚持"新增教育经费主要用于农村"的原则，运用中央专项资金保障农村义务教育经费，对西部地区农村义务教育实行经费倾斜政策，如提高农村义务教育阶段中小学公用经费基本标准，建立农村义务教育阶段中小学校舍维修改造长效机制，设定校舍维修改造所需专项资金，对中西部及东部部分地区农村中小学教师工资经费给予支持，确保农村中小学教师工资按照国家标准及时足额发放等。① 中国政府于 2001 年开始对全国部分贫困地区农村中小学试行提供免费教科书，为寄宿学生提供生活补助，以减轻经济困难家庭子女接受义务教育的经济负担。国家贫困地区义务教育工程、国家贫困地区义务教育助学金、免费教科书专项经费、农村中小学教师工资专项、中小学危房改造工程、农村中小学现代远程教育工程、农村寄宿制学校教育工程等一系列重要措施保证了九年制义务教育宏伟目标的实现。

第二，教育质量不断提高。中国的义务教育普及不仅关注数量，亦同步重视质量。世界上较早推行义务教育的国家在其起步阶段，面临着教育质量相对低下的境况。其原因是国家缺乏教师，尤其是专任教师，教师素质不高。"在德国，在普及教育之初，不少教师是由神职人员兼任的。在法国，教师最初也是由一些学识水平很低的人担任的，他们常常只不过是神甫的助手……他们的社会地位和经济地位十分低下"②。直到后来政府推行系列政策，如实行教师资格制度、开办师范学校、提高教师工资等，义务教育的质量才有所提高。中国作为后发的现代化国家，在着眼于保证每个适龄儿童能上学的同时，更关注其能够上好学。提高教育质量的关键是教师的质量。20 世纪 90 年代，我国颁布《中华人民共和国教师法》，规

---

① 中华人民共和国国务院. 国务院关于深化农村义务教育经费保障机制改革的通知［EB/OL］（2005-12-14）［2016-03-28］. http：//www. gov. cn/zhengce/content/2008-03/28/content_5545. htm.

② 成有信. 九国普及义务教育［M］. 北京：人民教育出版社，1985：31.

定了教师的权利和义务。1999 年，教育部发布了《中小学教师继续教育规定》。2004 年，教育部发布《2003—2007 年教育振兴行动计划》，特别强调实施"高素质教师和管理队伍建设工程"。针对农村教师缺乏的情况，2007 年，在教育部直属的 6 所师范大学实行师范生免费教育政策；2011年，中共中央、国务院印发了《中国农村扶贫开发纲要（2011—2020年）》，提出了特岗教师计划；2015 年，国务院办公厅颁布了《乡村教师支持计划（2015—2020 年）》；等等。一系列师资调控政策极大提高了教师素质，为高质量、高水平普及九年制义务教育提供了坚实保障。

二、时代价值：中国 30 年义务教育普及的重大意义

普及教育的思想在人类历史上出现很早，其实践却是近 200 多年的事情。欧美、日本等国家的教育实践表明，普及义务教育可以起到为国家发展培养人才、促进人类文明进程的作用。同样，中国义务教育的实施和普及为中国的经济社会发展做出了不可估量的贡献。

（一）开创历史：依靠教育立法，推动义务教育普及的完成

中国义务教育的提出可以追溯到清末。清末的《钦定小学堂章程》中有实施"普及教育"的字眼，但这个文件没有最终落实。1904 年，清政府《奏定初等小学堂章程》中的《学务纲要》明确指出："初等小学堂为养正始基，各国均认为国家之义务教育。"尔后，各地方政府纷纷广设小学堂。民国成立之后，1912 年 1 月 19 日，民国政府教育部发布了《普通教育暂行办法》和《普通教育暂行课程标准》。9 月 28 日，公布了《小学校令》，并确定了 4 年小学义务教育。1913 年，民国政府教育部拟定了《强迫教育办法》。1922 年，民国政府颁布《壬戌学制》，该学制规定小学分为 4 年初等小学和 2 年高等小学，其中，4 年初等小学为义务教育。民国时期，中央政府与各地方政府也都力图促进教育的发展，但由于"时代的落差，中西文化的冲突，以及教育的高定位与经济严重滞后之间的矛盾"[①]，教育经费长期处于匮乏、被挪用的状态。加上政治腐败、社会动荡、经济落后，教育难以发展。中华人民共和国成立时，文盲率高达80％。中国政府一直不遗余力地普及教育，1952 年，小学学龄儿童入学

---

① 李华兴. 民国教育与中国现代化 [J]. 江海学刊，1997（3）：122-128.

率是 49.2％[1]，毕业生升学率是 96.0％[2]；1957 年，小学入学率上升到 61.7％[3]，但升学率下降到 44.2％[4]；1965 年，小学入学率为 84.7％[5]，升学率为 82.5％[6]。可以说，当时的普及教育入学率高，失学率亦高，但普及义务教育的传统一直被历届政府延续下来。历史的重要转折发生在 20 世纪 80 年代。1982 年，第五届全国人民代表大会第五次会议通过的《中华人民共和国宪法》第十九条规定，"国家举办各种学校，普及初等义务教育"。1985 年，《中共中央关于教育体制改革的决定》指出，要"有步骤地实行九年制义务教育"。1986 年，第六届全国人民代表大会第四次会议通过了《中华人民共和国义务教育法》，以国家立法的形式正式确立我国实施九年制义务教育。《义务教育法》确立了普及义务教育制度，它的颁布和实施开创了中国教育发展的新篇章。

（二）时代转换，基础教育跨入历史发展新阶段

中国的基础教育，自两千多年前孔子首开私学，由奴隶社会的"学在官府"转向公私并行，其间虽有私学行于民间，但能够入学者亦需是小康之家。清末以来，政府虽颁布过相关法令，但由于缺乏务实的操作和老百姓的现实状况，义务教育难有起色。中华人民共和国成立后，保证政权稳定和发展经济成为社会的主要任务，义务教育难成重心。到 1986 年，中国基础教育发展实现了一次历史性的飞跃。《义务教育法》的颁布成为推动基础教育发展的强大引擎，接受教育由个人意愿转为公民义务，由家庭支持到国家行动，由无法可依到法律推进。它标志着一个时代的结束和新时代的开始。在 30 年短暂的发展历程中，实现义务教育全面普及的目标提前完成，并向普及高中方向发展。质量提高亦可圈可点：中国学生在国

---

[1] 李华兴. 民国教育与中国现代化 [J]. 江海学刊, 1997 (3): 122-128.

[2] 国家统计局国民经济综合统计司. 新中国五十年统计资料汇编 [M]. 北京：中国统计出版社, 1999: 100.

[3] 国家统计局国民经济综合统计司. 新中国五十年统计资料汇编 [M]. 北京：中国统计出版社, 1999: 100.

[4] 国家统计局国民经济综合统计司. 新中国五十年统计资料汇编 [M]. 北京：中国统计出版社, 1999: 100.

[5] 国家统计局国民经济综合统计司. 新中国五十年统计资料汇编 [M]. 北京：中国统计出版社, 1999: 100.

[6] 国家统计局国民经济综合统计司. 新中国五十年统计资料汇编 [M]. 北京：中国统计出版社, 1999: 100.

际学科奥林匹克竞赛中的骄人成绩、留学世界知名大学学生的优秀表现乃至工作后的学术成就，以及上海中学生参加国际学生评估项目（PISA）测试夺得冠军等，都从侧面有力地证明了中国义务教育的良好质量。中国的义务教育所以能取得如此成就，其根本原因是制度优势和中国智慧的结果。自义务教育普及以来，国家重视普及——经费保障普及、教师投入普及、家庭支持普及、学生参与普及、文化滋养普及、科研促进普及、管理服务普及。

（三）提高素质：培养人力资本，推动文明进步

"根据第三次全国人口普查，中国以个人申报为标准的文盲和半文盲多达2.35亿，约占统计人口的1/3，据1987年全国百人之一口抽样推算，中国尚有文盲和半文盲2.2亿人。"[1] 社会经济社会的发展需要有素质的社会公民，义务教育的普及则为中国可持续发展提供了数量充足的高素质劳动者。众所周知，日本和德国是实行教育先行发展战略促进经济腾飞的典范。普鲁士在1825年开始普及教育，在第二次工业革命中，其工业实现了赶超式发展。日本在1872年颁布"学制令"，开始普及基础教育，小学就学率在1873年只有28.1%，1877年达到39%，1879年达到41.2%，20世纪九十年代末达到99%。[2] 到1910年，日本的工业产值开始超过农业产值，由落后的农业国跃升为先进的工业国。日本和德国通过教育先行，为经济发展奠定了坚实的人力资源基础。事实证明，若想实现经济腾飞，必须走教育先行之路。我国的教育先行理念最早来自邓小平。1988年，邓小平提出："我们要千方百计，在别的方面忍耐一些，甚至于牺牲点速度，把教育问题解决好。"1994年，全国教育工作会议上明确提出："优先发展义务教育是实现社会公平和社会主义优越性的重要内容。"1985年，《中共中央关于教育体制改革的决定》中亦明确提出："教育体制改革的根本目的是提高民族素质，多出人才、出好人才。"30年的义务教育，为中国的现代化提供了大量有素质的人力资源，为中国转型为创新型国家提供了人才资源基础。教育普及首先使得中国的劳动力具备基本的劳动技能，能够在工业生产中操作现代化的机器，也帮助中国产业结构升级换代

---

① 周孝正. 论人口素质的逆淘汰 [J]. 社会学研究，1991（3）：25-32.
② 万峰. 日本近代史 [M]. 北京：中国社会科学出版社，1978：82.

得以顺利实现。

普及教育是现代国家生活中不可缺少的重要部分。自人类进入现代社会以来，教育的重要性就不仅在于为国家提供高素质的劳动力，而且关系到国家的长治久安。第一，义务教育的实施为儿童提供了平等地接受教育的机会，有力地促进了社会公平和社会流动。普及教育打破了中国传统注重出身和血缘的等级意识，使相当多品学兼优的贫困儿童通过接受教育跻身成为社会精英，这不仅为国家的发展提供了高端人才，也促进了社会的和谐发展。第二，义务教育的普及在促进民族认同和国家认同、提升民族国家凝聚力方面也起到巨大的作用，使得中华民族的民族精神，如大一统、反思、和合、诚信等通过教育传承下来，鼓舞中国人立足中国、走向世界，有力地提高了中华民族的全球凝聚力，使成长起来的年轻一代保持对国家民族的认同感、荣誉感与责任感。

（四）成功范例：为发展中国家实现教育普及提供了借鉴

人类发展的历史长河中，几乎所有民族在经历重大革命或者民族危机之后都会有教育的重大改革。中华民族亦然。中国是发展中国家，且与其他发展中国家具有大致相似的特点，如人口规模大、历史欠账多、人均教育经费水平低等。中国政府在推进义务教育普及的过程中面临的困难比世界其他先行国家更大，因为中国不仅仅是个人口大国，更是个学龄人口大国。因此，这对中国政府是个巨大的挑战。中国教育的普及成就可以证明，运用国家体制，通过实施国家工程，大力推动经济欠发达地区义务教育发展，进而全面实现义务教育，是一个发展中国家选择义务教育普及的正确路径。其中的点滴经验是：

第一，增加基础教育投资，确定基础教育先行发展战略。发展中国家教育投资面临的问题是教育财政的短缺和投资结构的失调。虽然中国义务教育在发展的过程中也曾经面临着与大多数发展中国家大致相似的问题，如高等教育生均成本与初等教育生均成本严重不匹配[①]，但中国扭转了这一局面。与其他类型的教育相比，义务教育花费的财政性经费居于首位，1992 年，财政预算内教育事业费支出中，初等教育占 35.16％[②]，中等教

---

① 袁本涛. 严峻的现实：发展中国家教育面临的共同问题 [J]. 清华大学教育研究，2003
　（1）：61-68.
② 《中国教育年鉴》编辑部. 中国教育年鉴（1993）[Z]. 北京：人民教育出版社，1994：
　262.

育占 34.77％①，二者相加则有 69.93％；"十一五"期间，财政性教育经费中，义务教育约占 53％②。经过多年的努力，义务教育经费日益充足，基本满足了人民群众对义务教育的需求。

第二，重视教师素质的提升。首先，中国建立了有效的教师教育系统。通过职前与职后一体化教育，教师队伍的素质获得了基本保障。其次，中国确立了教师法制系统。1993 年颁布的《中华人民共和国教师法》，既实现了依法治教，也保障了教师权利；1995 年，国务院颁布《教师资格条例》；2011 年，教育部开展中小学和幼儿园教师资格考试制度改革，也在致力于提升教师队伍整体素质，吸引优秀人才从教。再次，中国有完善的教师培训机构，注重教师的终身发展。中国最低级别的教师职后培训机构是中小学校本身，被称为"校本培训"，高一级的是区（县）教师进修学校、市省一级的教育学院。2010 年，国家又开始实施"中小学教师国家级培训计划"等一系列措施，帮助教师处于终身教育与学习化社会进程之中，在一定程度上促进了教师个人素质的提升。

第三，教育普及发生在经济增长的稳定环境中。改革开放以来的中国处在经济高速发展的时期，义务教育与经济快速发展形成了积极的良性互动。教育普及为科学技术和经济发展提供了大量高素质人才和劳动者，经济增长则为教育普及提供了坚实的物质保障，为高素质的劳动者提供了诸多就业机会和岗位。另外，长期稳定的政治环境也为义务教育普及提供了难得的前提条件。

三、未来展望：中国义务教育发展的前景谋划

经过 30 年努力，中国的义务教育发展虽取得了骄人成就，但与发达国家相比，差距和问题也是客观存在的。未来中国的义务教育要实现更高水平、更有质量的发展目标，必须在一些关键方面付出艰苦的努力。

（一）科学安排制度，实现从数量普及走向质量提升

在实现数量普及的目标后，政府的目标应该转向质量提升，全面落实提高教育质量的国家设计。 《国家中长期教育改革和发展规划纲要

---

① 《中国教育年鉴》编辑部. 中国教育年鉴（1993）[Z]. 北京：人民教育出版社，1994：262.

② 《中国教育年鉴》编辑部. 中国教育年鉴（2014）[Z]. 北京：人民教育出版社，2015：222.

（2010—2020 年）》明确提出："把提高质量作为教育改革发展的核心任务。"党的十八大报告中提出："着力提高教育质量，培养学生社会责任感、创新精神、实践能力。"在全面建成小康社会的目标下，提高义务教育质量需在如下几方面做出新的努力：第一，学校要遵循办学治校内在规律，更新办学理念，提升管理水平，形成良好校风、学风。第二，要提高教师质量。要依据"中小学教师专业标准"，不断致力于提升教师的专业发展水平，鼓励教师在教育教学改革实践中不断创新，提高教师信息技术应用能力，推动学校教学模式、学生学习方式的深度变革。第三，要着眼于学生全面发展与可持续发展，培养他们适应社会需求和终身发展的能力。第四，评估义务教育质量要关注其在服务经济社会发展、办好人民满意的教育等方面的水平和贡献。第五，需发挥我国基础教育的传统优势，借鉴发达国家的成功经验，增强中国义务教育在国际竞争中的吸引力、影响力和引导力。

（二）重视公平，从起点平等走向过程均衡

学校教育普及的价值预设是保障每一位公民的受教育权利，因此，义务教育的实施应该从功利主义和精英主义转向全纳主义。公共教育是一个致力于社会平等、为每一个孩子提供实现社会阶层升迁机会的平台，不仅要使每个孩子拥有平等的入学机会，而且应提供给每个孩子大致相当的教育资源。因此，中国的义务教育在确保每一个孩子有学上的前提下，需要为不同地区的中小学教育提供均等的社会服务。中国是区域发展不均衡国家，确保教育公平着重解决的问题是均衡发展体系的深度推进，包括区域均衡、城乡均衡、结构均衡、校际均衡等。2010 年颁布的《国家中长期教育改革和发展规划纲要（2010—2020 年）》中明确提出，"重点是促进义务教育均衡发展和扶持困难群体，根本措施是合理配置教育资源"。"十三五"规划（2016—2020 年）提出，"科学推进城乡义务教育公办学校标准化建设"，"加强教师队伍特别是乡村教师队伍建设，落实乡村教师支持计划"。义务教育的均衡发展不是削峰填谷式的均衡，而是通过有效的资源配置，使所有的学生都能接受高质量的义务教育。中国义务教育均衡发展需要探索更加精准、更广地域水平的均衡发展政策安排与管理机制，如城乡统筹、薄弱学校建设、优质资源共享等。

（三）合理发展，从外延拓展走向内涵提升

义务教育发展不仅仅是外延式的硬件设施建设，更多应该体现为内涵发展，走进微观的教育世界。合理发展具体体现为合规律的发展、合目的的发展和合实践理性的发展。合规律的发展，要求义务教育发展遵循教育规律，要适应并促进社会的发展，也要适应并促进人的身心的发展。合目的的发展，指着眼于人的终身可持续发展，秉承理性原则，克服教育上的功利主义，如康德所说，人是目的，义务教育的宗旨在于使得每个学生的潜能获得充分的自由的发展。合实践理性的发展，指发展进程中须联系中国基础教育实际，尊重教育改革实践的现实和区域特殊性，因地制宜、实事求是地促进发展。

路漫漫其修远兮，吾将上下而求索。成就只代表过去，实现更高水平、更有质量的发展，需要我们面向世界、面向未来，拼搏进取再出发。

[原文刊载于《北京大学教育评论》2016 年第 4 期]（柳海民　王澍）

合理发展：提升中国基础教育质量的新思路

　　教育质量是当今世界各国教育改革追求的价值标准，《国家中长期教育改革和发展规划纲要（2010—2020 年）》提出"倡导教育家办学""办好人民满意的教育"，其核心就是要提高中国基础教育质量。可以说，改革开放以来的基础教育发展基本满足了中国社会发展方面的需求，但也存在着诸多方面的问题，如何进一步提高中国基础教育质量是本文要思考的重要问题。总的来说，合理发展是提高中国基础教育质量的新思路。

一、基础教育合理发展的前提分析

　　提出基础教育合理发展的基本前提是在对中国基础教育发展历程的基本判断的基础上的。从 1986 年中国颁布《中华人民共和国义务教育法》开始，中国的基础教育的发展历程从要解决的核心任务角度大体上可以划分为三个阶段：第一个阶段可以被概括为普及发展阶段；第二个阶段可以被概括为均衡发展阶段；第三个阶段或许可以称之为合理发展阶段。当然，三个发展阶段并不是截然分开，而是存在着重叠的。

（一）普及发展阶段：以普及为主，解决"有学上"的问题

　　本阶段要解决的核心任务是实现教育普及，保障儿童受教育的基本权利，提高人口素质。中国有重视教育的传统，《礼记·学记》就讲"建国君民，教学为先"，但近代中国风雨飘摇，旧中国是一个文盲充斥的国家，低的民众素养无法实现富国强兵、无法改变国家落后挨打的局面。中华人民共和国成立时，全国有 5 亿人口，文盲率高达 80%，国民素养亟待提升，面临的首要问题是教育普及。到 1985 年，《中共中央关于教育体制改革的决定》提出要普及九年制义务教育，1986 年正式颁布《中华人民共和国义务教育法》，中国开始了正式的普及义务教育历程，截至 2010 年底，全国人口覆盖率 100% 的地区实现了普及九年制义务教育和扫除青壮年文盲的国家验收。这一阶段，基础教育发展的主要任务是创建数量足够

多的学校，满足儿童入学的需求，保证所有儿童接受教育的基本权利。因此，普及发展满足的是人们对教育数量的需要。在中国各级政府和社会各界人士的积极努力下，普及发展的这一任务已经完成。普及的基础教育使得中国年轻一代的基本素养获得较大幅度的提升，扫盲教育使得中国摆脱了"文盲国家"的帽子，基础教育在社会发展中起着基础性、先导性、全局性的重要作用获得了社会的承认。

（二）均衡发展阶段：以公平为主，解决缩小教育差距的问题

在教育普及发展的过程中，中国基础教育面临着地区、城乡和校际的巨大差距，造成了教育的不公平问题，影响了教育质量。因此，教育普及过程中的均衡发展成为基础教育改革面临的重要问题。2001年以前，义务教育的管理体制是"地方负责、分级办学"，在地方财政较好的地方办学资源较为丰富，而在那些地方财政较差的地区办学资源十分匮乏，这就造成了基础教育发展严重不均衡的问题，导致偏远地区、农村地区儿童的受教育权利无法获得保障。而2001年国务院颁布的《关于基础教育改革与发展的决定》提出"在国务院的领导下，由地方政府负责、分级管理、以县为主"的管理体制，虽然没有正式提出均衡发展，但在管理体制规定上对均衡问题做出了政策回应。到了2010年，《国家中长期教育改革和发展规划纲要（2010—2020年）》中明确提出，"重点是促进义务教育均衡发展和扶持困难群体，根本措施是合理配置教育资源"，正式提出了均衡发展。均衡发展的核心任务就是通过教育资源的合理配置，提供有助于儿童成长的教育，实现有质量的教育公平。在均衡发展阶段，中央政府通过财政转移支付对处境不利的地区采取了特别的帮扶措施，例如，国家贫困地区义务教育工程与义务教育助学金、免费教科书专项经费、农村中小学教师工资专项、中小学危房改造工程等，共计536.15亿元[①]。通过这些项目资助，极大地改善了国家贫困地区的义务教育状况，缩小了教育差距。对政府来说，均衡发展是要合理配置教育资源，但即使政府责任到位，基础教育依然面临着诸多的发展问题。

（三）合理发展阶段，以提高质量为主，解决"上好学"的问题

如果上述两个发展阶段得以成立的话，第三阶段就是当前应该解决的

---

① 中国义务教育发展研究项目组. 中国义务教育发展研究报告［M］. 北京：中国民主法治出版社，2006：85-86.

问题，即合理发展问题。由于中国地域广阔，各地区历史、文化、传统、经济发展水平等诸多方面均不同，全国范围之内的统一发展是不可能的。从资源配置的角度讲，中国不可能实现像日本、韩国等区域面较小的国家那样全国大致相当的均衡发展，或者是实现全国大致达到一个水平的教育质量。再说，"教育质量是对教育水平高低和效果优劣的评价……最终体现在培养对象的质量上"①，因此，合理发展最终还需要落实在人的培养方面，合理发展是提高中国基础教育质量的新思路。《国家中长期教育改革和发展规划纲要（2010—2020 年）》中明确提出，把提高质量作为教育改革发展的核心任务。实际上，无论是普及发展阶段还是均衡发展阶段，中国基础教育解决的问题主要体现在宏观层面，尽可能满足了所有人对接受教育的基本需求；虽然亦取得了巨大的发展成就，但长期困扰中国基础教育的最大问题是无法完全照顾到人的个体差异，无法完全满足个体独特的教育需求。当前基础教育的部分学校教育往往以应对升学、培养精英、开发智力为主要目标，忽视了基础教育要为学生全面发展奠定根基的目的，其往往关注的是教育能够带来的"功名利禄"，并不关注人们接受教育的本体意义和生活价值。可以说，在实现每个孩子都有学上的问题、缩小教育差距之后，要解决的核心问题就转变为让每个孩子都上好学，满足人们追求个性化教育和高质量教育的需求。因此，高质量的基础教育是为每个人提供适合他的教育，学校当走特色发展之路，这样的发展思路就是合理发展。概括来说，中国基础教育的合理发展之路就是通过教育资源的合理配置满足人的发展需要，满足不同主体对教育的多元化需求，进而促进社会的发展。

二、基础教育合理发展的本体内涵

教育的本质是培养人的活动，因此，所谓的合理发展，最核心的含义就是符合人的发展之理。从教育活动本身来讲，就是要遵循人的身心发展规律，促进人的发展；从基础教育的改革与发展方面来讲，就是要从理性原则出发审视教育的改革与发展，促使教育活动满足人的发展与社会发展的需要。其基本含义如下：

（一）拒斥蒙昧主义，遵从规律合理性原则

所谓理性原则，就是对教育发展中的问题诊断、改革建议与实践机制

---

① 教育大辞典编撰委员会. 教育大辞典：第 1 卷［S］. 上海：上海教育出版社，1990：24.

的判断力。从历史的角度讲，人类理性的发展针对的是蒙昧，所以近代才有启蒙运动，所谓启蒙，就是要求"人类从自己造成的未成年状态中走出来。…… 拿出勇气来（运用你自己的理智）"①，因此，合理发展首先要克服的就是教育改革中的蒙昧主义。蒙昧主义反对科学、反对理性，在教育改革中表现为拒斥教育规律，具体表现是：第一，对基础教育在社会发展中的作用认识不清，忽视基础教育在教育改革中的全局性、基础性和先导性作用。第二，怀疑学校教育的有效性，不重视学校教育在人成长过程中的作用。第三，怀疑教育理论，单凭经验展开教育活动，认为理论过于抽象，无助于解决实践问题。针对种种蒙昧主义的表现，基础教育改革必须遵循符合教育规律的理性原则。教育的基本规律是教育要适应并且促进社会的发展，教育要适应并且促进人的发展。教育规律是客观存在的，存在于个体的自觉的教育活动中和场域内的各种力量相互作用所形成的合力中。教育规律是人们从事教育活动时无法选择界限和前提条件，但教育规律的发挥却需要人的主观努力。教育规律不为目的而存在，但为目的而选择，所以符合教育规律要求人们自觉地进行合规律与合目的的活动，也是合理性的活动。符合教育规律的理性原则的基本含义是：其一，承认基础教育在社会发展中的作用，在实践中坚持基础教育优先发展；其二，清楚地认识学校教育对人发展的作用。伊凡·伊里奇提出著名的学校消亡论的观点已经多年，学校教育并没有取消，其发展的生命力依然旺盛。因此，学校教育是教育中最重要的教育形式。第四，承认并发挥教育理论的价值，教育理论并不是某个个体的理性凝练，大凡能够广泛传播的理论都是社会公共理性的凝结，而理论的抽象性恰恰说明理论本身的普适性，没有抽象性，理论如何能够指导、诊断、反思教育实践中的问题？基础教育的合理发展最终还是需要各个实践主体的理性努力，合理发展必然是在教育规律的指引下，促使实践者从非理性转变为理性，从无知和习惯转变为理解和反思。

（二）批判现实功利主义，遵从发展合理性原则

理性原则的最大敌人莫过于现实功利主义了，其表现就是追求短期效应，忽视可持续发展原则，无视长远利益。功利主义不把人的成长作为教育的目的，导致学生沦为各种功利教育追求的手段。面对现实功利主义，

---

① 康德. 历史理性批判文集［M］. 北京：商务印书馆，1997：22.

我们必须诉求于理性原则，现实功利主义的最大缺陷在于无视后果，因此，克服现实功利主义的理论武器就是在实践理性中引入后果评价的思想。基础教育意味着要为人的终身发展奠定基础，要着眼于社会的可持续发展、教育事业的长远发展和人的终身发展。因此，后果评价就是如果不按照为人的终身发展奠基的原则展开教育活动，将会对人与社会的长远发展产生糟糕的影响，某种特定的教育选择是不是行动者做出的正确选择，要看这种选择的后果，即对人和社会发展的影响。后果评价"能够全面地把包括为一个人的行动的性质承担责任在内的千差万别的关切结合在一起，而又不忽视其他类型的后果"①。因此，考虑后果的意识是对社会发展与人的发展负责任的体现。面对教育现实，虽然我们也要对教育实践有同情的理解，但同情的理解并不意味着对不良教育实践的无底线的妥协，依然要对教育实践保持批判的警醒。今天教育事业培养的人是未来社会的顶梁柱，十几年后国家与社会发展责任的承担者。因此，尊崇发展合理性原则意味着不仅要着眼于人的终身成长，也要着眼于未来社会的发展。

（三）警惕浪漫主义，遵从实践合理性原则

康德把理性原则分为两种类型，即理论理性与实践理性。因此，合理发展就要分析符合谁的理、符合什么理。当理性的概念进入实践，就转换为合理性问题。理性依赖于特定的情境，所以进入实践情境中的理性绝不是能够独立于这些场景、不依场景的改变而发生变化的那种抽象的柏拉图式的理性。我们的理性能力是嵌入特定场景中的理性，特定的时空背景影响着人们的理性能力。活动的主体采取怎样的态度并不是由活动主体的主观愿望决定的，而是由对象特点决定的。教育实践的特点决定了我们的理性原则的类型。教育实践是演化的，有其自身演化的逻辑，实践中的人受到习惯的影响，受到常识的支配，在变革发生前，人们生活在一个常识的世界中，变革是打破常识的过程。"这个世界的顶端是哲学，底层是常识"②，常识比深刻的道理更为重要，如果一种新的思想不能改变人的常识，那么它就仅仅是一种新的思想，只有新的思想变成了人们生活中的常识，才能说变化真正发生了。因此，教育改革应该尊重教育实践逻辑的特点，尊重实践所具备的特殊特征。但现实生活中存在着一种浪漫主义的主

---

① 阿玛蒂亚·森. 后果评价与实践理性 [M]. 应奇，编. 北京：东方出版社，2006：399.
② 李泽厚. 中国现代思想史论 [M]. 天津：天津社会科学出版社，2004：17.

张，由于理性累计不足，一些人提出了不合理的教育需求，把过高的理想样态或者异域的教育理想引入中国基础教育改革中作为发展的样本和标杆，他们以美好的乌托邦牵引着人们教育改革的热情，但这些浪漫主义的理想距离中国教育实践有着遥远的距离，忽视了中国本土实践的特征。遵循实践合理性意味着不能不顾中国现实而任由这些浪漫主义教育理想戏谑。其基本原则是尊重中国教育的现实，吸纳教育传统中的精华，因地制宜、实事求是地促进基础教育发展。

三、基础教育合理发展的实践样态

教育与人的发展，教育与社会的发展是教育的两大基本问题，从这个视角出发，未来中国基础教育合理发展的基本路径是既要符合社会发展之理，又要符合人的发展之理，即同时满足社会和人的发展需要。教育的合理发展就是教育需在满足社会发展和人的差异性发展中实现自身的发展。实现教育的合理发展，我们必须思考的问题是中国未来社会需要什么样的人，这个问题契合了社会的发展与人的发展两个方面。"基础教育应为社会发展和人的终身学习与发展打好基础，应立足未来，为了未来而确定今日之'基础'。"① 基于此，立足于质量提升的基础教育合理发展的实践样态如下：

（一）基础教育的培养目标要兼顾社会发展与人的发展的双重需要

从社会发展角度看，基础教育要为未来社会培养公民。未来社会的人实际上就是分工社会中从事不同的工作和职业的合格社会公民，不是拔尖人才。合格公民意味着认同国家和民族，具备适应社会生活和社会工作的基本能力。所以，基础教育必须摒弃学生某一方面如智力的极端发展，必须放弃极端的学业至上的追求。泰勒曾说，"某门学科对那些将来也许会成为这门学科专家的学生可能或应该做出什么贡献，即某门学科对该学科的外行或公民可能或应该做出什么贡献"②，公民应具备的基本素养才是基础教育应该追求的。《论语》中，孔子讲过"绘事后素"，引申在基础教育领域内，即基础教育是为学生日后接受职业教育和专业教育打好基础，倡导朴素和朴实，而不是精雕细刻、过分挖掘学生的发展潜力。

---

① 叶澜. 新基础教育探索性研究报告集 ［M］. 上海：上海三联书店，1999：8.
② 泰勒. 课程与教学的基本原理 ［M］. 北京：人民教育出版社，1994：20.

从分工社会的角度看，教育在培养人这一方面不能一刀切，必须分门别类地进行培养，以满足不同主体的多元化需求。根据我国目前的社会发展形式与教育事业发展现实，学校应由标准化教育的实施者变成特色教育的提供者。基础教育阶段的学校必须有特色，才能满足社会与人发展的多方面需要。教育之美应体现在如瀑布般有落差，而不是整齐划一；不是一片整整齐齐的稻田，而是一片茂密的原始森林。

（二）人的发展之理意味着学习的意义在于完善自己、发展自己

基础教育是为学生的未来发展打基础，在未成年期为其一生发展奠定基础的教育。因此，基础教育应当着眼于人的一生，不是进行升学或就业准备的基础教育。因此，教育的合理发展必须解决学习的意义问题。应该明确，接受教育的目的不是升学，不是参与竞争，不是社会地位升迁，而是更好地完善自己，通过教育过上美好生活。接受教育能够带来社会阶层的跃迁，也能够让自己在竞争中脱颖而出，但这绝不是教育的宗旨和出发点。接受教育的意义在于人自身的发展，如同康德所说，人是目的，如能树立起人是目的的价值观，那么教育的功利化问题就比较容易解决了。从这个角度来说，教育活动尤其是教学活动并不是教师为学生不曾提出的问题做出系统有序的解答，而是帮助千差万别的学生在学习的进程中跑出最适合自己的节奏。

基础教育的任务从终极角度讲是促进人的发展，因此，应通过教育让学生明白自己想要什么样的生活，并且为此而付出和努力。基础教育的目标是培养公民，但同时要引领学生思考自己的未来生活。在基础教育阶段，就要让学生在纷繁复杂的知识系统中，寻找自己喜欢并且适合自己的内容，就要让学生思考"到底要干什么"。一旦学生确立了学习的目标，学习的动力被激发，我们就能看到"成长成为学生的常态——他们既兴奋也沮丧，处处碰壁又充满活力"[①]。教育发展就是要为有不同需求的学生提供适合他们发展的教育，使得每个学生的潜能获得充分的自由的发展。

（三）综合社会发展与人的发展之理，基础教育要关注学生的学

中国的基础教育实践在中华人民共和国成立后受凯洛夫的影响至深，而凯洛夫的教育理论与赫尔巴特的教育理论相似，整个教育的话语体系是以"教"为主。教育理论以"教"作为核心的话语，并为教育者提供明确

---

① 李希贵. 新学校十讲［M］. 北京：教育科学出版社，2013：202.

的可操作的程序和步骤；教育实践是以教师为中心，重视教材和教师的教学活动。由此确立了"基础知识和基本技能"在中国基础教育中的地位。这种以"教"为核心的实践样态使得在师生互动中，往往是学生被动接受来自教师传授的知识，而不是要求学生去批判、质疑知识或者提出问题，长此以往就剥夺了大多数学生积极主动思考的时间与空间，导致的结果是只有少数的优秀学生能够与教师对话沟通，其余的学生无法获得充分的发展。实际上，以教为核心的实践样态与工业社会相适应，满足的是对效率的需求，要求学生在一定的时间内尽可能多地掌握知识，才能适应目前知识的增长速度。然而，这种以教为核心的教育实践忽视了学生在接受教育过程中、在学习发展过程中的学习欲望、探究意识、批判能力、质疑思维等方面的发展，由此造成中国基础教育中学生可持续发展的动力与能力的不足。

因此，基础教育质量的提升必须转换基础教育的重心，重视学生的"学"，这才是合理发展之路。学生不仅要知道什么，更要"知道怎样"和"知道为什么"。因此，基础教育的基础应该由"双基"变成"四基"，增加基本思想和基本活动经验；把"双能"改为"四能"，在分析问题与解决问题能力的基础上，增加发现问题与提出问题的能力；把单向思维训练改为双向思维的培养，把我国多年来偏重的演绎思维训练变成演绎与归纳两种思维并重的培养。教育活动的展开应当让学生体验"四基"，发展"四能"，实现双向思维的学习。① 这样才能真正地提高基础教育质量。

基础教育质量的提升最终要解决的问题是增强学生学习的自主性与创造性，如同党的十八大报告中提出的："着力提高教育质量，培养学生社会责任感、创新精神、实践能力。"教育的合理发展是一个既简单又复杂的问题。走合理发展之路是未来中国教育质量提升的有效路径。

[原文刊载于《东北师大学报（哲学社会科学版）》2014年第6期，收入本书时略有删节]（柳海民　王澍）

---

① 史宁中，柳海民. 素质教育的根本目的与实施路径 [J]. 教育研究，2007（8）：10-14，57.

基础教育改革 *30* 年：理论创新与实践突破

党的十一届三中全会以来，我国进入了改革开放的历史新时期。改革是 30 年来我国社会生活的主旋律。2008 年是中国改革开放 30 周年，同样，基础教育也经历了 30 年的改革洗礼。30 年是一个可以稍做总结评价的时候了。因为客观而理性地评价过去，有助于审慎而乐观地展望未来，使我们对未来改革的方向和理路增添几分憧憬和把握。30 年间，我国的基础教育改革举措多、力度大、冲击力强。可以说，基础教育改革的 30 年，既是教育理论蓬勃发展、锐意创新的 30 年，更是基础教育实践大胆探索、革故鼎新的 30 年。

一、改革进程中的理论创生

"要革新，先革心。"在教育发展史上，任何教育改革无不以教育观念的更新为先导。一个国家确立什么样的主导教育观念，从一个侧面反映了一个国家教育改革和发展的水平。基础教育改革 30 年来，萌生了许多新理论、新思想，这些理论和思想对引领和指导教育改革实践发挥了重要作用。

（一）"三个面向"与教育观念的历史转变

1982 年，党的十二大的胜利召开，标志着我国开始全面进入社会主义现代化建设新时期。与此同时，人类社会正逐步迈进新技术革命、知识经济和信息化社会，我国也面临着新技术革命的巨大挑战。1983 年，通过拨乱反正，教育的正常秩序已经恢复。当人们正在思考教育前进方向的时候，邓小平为北京景山学校的题词"教育要面向现代化，面向世界，面向未来"，十分适时地为中国教育发展树起了一面伟大的旗帜。

"三个面向"内涵极为丰富，是辩证的统一，互相渗透，相辅相成。"教育要面向现代化"，立足时代背景对教育发展的需要，强调了教育与经济发展和社会进步的关系，指明了教育要全面适应社会主义现代化建设的要求，培养造就符合时代需要的"现代人"；"教育要面向世界"，是在空间维度上强调教育的改革和发展既要立足于国情，也要放眼世界，大胆吸收人类文明的一切先进成果，积极借鉴世界各国教育改革和发展的有益经验，为我所用，进而推动我国教育事业的进步；"教育要面向未来"，是在时间维度上强调教育要面向我国经济发展的长远需要，要求教育工作者用系统工程的思想考虑当前，着眼长远，具有前瞻性，使教育走在社会、经济发展的前面。

"三个面向"的提出为统一和更新教育观念，展开教育改革，创新教育实践指明了正确方向。它解决了我国基础教育发展以什么思想为指导、走什么路、朝什么目标前进的根本问题。其一，"三个面向"是教育领域思想解放的先声和旗帜。它开阔了中国教育工作者思考教育问题的视野，加速了教育观念的转变革新，激励人们冲破因循守旧的教育观念樊篱，使得千百万教育工作者开始用广角思维去重新思考当时难以突破、创新的教育实践，并尝试从国际横向比较的广阔视野和人类历史发展的纵向演进上，把握党的教育方针，探索新的教育理念，继而加速了教育观念的转变。在此思想下产生的"以人为本"的教育价值观、现代化的教育发展观、全民学习的终身教育观、系统工程的综合改革观等，都为教育改革提供了先进的理论基础指导和美好的发展蓝图。其二，"三个面向"使基础教育改革有了明确的方向引领。"三个面向"既充分体现了我国社会主义现代化建设对教育的客观要求，又从战略高度指明了跨世纪教育改革和发展的方向。它的提出打破了改革开放之初基础教育徘徊迷惑的困局，引导了我国 20 世纪 80 年代中期以来如日中天的教育改革实践，启动了教育体制、办学体制、教育结构、管理体制等方面广泛而深刻的变革。

（二）整体改革与教育质量的综合提升

随着"文革"结束，中国迎来了教育发展的春天。基础教育开始针对"文革"对教育造成的破坏，掀起了单项改革的热潮。单项改革主要是针对教育教学中的某一个侧面、某一个局部问题，如教学内容、教学方法、德育、考试等教育中的某一个要素而进行的改革，改革追求即效性。随着改革的深化，人们渐渐开始意识到，教育改革是一项系统工程，那种"头痛医头、脚痛医脚"的单项改革不能从根本上提高教育质量。由单项的、局部的改革向整体的、综合的改革发展成为改革深化的必然趋势。

20 世纪 80 年代中期以后，我国基础教育界开始了教育整体改革的探

索。京、汉、沪、杭等地较早进行了小学教育整体改革，主要有华东师范
大学教育科学学院与华东师范大学附属小学的"小学教育整体综合实验"，
杭州大学教育系与杭州天长小学的"小学生最优发展综合实验"，华中师
范大学教育系与湖北十几所小学的"小学教育整体结构改革试验"，北京
市教育科学研究所与北京宏庙小学的"小学生全面发展教育实验"。此后
全国进行整体改革的实验学校日益增多，并涌现了"愉快教育""成功教
育""和谐教育""创造教育""主体性教育"等许多改革实验。中小学教
育整体改革的兴起，成为今天全面提高教育质量的重要起点。

"整体改革"的主要内涵是：（1）"整体改革"的理论基础是系统论的
整体优化思想，即通过对构成系统的各个局部要素的全面优化，达到系统
整体优化的目的。对基础教育而言，就是把教育改革的各个部分纳入改革
的整体构想中，系统构建改革的重点、难点和逻辑次序，避免改革要素的
相互矛盾和相互抵消。（2）"整体改革"在宏观操作层面，强调着眼于提
高教育的总体质量和整体效益，统揽改革全局，宏观协调规划，从而加快
教育改革进程，促进教育事业的健康发展。各级政府在进行教育改革时，
要自觉做到"三个统筹"，全面提高教育的质量和效益，充分发挥教育的
整体功能，更好地为当地经济建设和社会发展服务。（3）"整体改革"在
微观的学校操作层面，注意把握整体设计、宏观控制、重点突破、分步推
进的原则，从教育理念、课程结构、教育内容、教学方法、师资队伍、办
学条件、管理机制等方面，系统考虑改革的内容和要求，以达到相互促
进、整体优化之效。

我国的基础教育整体改革紧紧抓住"系统工程"这条主线。应该说，
目标是明确和正确的，理念是新颖和先进的，方案是完整和可行的，实施
是有计划和有步骤的。其一，从理论发展上看，"整体改革"成为基础教
育全面改革发展的突破口。其改革实践的理论基础就是系统科学理论。按
系统原理分析教育，认为教育是个全面系统的整体。实施基础教育改革是
一项复杂的社会系统工程，就教育论教育、或只在教育内部进行单项和局
部改革，不可能触动原有教育体制的深层次矛盾，更不可能在经济建设、
社会发展和教育事业的整体把握上，建立起新的体制和运行机制。面对新
的形势和任务，需要教育界和社会各界共同努力，需要教育系统的各个环
节、各个部分通力合作，从而发挥最大的整合效果。其二，从实践层面
看，"整体改革"提高了基础教育的整体水平。整体改革的实践探索推动
了改革的理论发展，同时又为"素质教育"奠定了实践基础，为我国基础

教育整体质量提高提供了实践经验。随着整体改革的深入，改革的触角开始突破学校层面的整体改革，把改革视野扩展到教育事业发展的全局，深入管理体制、投资体制、办学体制、学制以及教学内容和方法改革等教育的各个方面。通过整体改革，调整了教育结构，优化了教育资源配置，改变了政府包揽办学的格局，调动了社会各界参与办教育的积极性，教育投入大幅度增加，办学条件明显改善，基础教育在效益、质量上都有了较大的发展。

（三）素质教育与学生的全面发展

时代的发展赋予了人才素质新的要求，改革势在必行。"素质教育"适时地作为一种全新的教育理念破土而生。

素质教育就是全面贯彻国家的教育方针，以提高国民素质为根本宗旨，以培养学生的创新精神和实践能力为重点，造就有理想、有道德、有文化、有纪律的，德智体美等全面发展的社会主义事业的建设者和接班人。人的素质包括自然素质和社会素质。自然素质是个体从上代继承下来的生理解剖上的特点。社会素质是个体经后天环境影响和教育训练而形成的顺利从事某种社会活动的综合特征。这些特征主要包括学识特征、能力特征和品质特征。学识特征主要指基础知识、基本技能、基本思想和基本活动经验。能力特征主要体现为发现与提出问题的能力和分析与解决问题的能力。品质特征则主要指道德修养、精神境界和个人品位。素质教育的学理内涵和实践指向就是使学生的学识特征、能力特征和品质特征得到全面培养和全面发展。

素质教育肇始于 1985 年的《中共中央关于教育体制改革的决定》，提出于 1993 年的《中国教育改革和发展纲要》，全面展开于 1999 年的《关于深化教育改革全面推进素质教育的决定》。

在理论层面，素质教育思想的重大历史贡献是对全面发展教育方针赋予了时代内涵，它改变了判断基础教育发展的质量标准和社会舆论导向，消解了"学而优则仕"的社会传统，分流了"为升大学而读书"的社会公众心理，使素质教育在基础教育的众多理论、思想中成为引领学校和教师的主流思想。素质教育是由思想、体制、内容、方法、评价等一系列教育环节和管理环节构成的教育方针的体现模式或实现形式，是全面发展教育思想在社会主义建设新时期的具体化。它强调基础教育的理论研究要着重于素质教育的本质、结构、要素、特征、实施策略等方面的挖掘、论证和推展，引导广大一线工作者形成理性上的认识、理解和认同，并产生自觉的教育教学实践。它主张基础教育改革要以素质教育为指导，从实现学生全面发展、提高创新能力的基点出发，谋划改革的理念、内容、路向、目标和评价标准。它关注中小学的课堂、教学、实践活动和学校管理转向，实现全程、全员的素质教育实践。这是一个历史性的转变：即从关注高考升学率的指标转向了学生全面发展的现实状态。

在实践层面，素质教育思想的提出扼制了基础教育中存在的片面追求升学率的学校行为，使素质教育成为我国基础教育的主流实践和国家行动。在素质教育思想的反复倡导下，基础教育开始复归学校本质，遵循教育规律，学校、教师和学生的片面发展现象得到扭转。1999年，国家颁行的《面向21世纪教育振兴行动计划》中，正式列出"跨世纪素质教育工程"和"跨世纪园丁工程"，并由此拉开了全方位、大力度、国家性的基础教育改革，包括基础教育课程与教学改革、德育改革、招生考试和评价制度改革、基础教育师资培训以及远程教育资源与手段支持等。特别是规模宏大的基础教育课程改革，它不仅带来了教学理念、教学方式、学习方式、课程结构体系和教学内容以及教师观念、学校管理与评价等一系列的改革变化，更动摇了传统教学的根基，消解了教师的权威，突出了师生的交流互动，弘扬了以人为本、学生主体的理念，全面提高了学生的创新精神和实践能力。

（四）均衡发展与更高层次的教育公平

长期以来，我国的教育发展一直处在不均衡的发展状态。教育发展的不均衡有着深刻的历史原因和社会原因，是很多国家谈而生畏的难题。我国目前基础教育发展的不均衡体现为城乡间的不均衡、地区间的不均衡、学校间的不均衡以及群体间的不均衡四个方面。教育发展的不均衡影响了我国教育公平的推进，阻碍了国家现代化的整体进程。

教育"均衡发展"是指教育的平衡发展，即教育发展在数量特征与质的规定性上，都体现平衡的特点。它不仅体现在静态的发展结果上，更体现在动态的发展过程中。基础教育的均衡发展包括受教育机会的均衡、教育资源配置和教育条件的均衡、教育过程和教育结果的均衡。均衡发展主张基础教育要体现教育公平、教育平等原则，国家和各级政府制定的有关基础教育法律、法规和政策都要体现教育均衡发展的基本要求；不同地区之间、城乡之间、学校之间、群体之间的基础教育资源必须均衡配置；各级学校和教育机构在具体的教育教学活动中，要为每一个受教育者提供均衡的教育和发展机会。从目前我国的教育发展状况看，起点上的机会均等已经基本实现，优质教育资源均衡已经成为追求教育公平的主要矛盾。而教育结果所体现的质量均衡是教育发展的最高鹄的。

"均衡发展"的战略思想，理论上为我国教育公平的推进提供了前进方向和实现步骤。教育均衡发展体现的是一种公平公正的理念，这不仅是世界教育发展的潮流，而且成为教育现代化的核心理念。"均衡发展"的本质就是追求教育公平，教育公平体现为起点的公平、过程的公平以及结果的公平。我国的基础教育经过近 30 年的蓬勃发展，取得了巨大的成就，特别是西部地区"两基"攻坚的全面推进，首先解决的问题就是教育起点上的公平，这是教育公平的第一步。接下来就是要通过均衡资源配置，努力实现教育过程以及结果上的公平。"均衡发展"的战略思想，实践上已成为中国教育发展的重要目标。推进城乡、地区间义务教育均衡发展已成为国家"十一五"规划要实现的重要任务之一，经修订新颁布的《中华人民共和国义务教育法》（以下简称《义务教育法》）则已把实现义务教育均衡发展作为惠及所有学生的根本和方向。近 10 年来，"均衡发展"思想在具体实践上的逐步落实，已全面助推了教育公平的实现进程，使基础教育开始向着更高层次的公平迈进。在缩小教育差距的攻坚战中，国家的作用成效显著。以缩小区域教育差距为例，"十五"期间，除却国家先后出台《国务院关于基础教育改革与发展的决定》《国务院关于进一步加强农村教育工作的决定》，明确提出各级政府要增加对义务教育的投入，新增教育经费主要用于农村的重大决策，一系列的专项投入支持对解决差距难题发挥了重大作用。主要措施有：一是解决工资拖欠，从 2001 年起，中央财政每年安排 50 亿元转移支付资金，用于补助国家扶贫开发工作重点县等中西部困难地区发放农村中小学教职工工资。二是中小学危房改造工程，2001 年和 2002 年，中央共投入 30 亿元专项资金，由教育部、国家计委、财政部共同实施了全国农村中小学危房改造。到 2002 年底，全国中小学危房比率由改造前的 9.6% 下降至 7.6%，降低了两个百分点。三是"国家贫困地区义务教育工程"，"十五"期间由中央财政安排 50 亿元专项资金，加上地方配套资金，实施第二期"国家贫困地区义务教育工程"。四是半数农村税费改革试点省份明确划定了税费改革专项资金用于教育的数额或比例①。此外，中央和地方政府还设立专项资金，先后实施了"农村寄宿制学校建设工程""农村中小学现代远程教育工程"以及"中小学教师继续教育工程""两免一补"等重要工程项目。这些项目的实施从根本上改善了贫困地区的教育条件，提高了优质教育资源的覆盖面，进而使阻滞我国基础教育整体发展的薄弱环节得到了突破与改善。基础教育的发展开始向教育公平的更高层次——结果公平迈进。

（五）依法治教与基础教育的法制化

20 世纪 80 年代以前，我国几乎没有教育法律，教育的发展运行依靠的是政策或规章。邓小平一直强调"依法治教"的重要性。进入 20 世纪80 年代，全国人大、国务院、教育部加强了教育法制建设工作，相继颁布了一系列法律、法规，开始了中国教育的法制化进程。依法治教是依法治国的重要组成部分，是落实依法治国的具体体现。落实教育优先发展战略地位，推动教育全面、协调、可持续发展，建设人力资源强国，必须坚持依法治教的基本方略。依法治教的关键是实现教育法制化，其内涵主要体现在三个方面：（1）教育关系的法制化，是指通过建立一套法律制度，理顺教育关系框架，使教育关系主体权利得到保障，教育工作有条不紊。（2）教育行为的法制化，是基于教育关系而出现的、围绕着教育权利的获得、运用以及实现而展开的社会活动。其主要表现为教育行政、学校管理、教育实施和教育参与等多种形式。教育行为法制化的规定能为教育过程的顺利进行创造更好的内外部环境。（3）教育发展法制化。教育发展的核心问题是教育优先发展，教育优先发展是把教育作为整个国家发展战略的一部分。把"教育优先发展"列入《中华人民共和国教育法》（以下简称《教育法》），为教育优先发展提供法律上的支持、经费上的保障等，能有效地推动教育事业持续向前发展。依法治教的基本要求是：加强教育立法工作，做到有法可依；加强法制教育工作，做到有法须知；加强依法行政工作，做到有法必依。

"依法治教"的结果是以法律保障了基础教育的发展，加速了基础教育法制化进程。自 20 世纪 80 年代以来，全国人大及其常委会先后通过了《中华人民共和国义务教育法》（1986）、《中华人民共和国未成年人保护

---

① 国家教育发展研究中心. 2003 年中国教育绿皮书：中国教育政策年度分析报告［M］. 北京：教育科学出版社，2003：83-84.

法》(1991)、《中华人民共和国教师法》(1993)、《中华人民共和国教育法》(1995) 等法律。国务院发布和批准发布了《全国中小学勤工俭学暂行工作条例》(1983)、《扫除文盲工作条例》(1988)、《中华人民共和国义务教育法实施细则》(1992)、《教师资格条例》(1995)、《社会力量办学条例》(1997) 等。2001 年以来，教育部全面启动了《义务教育法》《中华人民共和国教育法》的修订工作，着手开展了《中华人民共和国学位法（草案）》等的前期调研、起草工作。2004 年，国务院颁布了《中华人民共和国民办教育促进法实施条例》；完成了《义务教育法》修订草案的起草工作，2006 年 6 月第十届全国人大常委会第 22 次会议审议通过并颁布修订后的《义务教育法》。现如今，依法治教的风气正在逐步形成，基础教育正在走上全面依法治教的轨道。通过"依法治教"，我国的基础教育有了突飞猛进的发展。以《义务教育法》为例，该法规定"义务教育是国家统一实施的所有适龄儿童、少年必须接受的教育，是国家必须予以保障的公益性事业"，并且规定义务教育免收学费，此举为推进我国九年义务教育的普及进程做出了重大贡献，使得义务教育阶段入学率和升学率得到了极大提高。2007 年，小学学龄儿童净入学率达到 99.49%，初中毛入学率达到 98%，高中阶段教育毛入学率达到 66%。我国国民人均受教育年限达到 8.5 年，新增劳动力平均受教育年限提高到 10 年以上。我们国家已经从一个人口大国转变为一个人力资源大国，并为开始建设人力资源强国新的历史征程奠定了坚实基础。中国自 1986 年颁布《义务教育法》开始，向全民实施普及义务教育，用 20 年时间走完了世界主要发达国家用近百年时间才走完的历程，创造了以最快速度和最大规模提高国民素质的世界奇迹。

二、基础教育改革的时代诉求

改革开放以来，基础教育取得了巨大的发展成就。但是，我国还处在社会主义初级阶段，同时又面临全球迈入知识经济的时代。在这样的大背景下，站在新世纪的起跑线上，反思过去，展望未来，我国的基础教育仍旧面临着时代所赋予的严峻挑战与艰巨任务。

（一）转变基础教育发展方式，妥善处理外延与内涵之间的权重关系

信息社会的到来和信息技术的迅猛发展对教育产生了巨大影响。网络化、数字化以及经济全球化，不仅改变着社会的经济增长方式，而且改变

着人们的生活方式、交往方式、思维方式。相应地，新时代儿童的学习环境、学习方式和学习要求都发生了革命性的变化，势必对教育的发展方式产生新的要求。2008 年 4 月 28 日，胡锦涛在主持中央政治局第五次集体学习时指出："目前，我国正处于改革发展的关键阶段，也正处于工业化、现代化的重要时期。能不能适应国际环境的新变化，适应我国发展的新要求，在转变经济发展方式上取得重大突破，关系到我们能不能牢牢把握发展的主动权，在较长时期内继续保持经济平稳较快发展"。党的十七大报告也指出："更好实施科教兴国战略、人才强国战略、可持续发展战略，着力把握发展规律、创新发展理念、转变发展方式、破解发展难题，提高发展质量和效益，实现又好又快发展，为发展中国特色社会主义打下坚实基础。"

教育同经济一样，作为一种有"生命力"的事物，其发展在特定层面上的相似也不失为一种开启新视界的互喻之维。在教育发展中贯彻科学发展观，转变教育发展方式，由又快又好发展变成又好又快发展，由扩展外延转向提升内涵，同样是关系到我国基础教育能否适应新的时代要求、完成时代赋予的艰巨使命的重要任务。

对基础教育而言，从根本上转变发展方式的现实依据来源于新时期基础教育发展的新特征：能上学的问题已经得到基本解决，上好学的问题成为突出矛盾；数量和规模的问题已经得到基本解决，质量和结构问题成为突出矛盾。基于这样的现实，基础教育转变发展方式的实践路向是：

第一，基础教育的发展从现在开始，要从让千百万孩子能上学转向让他们上好学，实施优质教育，提高教育质量。改革开放 30 年来，由于党和政府持续地高度关注和支持"两基"，始终把"两基"作为教育发展的"重中之重"，不仅如期实现了"两基"的奋斗目标，解决了让所有孩子都能入学学习的世界难题，而且为世界教育发展史提供了穷国办大教育、以大教育助国民素质大提高的范例。基础教育在实现量的普及之后，广大人民群众对质的要求就成为新的迫切需要。作为国家战略，未来的中国也必须在全面提高质量的基础上才能实现教育强国的目标。今天，我们比以往任何时候都更有条件去追求高质量的教育，更有理由去办实现创新型国家梦想的教育。办一种高质量的、富有创新潜质意蕴的教育，要求我们必须改变现行基础教育在信息传递方式上的偏差和学生素质培养上的片面，实现教育方式的转变。这种转变主要体现在：由传授知识为主的教育转向传授知识与发展智慧并重的教育；由偏重演绎思维能力训练的教育转向归纳能力与演绎能力培养并举的教育。这就要求我们在人才培养中，把近几十年来我国基础教育的"双基"（基础知识和基本技能）改为"四基"（基础知识、基本技能、基本思想和基本活动经验）；把"双能"改为"四能"（分析问题与解决问题的能力，发现问题与提出问题的能力）；把单向思维训练变成双向思维的培养（演绎思维与归纳思维）。①

第二，从关注数量、规模的外延发展转向结构调整、质量提高的内涵发展。中国的基础教育已经进入可以实现质量提高、结构优化的新阶段。由于国家计划生育政策的作用，进入 20 世纪 90 年代后，中国的人口增长方式出现了新的特征，即低出生率、低死亡率和低自然增长率。这种人口增长模式直接导致了学龄人口数量和学校生源的减少。据统计，1998 年，全国小学在校生人数为 13 953.80 万人，2006 年为 10 711.53 万人，年平均减少 360.25 万人，年平均下降比率为 2.94%。② 而农村生源减少的状况更为明显，1998 年，全国农村小学在校生数为 94 394 988 人，2006 年为 66 761 432 人，年平均减少了 3 070 395 人，年平均下降比率为 3.89%。③ 学生生源的减少只是提高质量的一个重要前提因素，基础教育要真正实现由数量到质量的发展方式转变，还必须继续坚定不移地贯彻教育优先发展战略，继续加大教育投入，不断改善办学条件，提高教师素质，才能逐步从局部的、个别的质量提高变成整体的、全局的质量提高。与此同时，我们必须看到，中国的优质教育是在低端起点上开始的，历史的积累还很短暂，与发达国家的基础教育相比差距还很明显，我们必须付出持久的努力，才能赶上世界先进水平。

建设创新型国家的宏伟目标和人民日益增长的文化需求，要求我们必须实现这种历史性的转变。果能如斯，再经过 20 年的艰苦奋斗，我们就有可能做到：世界上有的我们有，世界上没有的我们也有。到那时，我们就能自豪地说：我国的基础教育已经领先于世界。

（二）重视学生个性全面发展，辩证理解共性与个性之间的张力关系
目前，我国基础教育中的"应试"倾向仍然比较严重，学生课业负担

---

① 史宁中，柳海民. 素质教育的根本目的与实施路径［J］. 教育研究，2007（8）：10-14，57.
② 根据 1998—2006 年教育部网站公开发布的教育统计数据整理.
③ 柳海民，娜仁高娃，王澍. 布局调整：全面提高农村基础教育质量的有效路径［J］. 东北师大学报（哲学社会科学版），2008（1）：5-12.

过重。在过重的课业和考试压力下，学生往往难以发挥潜能、发展特长、生动活泼地发展。

21世纪，人类比以往任何时期都需要更多更全面发展的人，这对人的素质提出了更新更高的要求。未来社会学家托夫勒认为，工业社会的特点是标准化，信息社会的特点是个性化、多样化。适应未来社会需要的人才要更富有创造性，更有适应性，更具个性化。关注个性的发展，培养健全人格，已成为国际教育界关注的焦点，也是我国基础教育改革的核心内容。

教育是以人类历史上积淀下来的文化遗产为载体培养新人的过程，从本质上看就是个体社会化的过程，也可以说，是用一种共性的东西浇铸个性的过程，教育的目标和内容在一定范围内无疑是一种共性要求。个性发展是指个体在需求、习惯、性格、能力、兴趣、价值观念等方面形成稳定的心理特征。从个体发展角度看，人的发展既有个性，又有共性。共性的培养不影响个性发展。共性的培养与个性发展之间在逻辑和哲学上不是对立关系，而是辩证统一的关系：共性培养是个性发展的基础与前提，个性发展是在共性培养基础上的选择性发展。发展个性其实质也是为了培养创造性人才。创新人才就是在共性发展基础上的个性充分发展的结晶。重视学生个性的发展正体现了现代教育所重视的教育民主的价值和因材施教的教育规律。在教育实践中，树立学生尊重个人、发展个性的观念，培养学生的责任意识，既达到促进学生全面发展的普遍要求，又能激发个体的不同潜质，使他们表现出"和而不同"的个性，在差异性与统一性、竞争与协同、对抗与合作、冲突与整合等对偶互动的关系中谋求互补、互化、互生，从而适应未来社会的要求，这是基础教育改革尚需继续完成的重要任务。重视学生个性全面发展的理论支撑是以人为本的时代理念。坚持以人为本，首先是尊重他们的个体差异和主体选择，减少现代工业生产流水线式的标准化人才加工模式，取而代之的是通过对学生的全面了解，善于根据学生的身心发展特点和潜能，实施因材施教，使其与生俱来的智能优势得到充分而自由的发展。人生而不同，也应长而不同，成而不同，因此，也要教而不同。

（三）加强原创教育理论研究，理性应对本土情怀与国际视野之间的抉择关系

改革开放30年来，我国基础教育理论研究欣欣向荣，学术研究视野

开阔了，研究中的问题意识增强了，形成了众多的理论成果，为基础教育改革提供了有力的理论支撑和方向指导，推动了教育实践的发展。可以说，具有普遍推广应用价值和经得起实践考验的教育教学理论和方法，大多来自教育实践第一线广大教育工作者的长期摸索和创造。而在另一条战线上，专职教育研究工作者也同样在经费有限的情况下，进行了大量的基础教育研究工作，提出了许多有价值的理论。正是这两条战线上的研究人员坚持不懈的努力，使得我国的基础教育在理论和正确政策的指导下顺利健康地发展。

时代继续向前发展。今天，"在中国，一个缓慢、稳定、相对封闭和单一的社会形态正加速成为过去。充满不确定性、复杂性、多元互动性、开放性的信息社会正在成为越来越多的中国人必须面对"[①] 的现实。信息化以及由此引起的全球化，可能是 21 世纪社会的最大特点。这对于我们放眼世界，引进国外的改革思想理论、方法策略，变得更容易、更便捷了。诚然，如果基础教育改革领域能够接纳一些新的概念，它们可能作为思想观念的因子，在教育的土壤上获得新的生境，而教育改革也可能会因为这些新资源的涌入而扩展自己的视野，提高认识的复杂性，从而为探索教育发展的深层动力机制开辟新的途径。

但"橘逾淮为枳"，任何事物都有其产生的土壤与生存的环境。基础教育理论研究是直接以改进基础教育实践为目的的研究，最终的指向是教育实践。而教育实践是一种特殊性很强的实践活动，不同国家、不同地域的政治、经济、文化背景不同，教育发展水平也不尽相同，这说明教育实践只能是一种本土性实践。教育实践的这种性质决定了教育理论创新必须立足于特定的教育实践，服务于特定的教育实践。所以，全球视野下的中国基础教育改革，必须关注国情教情，兼顾各种差异。忽视国情要付出沉重代价，无视差异有误入歧途的危险。在基础教育理论研究中，要积极地鼓励研究者立足于中国教育实践的原创意识与原创自信，激发研究者对教育科研的现实关怀。对于教育科研成果中展现的原创性成分要给予充分肯定，以促进教育理论与我国基础教育实践的有机融合。就我国现实情况看，由于历史、文化、意识形态、社会制度等多方面原因，学习西方文明、进行现代化建设与防止"全盘西化"、保持中国特色一直存在一种张力，在有选择地借鉴国外关于教育改革的思想精华的基础上，加强原创基

---

① 叶澜.21世纪社会发展与中国基础教育改革［J］.中国教育学刊，2005（1）：2-7，11.

础教育理论研究，永远是我国基础教育改革应该努力的方向。

（四）改革的决策要扎根现实，正确认识理想与现实之间的制衡关系

从本质上说，改革是人类实践的自我超越。现代教育改革从来不把某一教育过程的现存形式当作最后的形式。可以说，每一项改革都蕴含着人们深切的教育理想。理想作为一种可能性，给予人们改变现实的力量、兴趣、激情以及内驱力，指导并引导事物发展的方向和态势。虽然如此，理想能否由可能性到达现实性，却是由真实的改革过程决定的。基础教育改革是理想与现实之间的互动。改革是对现实的改进和对理想的追求，理想是改革的动力，现实是改革的根基。不顾现实的改革不可能取得成功，没有理想的改革则会迷失方向。新世纪，我们有着新的理想与追求，但是，我们既拒斥那种一味地追求理想而不顾现实的乌托邦式的改革，也不赞成那种闻风而动、为改革而改革的形式主义改革。这两种态度或做法要么使改革陷入空中楼阁式的尴尬境地，要么陷入庸俗的功利主义泥沼，丧失改革的本来意蕴。所以，教育改革的成功既需要理论上的想，也需要符合现实国情的实践策略上的设计，二者缺一不可。

改革不应该是局部的，它应该是深入的、综合的、转型性的变革。事实上，在对我国基础教育改革进程的分析中，我们既可发现理论上的进步，也可看到实践中的困难。反映到现实中，基础教育在诸多层面上的改革，并没有取得预期的巨大整合效果，改革实践在不同层面上仍缺乏互动与衔接。与此同时，理论对实践的指导作用也透露着诸多无奈。理论指导在实际上有时很难深入学校教育的内部，直面学校教育的现实。所以，我们的改革最终还是要扎根于基础教育的现实。新的世纪新的时代，要求我们把基础教育改革的策略尽力调整统合到理想与现实的结合点上。一个着眼于现实的改革设计才能最大范围地在改革现实中生根，这是从长远的意义上关涉中国基础教育改革深化和基础教育新世纪发展的导向。为了实现这一策略导向上的转移，决策部门要认识到任何决策只有真正深入教育现实，才有可能最大限度地与教育实践结合。改革内容只有关涉全局，才能起到最大的整合效果，实现改革所追求的最大价值。

三、基础教育改革的世纪走向

30年，不仅是一个节点，更是一个起点。在长久地沉浸于教育快速发展带来的喜悦的同时，我们同样自觉接纳着理性的不时敲打——在发展

问题上，方向比速度更重要！改革开放 30 年以后的方向抉择是教育学者们始终思考的问题。

（一）战略调整：走向优质化

教育民主和教育质量是世界各国基础教育改革政策所追求的两大目标。就世界各国基础教育改革政策的演进来看，其目标的提出都是分步骤的。一般来讲，在 20 世纪前半期，基础教育改革政策更关注教育民主这一目标；而在第二次世界大战后，尤其是 20 世纪 80 年代以来，基础教育改革政策更关注优质教育这一目标。

改革开放以来，我国基础教育取得了辉煌成就。"两基"目标的顺利实现是我国基础教育在世界教育史上写下的壮丽辉煌的一章。尽管教育的规模仍然有一定的发展空间，但从总体上看，今后基础教育的发展重点要放在提高质量上。如果说 20 世纪后期我国基础教育的发展目标主要是普及化，那么，进入 21 世纪后，我国基础教育的发展走向就是优质化，要努力实现让所有孩子"都能上好学"的目标。从现在开始，基础教育的改革方向要从外延扩展上升到内涵提高，也就是把全民教育（education for all）转变为追求有质量的全民教育（quality education for all）。

事物发展演化的临界点或临界区是教育可以有所作为的地方。基础教育是学生个体发展的关键阶段，要尽可能提供一切有利条件引导个体趋向有序合理的发展。我们现在所呼吁的提高教育质量，或者是提倡素质教育，它们的内涵是一样的。我们所讲的素质教育，本质上就是一个提高质量的优质化教育工程。实施优质教育战略必须处理好教育的普及与提高、公平与效益、优质与均衡、过程与结果等关系，走加快发展、持续发展、均衡发展、公平发展相统一的优质化之路。因此，宜从五个方面着力：

明确基础教育发展定位。优质基础教育的发展目标应定位在：促进教育公平与追求教育绩效并进；优质发展与均衡发展并进；阶段性改革发展与终身学习体系构建并进。

为发展优质教育提供制度保障。制度保障需要立法立规，需要横向配套和纵向细化的系统建设。在制度层面，要确立政府投入的机制保障，确保"两个增长"，吸引民间资金投入教育，使得公办、民办教育公平竞争，共同繁荣。

为提高教育质量提供智力支持。在基础教育研究层面，要注意加强研究势态的综合分析，加强研究成果的交流和多元研究力量的合作，减少低水平的重复和教育研究资源的浪费，有效提升教育研究质量。

实行"六个统筹"发展策略。统筹城乡教育均衡发展，统筹区域教育均衡发展，统筹校际教育均衡发展，统筹教育内涵均衡发展，统筹教育投入均衡发展和统筹师资均衡发展。

创新基础教育实践。创建符合时代精神的新型基础教育，变为部分学生升学服务的教育为为每个学生终身发展服务的教育；变学生被动适应的教育为学生主动探究的教育；变同质发展的教育为差异发展的教育。

（二）价值取向：走向人本化

在 2008 年 1 月 12 日举办的"中国改革三十年——评价与展望"论坛上，经济学家茅于轼提到，"一切改革，没有意识形态的变化都是不可能的……意识形态的改变，导致人们对是非的判断和价值观的形成，最终影响人的行动决策。"在当今这样一个蓬勃发展的科技时代，对于技术的信任与依赖，使得人类已经把自己拖进一个恶性循环之中。唯一的制衡因素，就是一种具有永恒意义的价值观。在教育领域，也如其他人类文化领域一样，要有精神高地的守望者，以避免因现实功利的过度侵扰而形成价值贬值的局面。从这种视野出发，必然把教育的终极关怀定位于人在不断变化的时空中的适应性发展。当前，构建和谐社会成为一种重要理念，教育优先发展成为各国的重大战略决策。教育要发挥促进社会进步的作用，必须回归到以人为本的立场，坚持价值理性与工具理性的并重。以人为本是教育之道的精髓。

以人为本的基本内涵就是人类社会的任何活动都要以满足人的生存和发展为目的。教育要"以人为本"，体现的是教育的人文关怀本质，把提升、扩展人的生命意义和生命价值作为教育活动的出发点和归宿。强调教育要从发展成长的角度关注人的生命存在，必须尊重人的生命意义和价值，尊重学生的主体性和能动性。埃德加·富尔在《学会生存——教育世界的今天和明天》一书中指出，教育要为一个新世界培养完人，要把一个人在体能、智力、情绪、伦理各方面的因素综合起来，使他成为一个完善的人。尊重人的存在和着眼于人的全面发展的教育价值观，构成了当代教育的主旋律。

基础教育是个体发展最重要的关键期，基础教育应该为社会未来和学生未来奠基。今天，我们的基础教育正在实施一场以先进的教育理念为主导的课程改革，其主导思想就是践行"以人为本"。"以人为本"的理念落实到基础教育改革中，就是要"以学生为本"。以学生为本体现到教育改革实践中，就是学校的一切活动都要以提高学生发展水平和质量作为出发点和立足点。只要"整个群体的行为似乎突然倾向于一种新的观念——也许是一种风尚，或倾向于一种文化风潮"①，就可以促成更大的有序结构的形成。只要我们秉持人本化的教育价值观，我们的基础教育就会向着有序、和谐的方向发展，教育改革就会推动整个教育体系朝着越来越有利于个人全面发展的方向前进。

（三）视域扩展：走向国际化

百年大计，教育为本；国运兴衰，系于教育。中国教育是世界中的教育。我国越来越重视教育的国际合作与交流，大胆采取"走出去、请进来"的办法，培养了成千上万的留学生。这些"海归"，带回的不仅是新知识、新技术，更有新的理念、新的思维方式和管理模式，已在国家经济与社会发展中发挥了重要作用，成为我国各界的领军人物。与此同时，我国也十分重视境外教育资源的利用，在外籍教师引入、课程教材建设、教育项目合作等方面，都取得了显著成绩。今后，在经济全球化的大潮中，我们更要善于利用机会与国际接轨，择优而取，择适而从，把视野扩展到全世界。走向世界的意义不仅在于使我们走出实证论的困境，在"可变中的不变性"与"差别中的统一性"这些相反相成的张力作用中寻求教育世界运作的真实脉络，更为深远的意义还在于，通过不同领域的现象世界的比较，发现人类社会不同系统之间的异质同构性，从而达到对于教育现象的深刻认识，形成具有创新性的改革思路。

无论什么时代，哪个社会，文化的存在方式都是优劣杂糅、好坏并生的。西方发达国家的教育理论、教育模式、教育内容、教育管理等也并非完美无缺，我们在分析一种精神成果优秀与否的同时，要考虑其针对我们的具体情况究竟是否适合的问题。倡导对待国外先进教育理念秉持"取其精华、去其糟粕"的态度，不是为求心理安慰而简单地说说而已。"择优而取""择适而取"是一件相当需要技巧的事情。康德说过，有些时候，"我们无法用推理的方法来确定什么东西合乎口味，我们必须试一试才行"。

---

① 赫尔曼·哈肯. 协同学：大自然构成的奥秘 [M]. 凌复华，译. 上海：上海译文出版社，2001：102-103.

从整体上看，我国关于基础教育国际化的努力还缺乏系统的规划和完善的制度。因此，从政府行为运作的层面讲，应着力做好系统规划和政策引导工作，完善法规环境，以吸引数量更多、质量更优的境外教育资源，这对我国教育实现跨越式发展是极为有利的。从基础教育体系构建的层面讲，应在教育理念、办学策略、管理体制、课程教材建设等方面进一步创新，建立起完善的与时代发展背景相适应的体系。从基础教育研究的层面看，要注重从人类文明的精神宝库中吸取创造性的精华，做到"洋为中用、古为今用"。任何不注意汲取国外教育发展成功经验和方法、无视已有研究成果的做法都是不明智的，也无益于提高理论的原创性。时代的发展对教育提出了挑战，也为我们提供了新的发展契机。我们需冷静地分析教育国际化的趋势，及时把握机遇，提升我国基础教育国际化的水平，增强国际竞争力。

（四）策略转移：走向统合化

我国目前的基础教育改革陷入了激进主义与保守主义僵持的双重思维困境。激进主义改革倡导者认为，中国教育必须根本改革，基础教育改革应该涉及教育领域的所有方面，是一场全方位、大动作的综合性改革，不能头痛医头，脚痛医脚，只做无关痛痒的"零修小补"。改革就是革命，要有彻底性，不仅要有力度，还要有速度。只有坚持彻底的改革才能使得中国的教育真正完成改革创新。但激进主义改革者忽略了教育改革特殊性给改革带来的必然阻碍，也忽视了改革的艰巨性和复杂性给改革制造的难度。保守主义改革者认为教育系统发展具有巨大的惯性和遗传复制机理，基础教育改革的"准实验"性质降低了改革"科学性"价值的说服力，将改革的"必然性代价"误认为"改革危险"，使得基础教育改革谨小慎微，束缚住了手脚。

基于此，在中国，基础教育改革若要取得成功，理性的选择是运用渐进主义改革方法论统合激进主义与保守主义两种改革观，即探索出一条渐进主义的改革之路。我们认为，中国的基础教育改革应该是量力而行、循序渐进的。改革不是革命。改革是"量变"，而不是"质变"。不是直接对"已有"的否定，而是对"已有"进行的调整、充实和提升。改革要知晓中国千百年来已经形成的"和合哲学"早已成为中华民族的一种文化精神和处事方法。基于这样的一种社会大众心理，改革必须是衡量了国力、群众可以承受的程度、基础教育现状等客观现实而量力进行的，才能保持教育的健康发展和社会稳定。同时，改革也是有风险的活动，是一种充满变数的复杂探究过程。"所以，在改革措施出台前，一定要谋定而后动，经过深思熟虑才能去做。"① 基础教育改革的对象是基础教育系统或其中的某些要素，比如制度、体制、内容、方法、管理、评价等，但一切改革的最终结果都要落到受教育者的成长上。基础教育任何层面上的改革虽同其他改革一样都是一种探索，而非真理，但必须清楚它与其他改革又有着非常明显的区别。因此，我国的基础教育改革在目前可能还是需要摸着石头谨慎过河。摸着石头过河当然有其不足之处，但在开始时摸着石头是必要的。这有利于我们调整改革速度，及时发现改革中不合理的地方，并予以纠正，把改革的负效应降到最低。我国以往进行的基础教育改革一直坚持先实验后推广的改革运行体制，就是渐进主义改革策略的最好诠释。

正确处理改革、发展和稳定的关系，把握教育活动的整体协调和平衡，先普及后提高，循序渐进，以改革促发展，这是我国基础教育改革取得成功的必然要求，是新时期教育事业发展和改革的基本方略，也是符合我国社会主义初级阶段基本国情的战略选择。

[原文刊载于《东北师大学报（哲学社会科学版）》2008 第 5 期，收入本书时略有删节]（柳海民　娜仁高娃）

---

① 双华斌. 未来改革期待新动力：10 位中国经济学家论道中国改革三十年［N］. 中国教育报，2008-02-26（003）.

农村基础教育发展的拐点：由普及外延
转向提升内涵

就我国农村基础教育的现实而言，普及虽依然是其需要继续完成的一个重要任务，但办好优质教育已经成为落实科学发展观的新要求，成为广大农民群众对农村基础教育发展的新需要，成为数以万计农村中小学生对国家、社会的殷切期盼。自 1986 年国家颁布《中华人民共和国义务教育法》以来，经 20 多年的努力，让所有的孩子上学这个目标已经基本实现了。第二个目标就是让孩子们上好学，接受优质的教育，培养优秀人才。

一、农村基础教育由普及外延转向提升内涵具有现实可能性

农村基础教育需要由普及外延转向提升内涵，其可能性来自以下三个方面。（1）农村的学龄人口在逐年减少。据教育部统计，到 2006 年，农村小学在校生数为 6 676.1 万人，较 2002 年的 8 141.7 万人减少了 1 465.6 万人，年均减少 293.1 万人；农村初中在校生数为 2 563.7 万人，较 2002 年的 3 108.8 万人减少了 545.1 万人，年均减少 109.03 万人。农村中小学生数量的持续下降为我们集中财力办好优质教育，由关注普及数量转向提高普及质量提供了可能性。（2）我国的义务教育普及取得了突出成就。截止到 2007 年初，实现"两基"的县（市、区）达到 2 768 个（另有 205 个县级行政区划单位，共 2 973 个），占全国总县数的 96%，实现"两基"人口覆盖率已达到 98%，比 2000 年提高了 13 个百分点。在世界主要发达国家，义务教育的普及过程大约用了一百多年。中国用 20 多年时间走完了发达国家一百多年的历史进程，基本解决了让所有适龄儿童都能上学，都能接受国民教育的难题，这是中国教育也是世界教育史无前例的伟大成就。义务教育普及的广泛性和全面性，为农村基础教育走上提高质量的道路奠定了重要基础。（3）提高质量的必要物质前提已基本得到解决。在推进"普九"的攻坚战役中，政府一直秉持把实现"两基"的重点放在农村的基本战略，多年来，形成了领导重视农村"两基"、政策倾斜

农村"两基"、投入保证农村"两基"、舆论导向农村"两基"的良好局面，农村中小学的办学条件，包括校舍、教学仪器设施、课桌椅、生师比等各项指标均得到了明显改善。物质条件的改善允许我们把办学精力由解决学校生存危机转到提高办学水平和教育质量上来。

二、农村基础教育由普及外延转向提升内涵具有发展需要性

农村基础教育由一定历史阶段的普及外延转向新时期的提升内涵，这是我国教育发展方式上的一种转换，转换的目标是促进农村基础教育实现又好又快发展。实现这种历史性转换具有现实的迫切性和必要性。（1）7亿多农村人口最关心的民生要事有三件：住有所居、病有所医、学有所教，而学有所教是重点中的焦点。近年来，广大农民寄希望于子女，寄希望于教育改变其地位、身份的渴求日益强烈，对教育的期望值日益提高。提高农村教育质量不是孤立的教育问题，而是遵循规律、促进发展的整体社会问题。具体地说，当农村经济发展快速向前跃迁、农民生活质量持续改善时，农村基础教育质量也必须同步提高，不能再徘徊在普及外延和质量低下的状态，而要伴随社会发展的总体进程，转换发展方式，由又快又好发展变成又好又快发展。（2）建设和谐社会必须解决教育公平问题。提高义务教育阶段教育质量是解决教育公平的突破口。多年来，社会公众和社会舆论普遍关注的教育公平主要侧重在学校之间、城乡之间和义务教育与非义务教育之间的公平，而其不公平的主要原因是彼此之间明显的质量差距导致了学生在入学权利、学习机会和教育结果上的不同。实现教育公平必须从关注过程、关注质量入手，"关口"前移，把众所关注的入好高中、好大学难的问题放到义务教育段来解决。具体地说，就是通过提高义务教育阶段教育质量，增强广大农村学校和薄弱学校学生的竞争实力，使他们与城市学校和优质学校学生具有相同的入学权利、学习机会和教育结果。（3）提高农村基础教育质量是实现教育均衡发展的需要。教育均衡发展有外延均衡和内涵均衡两方面。外延均衡是形式上的均衡，这种均衡可以通过持续的投入得到解决。近十几年来，由于国家加大了对农村基础教育的投入力度，农村中小学的面貌发生了历史性变化，城乡中小学在硬件设施上的差距缩小。内涵均衡是实质上的均衡，是数以亿计的农村人口真正期望的均衡。在农村基础教育发展中落实科学发展观，就是要求我们不能以外延均衡代替内涵均衡，以形式均衡代替实质均衡。国家在基本完成形式

均衡的努力后，要及时调整农村教育发展重心，把发展战略转到重点解决实质均衡上，转到提升内涵、提高质量上。

三、农村基础教育由普及外延转向提升内涵的基本路径

在实践操作上，实现农村基础教育由普及外延转向提升内涵的现实路径和基本模式是多样的。事实上，进入 20 世纪以来，先行完成外延普及的地区已创造了许多成功的经验可供参照。（1）局部突破，以点带面。由普及外延转向提升内涵，如同当年由教育的自然发展转向普及九年义务教育一样，是一次重大的、历史性的转换。顺利完成这种转换必须借助外延普及的现有基础，根据不同地区的发展实际，科学制定新时期农村基础教育发展路线图。优先选择"普九"工作完成较好并已在提高质量方面闯出一条新路的地区作为榜样，通过他们的成功经验寻找规律和操作范式，为更多的农村地区由普及外延转向提升内涵提供参考。（2）优化教师队伍，解决关键问题。提高质量的关键在于教师队伍。农村基础教育质量状态难以扭转的主要问题在于教师队伍，教师队伍素质不高是制约农村基础教育质量提高的瓶颈。解决教师队伍问题的步骤可以尝试如下：第一，根据我国农村中小学生的现有状态，借国家第四次收入分配制度改革之机，重新核定农村中小学教师编制；第二，依法落实教师资格制度，对不符合教师资格的人员，可采取提前退养的方式使其退出教师队伍；第三，落实城乡教师轮岗互换制度；第四，通过师范生免费教育制度补充高质量教师；第五，提高农村教师待遇，吸收优秀人才到农村中小学从教，如为保障农村教师工资的发放，农村教师的工资拨款可由目前的县级财政逐渐转向市级或省级财政负责。（3）加大投入，建设优质学校。国家应创新农村教育投入政策，结合社会主义新农村建设，继续加大教育投入，分期分批地进行农村优质学校建设，力争用两个"五年计划"时间基本消除城乡教育差距，实现真正的教育均衡发展。到 2006 年，仍然有 9 471.89 万中小学生生活在农村。相对于庞大的农村受教育人口，政府财政性教育投入总量还偏低。据上海市教育科学院智力开发研究所统计，2003 年，全国农村小学和初中生均公用经费分别为 200 元和 307 元，其中财政拨款部分分别只有 61 元和 85 元，政府拨款分别占小学和初中公用经费的比例为 31％和 28％。农村中小学公用经费短缺，使得相当一部分地区的中小学负债运行。2003 年审计署统计报告显示，所调查的 50 个县，2001 年底基础教育

负债 23.84 亿元，2002 年底负债上升为 31 亿元，2003 年 6 月底，负债达到 38.98 亿元，有的县 80％以上的中小学都负债。因此，要认真总结 2000 年以来中央专项资金农村教育经费投入，包括国家贫困地区义务教育工程、农村远程教育工程等的效益和经验，通过科学的筹划和测算，确定新时期农村基础教育投入的重点，制定具体的监控机制，确保育人的效率和效益。

［原文刊载于《教育研究》2008 年第 3 期］

本体论域的义务教育均衡发展

　　义务教育均衡发展，是指义务教育的平衡发展，即义务教育的发展在数量特征与质的规定性上，都体现平衡的特点。它不仅是一个静态的发展结果平衡，更是一个动态的发展过程平衡。义务教育均衡发展的意旨，在于"质的范畴"而非"量的范畴"，即不是单纯追求统计意义上的数量绝对均等，而是义务教育在发展过程中应突出"衡"的趋向。"均"不是目的，"衡"才是本质。当前我们关注的"义务教育均衡发展"，具体是指我国不同地区之间、同一地区不同学校之间、同一学校不同群体之间的义务教育均衡发展。它包括三个层面：区域之间（地区和城乡之间均衡发展的问题）、学校之间（在一个区域内不同学校之间均衡发展的问题，这是实现区域教育均衡发展的基础和前提）和群体之间（不同学生群体之间，尤其是弱势群体的教育问题）。必须看到，义务教育均衡发展主要涉及受教育者教育权利的保障和教育的民主与公平问题。换言之，"教育均衡发展是人们相对于目前现实存在的教育需求与供给不均衡而提出的教育发展的美好理想"，"是指在平等原则的支配下教育机构、受教育者在教育活动中平等待遇的实现（包括建立和完善确保其实际操作的教育政策和法律制度），其最基本的要求就是在正常的教育群体之间平等地分配教育资源和份额，达到教育需求与教育供给的相对均衡，并最终落实在人们对教育资源的支配和使用上"。[①]

一、义务教育均衡发展的主要特性

　　实现义务教育均衡发展就是要通过法律途径，确保公民享有平等的受教育权利，通过政策调整和配置义务教育资源，为受教育者提供相对均衡的教育机会和教育条件，并采取科学有效的方法实现教育结果和成功机会的相对均衡。因此，实现义务教育的均衡发展，最低层次的目标是确保人

---

　　① 翟博. 教育均衡发展：现代教育发展的新境界［J］. 教育研究，2002（2）：8-10.

人都有受教育的权利；中间层次的目标是提供相对平等的受教育机会和条件；最高层次的目标是人人达到教育成功机会和教育效果的相对均衡。明晰义务教育均衡发展的自身特性，有助于我们更进一步加深对其本体的理解。

（一）强制性

强制性是义务教育均衡发展的根本特性。在当代社会，义务教育在受教育者自身和整个社会发展中的战略地位不言而喻。义务教育是个体发展的基础，一个没有接受过义务教育或良好义务教育的人，很难说其在未来生涯中会有顺利发展。义务教育也是社会发展、国家强盛和民族复兴的根本。毫无疑问，义务教育的总体质量影响着全体人民的基本素质，从而影响着国家或地区的人力资源状况，最终影响着国家的综合国力以及民族复兴大业的完成。因此，义务教育作为人们接受教育的基本权利，就不应受儿童的家庭出身、经济条件和地区差异等因素的影响。义务教育不是"精英教育"，而是一种依照法律规定，适龄儿童和青少年都必须接受，国家、社会、学校和家庭必须予以保障的，带有强制性的国民教育。不难看出，只有通过法律规定，强制实施义务教育均衡发展，才能保障儿童受教育的基本权利得以实现。

义务教育均衡发展，实质是一项强制性制度变迁，即由政府法令主导和发起的制度变迁，它不同于一般的诱导性制度变迁，不是个人在响应由制度不均衡引致的获利机会时进行的自发性制度变迁。所以，在义务教育均衡发展中，各级政府理所应当义不容辞地担当实施主体。也就是说，国家有义务、有责任通过制度性安排，确保每一个儿童不因其家庭、性别、民族以及健康状况等原因而受到不公正的教育对待。换言之，国家应创造条件，平等地满足不同地区、家庭、民族和性别的每一个适龄儿童的"基本学习需求"（包括年限、内容、质量、经费等），从而达到国家规定的基本教育质量标准。这是促进义务教育均衡发展的首要原则，也是国家从制度或政策层面克服义务教育发展不均衡问题的底线原则。如果一个国家在义务教育发展方面的政府行为没能遵循这样一个底线原则，或破坏了这样一个底线原则，就其性质而言，它就不是在促进义务教育均衡发展，而是在破坏义务教育均衡发展；就其结果而言，就不仅是损害了少年儿童的个人利益，而且是损害了国家和民族的整体利益。

（二）公平性

教育公平是社会公平在教育领域的体现，作为教育现代化的基本价值，教育公平已成为世界各国制定教育制度和教育政策的基本出发点之一。《中华人民共和国教育法》规定了最基本的教育公平。法律规定的平等教育机会不仅是指人生教育起点和入学机会的平等，更应包含义务教育阶段的教育资源平等和所享有的教育质量平等。保证义务教育阶段的教育资源平等和教育质量平等，其实是保障受教育者教育过程平等和教育成功概率平等的基本条件。缺乏这种条件，就没有教育机会的真正平等，其他一切平等设想和措施也会落空。因此，消解义务教育阶段的教育差异、贯彻义务教育阶段学校入学机会平等原则和教育资源分配平等原则，是真正克服义务教育非均衡发展的基本途径。

应该看到，就我国目前的经济、文化和社会整体发展水平而言，实现义务教育均衡发展任重而道远。因此，为了贯彻义务教育均衡发展的公平性原则，一方面，我们应在教育资源方面实践整体公平原则。也就是说，首先要促进教育资源倾斜流向条件较差的学校、村镇学校、经济落后地区和少数民族地区学校，缩小同一层次和类型的学校之间的差异以及不同地区之间的差异，尽量淡化受教育者由于进入不同学校或处于不同地区而形成的教育资源分配不公。另一方面，我们应在价值取向上选择利益最大化原则。无论为受教育者提供何种教育机会，采用什么原则分配教育资源，都应公平对待、差别对待和利益最大化原则并重，其中，尤为重要的是积极促进受教育者的最大化利益的实现。利益最大化原则是逐步缓解教育差异、迈向均衡发展义务教育的可行现实思路。

（三）补偿性

义务教育非均衡的发展历程已向我们昭示，"以损害他人利益为结果的利益最大化不是真正的利益最大化，因为被损害者总会报复或采取其他对策，从而导致损害制造者的利益损失。所以在社会中，一个人的利益最大化是以不损害别人的利益最大化为条件的。"[①] 均衡发展正是基于解决人与人之间的利益最大化目标的冲突而诞生和发展的。罗尔斯指出，追求社会公平的价值取向，是在不公平的社会现实中，为处境不利者提供机会或

---

① 盛洪. 中国经济学 1995 [M]. 上海：上海人民出版社，1996：81.

利益补偿，即"不均等地对待不同者"。教育机会均等作为现代教育基本理念，具有鲜明的价值指向，主要是为改变处于不利地位的社会阶层的教育状况。机会均等原则，意味着任何自然的、经济的、社会的或文化方面的低下状况，都应尽可能从教育制度本身得到补偿。所以，教育制度应全面保障弱势群体教育利益，维护其根本权益，而且应在政策制定上向其倾斜。

如前所述，平等原则意指国家在义务教育领域给所有儿童以同等对待。与平等原则不同，补偿原则是指国家在平等原则基础上给不同儿童以不同对待。也就是说，在义务教育领域，国家要给予各种社会处境不利的儿童额外的教育补偿或关怀。客观而言，我国各地社会的、经济的、历史的和地理的等复杂原因，导致各地经济、文化和教育等社会发展的不平衡。由此，不同地区的义务教育发展水平势必存在明显差别。比如，一些地方的义务教育条件和水平已经接近西方发达资本主义国家水平，而有些地方的义务教育条件还相当落后。不容忽视，尽管这种义务教育发展条件和水平上的差别有其深刻的社会历史根源，但从总体上，始终给人以不平衡甚至不公正之感。必须看到，这种不平衡和不公正，客观上已严重影响到国家义务教育的总体质量和全体人民的总体素质，从而影响到社会的发展和国家的未来。因此，一切旨在遏制或降低这种不平衡和不公正的努力，在道义上都值得鼓励和肯定，在社会公共政策领域也极为可取。针对政府行为的"补偿性原则"的提出，是在政府已经做到将自己所掌握的一部分义务教育资源平等配置的同时，将另一部分义务教育资源额外追加给那些社会处境不利的青少年儿童。

二、义务教育均衡发展的价值实质

义务教育由非均衡向均衡的发展转变，不单是教育发展的必然要求，本质上体现了实现教育平等、促进社会公平和正义以及构建科学发展观的和谐社会之价值诉求。

（一）实现教育平等

胡森曾说：若干年来，无论在国内还是在国际上，就教育问题进行的政策讨论中，"平等"已成为一个关键词。平等是关于人与人关系和社会地位的一种观点和信念，是人与人关系发展的某种状态。它包括机会均等、条件均等、结果均等等多种情况；包括政治平等、经济平等、人格均等等多种内容。平等作为一种价值观念，是人们进行评价时的一个重要标准。① 显而易见，教育平等是现代教育改革的核心理念，是各项教育改革的基本出发点和共同目标，它始终左右着教育改革的方向，并最终决定着教育改革的成败。概而言之，教育平等有两层含义：一是教育权利平等，它的基础在于社会政治制度，从"质"上规定了是否可能受教育；二是教育机会均等（一是起点均等，二是结果均等），它的基础在于生产力发展水平，从"量"上规定了受教育机会是否充分。综观世界各国的教育改革，无论是经济利益推动，还是政治利益驱使，不管是人权运动要求，还是国家民族利益体现，都无法回避教育平等问题。教育平等已成为"全世界所有国家和所有与教育问题有关的人最关心的问题"②，也是许多国家致力于教育民主化的核心所在。毫无疑问，义务教育均衡发展，恰是教育平等在义务教育领域的充分显现，是现代教育无法绕开的改革基点。

关于"教育平等"概念的代表性观点主要包括：

——美国的科尔曼认为，教育平等包括四层含义：第一，向人们提供达到某一规定水平的免费教育；第二，为所有儿童，无论社会背景如何，提供普通课程；第三，为不同社会背景的儿童提供进入同样学校的机会；第四，在同一特定地区范围内，教育机会一律平等。科尔曼在《教育机会均等的观念》中，提出教育机会均等的四项内容，即进入教育系统的机会均等、参与教育的机会均等、教育结果的均等以及教育对生活前景机会的影响均等。

——瑞典的胡森认为，对个体而言，教育平等有三层含义：第一，个体的起点平等，具体指每个人都有不受任何歧视开始其学习生涯的机会；第二，中介性阶段的平等，主要指以各种不同但都以平等为基础的方式来对待每一个人——无论其人种和社会出身如何；第三，个体最终目标的平等，这也可被认为上述方面的综合平等，指学业成就上的平等。他认为：真正的平等应使每个儿童都有相同机会得到不同方式的对待，在教学上必须区别对待。

——美国的南格尔认为，教育平等分为消极平等和积极平等两种类型。消极平等是非干涉主义的，对缺乏教育资源——文化、语言、政治和经济——的人来说，比较空洞正式的机会均等没有实际意义。积极平等是

---

① 李德顺. 价值学大辞典 [M]. 北京：中国人民大学出版社，1995：202.

② 查尔斯·赫梅尔. 今日的教育为了明日的世界：为国际教育局写的研究报告 [M]. 王静，赵穗生，译. 联合国教科文组织出版办公室，中国对外翻译出版公司，1983：68.

干涉主义的，它要求公共教育超越正式的平等规定。严格而言，消极平等是指国家对教育平等的有关规定，积极平等是指国家在事实上促进教育机会均等的具体措施。

对教育平等概念的理解，欧美学者较为公认的观点是科尔曼和胡森提出的起点平等（入学机会的均等）、过程平等（学校条件、受教育过程的机会均等）和结果平等（学业成就甚至未来的生活成就的机会均等）。对"教育平等"做动态考察，我们也基本认同这种观点，将教育平等界定为三方面：一是教育起点的平等，指每个人不受性别、种族、出身、经济地位、居住环境等条件的影响，均有开始其学习生涯的机会，即入学机会的平等。目前，世界上大多数国家均以法律形式对此予以了必要保障。但是，规定了这种机会并不意味每个人真正享有这种平等权利。许多儿童从起点上便开始受到极不相同的对待，甚至连机会都没有，也就谈不上平等。可见，教育起点的平等是最低层次要求。

二是教育过程的平等，即考虑以平等为基础的各种不同方式对待每个人，不论其人种和社会出身情况。它表现在客观因素和主观因素两方面。客观因素是指资源投入，包括师资力量、学校外部各种因素、学校内部各种物质设施等；主观因素是指教师在教学过程中是否给家庭背景、智力水平、教养程度不同的学生以平等对待。教育过程中包含的条件之多和某些主观因素的不可控性，决定了教育过程中不平等现象的广泛性和深刻性。

三是教育结果的平等，指就最后目标而言，学生应在走出校门时获得相同的学业成就，从而使不同社会出身的儿童在起点上的差别得以消除，实现实质上的平等。可以说，这一更加激进的观念包含着效果平等和终身教育双重意义。

教育平等内涵演变的三个阶段，实际上也是平等这一观念的历史演变过程，即由最初的权利平等、机会平等，进而发展到资源投入平等、教育产出平等。义务教育均衡发展，正是教育平等理念的最好表达和终极体现。

此外，20世纪90年代，在国际教育民主化进程中，产生了一种全新的教育理念——全纳教育（inclusive education）。全纳教育于1994年由联合国教科文组织在西班牙拉曼卡召开的"世界特殊需要教育大会"上提出。即使至今关于"全纳教育"的准确定义仍未达成一致，无法否认的是，全纳教育的最终意义，是加强学生参与的一种过程，是促进学生参与就近学校的文化、课程和团体活动并减少学生被排斥。例如，美国的全国全纳教育重建中心认为：全纳教育是为学生提供均等有效的受教育机会，为培养学生成为社会的正式成员面对未来生活，在就近学校中开展的一种给予全体学生充分帮助和支持的教育。事实上，全纳教育思想已经远远超出面向残疾学生和学习困难学生，进入了普通教育领域。社会向民主化发展的同时，教育也必然走向民主，而全纳教育正是这种教育民主化的具体凸现。全纳教育的最终目的，是建立全纳社会、实现全民教育、加强学生参与和减少学生被排斥。这就要求我们着眼于全体学生，使所有学生在其团体中感受到自己是一员而积极参与学习和生活。全纳和参与，是人类的尊严和享受的基础，是尊重人权的具体体现。这一宗旨反映在教育领域，就是推行和寻求真正的教育机会平等思想。应该看到，义务教育均衡发展，实质也是全纳教育思想产生与发展的必然要求。

（二）促进社会公平和正义

义务教育均衡发展，绝不仅仅是一个教育问题，也是一个社会问题，是社会公平和正义的问题。义务教育均衡发展，是社会公平十分重要的组成部分，与整个社会公平亦紧密相连。若把整个社会公平视作一个结构形态，那么，义务教育均衡就是这个公平结构中必不可少的组成部分。同时，义务教育的均衡与整个社会的其他公平相互联系，也受社会其他方面公平的制约和影响。

1. 正确理解"公平"

现代西方对"公平"概念的理解，主要是从民主政治、市场经济和天赋人权等方面展开。我们可从三方面理解"公平"：第一，公平是一种价值判断，是人们主观认识对客观存在的一种反映。在一定社会历史阶段，每个人总是以自身利益角度为出发点看待事物，并做出评价和选择。因此，一定存在一个为社会多数人所普遍接受和认可的公平观，即社会公平观。第二，公平是一个历史和相对的范畴。不同社会历史阶段由于社会经济文化水平和人们生活条件的限定，会有不同的社会公平观。我们必须看到，不存在对任何时代、任何社会来说都是合理的和绝对的公平，公平只存在于不公平的对立关系中。第三，公平是一个综合性概念，涉及社会、经济、政治、法律、伦理、道德、教育等多领域，即有多层含义。教育公平以经济公平为基础和前提，并受社会其他公平因素的影响和制约。教育公平是经济公平和其他公平在教育领域的综合体现。

根据"公平"的基本含义，我们可以看到它的基本内容主要包括以下四点：

第一，切实保证社会成员的基本权利。经济社会的健康发展，应坚持以人为本的发展，应建立在社会成员基本权利得到保证的基础之上；同时应能保证绝大多数社会成员受益，从而实现真正意义上的发展，避免只有少数人受益的"有增长无发展"的情形。社会发展历程表明，只有切实保证社会成员的基本权利，坚持使发展成果惠及绝大多数社会成员，才能真正提升社会发展质量，保持经济社会协调发展，进而有效扩大内需，为经济发展提供持续推动力，最终使人民群众积极认同改革、认同发展，使经济社会发展真正成为全体人民的共同事业。

第二，确立机会平等和按贡献进行分配的规则，即从总体上保证每个社会成员享有大致相同的基本发展机会，根据每个社会成员的具体贡献进行有差别的分配。确立机会平等和按照贡献进行分配的规则，有利于真正、充分、持续地激发社会活力。一方面，在参与财富等社会资源分配前，机会平等规则要求摒弃先赋性（如特权或身份等级）等不公正因素的影响，保证每一位社会成员都有平等竞争条件，得到公正对待，从而拓展自由创造空间，最大限度地发挥能力；另一方面，在参与财富等社会资源分配时，遵循按照贡献进行分配的原则，可以消除平均主义的不利影响，使社会成员得到合理回报。

第三，建立社会调剂的规则，即立足于社会整体利益，对一次分配后的利益格局进行必要调整，使社会成员不断得到由发展带来的利益，进而使社会生活质量不断提高。"在现代社会条件下，社会发展的基本宗旨（基本理念）应当是人人共享、普遍受益，亦即社会发展的成果对于社会的绝大多数成员而言应当具有共享意义。但是，由于种种历史的、社会文化等因素的制约，这种普遍受益性或人人共享性往往受到程度不同的限制，致使社会发展的方向程度不同地出现种种偏差，背离了社会发展的基本宗旨，进而降低了社会发展的质量。"① 通过实施社会调剂原则，公正原则可在现有社会历史条件下最大限度地得以实现，从而使前述偏差得到一定矫正，保证社会发展质量不断提升。

第四，从社会分层角度说，公正原则包括社会阶层之间的开放和平等进入、各阶层应得到有所差别且恰如其分的回报、各阶层之间应保持互惠互利关系等。确立互惠互利原则，有利于实现社会各阶层、各群体间的良

---

① 吴忠民. 论公正的社会调剂原则 [J]. 社会学研究，2002 (6)：108-118.

性互动。互惠互利原则主要体现为：一个阶层和群体的利益增进，不能以损害另一阶层和群体的利益为前提。换言之，富裕群体的领先发展和困难群体的生活改善应当同步。由此，我们就需要进行必要的社会调剂，建立完整、有效的以税收和社会保障制度为主的社会转移支付体系，以消除或缓解社会各阶层、各群体间的不满和抵触情绪，避免恶性互动。

2. 社会正义原则是永恒追求目标

正义是一个关涉人的价值、尊严和以人的发展为根本问题的范畴，"正义的本质就是人对人自身本质的确认。"[①] 在此意义上，正义是"人之为人"的真正底蕴。从内涵来看，正义是人追求自身本质的最高理想，是人的世界、人的关系以及人的行为的最高准则与公理，是人类发展与不断完善的价值真理。正义的实质，是把人的发展、人的价值、人的尊严视为人的世界、人的关系和人的行为的根本。自由、平等和秩序，构成了正义的重要因素。

罗尔斯把公正和正义看作社会制度的首要价值和评价社会制度的道德标准。他认为："一种理论，无论它多么精致和简洁，只要它不真实，就必须加以拒绝和修正；同样，某些法律和制度，不管它们如何有效率和有条理，只要它们不正义，就必须加以改造和废除。每个人都拥有一种基于正义的不可侵犯性，这种不可侵犯性即使以社会整体利益之名也不能逾越。"[②] 罗尔斯把他的正义观念确定为"作为公平之正义"。这种公平之正义建立于两个基点：一是每个人都应有平等的自由权利。人人都享有平等自由权利的社会，才是公平合理的社会，也是人所追求的理想目标，因而这是公平之正义的基本点。二是分配应具合理性。每个社会成员都想得到较多利益，而利益有限性又决定其不可能做到"按需分配"，这就需要制定某种规则，以达成公正合理的分配。

事实上，教育正义是教育制度和教育行动的底线伦理，那么，包括义务教育发展在内的一切任何社会发展，就必须定位于正义规定的方向。教育正义的目的，涉及促进每个人的教育利益，保护每个人的教育权利，培养每个人的正义品格，这种正义品格亦是关注社会公共善的人格品质。因此，社会正义原则，是社会组织运行良好、秩序井然、发展健全的关键，也是形成公民社会团结、社会友爱和社会合作的实效径路。

---

① 洋龙. 平等与公平、正义、公正之比较 [J]. 文史哲，2004（4）：145-151.
② 约翰·罗尔斯. 正义论 [M]. 北京：中国社会科学出版社，1988：1.

（三）构建以科学发展观为指导的和谐社会

不可否认，义务教育发展的非均衡态势和两极分化格局，不仅严重影响了我国社会公平和正义的顺利实现，也极大阻碍了我国贫困地区的人力资源开发和社会整体现代化进程。义务教育作为社会发展的基础，其均衡发展亦无例外地成为构建具有科学发展观的和谐社会的重要基石。

1. 科学发展观： 社会发展的时代旨归

科学发展观是一种以人为本的发展观，不仅体现科学理性，而且体现人文关怀。它将科学精神与人文意蕴有机融合，充满对人的终极尊重和关怀。从学理上说，科学发展观是一种新理念，是历史唯物主义的新概念，是全面建设小康社会所必需的发展观。它强调一种人本的、全面的、协调的、可持续的哲学发展观。

人本性：人本是指以平等的全体人为本，以人的生存权、发展权、享受权为本，是给各个不同阶层带来最大利益，以各个阶层的人的全面进步为本。毫无疑义，人本是科学发展观的核心内容，全面、协调和可持续由此派生。以人为本是发展的目的和归宿，是发展的动力系统、工作系统、控制系统和检测系统。

全面性：全面性主要表现在人的全面发展和社会全面发展两方面。人的全面发展是马克思主义追求的理想目标，即努力创造各种条件，通过各种方式，让每个人的才能都得到最充分发挥，使人的物质生活和精神世界都得到最全面发展。社会全面发展，是指纠正以往社会发展中的片面性，摒弃以经济发展作为衡量社会发展的唯一指标的做法，转而追求社会经济、政治、文化和生存环境的综合全面发展。

协调性：协调性实际是一种稳定、有序的状态，是事物内部各要素、社会各种力量、各种关系之间保持的一种协同、平衡、稳定、有序向前发展的态势。这是和平建设年代社会发展所必需的基本态势，唯有如此，社会的平稳有序发展才能得以实现。

可持续性：以往的发展观片面强调物的发展而导致人类生存环境发生恶化，从而导致可利用资源枯竭，使发展达到极限，难以为继。可持续发展正是迎对这种历史现实而被提出，是一种资源环境保护与经济社会发展两者兼顾的可持续发展观。它的核心指向是人们理性地意识到社会发展的连续性，即过去、现在、未来不可分割，从而自觉注意和克服发展的盲目性、自发性和短期性。

2. 和谐社会： 与时俱进的发展定位

千百年来，中国人一直在追寻政治和谐、社会稳定。和谐是中国文化的精髓和要义。不能否认，只有用和谐的思维方式，才能更好地改造自然和社会，创造人、社会和自然和谐发展的美好世界。义务教育均衡发展的主要目的，正是走向教育和谐，为构建和谐社会尽献教育之力。

社会和谐，是中国社会战略机遇期的发展主调。从社会学视角看，和谐之所以成为当今社会发展主调，主要源于：

一方面，符合现代性的当代发展趋势。当代中国社会正处于从传统型社会向现代型社会快速转型的历史进程中。所谓现代型社会，就是以人为本、人和自然双赢、两者关系协调和谐、自然代价和社会代价减少到最低限度的社会。现代性的当代发展趋势充分表明，追求和谐是社会发展的历史必然。此外，中国拥有悠久的历史传统，也拥有世界上最为丰富的文化学术遗产，关于"和谐""和合"的思想同样十分丰富。著名学者、北京大学教授张岱年先生在 20 世纪 90 年代就曾讲到中国优秀传统文化有两个最主要的基本思想：一是人伦和谐，即人与人之间、人与社会之间的和谐关系；二是天人协调，即人与自然、社会与自然之间的协调关系。

另一方面，有利于逐步消除各种社会不和谐因素。应该看到，随着世界范围内进入高风险社会的环境，中国社会的各种不和谐因素，亦日渐凸显其不安全因素的性质。我们逐步消除或减缓各种不和谐因素的努力，变得愈加艰巨和困难。在此意义上，走向更加和谐的社会与走向更加安全的社会是一致的。唯有建立和谐社会，达成并存互构、协商对话、平等互惠、强弱双赢，才是现代社会的主要特征和必然选择。总的来说，我国弱势群体承担了社会和经济等领域改革的多数成本，并且目前弱势群体的规模依然庞大，这就在一定程度上构成了对改革、发展与稳定的潜在威胁。因此，关注弱势群体是全面建设和谐社会的内在需要。而实施义务教育均衡发展，正是对这一宗旨的实际体现。

"构建和谐社会"这一与时俱进的发展定位，主要有三个理论基础，可以说它们是和谐社会之"鼎立三足"。其一，社会均衡论（theory of social equilibrium）。这种理论认为，社会生活的现象和结构虽然处在运动中，但其结构具有相对稳定性。这种稳定性形成社会的一种特定现象，从而使社会体系得以均衡发展。平衡是社会常态，变迁是暂时的，变迁最终亦是为了实现平衡。其二，协和社会论（concord society）。这种理论认为，社会应该是一个为了共同利益而互相合作、协调行动的社会。其三，社会系统论（society system）。这种理论认为人类社会是一个复杂的大系统，相互交叉、彼此渗透，形成错综复杂的网络。

由此，"和谐社会"的基本内涵①包括：① 和谐社会是社会资源兼容共生的社会。和谐社会应当为各类人群谋取一定物质利益，提供生存与发展的条件，从而把各类社会资源联合起来，形成合力。和谐社会是各类社会资源互相促进而又互相制衡的公民社会。② 和谐社会是社会结构合理的社会。所谓合理，是指社会的各个组成部分，即子系统之间有一个比较匀称、均衡和稳定的关系。社会结构合理是社会和谐的前提和基础。③ 和谐社会是行为规范的社会。社会规范是社会控制的防火墙，是社会发展的支撑点，是推动社会整体进步的助推器。④ 和谐社会是社会运筹得当的社会。社会运筹即社会整合，是指在调节社会中不同群体的利益时，应能运调自如。

三、义务教育均衡发展的理性限度

（一）理性看待义务教育均衡发展

一定意义上，义务教育均衡发展是人们相对于目前现实存在的教育需求与教育供给不均衡而提出的教育发展美好理想。它是一种可持续发展，应以一定社会经济发展水平为基础，与社会经济的均衡发展亦相呼应，过度的超前发展和滞后发展都不恰当。提出义务教育均衡发展，目的是办好义务教育阶段的每一所学校。但是，我们往往易于混淆"均衡发展"和"均衡化"这两个既有联系又有区别的概念。事实上，均衡发展是相对的，均衡化是绝对的。于均衡发展而言，与其说它是一种发展目标，不如说它是一种发展过程；与其说它是一种教育发展目的，不如说它是一种促进义务教育发展的路径。必须承认，均衡发展本身并不是目的，而只是手段，实质上它追求的是为了一种公平、高效、优质的理想义务教育而努力的过程。因此，我们就不能为均衡发展而均衡发展，更不能为绝对的均衡化而均衡化。

义务教育均衡发展是一种理想状态和全新教育发展观，是人们的长期追求和教育理想。这也充分决定，义务教育均衡发展是一个相对的概念和历史的范畴。也就是说，不同历史时期，人们对均衡发展会有不同的理解

---

① 邓伟志.论"和谐社会"［N］.学习时报，2005-01-03（BH2）.

和相异的标准。教育发展差异是永存的，不均衡发展从某种意义上说是绝对的，所以，教育均衡发展只能是一个永恒的理想和追求的愿景。我们仅能在教育动态发展过程中，使其趋于呈现一种相对均衡的发展状态。具体地说，当世界上大多数国家为实现义务教育目标而努力时，义务教育均衡发展的主要内涵是为更多人提供更多受教育机会；当世界上大多数国家基本普及义务教育后，义务教育均衡发展的价值取向是为所有人提供基本教育；当社会经济、政治、文化发展到一定阶段，义务教育均衡发展的目标则是为尽可能多的人提供尽可能好的基本教育。

（二）义务教育均衡发展的认识误区

在实践中，理性把握义务教育的发展限度，是一件相对困难却十分重要的事情。不能否认，义务教育均衡发展中仍存在些许认识误区，因而严重阻碍了其顺利而正确的实施。我们应摈弃义务教育均衡发展的认识误区，保持理性限度看待它的发展。

1. 误区一： 平均论——均衡发展就是平均发展

平均论认为，均衡发展就是平均发展，是在教育发展中实行平均主义，是"从此不再要重点学校""平均用力"，甚至是"削高就低""整齐划一"。我们必须澄清，均衡发展不是平均发展，不是教育上的平均主义，不是教条僵化、千篇一律的大一统模式和"一刀切"发展。均衡发展不能被简单理解为平均发展，它更强调一种全面、协调和可持续的科学发展。事实上，均衡发展是要尽可能缩小和拉近地区间、学校间的发展差距。将均衡发展等同于平均主义，实际是人为地将现代公平的水准降格，窄化均衡的含义。

应该承认，平均主义也曾是均衡的一种表现形式。例如，原始社会的平均主义分配原则，保障了在极其低下的生产力条件下氏族及部落的生存。农民起义中的平均主义理想，激发了农民推翻旧王朝的革命热忱。但是，现代均衡早已超出纯粹平均主义的层次，因为，在社会化大生产和市场经济条件下，平均主义已不可能成为生存的前提和对压迫的反抗，而只能沦为桎梏效率的枷锁。一定程度上，平均主义是一种"慈善家"和"懒汉"哲学，违背社会公正原则，助长社会惰性，容易造成社会成员劳动意识淡漠，压抑个人进取精神，使社会丧失竞争激励机制，进而衰减和滞缓社会发展动力。

总之，在义务教育均衡发展中，"均衡发展的过程是绝大多数学校办学水平提升的过程，这种过程是从不均衡开始走向均衡，然后均衡再次被打破出现不均衡，在更高的层次上再次从不均衡开始走向均衡，这种动态的平衡与不平衡发展，经过无数次的反复轮回，不断接近终极目标。"① 促进义务教育均衡发展，是一个长期、动态和辩证的历史过程，应注重其"化"的过程，而非"化"的结果。

2. 误区二： 限制论——均衡发展就是限制发展

限制论认为，如果没有限制，绝对不能实现均衡，均衡发展就是限制发展和同一发展，是低水平、低层次的整齐划一发展，甚至是削足适履、以高就低、高水平"等待"低水平的发展。而事实已经证明，这样做的后果只能是重点学校"消极发展"，丧失了发展惯性，一般学校"等待发展"，形成了发展惰性。实际上，均衡发展不是低水平、停滞不前的静态教育发展，而是不断提升、与时俱进的动态教育发展。

有必要明确，均衡发展不是限制发展，而是积极发展，是高水平、高层次的多样化和特色发展，应在发展过程中逐步地尽量减少甚至消除低水平学校，鼓励发展快的地区提高质量和水平，让优质教育资源得到迅速发展，从而实现教育的高层次均衡发展。积极发展是教育事业的永恒主题，真正意义上的均衡是在发展中实现，没有发展就谈不上均衡。一方面，落后地区、薄弱学校需要发展；另一方面，发达地区、基础好的学校同样需要发展。故而，它们都应在积极发展中互相促进，在互动中不断实现高位平衡。义务教育的均衡发展，不是限制或削弱发达地区及其学校发展，而是要在均衡发展的思想指导下，以更有力的措施扶持、帮助基础薄弱地区和弱势群体加快发展，进而把义务教育办成高水平和高质量的教育。

在推进义务教育均衡发展进程中，政府不应为了缩小区域、校际差距采取"削富济困"、遏制先进的方式，而应致力于"保底线""补短板"和"填洼地"，让全体社会成员特别是弱势群体享受到基本的教育机会和教育服务。因此，义务教育均衡发展的具体实施，应与各个学校的办学特色相融合，涵盖学校之间的错位发展，充分释放学校的办学活力，促进学校的个性发展，最终实现优势互补和整体提升。

［原文刊载于《东北师大学报（哲学社会科学版）》2005 年第 5 期］（柳海民 林丹）

---

① 顾月华. 基础教育均衡发展的实质及其实施 ［J］. 教育发展研究，2004（5）：11-13.

尊重的教育：21 世纪基础教育的基本理念

教育理念是一种引导教育发展宏观走向，影响教育实践行为及教师行为的教育哲学观。相对于制度的作用而言，它则像一只"无形的手"，以一种无形的观念的力量主导着教育的发展趋势和教师的教育实践。教育作为人类的一种理性自觉，通常是在一定的教育理念影响下进行的，且不同时代、不同国家、不同的教育领域有不同的教育理念。教育实践的发展历史证明，科学而明确的教育理念有助于一个国家教育的健康、顺利发展，有助于学校办学指导思想的形成和对象化实践，有助于教师确立正确的教育方向，产生正确的教育行为。而教育理念的缺失，将带来教育发展方向上的迷惘和一系列教育问题的产生。

20 世纪 90 年代以来，我国基础教育的主流思想和主流实践是素质教育，我们既需要从制度层面采取切实有效的措施，加强依法施教，又需从理性层面倡行一种新的教育理念，去引导教师产生一种强烈的行为自律性，还学生一片人性本真、学习本真的愉快天空。这就是尊重的教育。

理论的价值和生命力在于实践的需要与有效。恩格斯在谈到科学技术发展的深层根据和原因时曾指出："社会一旦有技术上的需要，则这种需要就会比十所大学更能把科学推向前进。"① 今天，我们提出尊重的教育理念也是如此，其倡行之必要性缘自尊重的教育所具有的多方社会价值及其当下基础教育实践改革的急切需要。

第一，尊重的教育洞开了一个真、善、美相统一的新的教育境界。马克思在《1844 年经济学哲学手稿》中说："动物只是按照它所属的那个种的尺度来建造，而人却懂得按照一个种的尺度来进行生产，并且懂得怎样处处都把内在的尺度运用到对象上，因此，人也按照美的规律来建造。"②

---

① 马克思，恩格斯，列宁，斯大林.马克思恩格斯选集：第 4 卷 [M]. 北京：人民出版社，1972：405.

② 马克思.1844 年经济学哲学手稿 [M]. 北京：人民出版社，1985：53-54.

我们提出的尊重的教育理念内含着中华五千年文明的优良传统，内含着当代社会伦理道德和民主制度的规范，内含着对教育本质、教育规律、教育对象的尊重，因而，尊重的教育实践可使我们现行的教育过程远离对教育规律的偏离，使学生远离对学校的恐惧和学习上的痛苦，达到真、善、美相统一的新境界。哲学意义上的真，就是客观事物的本质和规律；善，就是客观事物之于人类整体有利与有益的功利；美，则是真与善在实践中高度统一的生动体现。回到教育学的语境里，教育学意义上的真，就是教育的本质和规律，教育的本质是培养、提升和扩展人的生命价值与生命意义。教育的基本规律有二：一是教育要适应与促进社会的需求与发展；二是教育要适应与促进人的身心的发展与完善。善，是指对教育规律的遵循与尊重，指教育过程中的道德性，即对人的生命价值和生命意义的提升与尊重。在教育过程中，道德的教育行为就是善的，不道德的教育行为也就是不善。德国古典哲学家康德在其创立的道德哲学中认为，道德实践是作为主体理性的最高形式而存在的。道德摆脱了感性世界，包括人自身的感性冲动，而根据理性的"应该"去行动。这是人所特有的"德性"行为。在康德看来，有德性的行为是理性自由的最高表现。美，则是体现本质与规律的和谐统一。根据尊重的教育的内在要求，如果我们的教育、我们学校的每一项活动都是基于人的培养，都是基于科学理性与人的理性的需求，那么，我们的基础教育就可以复归真、善、美统一的境界，复归到尊重的教育理念中。

第二，尊重的教育催生了教育爱的回归。教育爱是教师基于"太阳底下最光辉的事业"而对学生公正无私的爱，是一种不掺杂任何索取、回报、偏颇、狭隘等想法的最高尚的人类之爱。受之于教师伟大关爱的学子回报给了教师各种美誉，如教师是园丁、是蜡烛、是父母、是火种，等等。教师的形象之所以崇高伟大、令人尊重，一个重要原因是教师首先尊重了学生。他们以精湛的教学水平尊重了学生的时间、生命及学生父母的劳动汗水，以伟大的人格尊重了学生的情感、人格和尊严，包容其年幼无知、解决其学习与生活中的各种困难、满足其需求乃至守护其内心的秘密。"春风潜入夜，润物细无声"的教育关爱给了学生以信任、依靠、温暖和战胜困难的勇气与鼓励。

今天，当我们面临有些教师背离职业道德，做出种种侮辱、漫骂、损伤学生人格尊严甚至危及其人身安全等违法行为时，我们需要反思师德重建，呼吁教育爱的回归。我们提出的尊重的教育的核心就是尊重受教育者，我们呼吁以尊重的教育作为基础教育的基本理念。青少年处在人生发展的关键期，他们渴望学习，渴望多姿多彩的学校生活，渴望和蔼可亲的老师。尊重的教育呼吁对教育对象的关爱和尊重。尊重的前提是对学生的了解，即教师对学生情况的详细掌握。这包括他们的智力水平、学习程度、知识基础、个人兴趣、性格特点、家庭背景，等等。尊重的人性基础是宽容与包容，是严于律己、宽以待人。尊重的哲学意蕴是辩证的，具体问题具体分析，辩证地认识自我、认识学生，善于化消极为积极。

第二，尊重的教育高扬了以人为本的价值理想。以人为本的基本内涵就是人类社会的任何活动都要以满足人的生存和发展为目的。它强调人是自然、社会、自身的主体；人是价值形态中的最高主体。尊重的教育把以人为本作为自己的立论基础，把提升、扩展人的生命意义和生命价值作为教育活动的出发点和归宿。从本源上看，教育是一种基于人、通过人又为了人的社会活动。人是教育的有效载体，是学校存在的根本依据。具体地说，在当代社会，不是学校决定了学生的存在，而是学生的自我选择决定了学校的存在。是教师的勤奋努力工作赋予了学校教育质量和社会声望，学校方得以扩大和发展。从这个意义上说，学校要实现提升人的生命意义和生命价值的目的，一个重要的前提是必须尊重人的生命意义和价值，尊重学生和教师的主体性和能动性。对人的生命意义和生命价值的尊重的基本要求是：消解一切对人的生命意义和生命价值的遮蔽，切实地彰显和发扬每一个人的主体性和能动性，切实地体认每一个学生和教师的价值对于学校的全部存在所具有的"本源性"和前提意义。

尊重的教育强调把人放在学校发展的第一位，强调对人的尊重。今天，我们的基础教育正在实施一场以先进的教育理念为主导的课程改革。但担负新课程实施任务的千百万中小学教师的教育观念与新课程的教学要求还存在着差距。就此而言，要使我国的基础教育真正与时代、与发达国家的教育实践同步，就必须使"尊重的教育"成为基础教育的基本理念，并确立起受教育者在教育过程中的地位和价值，这是时代需求，更是真正落实依法施教的一个重要方面。

第三，尊重的教育蕴含着创新教育的时代走向。创新是人类的最高本性。马克思曾经指出，人的劳动本身是一种积极、创造性的活动。没有创新，就没有人类的进步，就没有人类的未来。创新是一个民族的灵魂，是一个国家兴旺发达的不竭动力。国家的创新来自创新的人才，创新的人才来自创新的教育。学校教育是教与学两个过程的统一。以教师为主的教的过程有双重使命：创造知识并传播知识。以学生为主的学的过程同样需要创造力。教育活动中学生创造能力的发展需要一个自由全面和谐发展的条件和空间。为此，必须尊重学生的勇气，尊重学生的表达和质疑，尊重学生个性特长和自我选择与创造。在这样的氛围里，教师须确立一种平等、和谐、民主的师生观，善于突破既成的思维方式和问题标准，启发、鼓励学生的创新意识，肯定学生的独到见解。尊重学生每一个新异的思维火花，可能因此造就了一个天才。多一把衡量的尺子就多出一批好学生。当年，马克思、恩格斯把个人的自由全面和谐发展看成无产阶级和人类解放所追求的理想目标，今天，我们要在教育过程中真正实现每个学生的自由和谐发展，就必须把对教育对象的充分尊重作为重要的基础和条件。

尊重的教育就是要求教育在尊重的基础上合道德性、合规律性、合目的性地展开学校中的一切教育活动。客观地分析，一个成功的教育活动，不仅要求我们尊重客观，即尊重事物的发展规律，也要求我们尊重主观，即尊重活动主体。对活动主体的尊重，不仅是尊重他人，也包括行为主体的自尊及主体间的相互尊重。对教育活动的主体而言，就是要求以尊重的理性自觉和定型化了的尊重意识，关注生命个体丰富的精神世界和生活世界，以人本的方式去完成教育与发展的神圣使命。系统地说，尊重的教育理论体系及其内涵如下：

其一，尊重教育规律。规律是事物间本质的、必然的联系或关系。列宁说："规律就是关系……本质的关系或本质之间的关系。"① 教育规律是教育活动与其他社会活动及教育活动内部各个构成要素间本质的、必然的联系或关系。尊重教育规律是对规律的一种正视、研究和遵循，而不是无视规律客观存在的盲目行动，亦不是对规律的臣服与投降，或代表人类失去主体性与活力。恰恰相反，尊重规律是为了更好地把握客观，更好地创造与发展。因此，尊重教育规律是保证教育活动顺利进行的根本前提。

教育规律是个规律体系，它包括宏观的基本规律与微观的具体规律。尊重教育的基本规律，即尊重教育与社会发展相互适应与促进的规律，包括基础教育发展中义务教育的年限、质量、课程、学制等与社会发展之间的协调与促进。尊重教育与人的身心发展的规律，即教育活动的进行和展开与教育对象身心发展特点、需要、可能之间的协调与促进。教育活动的

---

① 列宁. 列宁全集：第 55 卷 哲学笔记 1895—1916 [M]. 中共中央马克思、恩格斯、列宁、斯大林著作编译局，编译. 北京：人民出版社，1990：128.

成功与否与对教育对象身心发展需要是否有完整的了解有直接的关系。

其二，尊重受教育者。尊重的教育的核心首先是尊重受教育者，尊重他们的生命存在、主体需求、人格尊严、个性差异以及他们的主体性、创造性等。因为，受教育者是教育中一切活动、一切关系生成的主体，是教育行为存在、教育活动产生的思想内涵与逻辑内核。尊重的教育中所讲的尊重，不单是尊重教育中的"人"，而且是尊重哲学意义上的"类生命"。不仅尊重教育过程中的人，而且要尊重教育过程以外人类活动中的人。这是一种形而上层面的讨论，是我们提出尊重的教育的基点。只有先尊重人，才能把受教育者与其面临的活动客体、教育需求以及与教育者之间的关系以一种新的方式统整为和谐。现实教育中的种种人身侮辱行为的产生，均与我们的教师缺乏一种理念灌输和理念调控有关。

对受教育者的尊重不仅可以密切师生关系，调动他们的学习积极性，而且可以给他们自我激励的向上力量。青少年正处在身心发展和个性形成的过程之中，他们的心理在逐渐走向成熟，但又十分脆弱；他们渴望表现，但又担心受到挫伤，丢面子。在这种矛盾的需求中，他们如能得到别人的尊重，就能壮大自信和力量，提升自我意识及存在价值，会变得更加努力、更有能力、更敢于创造。相反，如果一个人的尊严受到漠视，其进取的积极性就会受到挫伤，进而产生自卑、怯懦的心理，甚至走向对立。因此，尊重、信任受教育者，是建立起教育过程良性机制的基本条件。

尊重受教育者暗含着教育平等，一视同仁，用平等的眼光去看待每一个人。尊重是不分层次、不分优劣、不分美丑的。而且，愈是班级中的弱势群体愈需要得到关爱。如此，师生间就会建立起平等、自由、同情、关心、宽容、理解、鼓励、帮助的关系，师生双方相互支持、尊重、激励、接纳。这样，师生间的交流就可以产生真实的人与人之间的相融相通，使学生获得一种人际关系的积极体验。在这样一个教育场中，学生感受到的是平等、正义、自由、信任、包容、尊重，受到激励、鼓舞，得到指导、忠告和建议，形成的将是积极向上的人生态度和情感世界。

尊重受教育者，家长、社会、学校要把每一个受教育者看成活生生的、有独特个性的人，承认每个人的兴趣、爱好、能力与个性差异，而不是把他们放在同一个模子里，扼长补短，磨去棱角，锻打冶炼。我国著名教育家蔡元培先生任北大校长时，就提倡"尚自然、展个性"的教育精神。他在《新教育与旧教育之歧点》一文中指出："知教育者，与其守成法，毋宁尚自然；与其求划一，毋宁展个性。"

其三，尊重教育者的劳动。广义的教育者包括学校的校长、教师、教育行政管理人员以及受教育者的家长。狭义的教育者是指经过专门训练，在学校中以培养人为职业的教师。我们这里所谈的教育者是广义的。

在尊重的教育理念中，对受教育者的尊重是主要的。但尊重作为人类的一种附着感情和思维的行为，从来都是相互的。我们在提倡教师严格履行职业道德、更多地尊重学生的同时，要求学生能时刻在知识和道德的陶冶下尊重教育者的劳动。

对教育者劳动的尊重首先是尊重教师的劳动。教师以"传道、授业、解惑"为天职。他们在进入教育过程之前，对教学内容要做精心的准备，要查资料，做调研，写教案，要设计教学过程，选择教学方法，考虑问题的提出、讨论的引导、实验的内容以及考评的形式，等等。在进入教育过程时，要集中全部精力，放弃个人的一切琐事，全身心地致力于教学。每个教师的努力程度、教学风格可能不同，但他们在道义上是尽力的，因此，他们的劳动应该得到全社会的尊重，当然也包括受教育者。对教育者劳动的尊重，也是对他们人格、尊严的崇敬，同样可以唤起他们的工作热情。

同理，对学校的管理人员、服务人员乃至家长的劳动也要尊重。他们的工作是为学生服务，是一种劳动付出，这种劳动的目的是促进学生的成长。尊重不仅可以化解矛盾、化解问题，而且可以带来反思，强化质量。

当然，尊重教育者不是复归传统的师道尊严、教师权威，而是站在人的角度，对从事最有价值的事业的人及其劳动的社会肯定。

其四，教育者与受教育者的自尊。我们提出的尊重的教育并不是没有底线的。尊重的含义不仅指向外部，它还指向主体自身。无论教育者还是受教育者，都要意识到自我尊重的价值。苏霍姆林斯基在《给教师的一百条建议》中指出："自我尊重，体验到自尊，是意识到自己成长的美好伴侣。"受教育者的自我尊重，就是辩证地认识自我，学会自我控制，学会理解他人的要求，学会自觉地了解和遵守纪律、规则、制度、规章，学会对自己的行为负责和学会补救。只有自己充分地尊重并信任自己，我们才能赢得他人更多的尊重和信任。张扬个性和满足尊重的需求不等于纵容自己，只有学会自尊，才能使自己的独特性值得尊重。受教育者的自尊就是自律、自强、自爱，不断地成长和成熟。

教育者的自尊就是引导教师尊重自己所从事的事业，尊重自己的职业，尊重自己的社会地位和社会形象。教师在教育中无时无刻不在影响着学生，这种影响既有显性的，也有隐性的。教育活动的终结虽以教师隐退为标志，但由此而产生的教育影响表明教育是一个永恒的过程。教师的教育精神永远融入学生的心灵，引领并作用于学生的未来生活，教师的价值在这一点上成为不朽。学生往往是教师内在素质的体现者，因此，教师的自我修养、言行举止显得尤为重要，自尊不仅是对自己负责，更是对学生负责，对自我实现的事业负责。教师的自尊要达到并超越了社会角色的规范而升华到生命自我的一部分的高度，他才能把自己从事的事业当成其生活方式的一部分而展开终生追求。

我们提出的尊重的教育不仅是我国基础教育发展的现实需要，有其自身的理论系统，也有着坚实的科学依据和实践的可能。

尊重的教育是对中外众多教育先哲伟大思想的继承和发展。中国古代教育家孔子主张教师在教育中要善于"因材施教"，注意发展每个学生的个性特长等尊重学生、尊重教学规律的思想。在西方教育思想史上，人文主义教育家夸美纽斯、卢梭的"自然教育论"，爱尔维修、狄德罗的教育世俗化和民主化主张，以及裴斯泰洛齐的"和谐发展"思想，都把对学生的尊重看成教育成功的基本原则。新教育思潮的代表人物爱伦·凯反对压制学生的个性和施行体罚，倡导教育的民主和自由。蒙台梭利更呼吁社会要尊重学生的人格，爱护他们"纯洁而又敏感的心灵"。美国教育家杜威的全部教育理论充满了尊重学生的思想主张，他援引埃默森的思想说："尊重儿童，不要过分摆起家长的架子。"苏联教育家马卡连柯创立的"严格要求与尊重信任学生"的思想，至今仍是我国教育学遵循的一个基本原则。这些都说明，尊重的教育有其深厚的历史和理论根基。

心理学的研究成果也为尊重的教育提供了有力的支持。美国心理学家马斯洛把人的需要分为五种，依次是：基本的生理需要—安全的需要—爱的需要—尊重的需要—自我实现的需要。尊重的需要可以分为两类：自尊和来自他人的尊重。自尊包括获得自信心、能力、本领、成就、独立和自由的愿望。来自他人的尊重则包括威望、承认、接受、关心、地位、名誉和赏识。人本主义教育家罗杰斯也提出相信人的潜能，尊重人的个性，给儿童学习的自由和选择的权利，关注人的精神生活等主张。

改革开放以来，我国颁布的重大法律法规及国际组织的一些重要文件为尊重的教育提供了坚实的法律支撑。《宪法》第三十八条规定："中华人民共和国公民的人格尊严不受侵犯。禁止用任何方法对公民进行侮辱、诽谤和诬告陷害。"① 《中华人民共和国未成年人保护法》总则中第四条规定："尊重未成年人人格尊严。"② 《中华人民共和国教师法》第八条规定：教师要"关心、爱护全体学生，尊重学生人格"。③ 《国际教师团体协商委员会教师宪章》提出："教师必须尊重学生的思想自由，并鼓励他们发展独立的判断力；教师不能因种族、肤色、性别、宗教、政治见解、民族或社会成分或经济状况为理由，以任何形式歧视学生；教师要公正地评定学生的成绩。"这些规定为尊重的教育提供了法律依据。

在观念层面，要求学校中的教育者深刻领会尊重的教育的思想内涵，能够从形而下的角度，设身处地地从自身的社会生活、交往、办事、群体位置、同事关系中领略尊重的必要与必需，从形而上的角度充分认识尊重之于一个民主、开放、文明、法治以及以人为本的社会中的意义和价值，从而把握其精神实质，去指导自己的教育行为。

在过程层面，提高教学质量，使学生获得最好的发展是对学生的最大尊重。为此，教师要认真对待每一节课，要认真地备课、上课。每次课都有明确的目的，有严密的组织，有科学的设计。对学生的问题能以辩证的、鼓励的思维方式去应对，从而使教学过程变成一个充满信息含量和学生积极思维的高质高效的过程。对学生学习时间的浪费实质是对学生前途和生命的损害。

在制度层面，要从有利于学生学习、发展的角度去考虑制度的合理性。有人说："存在就是合理"，但是我们说，那要看以往的存在是否符合教育教学的规律，符合学生的身心发展规律，是否有利于学生的学习、生活、成长和个性的发展。尊重学生的制度、规章或纪律在于能使学生的合理需求得到满足，发展达到最大化。

在管理层面，学校的一切管理部门都要确立以学生为本、以教师为本的观念，要把提供一流的服务作为管理部门的重要使命和评价标准。为此，要在新理念的指导下转变工作作风，眼睛向下，处理好各部门的关系。

---

① 国家教委政策法规司. 中华人民共和国教育法规实用要览 1949—1996 [M]. 广州：广东教育出版社，1996：15.

② 国家教委政策法规司. 中华人民共和国教育法规实用要览 1949—1996 [M]. 广州：广东教育出版社，1996：62.

③ 国家教委政策法规司. 中华人民共和国教育法规实用要览 1949—1996 [M]. 广州：广东教育出版社，1996：75.

在活动层面，要为学生创造锻炼、发展的机会。尊重学生就是尊重他们的自我选择，如干部轮流制；还有课程体系中的选修课的设置与教学模式的应用，如分层次教学等。

总之，尊重的教育是贯注了时代精神、充满了新的价值理想的教育理念，它对人的终极关怀将成就教育的崇高。而且，尊重的教育理念深入人的心灵、渗入人的思想、融入人的头脑、变成每一个教育者的自觉行为时，它所灌注的精神和影响社会的价值才能真正表现，这需要我们教育工作者的共同努力。

［原文刊载于《社会科学战线》2005年第2期，收入本书时略有删节］（柳海民　杨进）

平衡与制约：保证教育公平的一种选择和借鉴

世界上，绝对的教育公平是没有的，但通过采取各种政策、措施，在尽可能大的限度内平衡每一个社会公民的教育权益，则是一个进步、文明的社会共同的发展目标。

我国在改革开放特别是近几年以来，伴随着人们物质生活水平的提高，追求高层次、高水平、高质量教育的需求的日益高涨，每年的高等教育入学考试和录取成了全社会关注的热点。与此相应，保证每一位考生享有同等录取权益的呼声也日益强烈。原因是，我国目前虽实行了全国统一的大学入学考试，保证了考试面前的人人平等，但在大学录取上执行着对不同区域考生的不同录取分数标准。以 2001 年高考 3＋2 卷文、理科重点本科录取控制线为例，部分地区的分数是：北京 454 分、上海 497 分、重庆 522 分、山东 580 分、河北 537 分、贵州 504 分、甘肃 490 分、宁夏 474 分，3＋X 卷的地区除内蒙古重点本科线均在 500 分以上。每年高考录取工作结束后，社会、家庭、舆论和研究者对区域、校际、各种类别等的录取方面的政策和分数标准都会提出批评和建议。其实，家长们望子成才的愿望与国家实行科教兴国战略、全面提高国民素质的目标是一致的，我们应寻求一种有效的办法去解决升学录取上的地区差别，即相同的考试分数对生长在不同区域的学生作用不同，从而满足社会公众的公平要求，保证社会安定，推动中国教育特别是高校招生体制的改革和进步。由此，美国大学录取的一些做法可以供我们参考和借鉴。

据美国联邦教育部编辑出版的《教育统计文摘 2000 年》载，1998—1999 学年度，美国有各类高校 4 070 所（含分校），其中公立四年制大学 613 所，私立四年制大学 1 730 所。到 1998 年秋，有在校生 1 496.6 万人，其中四年制公立大学学生 590.38 万人，四年制私立大学学生 312.89 万人。

与中国的大学录取相比，美国大学的招生体制有两个重要特点。

1. 各大学根据分数面前人人平等的原则，在录取新生时，对来自各州的入学申请者在录取分数标准上一视同仁。

对于任何一个美国本土的高中毕业学生，进入美国各类大学本科，普遍要求的入学考试成绩有两种：一种是 ACT（American College Testing Program）成绩，满分为 30 分；另一种是 SAT（Scholastic Assessment Test）成绩，满分为 1 600 分，其中言语类 800 分，数学类 800 分。考生可选择 ACT 或 SAT 中任何一种成绩去申请大学。但有些顶尖的大学，除了要求较高的 ACT 或 SAT 成绩，还要求在美国高中所修读的有关课程的学分。如：麻省理工学院在要求 SAT 语言类 680 分以上、数学类 740 分以上外，还要求 14 个学分的高中课程，其中，英语 4 个学分、数学 4 个学分、科学 3 个学分、外语 1 个学分、社会科学 2 个学分。各大学在实际录取时，除考虑各州规定的政策因素外，如州立大学需保持与本州居民中相同的黑人比例，对来自各州的入学申请者，录取的分数标准是一致的，而不区别于来自哪个州。这样就保证了每个考生有同等的机会，以同等的分数和条件进入大学，见表 2-2。

表 2-2　2001 年美国排名各前五名大学的入学成绩与学费数额

	大学名称	入学成绩要求（SAT）言语类/数学类	学费数额（美元/年）Tuition	食宿费（美元/年）room and board
私立	普林斯顿大学	680/680—770	17 750	5 577
	哈佛大学	700—800/700—790	22 694	7 982
	耶鲁大学	730/740	23 100	6 900
	加利福尼亚理工学院	715/768	19 260	6 000
	麻省理工学院	680—770/748—800	25 000	6 900
公立			本州生/非本州生	
	伯克利加利福尼亚大学	600—710/630—740	2 023/7 110	无
	弗吉尼亚大学	648/659	4 130/16 603	4 589
	密执安大学	610/660	6 881/20 505	5 614
	洛杉矶加利福尼亚大学	620/652	无/9 384	7 285
	北卡罗来纳大学	529/599	1 570/9 095	4 200

2. 全美私立大学的学费对来自各州的学生均执行一个价格，而公立

的州立大学学费则有对本州学生优惠的规定，因而，本州学生与非本州学生的学费存在悬殊的差别。

本州学生入本州公立大学的最大好处是学费便宜，学生可享受优惠的学费价格，而进入其他州的公立大学要缴纳数倍于本州公立大学的高昂学费。

私立大学学费对各州学生价格同等的主要原因是私立大学的教育经费来源与公立大学不同。以 1996－1997 学年度为例，在私立大学的教育经费中，来自联邦政府的占 8.2%，州政府的占 1.0%，当地政府的占 0.6%，其余的 90.2% 则来自学费、私人捐赠、学校投资等。由于来自所在州和当地政府的投资数额很小，自然不具备对学校所在州学生实行学费优惠的可能。同样是 1996－1997 学年度，公立大学的教育经费中，来自联邦政府的占 11%，州政府的占 35.6%，当地政府的占 3.9%，三项之和为 50.5%，其余为学费、社会服务、社会捐赠等。由此可知，州立大学对本州学生实行学费优惠，是因为学校经费中相当大一部分来自州政府的税收，即本州居民的纳税。因而，取之于民、用之于民也就成为一条有力的根据，而到其他州的公立大学就读的学生则要缴纳与办学成本相当的学费。

中国的大学有部属和省属两大类，部属大学的教育经费主要来自国家财政拨款，省属大学的教育经费则主要来自各省的财政支出。中国是一个社会主义国家，我们可以比资本主义社会更充分地体现教育公平，尤其在高校招生录取这样一个十分敏感的问题上，更应注意贯彻教育公平的社会理念，依法保证每个考生享有同等的进入部属大学的权利。因此，我们认为，凡中央财政投资的部属大学，除对少数民族地区的少数民族学生实行优惠政策外，应研究彻底改革现行的招生录取办法，废除对大学属地考生和外省考生实行不同录取分数的不合理政策，改为面向全国各省，对每一个入学申请者实行统一的录取标准，取消对大学属地考生实行优惠录取的传统做法。省属大学在录取标准上，对各省考生亦应执行统一的录取分数线。但考虑到省属大学的教育经费主要来自本省的财政收入和本省纳税人的税收，应由各省属大学做出有区别的规定。从对大学教育资源的供给和享受看，即使有学费上的区别，也是社会公平的一种体现，符合谁投资谁受益的原则。

［原文刊载于《外国教育研究》2003 年第 6 期］

三　心向良师

教师教育改革设计

新时代教师研究热点："德""誉"相济，
"酬""劳"并重

党的十八大以来，以习近平总书记为首的中央领导集体，坚持优先发展教育事业，将建设教育强国作为实现中华民族伟大复兴的基础工程；坚持立德树人根本任务，立足国情教情，遵循教育规律，把教师队伍建设作为基础工作。培养师德高尚、业务精湛、结构合理、充满活力的新时代教师队伍成为教师教育领域的关键话语，涌现大批高质量研究成果，表现了较为稳定的"德""誉"相济、"酬""劳"并重的研究格局。本文主要关注十八大以来我国中小学教师研究学术进展，围绕中小学师德、教师劳动、薪酬待遇与社会声望等关键议题展开述评，以为后续研究提供参考与启示。

一、围绕"德"，重点突出师德建设举措

"德高为师"是我国古代关于教师德性的基本表达与遵循，知识化社会的到来及其进程加快对我国传统师德规定造成巨大冲击，师德内涵随之递嬗，并且，由于个体知识生成理路的不断拓展与知识共享机制的普遍建立，不同的时代语境与研究旨趣往往催生了大异其趣的研究表达。总体而言，十八大以来，我国学术界中小学师德研究"现实感"不断增强，研究重心已从内涵辨识转向现状调查与策略构建。

（一）何为"师德"

有研究者援引麦金泰尔的"美德是一种获得性的人类品质"认为，师德亦是一种由外而内的获得性品质，既表现为精神面貌和人格特征，又表现为具体行为。师德形成是一个由外而内、进而由内而外的螺旋式上升过程，显示了师德的自主性、自觉性、自悦性和自致性等特质。[①] 此为师德

---

① 臧雷.基础教育师德建设内涵、着力点与方法 [J].中小学教师培训，2018（10）：1-5.

"品质说"。与持有"品质说"的研究者不同,具有"规范说"立场的研究者更倾向于师德的"规范"层面,即师德是一种弱于"纪律规范"和"法律规范"的"软规范",因而呈现其特殊性。① 王永红、王本陆等人借用著名美学家朱光潜20世纪20年代对道德的二元区分——问理的道德与问心的道德构建师德"综合说"话语。前者强调外在规范体系规制下的教师行动,后者强调教师内在心理自觉与体验。② 但作者仍然认为,师德本质上是问心的道德,体现为"富有爱心、做事尽心、修炼慧心"。

有人在一篇师德概念的综述性文章中指出,目前国内学界对师德尚无统一认识。主要有三种界定:师德即教师职业道德,师德即教师道德,师德即教师专业道德或教师专业伦理。虽然从不同视角、不同语境下对其内涵理解也并非一致,③ 但已然呈现愈发清晰、全面的认识图景,综合考虑其道德本质与职业特性,"将教师个人道德和职业道德勾连起来"。④ 总之,学界关于师德内涵的析解历经"个人道德"到"职业道德",再到综合二者而成的"专业道德",取得实质性进展。

(二)师德现状如何

一项关于中小学教师专业伦理规范建构的调查研究显示,教师对职业所具有的文化责任与社会责任有较强共识,对职业所具服务性、自主性已达成初步共识;教师对处理与学生、职业、同事的关系时适用的行为规则均有不同程度共识。⑤ 但与此同时,一部分教师从教意志不坚定,片面追求学生分数与升学率,忽视育人职责。通过对教师的深入访谈发现,一些教师发声权益渠道狭窄,现行教师专业伦理管理机制不够系统,评价方式功利性倾向强烈。

有人对教师社会主义核心价值观教育现状进行了调查,结果显示,中小学教师比较了解社会主义核心价值观内容,也认为很有了解的必要,但获知渠道单一、学校宣讲不够等问题在一定程度上制约了中小学教师对社会主义核心价值观的认知与评价。此外,教师在社会主义核心价值观教育

---

① 范寅虎. 教师职业道德是一种"软规范"[J]. 教育理论与实践,2014,34(28):40-43.
② 王永红,王本陆. 用心做教师[J]. 教育科学研究,2016(3):5-8.
③ 辛未,姬冰薇. 师德概念研究述评[J]. 上海教育科研,2018(9):38-42.
④ 汪明. 近年来我国师德实践发展及其价值变迁[J]. 教育科学研究,2016(3):8-11.
⑤ 张添翼,程红艳. 中小学教师专业伦理规范建构的调查研究及建议[J]. 教育科学研究,2013(9):46-51.

中的重要作用虽然得到学校重视，但后者在对教师进行评价时，重教学成绩、轻师德评价的现象依然严重。①

（三）如何评价师德

合理的师德评价仰赖于合理的师德评价观。为有效克服师德评价观功利化、泛道德化、独白化等消极取向，应立足现代社会语境，注重美德塑造和制度约束相统一，适当放大师德评价的正面效应，契合现代社会教师人格发展诉求，以满足评价的目的性、规范性和规律性。②

糜海波对师德评价有较为系统的研究。他在《师德评价面临的矛盾、问题与出路》一文中指出，师德评价存在虚与实、主观与客观、实然与应然、功利与道义的内在矛盾。师德评价应在理念、目标、内容、方法及机制等诸多方面有所改进：第一，评价标准应体现层次性和完整性；第二，需要明晰教育行为的道德类型及其评价范围；第三，应努力做到"具体考察"与"总体判断"相结合；第四，评价活动辅以一定的伦理教化和道德激励。③ 在其后的系列研究中，他反复强调科学有效的师德评价必须全面辩证地把握评价主体、方法与依据等关键要素。④

有学者关注到中小学师德评价过程中的"情—理"两难问题，提醒我们谨慎拿捏"情—理"尺度，以选择最优方式。⑤ 此外，区别于体制内评价的规范性追求，有研究揭示了社会大众更为关注师德评价的本体论层面事实。他们所认可的合格教师的特质为爱岗敬业、关爱学生、严谨治学与为人师表。⑥

（四）师德建设问题与对策

我国师德建设面临多重困境。实施素质教育、抵制应试教育的教改语

---

① 袁尚会. 教师眼中的社会主义核心价值观教育现状［J］. 教育研究与实验，2017（5）：11-15.

② 宋芳明，余玉花. 评价观：师德评价合理性的理论反思［J］. 黑龙江高教研究，2018，36（4）：41-46.

③ 糜海波. 师德评价面临的矛盾、问题与出路［J］. 高教发展与评估，2017，33（4）：109-116，124.

④ 糜海波. 新时代师德评价与师德建设的应有维度［J］. 伦理学研究，2018（2）：117-123.

⑤ 刘春，曾晓娟，宁先达. 中小学教师职业道德评价的"情—理"两难抉择［J］. 基础教育，2014，11（5）：63-69.

⑥ 朱晓伟，周宗奎，谢和平，等. 中小学教师师德的社会期望与评价：基于公众与教师视角的实证调查［J］. 北京师范大学学报（社会科学版），2019（1）：53-58.

境与应试教育氛围交锋，使中小学教师面临诚信危机；强调量化考核的教师管理与评价制度促使一些教师重视考试分数、热衷于论文发表，不能踏实工作，潜心探索。① 部分地区师德实践未能有效区分道德与法规，模糊了师德本身蕴含的道德诉求与法律规范边界，导致部分教师降低对师德基本价值的追求。② 此外，一些中小学骨干教师师德培训示范性不强、针对性不足、关联性不深、透彻性不够，从而导致师德建设实效性较差。③

为了有效应对师德建设语境之困，有研究者提出，在当前教改语境中，首先要正视应试教育与素质教育之间的冲突，大力倡导"科学应试、绿色升学、全面发展"，重塑教师的职业尊严；其次要充分肯定教师的合理生活需求，逐步提高教师薪酬待遇，引导其调适自我、潜心育人；最后要不断创新教师评价与管理机制，学校应重视学生、家长意见，减少对教师日常工作的事务性干扰。④ 教师需要不断提高自身师德水平，包括加强自我修养、塑造师德品质、注重综合素养提升、在教师共同体中涵养师德、在实践中体验感悟。⑤ 新时代师德建设，要以习近平总书记对教师的殷切希望和要求为指导，正确认识和处理"经师"与"人师"，"教育培养"与"自我修养"，"社会氛围"与"个人美德"的关系，⑥ 构建新时代中小学师德内化新机制，包括教师内在发展机制、外在助推机制、榜样示范机制、奖惩激励机制、社会舆论支持机制。⑦ 为增强师德培训实效性，有研究提出了"自觉渗透性点式培训或（和）内容关联性拓植培训""伺机群情共话式培训或（和）榜样解剖比较式培训"和"问题主导混合式师德培训"的改建策略。⑧ 而激发与传递师德感染力，应是当前师德培训应遵循的核心原则。⑨

① 刘长海. 师德建设的语境障碍及其突破 [J]. 教育发展研究，2013，33（24）：36-40.

② 刘争先. 师德建设不可简化为束缚教师的考核指标 [J]. 中国德育，2014（10）：62-63.

③ 吴振利. 中小学骨干教师师德培训的问题、原因及改善对策 [J]. 教育科学，2017，33（4）：49-54.

④ 刘长海. 师德建设的语境障碍及其突破 [J]. 教育发展研究，2013，33（24）：36-40.

⑤ 潘新民. 关于师德养成路径的几点思考 [J]. 教育科学研究，2016（3）：19-22.

⑥ 万美容，李芳. 师德建设：新时代振兴教师教育的基础工程 [J]. 思想理论教育，2018（7）：20-25.

⑦ 穆惠涛，赵岚. 新时代中小学教师师德内化机制的构建 [J]. 中小学教师培训，2018（7）：66-69.

⑧ 吴振利. 中小学骨干教师师德培训的问题、原因及改善对策 [J]. 教育科学，2017，33（4）：49-54.

⑨ 戴双翔. 师德培训的核心原则：激发与传递感染力 [J]. 教育科学研究，2016（3）：22-24，55.

此外，有人对美国、英国、日本、新加坡等世界主要发达国家师德建设经验予以借鉴，主要集中在师德问责机制等方面。还有研究关注到我国师德政策合法性及其改进机制等方面内容。

二、围绕"劳"，积极关注教师工作强度

"为教师减负"一直是教育改革的核心议题，亦是教师群体的普遍诉求。教师劳动具有复杂性、延展性与主观性等特点，虽可定义却难操作，以致研究成果较少，但依然是教育学、心理学所关注的问题，并且体现了超越教师劳动结构化关注的内在逻辑，教师情绪劳动等微观话题进入研究者视野。在中国知网（CNKI）以"主题"为"劳动强度"，包含关键词"中小学教师"进行检索，无检索记录。以"主题"为"劳动强度"，包含关键词"教师"，检索到 22 条记录，其中涉及中小学教师的有 10 条。因此，我们分别以"劳动强度"、"工作投入"（包含教师）、"教师劳动"为主题进行了文献检索。在对文献进行筛选后，主要就"教师工作投入"与"教师（情感）劳动"进行综述。

（一）教师工作投入

1. 教育学视角下的相关研究

对 1 140 名中小学教师工作投入的调查发现，中小学教师工作投入总体较高，女教师显著高于男教师、西部地区教师、初中教师、农村地区教师、未评职称教师、从教 20 年以上教师投入最高，工作投入水平随着年龄增长先降后升。工作投入与工作量具有显著负相关关系，而与职业认同和工作满意度呈现显著正相关关系。[①] 齐亚静等人的研究发现，情绪要求、学生不良行为和升学考试压力能够负向预测工作投入，而工作负荷、角色压力和职业道德要求能够正向预测教师工作投入。[②]

有研究以教师工作价值观为调节变量，分析探讨教师知觉的"校长道德领导"对其工作投入的影响，结果发现，校长道德领导的"替身领导"与"反思性实践观"能够预测教师工作投入，教师工作价值观中"物质报酬""利他奉献""安全稳定"维度对中小学校长道德领导和教师工作投入之间的关系有调节作用。因此，文章呼吁校长推行替身领导和反思性实践

---

① 李新翠. 中小学教师工作投入与工作量状况调查［J］. 中国特殊教育，2016（5）；83-90.
② 齐亚静，伍新春，胡博. 教师工作要求的分类：基于对职业倦怠和工作投入的影响研究［J］. 教育研究，2016（2）；119-126.

观的领导方式。^① 陈运平在一篇综述性文章中指出，当前我国教师工作投入研究多侧重在内涵、测量、影响因素以及工作绩效等方面。未来研究需要在教师工作投入影响因素的作用机理以及投入与绩效间的互动反馈机制等方面有所拓展。^②

2. 心理学视角下的相关研究

心理学注重通过实验、建模讨论教师工作投入的影响因素，构建针对性干预路径。有研究采用问卷调查法，以 692 名中小学教师为研究对象，探究了教师职业人格与主观幸福感的关系及其机制问题。^③ 为探索中小学教师工作重塑与工作投入之间的关系，齐亚静、伍新春等人采用中小学教师工作重塑问卷和中文版 Utrecht 工作投入量表，对 322 名教师进行了间隔 6 个月的追踪研究。工作重塑与工作投入的交叉滞后分析表明，工作重塑与工作投入呈显著正相关，且工作重塑能够显著正向预测工作投入。^④

有研究通过对湖南省 400 名新生代中学教师的调查研究揭示了新生代中学教师工作价值观、工作压力与工作投入之间的关系。发现新生代中学教师工作压力与工作投入水平呈显著负相关；当他们主要关注薪酬、物质福利等外部工作价值时，其工作投入更容易受到工作压力的负面影响。^⑤ 另一项工作家庭平衡双构面视角下社会支持对农村教师工作投入影响的研究也得出了颇具价值的结论。如：社会支持不仅能直接影响农村教师工作投入度，也能间接地通过家庭平衡对其产生影响。^⑥ 另有研究者对中小学教师心理资本及其与工作投入的关系进行了考察，得出教师心理资本与工作投入正相关等结论。^⑦

---

① 楚红丽，方晓乐. 中小学校长道德领导对教师工作投入的影响研究：工作价值观的调节作用 [J]. 教育学报，2017 (6)：60-68.

② 陈运平，李婷，罗序斌. 教师工作投入研究动态与未来展望 [J]. 现代教育管理，2018 (4)：61-66.

③ 连坤予，谢姗姗，林荣茂. 中小学教师职业人格与主观幸福感的关系：工作投入的中介作用 [J]. 心理发展与教育，2017，33 (6)：700-707.

④ 齐亚静，伍新春，王晓丽. 中小学教师工作重塑与工作投入的交叉滞后分析 [J]. 中国临床心理学杂志，2016，24 (5)：935-938，942.

⑤ 李光程，王怀南，张建人，等. 新生代中学教师工作压力、工作价值观与工作投入的关系 [J]. 中国临床心理学杂志，2018，26 (4)：792-795.

⑥ 曾练平，何明远，潘运，等. 工作家庭平衡双构面视角下社会支持对农村教师工作投入的影响：一个多重中介模型 [J]. 心理与行为研究，2018，16 (4)：518-524.

⑦ 毛晋平，谢颖. 中小学教师心理资本及其与工作投入关系的实证研究 [J]. 教师教育研究，2013，25 (5)：23-29.

(二) 教师 (情感) 劳动

刘远杰、孙杰远等人指出,教师劳动具有从"必然王国"到"自由王国"的历史发展逻辑,教师劳动的本质是教学自由,后者是教师生存发展与学生"真、善、美"培育的实践统一。[①] 有研究者将教师劳动的特点归结为利师利生性、人师合一性、劳动双重性与率性修道性。[②]

针对教师教学自由缺失这一我国教师劳动的根本问题,有研究提出一些化解路径,如:通过促进教师劳动分配正义;破除教师劳动被日趋"合理化"与固化的"复合性结构",划定教师劳动界域而走向"纯粹教学化";强化教师主体对教学自由的自觉性与自为性;等等。[③] 田爱丽将教师专业劳动与师德建设关联起来,在她看来,教师职业道德问题,部分是由教师劳动特性带来或者强化的。而教师劳动性质主要体现为师生间信息的不对称性,劳动时间、场所、形式的不固定性,劳动成果的不确定性以及评价的不便性,劳动质量对个体的高度依赖性,等等。由于教师专业劳动会对教师职业道德产生重要影响,师德建设应该充分激发教师的主体价值,让教师充分体验职业成就感与幸福感。[④]

近年来,教师情感劳动成为学界热门话题。"情感劳动与体力劳动及脑力劳动有所区别,被称作第三种劳动",可从教育规定、教育规范和文化—认知三个层面界定。有研究指出,教师工作存在情绪劳动合理化与情绪劳动失调两种状态,情绪劳动失调对学生、教师等都会产生消极影响。基于此,研究提出了"工作分析、内塑外培、完善制度"的教师情绪劳动优化策略。[⑤] 另一项关于乡村小学新教师情感劳动的质性研究发现,组织情境、职业身份、社会支持与个体差异等因素直接作用于他们的情感劳动。因此,乡村小学可从完善制度规范、加强新教师情感赋权、提升职业

---

① 刘远杰,孙杰远.教学自由:"教师—劳动者"生存发展的本质问题 [J].学术论坛,2015,38 (11):167-172.

② 王毓珣,王颖.教师劳动特点新解 [J].教育科学,2015,31 (6):14-18.

③ 刘远杰,孙杰远.教学自由:"教师—劳动者"生存发展的本质问题 [J].学术论坛,2015,38 (11):167-172.

④ 田爱丽.专业劳动视角下师德建设研究 [J].华东师范大学学报 (教育科学版),2013,31 (2):19-24,48.

⑤ 秦旭芳,刘慧娟.教师情绪劳动失调窘境与理性化调控 [J].教育发展研究,2016,36 (10):41-45.

稳定感等方面优化教师情感劳动。① 关于中小学教师心理资本、情绪劳动策略、工作倦怠关系的研究进一步表明，心理资本对教师情绪劳动产生影响，进而对教师工作倦怠产生干预作用。②

三、围绕"酬"，持续改善教师薪酬待遇

薪酬待遇既是教师个体安身立命的基本保障，也是最大限度释放教师教育活力的关键因素。党的十八大以来，相关研究在历史性、比较性视野中勾勒出我国中小学教师工资待遇的整体图景，并在此过程中条分缕析其问题，构建针对性举措。此外，中小学教师绩效工资亦是重要话题。

（一）教师工资水平

改革开放以来，随着我国义务教育学校教师工资制度不断变革，我国中小学教师工资水平稳步提高，工资等级评定完成了"以个人德、才、资为主"向"以教师专业发展、师资水平与教学业绩与质量为主"的转换，实现了工资水平与结构既体现教师自身素质与能力，又反映其教学业绩与质量，强化了工资与教学业绩的相关性。③ 姜金秋、杜育红等人基于《中国劳动统计年鉴》（1991—2011 年）行业工资数据，选取物价因素、公务员、工人、国民经济其他行业四个参照系，分析此 20 年间我国中小学教师实际工资与相对工资水平变动情况。结果显示，20 年间，中小学教师的名义工资增长了约 16 倍，但经过物价调整后其实际工资仅增长了约 6 倍；中小学教师与公务员工资差距自 1990 年以来逐年扩大，直至 2009 年开始缩小；小学教师实际工资在过去 12 年间都低于制造业工人工资，2007 年后开始扭转；中小学教师工资在国民经济行业中位列 9－16 位之间。④ 据另一项关于我国中小学教师发展水平的比较研究显示，2010 年，全国中小学教师年平均工资为 37 786 元，与 2009 年（32 772 元）相比，增长 15.30％，教师年平均工资增幅在 19 大行业中排名第 10 位，2010

---

① 赵鑫，谢小蓉. 乡村小学新教师情感劳动的质性研究［J］. 基础教育，2018，15（5）：55-62.

② 毛晋平，莫拓宇. 中小学教师心理资本、情绪劳动策略、工作倦怠的关系研究［J］. 教师教育研究，2014，26（5）：22-28，35.

③ 安雪慧. 从资历到能力与业绩：义务教育学校教师工资等级和结构决定因素［J］. 教育研究，2015，36（12）：25-35.

④ 姜金秋，杜育红. 我国中小学教师工资水平分析（1990～2010 年）［J］. 上海教育科研，2013（5）：10-13.

年，教师年平均工资在 19 大行业中排名第 10 位。[①]

尽管工资水平有所提高，但地区差异仍然较大。2010 年，中小学教师年平均工资水平排名前 5 位的省（市、区）为上海、北京、西藏、天津和浙江，排名后 5 位的省（市、区）为贵州、湖北、广西、江西和河南。2009—2010 年，教师年平均工资增幅较大的省（市、区）有北京、海南、江苏、广东、广西等，增幅较小省（市、区）为云南、吉林、宁夏、黑龙江、上海等。[②] 工资水平省际差距大，小学尤其明显。分省来看，2012 年，北京中小学教师年均工资水平最高，中学达到 92 270 元，小学为 88 280 元，广西最低，中学为 35 206 元，小学为 32 089 元，前者分别为后者的 2.62、2.75 倍。[③]

薛海平基于 2014—2016 年全国中小学教师工资抽样调查数据和访谈资料，分析了我国中小学教师工资水平和结构问题，得出如下主要结论：多数样本县（市、区）中小学教师平均工资低于社会平均工资水平；与当地同级别公务员平均工资水平相比，义务教育教师平均工资水平较低；中小学教师工资水平差距省际、省内较为明显；县（市、区）级政府财政保障能力成为影响中小学教师工资水平与结构的主要因素；义务教育学校绩效工资未能充分发挥激励导向作用。[④]

（二）教师工资问题、致因及策略

有研究者通过多元 Logit 回归模型对北京市中小学教师收入影响因素进行了实证分析，结果表明，中小学教师内部存在明显收入差异；教师教龄、职称、荣誉称号、行政职务、班主任岗位等对教师收入影响显著。由此给出四点建议：提高中小学校班主任津贴补助；优化校内津贴分配制度，平衡学校中层干部与普通教师工资差距；建立教育资源公平分配制度，缩小教师收入城乡差异和校际差异；调整工资结构，进一步强化国家

[①] 杨晓琳，王文宝，燕学敏，等. 各省份中小学教师发展水平比较研究 [J]. 教育研究，2013，34（10）：84-94.

[②] 杨晓琳，王文宝，燕学敏，等. 各省份中小学教师发展水平比较研究 [J]. 教育研究，2013，34（10）：84-94.

[③] 杜晓利. 我国中小学教师工资水平的比较分析与若干建议 [J]. 中国教育学刊，2015（4）：27-31，74.

[④] 薛海平，唐一鹏. 理想与现实：我国中小学教师工资水平和结构研究 [J]. 北京大学教育评论，2017，15（2）：17-38，186-187.

和省（市、区）政府教师工资统筹责任。① 研究表明，教师工资水平及结构不仅对中小学教师供给具有重要影响，而且是教师培养、吸引和高素质教师保留等方面的关键因素，影响学校整体教育教学效率及质量。因此，各级政府需要通过提高落实中小学教师工资待遇，尤其是津补贴标准和项目，消除实际存在的教师工资外部和内部差异，促进义务教育的均衡发展。②

由于我国现行中小学教师工资等级表存在等级间重叠度高、高低等级间级差较小、涨幅不合理等问题，有研究根据薪酬设计理论与方法，结合中小学教师职业发展特点，提出五点优化策略：一是以教师专业成长阶段为依据，划分出相应工资等级；二是以市场工资线为依据设计第三等级的中间值，以保证工资水平外部竞争力；三是采用等比级差法设计等级间中位值，实现级差随等级增加而增加；四是根据新工资理念，设计合理的等级间工资重叠区间；五是结合教师职业生涯周期，建立教师工资正常增长机制。③ 为尽快解决中部地区中小学教师工资凹陷问题，有研究者指出，应逐步研制建立教师工资增长的长效机制，不断提高教师工资水平，吸引优秀人才从教。①

（三）中小学教师绩效工资

自 2009 年实施义务教育学校教师绩效工资政策以来，绩效工资在教师总工资中的结构性比例越来越高，充分反映了教师教学质量与业绩的关系。⑤ 宁本涛对义务教育阶段教师绩效工资政策实施的激励效应进行分析后发现，国家实施绩效工资政策以后，教师工资总量有所提高，但高薪获得者主要集中在学校管理层；部分教师认为，学校绩效工资发放依据与现行实际依据存在差距；而且，多数教师并不满意所在学校的绩效工资考核

---

① 赖德信. 中小学教师工资收入及其影响因素的实证研究 [J]. 教师教育研究，2014，26 (1)：54-61.

② 安雪慧. 我国中小学教师工资水平变化及差异特征研究 [J]. 教育研究，2014，35 (12)：44-53.

③ 姜金秋，杜育红. 我国中小学教师工资等级研究 [J]. 教师教育研究，2014，26 (4)：58-63.

④ 杜晓利. 我国中小学教师工资水平的比较分析与若干建议 [J]. 中国教育学刊，2015 (4)：27-31，74.

⑤ 安雪慧. 从资历到能力与业绩：义务教育学校教师工资等级和结构决定因素 [J]. 教育研究，2015，36 (12)：25-35.

与分配方案，且实施过程存在不够公平等现象。为此，为了更好地发挥其激励效应，应完善绩效工资配套改革政策，适时提升中小学教师基本工资国家标准，积极修正教师职业人格"经济人"假设，健全教师代表大会制度，创建公平民主的学校绩效管理环境。①

此外，对《乡村教师支持计划》实施现状的研究发现，该计划实施虽卓有成效，也存在教师对工资福利不满意的问题。② 杨小敏、庞丽娟等人关注到"教师吃空饷"现象，认为这种由中小学教师"财政工资"引发的各种谋利动机与行为表面上看是利益之争，究其原因，在于中小学教师工资水平太低，职业吸引力太弱。故应完善行政、人事、财务协同机制，加强基于权力制约的监督与问责，建立跨越"人事编制"的教师退出机制，以提高教师工资待遇。③ 有研究者以全面薪酬理论对教师的流动意向进行了研究，结果发现，外在薪酬可以通过影响教师的工作满意度从而影响到中小学教师的流动意向，而且会对教师流动产生较为显著、直接的负向影响，④ 这为我们提供了改善教师薪酬以减少教师流动的有益思考。另外，有研究专门从财政预算的角度提出了改善教师工资的建议。⑤

四、围绕"誉"，多维勾勒教师社会声望

从已有研究成果来看，党的十八大以来，学界关于中小学教师社会声望的直接研究相对较少，诸多研究将教师的社会声望等同于职业声望、社会地位、职业地位，尚未对它们进行有效区分。为全面反映"他者"视域下我国中小学教师社会声望样态，我们把我国中小学教师职业声望、社会地位等相关研究与关于我国农村中小学教师社会声望的直接研究一并进行综述。

① 宁本涛. 义务教育阶段教师绩效工资政策实施的激励效应分析：以上海市 P 区教师调查为例 [J]. 教育发展研究，2015，35（22）：16-20.

② 付卫东，范先佐.《乡村教师支持计划》实施的成效、问题及对策：基于中西部 6 省 12 县（区）120 余所农村中小学的调查 [J]. 华中师范大学学报（人文社会科学版），2018，57（1）：163-173.

③ 杨小敏，庞丽娟. "吃空饷"背后的中小学教师工资及其管理问题：基于教育舆情分析的政策应对 [J]. 教师教育研究，2014，26（3）：23-27.

④ 朱菲菲，杜屏. 中小学教师流动意向的实证探析：基于全面薪酬理论视角 [J]. 教育学报，2016，12（2）：89-98.

⑤ 曾晓东，易文君. 我国中小学教师工资的地区差异问题研究 [J]. 华中师范大学学报（人文社会科学版），2015，54（5）：155-161.

（一）中小学教师社会声望的相关总体研究

1. 何为教师社会声望

关于教师社会声望的研究多援引马克斯·韦伯关于职业声望的界定，其财富、权利和声望的三维解释成为教师社会声望研究的基本框架。根据宗刚等人的研究，教师职业声望可界定为人们对教师职业的主观价值评价，是社会成员对其职业的主观态度的综合，具有主观性。其包括政治声望、经济声望与社会声望维度[①]；或分为职业道德声望、职业能力声望和职业贡献声望等[②]。根据龙宝新等人的看法，教师社会声望是指社会对教师职业状况的态度与评价等，是教师行业社会名声、社会地位、发展环境的生动表达，是教师行业的社会关注度、认可度、尊重度等的综合体现，也是行业、社会乃至于国家重视教师职业发展的社会效应，[③] 具有可体验性、客观性、建构性等明显特征。

2. 我国中小学教师社会声望如何

有研究者对我国中小学教师职业声望进行了调查研究，结果显示：（1）各类群体对我国中小学教师职业声望总体评价较高，居中等偏上水平；（2）中小学教师职业道德声望和能力声望水平一般；（3）与医生、律师、公务员等职业相比，教师的经济地位与社会地位还处于较低水平，初中、小学教师在 20 种职业排名中靠后；（4）中小学教师在社会公众中享有较高职业期望，许多家长在帮助孩子选择职业时，教师是优先考虑的三大职业之一。[④]

《改革开放以来我国职业声望排序及变迁研究》一文却得出了与上述研究结果多少有些矛盾的结论。在 1997 年的调查中，中小学教师职业声望排在第 29 位，高于演员、公安人员、银行职员等职业。而该项研究的本次调查结果显示，中小学教师职业声望已降至第 40 位，虽有较小回升，但分值均低于上述其他职业，位居第 27 位，并且社会公众对于中小学教师的政治地位、经济地位、社会地位的评价几乎一致，分别排在第 25 位、

---

① 宗刚，李盼道，孙晨晨. 改革开放以来我国职业声望排序及变迁研究 [J]. 北京工业大学学报（社会科学版），2016，16（2）：11-17.

② 董新良. 中小学教师职业声望调查研究 [J]. 教师教育研究，2011，23（6）：56-61.

③ 周洪宇，程光旭，宋乃庆，等. 学习贯彻全国教育大会精神 加快推进教育现代化 [J]. 陕西师范大学学报（哲学社会科学版），2018，47（6）：5-28.

④ 董新良. 中小学教师职业声望调查研究 [J]. 教师教育研究，2011，23（6）：56-61.

第 27 位和第 25 位。①

3. 如何提高中小学教师社会声望

教师社会声望是社会政治声望、社会经济声望等综合作用的结果。有研究将教师社会声望低的原因归结为薪酬少、职业吸引力弱、教师身份及权益缺乏保护。② 因此，朱永新等人为提高教师地位待遇，提出了"明确教师的特别重要地位，吸引优秀人才从教；完善中小学教师待遇保障机制，确保教师生活条件"等多项举措。③

有研究认为，教师社会声望不佳的一个重要原因在于开放的教师教育体系导致教师培养质量的下降。④ 因此，可以通过构建精英化封闭式教师教育体系提升我国中小学教师社会地位，促进教师教育质量，包括采取淘汰不合格的教师教育机构、提高师范生招生标准、建立健全教师淘汰机制等措施。

2018 年，全国教育大会的召开再次使提高教师社会声望成为热门话题。有研究者提出了"让教师享有应有的社会声望，真正成为令人羡慕的职业"的"四点着力"：一要着力提升教师地位待遇；二要着力营造尊师重教氛围；三要着力拓展教师职业发展空间；四要着力提高教师队伍素质。⑤《中国教师报》刊发评论员文章认为，近年来，国家陆续研制出台了一系列尊师、强师、惠师政策（如《中共中央 国务院关于全面深化新时代教师队伍建设改革的意见》等），不仅极大增强了教师职业幸福感与获得感，而且激发了他们的从业积极性与职业自豪感，让"教师成为最受人羡慕的职业"逐渐接近现实。与此同时，广大教师要清醒地认识到，不能将教师的尊严与荣光寄望于外界恩赐，而要通过自身切实努力，通过不断提高职业操守、增进专业技艺、增强专业自信、优化教育服务而获得，以此争取教师的社会声望，享有名副其实的职业地位与从业待遇。⑥

---

① 宗刚，李盼道，孙晨晨. 改革开放以来我国职业声望排序及变迁研究 [J]. 北京工业大学学报（社会科学版），2016，16（2）：11-17.

② 周国华，吴海江. 中小学教师薪酬研究：问题与方向：基于近 15 年的文献分析 [J]. 教师教育研究，2016，28（6）：96-104.

③ 朱永新. 切实提高地位待遇 增强教师职业吸引力 [J]. 中国教育学刊，2018（4）：1-4.

④ 闫建璋，郭赟嘉. 从开放走向新封闭：精英化教师教育体系的构建 [J]. 河南师范大学学报（哲学社会科学版），2017，44（5）：152-156.

⑤ 蒋昌忠. 让教师享有应有的社会声望 [N]. 中国教育报，2018-12-01（004）.

⑥ 本报评论员. 让广大教师享有应有的社会声望 [N]. 中国教师报，2018-09-26（001）.

（二）农村中小学教师社会声望相关研究

1. 农村中小学教师社会声望如何与为何

改革开放以来，我国农村教师社会地位先后经历了改革开放之初的"拨乱反正"、20世纪80年代至90年代初的"升中有降"与20世纪90年代中期至今的"从边缘走向中心"的历史变迁过程。整体而言，农村教师的社会地位有所提高。[①] 邬志辉等人根据调研结果对省重点、省一般、市重点、市一般、县重点、县一般、中心校和乡村校小学的教师社会声望进行了排序。结果表明，依据以上顺序各自所得的排序分值为1.0、2.3、2.7、3.9、4.8、5.9、6.8和7.8。有过半数（67.0%）教师认为，自己仍然处于当地社会地位的中下等，但一个有趣的现象是，主观自我评价最好的是县域内村屯教师，37.5%的被调查者认为自己处于中等及以上社会地位。[②]

有研究发现，农村教师留任还是离职决定于使命出逃感，而社会地位低是影响教师使命出逃感的七大困境之一。[③] 有学者基于文化资本的视角研究发现，农村教师在具体形态、客观形态以及体制形态等文化资本方面均处于劣势地位，不仅表现为竞争劣势，并且文化资本再生产能力也较低，由此导致教师社会地位不高。[④] 另一项以知识现代化破题的研究揭示了农村教师社会边缘化的深层致因：因循知识神秘化消弭、实用主义转向、西方主义转向和城市化取向等层级累进的现代化过程，农村教师所拥有的知识也依次呈现神圣性弱化、工具性弱化、权威性弱化和稀缺性弱化等特征，导致其在社会结构性安排与社会分工中缺乏职业竞争力，从而趋于边缘化地位。[⑤] 此外，从乡村文化视角出发，有研究者注意到，城市文化的冲击与乡村价值体系变迁等原因也导致了乡村教师社会地位边缘化。

2. 如何提高农村中小学教师社会声望

改善农村教师社会地位可从"调整工资结构，提升乡村教师工资收入

---

① 周兆海. 农村教师社会地位变迁及其深层致因：基于改革开放以来的总结与反思 [J]. 河北师范大学学报（教育科学版），2016，18（2）：89-93.

② 邬志辉. 如何提高乡村教师职业吸引力 [N]. 光明日报，2014-09-02（11）.

③ 蔡文伯，袁雪. 留任还是离职：民族地区农村中小学"特岗教师"的艰难抉择 [J]. 教师教育研究，2018，30（3）：66-72.

④ 金柱伟，段兆兵. 农村教师低职业吸引力的社会学分析 [J]. 教育探索，2013（10）：13-15.

⑤ 周兆海，邬志辉. 知识现代化与农村教师社会地位边缘化 [J]. 当代教师教育，2018，11（4）：23-28.

水平；实施岗位特殊津贴制度；倾斜职称评定办法"等措施入手。^① 除继续以乡村教师薪酬待遇倾斜式供给提高其社会地位外，还应"提高乡村教师教学性知识质量、改造乡村教师工作微环境、推动城乡社会资源共享"等。^② 邬志辉认为，提升农村教师社会声望可从完善尊重与认可制度入手。^③ 一项缘于声望危机隐忧、关于乡村教师荣誉制度建设的研究表明，受访教师倾向于将荣誉证书发放建构为一项社会声望授予尝试。在强烈的声望危机感下，其职业身份认同处于摇摆状态，并对"荣誉证书"以及荣誉感显示了一定矛盾心理。研究强调了政策本身的多元建构本质，试图让乡村教师自我叙事跻身于主流政策话语之中。基于此，研究提出了如下政策建议：立足教师，以多元视角完善政策框架；回归个体，以专业发展激发专业荣誉；系统推进，以社会风气转变促使教师境遇改善。^④ 有研究认为，乡村文化建设在乡村教师作为乡土知识分子的社会地位重塑过程中具有不可或缺的地位。要警惕农村教育的过度城市化倾向，倡导乡村文化建设向乡土性回归；尽量将更多的乡村教师纳入新农村公共文化建设中；通过乡村价值体系重建，回归尊师重教的优良风气。^⑤ 此外，张广翔等人对19 世纪末 20 世纪初俄国乡村教师的社会地位的研究^⑥、程晋宽关于美国教师社会声望的研究^⑦以及前原健二等关于日本教师培养与教师职业社会地位的研究^⑧为我们提供了大量宝贵经验。

五、研究反思

教师是立教之本、兴教之源，是塑造灵魂、点化生命的"筑梦人"，也是提高教育质量、促进教育公平、推动教育变革的核心力量。党的十八

---

① 庞丽娟，金志峰，杨小敏. 新时期乡村教师队伍建设政策研究 [J]. 中国行政管理，2017 (5)：109-113.

② 周兆海. 乡村教师社会地位提高之道 [N]. 中国教育报，2017-08-06 (3).

③ 邬志辉. 如何提高乡村教师职业吸引力 [N]. 光明日报，2014-09-02 (11).

④ 谢爱磊，刘群群. 声望危机隐忧下的乡村教师荣誉制度建设研究 [J]. 中国教育学刊，2019 (1)：23-28.

⑤ 童健. 乡村文化视域下的乡村教师社会地位研究 [D]. 华中师范大学，2017：33-35.

⑥ 张广翔，张文华. 19 世纪末 20 世纪初俄国乡村教师的社会地位 [J]. 河南师范大学学报（哲学社会科学版），2014，41 (2)：119-124.

⑦ 程晋宽. 劳动力市场中美国教师职业的供求关系与社会地位分析 [J]. 比较教育研究，2014，36 (4)：91-96，103.

⑧ 前原健二，徐程成. 日本教师培养的"高度化"与教师职业的社会地位 [J]. 外国教育研究，2016，43 (5)：17-27.

大以来，我国中小学教师研究取得重要学术进展，既得益于国家政策的大力倡导，更仰赖于研究者的学术自觉。相关研究体现了如下特征：从研究主题观之，除本文上述主要论题外，还涉及教学能力、教师培训、教师流动等，基本囊括了我国中小学教师研究的重要主题。从研究重心看，研究者已然不再青睐于相关的概念辨识、理论阐释，而是转向更具现实性与紧迫性的具体问题研究。正因如此，越来越多的研究成果突破单一理性思辨方法论范式，向实证主义、解释主义等多元方法论范式靠拢。这又将研究现状导向兼具哲学、教育学、心理学、马克思主义理论等多学科、多理论视角这一事实。但是，其研究局限也是显而易见的。除大量重复性研究外，对部分重要论题关注不够，如关于中小教师工作强度的直接研究成果几近阙如。此外，研究纵深不够，对同一问题的持续关注较少，如在主题选择与研究兴趣上表现了较强的偶然性与随意性。因此，未来研究应紧贴实际，打开视野，保持重心，在理论与现实互摄中拓展研究深度与广度，以学术精品回答好中小学教师研究的重大时代课题。

［原文刊载于《华南师范大学学报（社会科学版）》2020 年第 6 期，收入本书时略有删节］（柳海民　邹红军）

质量工程框架下的卓越教师培养与课程设计

一、卓越教师培养设计的时代背景

（一）"质量工程"：卓越教师培养的政策保障

21 世纪以来，教育部一直把提高高等教育质量放在重要的位置。2007 年 1 月，经国务院批准，教育部、财政部联合下发"1 号"文件，决定实施"高等教育本科教学质量与教学改革工程"（以下简称"质量工程"）。"质量工程"是继"211 工程"和"985 工程"之后，我国高等教育领域实施的又一项重要工程，是新时期深化本科教学改革、提高本科教学质量的重大举措，也是我国高等教育发展战略从外延式扩张转向内涵式发展的一次重大转型。

"质量工程"是一个系统工程，内容涵盖专业结构调整与专业认证，课程、教材建设与资源共享，实践教学与人才培养模式改革创新，教学团队和高水平教师队伍建设，教学评估与教学状态基本数据公布和对口支援西部高等学校等 6 个方面。"质量工程"的举措和目标，促使高等院校在教育理念、教学方法、教育模式等方面进行着深刻的变革，也从政策引导的角度为高等院校提高教育质量和人才培养水平提供了依据和保障。

（二）"卓越工程师教育培养计划"：卓越教师培养的示范和引导

2010 年 6 月 23 日，教育部在天津召开"卓越工程师教育培养计划"启动会，联合有关部门和行业协（学）会，共同实施"卓越工程师教育培养计划"（以下简称"卓越计划"）。"卓越计划"是贯彻落实《国家中长期教育改革和发展规划纲要（2010—2020 年）》和《国家中长期人才发展规划纲要（2010—2020 年）》的重大改革项目，是促进我国由工程教育大国迈向工程教育强国的重大举措。该计划的目标是培养造就一大批创新能力强、适应经济社会发展需要的高质量各类型工程技术人才，为国家走新型工业化发展道路、建设创新型国家和人才强国战略服务。

"卓越计划"的提出，"对高等教育面向社会需求培养人才，调整人才培养结构，提高人才培养质量，推动教育教学改革，增强毕业生就业能力都具有十分重要的示范和引导作用"。① 高等师范教育作为高等教育的重要组成部分，虽与高等工程教育存在科类上的差异，但在人才培养质量和水平的根本要求上具有一致性。参照"卓越计划"的战略设计，有必要对现行教师教育培养目标和模式进行新的定位和规划。卓越人才源自卓越的教育，卓越教育需要卓越的教师。因此，实施卓越教师培养计划是高等师范教育自身应有的价值追求。卓越教师将与卓越工程师一道，为建设创新型国家和人才强国战略服务。

继"卓越工程师培养计划"之后，教育部又相继提出"卓越医生""卓越农林人才""卓越法律人才"等教育培养计划。

（三）"教师专业化"：卓越教师培养的前提和基础

对教师职业性质的判定始于20世纪60年代。1966年，国际劳工组织和联合国教科文组织发布的《关于教师地位的建议》官方文件指出："应把教育工作视为专门的职业，这种职业要求教师经过严格地、持续地学习，获得并保持专门的知识和特别的技术"。② 时隔30年，1996年，联合国教科文组织在日内瓦召开的第45届国际教育大会上通过了九项建议，其中第七项就是关于教师职业专业化。它主张"教师专业化是改善教师地位和工作条件的重要策略"。③ 在中国，1986年6月21日，国家统计局和标准局颁布的中华人民共和国国家标准《职业分类与代码》中把我国职业分成8个大类、63个中类、303个小类，教师被列入"专业技术人员"的类别。1993年颁布的《中华人民共和国教师法》指出："教师是履行教育教学职责的专业人员"。1995年颁布的《中华人民共和国教育法》中，重新确认了《教师法》的规定。

我们认为，教师职业专业化就是教师职业训练、职业能力和从教过程的专门化、熟练化、程式化和独到化。它使从业者摆脱了活动的随意性、

---

① 林健. 谈实施"卓越工程师培养计划"引发的若干变革 [J]. 中国高等教育，2010（17）：30-32.

② 教育部师范教育司. 教师专业化的理论与实践 [M]. 北京：人民教育出版社，2003：3.

③ 国际教育大会第45届会议的建议 [J]. 赵中建，译. 外国教育资料，1997（6）：4-9.

尝试性和经验性，使活动得以高质量、高效率地顺利进行。① 因此，教师职业专业化既是对教师地位的认可和尊重，也是对教师工作职责和专业素质提出的更高标准和要求。教师专业化的提出和确认，为卓越教师培养奠定了良好的前提和基础。教师专业化是卓越教师培养的基石，卓越教师是教师专业化的理想境界。在教师专业化的过程中，培养和造就一批卓越教师，以适应当前中小学教育领域对优质教师资源的强烈需求，对于促进教育均衡发展、提高中小学教育质量具有重要的意义和价值。

二、卓越教师的理想规格

对教师的发展境界通常可有两种价值判定：经师和人师。卓越教师首先应该是人师。关于人师的教学境界，《礼记·学记》里说："禁于未发之谓豫，当其可之谓时，不陵节而施之谓孙，相观而善之谓摩，此四者，教之所由兴也。发然后禁，则扦格而不胜；时过然后学，则勤苦而难成；杂施而不孙，则坏乱而不修；独学而无友，则孤陋而寡闻；燕朋逆其师，燕辟废其学。此六者，教之所由废也。君子既知教之所由兴，又知教之所由废，然后可以为人师也。"回到现实的教学实践中，人师的教学境界是：教师能够教人以道义，教人以知识，教人以智慧，教人以发展；善于在自己的教学中，给学生以学习的兴趣、向上的精神、创造的激情和社会的责任感。这样，才可能成为卓越教师。

具体来说，卓越教师的理想规格应包括如下几个方面。

（一）专业精神朴实高尚

卓越教师应能认识到，社会发展中最重要的探索是开发资源，而最难开发的资源是人的资源。所以，开发人的资源是崇高的事业，是太阳底下最光辉的事业。这不仅仅是责任感的问题，也是对教育事业发自内心的热爱和喜欢。充满爱心、无私奉献是专业精神的集中表现。当好一名教师，首先要充满爱心。霍懋征老师曾说：爱是阳光，可以把坚冰融化；爱是春雨，能让枯萎的小草发芽；爱是神奇，可以点石成金。

教育过程是一个教学相长的过程，作为一名卓越教师，应该能够从教育中感受到作为教师的乐趣和自己的人生价值。卓越教师对教育事业的热

---

① 史宁中，柳海民. 教师职业专业化：21 世纪高师教育持续发展的生命力 [J]. 高等师范教育研究，2002（5）：28-34.

爱表现在教育实践中，一是具有以师为乐的人生生活方式，即把为师从教作为终生追求并乐在其中的生活方式，而不是简单的谋生手段；二是以师为荣的人生价值实现方式，即有为师从教的光荣感和自豪感，是人生价值的重要体现；三是以师为贵的生命意义存在方式，即把为师从教作为人生的全部意义和生命价值的重要体现。忙碌并快乐着！辛苦并快乐着！耕耘并快乐着！

（二）专业知识融会贯通

一名卓越教师应具备的科学的知识结构包括四个方面：通识性知识、本体性知识、条件性知识和实践性知识。

通识性知识的要义在于博。通识性知识是教师拥有的有利于展开有效教育教学工作的普通文化知识。博，即具有深厚的文化基础和宽广的文化视野，善于广泛地汲取古今中外与学科理论相关的知识，做到博约结合。博是广博，约是精深。教师的学科理论要达到精深的程度，必须先有广博的基础，这就是我们常说的"一桶水"与"一杯水"的关系。有学科理论的广博，才可能有举一反三、闻一知十的能力，才能有系统的知识和简约化的理论。

本体性知识的要义在于精。本体性知识是教师具有的任教学科的专业知识。精，就是精益求精，钻得深，悟得透，融会贯通地掌握本学科的内容知识、实质知识、章法知识、学科的信念和学科的发展等。一名卓越的教师，必须清晰地知晓本门学科知识的学科思想，即学科知识的逻辑架构、诠释架构或学科内容的逻辑主线，从而能够引领学生沿着这样的逻辑主线去掌握学科知识的构成，做到教师清晰地教，学生明白地学。

条件性知识的要义在于美。条件性知识是指帮助教师有效进行教育教学活动的教育学科知识。美，是教育与教学的艺术，即教师能把传授知识的过程变成一种艺术的呈现过程，学生能把接受知识的过程变成一个艺术的享受过程。捷克教育家夸美纽斯说："《大教学论》，它阐明把人类的一切知识教给一切人的全部艺术。"[①] 高师院校开设的教育学和心理学课程就是教给教师教育、教学的艺术，包括备课的艺术、讲课的艺术、提问的艺术、教学组织的艺术等。

实践性知识的要义在于用。实践性知识是教师经过长时间有意识的积

---

① 夸美纽斯. 大教学论 ［M］. 傅任敢，译. 北京：教育科学出版社，1999：1.

累而形成的教育教学智慧或各类成功的教学经验。用，就是有机地用，灵活地用。经验的累积源于反思。卓越教师每次教学后都要进行反思，总结经验，汲取教训。有长时间的累积，才会形成一些个性化、独到化乃至富有规律性的方法。这些方法就是实践性知识，也就是卓越教师所独有的教学智慧。

卓越教师不但要有融会贯通的专业知识，还须不断学习，不断充实自己，经常剔旧补新，才能适应时代的变化和工作的需求。《礼记·学记》指出："是故学然后知不足，教然后知困。"教师只有学而不厌，才能做到诲人不倦。温家宝说："教师要不断地学习新知识，新技能，提高教书育人的本领和教学质量。既要向书本学习，更要向实践学习，向社会学习，向人民学习。"[①]

（三）专业能力卓著出色

教师的专业能力包括教育能力、教学能力、教管能力、教研能力等。

教育能力——促进学生成人。 教育能力即教师具有寓教于学的能力，形成教育能力的根本意义在于促进学生成人。教育能力要求教师将思想品德教育与学科知识教学有机结合，通过寓教于教、寓教于学，使学生受到良好的陶冶，并能够逐渐形成远大的理想、坚定的信念、向上的精神、健康的思想、良好的修养等。《国家中长期教育改革和发展规划纲要（2010—2020 年）》指出，教师应把德育渗透于教育教学的各个环节，贯穿于学校教育的各个方面，有机地结合教学内容，培养学生形成正确的世界观、人生观、价值观。为此，要加强马克思主义中国化最新成果教育；加强理想信念和道德教育，坚定学生对中国共产党领导、社会主义制度的信念和信心；加强以爱国主义为核心的民族精神和以改革创新为核心的时代精神教育；加强社会主义荣辱观教育，培养学生团结互助、诚实守信、遵纪守法、艰苦奋斗的良好品质；加强公民意识教育，树立社会主义民主法治、自由平等、公平正义理念，培养学生成为社会主义合格公民。

教学能力——促进学生成才。 教学能力是一名卓越教师必须具备的成功完成教学任务的专业能力，形成教学能力的根本意义在于促进学生成才。根据时代发展的要求，现代卓越教师必须具备的教学能力包括教学设

---

① 温家宝. 肩负起教书育人的神圣使命：在北京师范大学首届免费师范生毕业典礼上的讲话 [J]. 人民教育，2011（Z2）：2-4.

计能力、教学实施能力、教学媒体能力、教学反思能力、教学评价能力等。教学设计能力主要表现为教师具有良好的教学计划构建、教学方法选择、教学形式安排和问题呈现的能力；教学实施能力主要表现为教师在教学过程中能够积极拓展学生的学术视野、激活思维方式、培养创新智慧，优化知识结构，讲透实质知识，讲准内容知识，讲好方法知识，讲清发展知识的能力；教学媒体能力主要表现为教师除了掌握使用教科书、黑板、挂图等传统的教学媒体的能力，还必须具有使用幻灯机、投影仪、录像机、计算机等现代教学媒体及进行与之相应的课件编制、媒体制作等的能力；教学反思与教学评价能力是指教师在教学的全过程中，能够将教学活动本身作为对象，不断地对其进行积极主动的检查、评价、反馈、控制和调节的能力。教学是促进学生成才的重要途径，卓越教师能够通过提高自身的教学能力，进而提高学生的学习能力、实践能力和创新能力，培养学生学会知识技能，学会动手动脑，学会生存生活，学会做人做事。

教管能力——促进教育成功。 教管能力即教师具有的对于学校、班级、团队、活动等的管理能力。形成教管能力的根本意义在于促进教育成功。卓越教师的专业能力不仅体现在教书育人方面，还体现在对于教育过程中的各种组织、团体及其活动的有效管理方面。一名卓越的教师必须同时是一名卓越的管理者，在学校管理中具有责任意识，在班级管理中具有争先意识，在团队管理中具有合作意识，在各种活动管理中具有创新意识。在管理工作中要精于顶层设计，勤于过程操作，善于总结凝练，形成管理文化；同时，卓越教师必须掌握科学高效的管理策略，在管理工作中做到定位有前瞻性、内容有系统性、方法有操作性、成果有标志性。教师通过发挥管理智慧和管理技巧，可使各项教育工作生动活泼、高效有序地开展，从而为师生创造一个良好的学习与生活环境，这是教育获得成功的重要保证。

教研能力——促进教师成器。 教研能力即教师从事教育教学研究的能力，形成教研能力的根本意义在于促进教师成器。一名卓越教师必须同时是一位研究者，以科研促教学，以教学促科研。教研不仅是每一名教师必备的基本能力之一，而且是每一名教师提高教育质量和自身素质的重要途径。学校中的教育科研包括领导层面的教育管理、教师层面的学科教学、学生层面的思想品德教育以及班主任管理、班主任工作等。教育科研能力的形成途径有两种：一是参与别人的教研课题；二是自己主持研究教研课题。不管采取哪种途径，其基本要求都是研究者个人的持续学习、独立思考、深刻思维和创新的构建。只有经历这样的思考和研究过程，才能推动教师产生独到的教育主张和观点，提出科学的教育理念和理想，形成系统的教育思想和理论，也才能推动教师从一名普通的教书匠走向卓越，并进而成为教育家。

三、卓越教师的培养设计

要使学生成长为一名卓越教师，不仅需要他们自主学习、自主发展的意志和努力，更需要为他们提供有助于其学习和发展的条件。卓越教师的培养设计，就是探寻卓越教师培养的制约因素和有效途径，从外部提供有助于学生成长和成才的有利条件。

（一）培养模式设计

完整的人才培养模式一般由纵向的时间模式和横向的过程模式构成。时间模式即学生在校的修业年限及其方式的规定；过程模式即有关学生培养过程的指导思想、实践样态、评价标准、管理制度等方面的型式或范式。

根据我国目前的教师培养现状和培养要求，合价值、合规律、合目的的纵向时间培养模式可有两种设计。一是"3＋0.5＋0.5"模式，即3年在校的学科基础理论学习，半年在中小学校进行教学实践能力训练，半年在校进行调整、充实、提高，这样可以很好地实现理论与实践的有机结合。二是"4＋2"模式，即有条件的学校可采用4年本科的学科基础理论学习加2年教育学硕士专业训练，这种模式已在北京师范大学、东北师范大学等校取得经验，毕业生广受社会欢迎。

人才培养的横向过程模式则以"厚基础、精专业、高素质、专业化"为要求，更符合卓越教师培养的需要。"厚基础"就是在课程计划中开设二级学科通修的通识教育课和专业基础课，打通专业壁垒，为学生奠定深厚的专业基础；"精专业"就是要开设充分体现专业特点和要求的专业主干课，并安排骨干教师精讲、学生精学教学内容，让学生把专业学精学透，做到学业有专长，术业有专攻；"高素质、专业化"就是通过设置精选的通识课程和教师专业技能训练课程，全面提高学生综合素质，特别是学生为师从教的专业素质，为学生达到专业化水平和标准奠定坚实的发展基础。

（二）课程结构设计

基于"厚基础、精专业、高素质、专业化"的培养模式要求，卓越教师培养方案中的课程设计应由通识教育课程、专业教育课程和教师发展课程等模块构成，其中每个课程模块中都包含必修课与选修课，这样既能保证培养的质量规格，又能让学生有充分的选择余地。课程结构设计如表3-1所示。

表3-1　卓越教师培养计划课程结构一览表

课程类别			学分	对应培养内容
通识教育课程	通识必修课	"两课"	大约50	人文素质
		体育与国防教育课		
		书写与表达课		
		信息技术课		
	通识选修课	人文社会科学课		
		自然科学课		
专业教育课程	专业必修课	专业基础课	大约80	基础宽厚 专业精湛
		专业主干课		
		专业系列课		
		专业实习（社会实践）与毕业论文（毕业设计）		
	专业选修课	专业系列课		
教师资格教育课程		教育理论类课程	大约25	本领过硬
		教育实践类课程		
		教育技能类课程		
任意选修课程			不定	
毕业总学分			大约155	

通识教育课程。 通识教育课程的作用在于使未来教师具有深厚的文化底蕴和良好的人文素质与科学素养，能够圆满回答来自不同学生的问题，高屋建瓴地驾驭分析教学内容，从而在学生心目中树立崇高的威信、卓越的形象，形成饱有学识、居高临下的气质。通识教育课程可分为必修

课和选修课，必修课主要指国家规定、必须修读的课程；选修课是为便于不同的学习对象根据自身状况和需求进行有针对性选择的课程。通识教育课程具体包括"两课"、体育与国防教育课、书写与表达课、信息技术课、人文社会科学课、自然科学课等几类课程。"两课"是对学生进行公民教育和马克思主义理论教育的主要途径，本着学以致用的原则，可采取灵活多样的讲授和考核形式。体育与国防教育课的目的在于强化学生的健康意识、国防意识，使其掌握锻炼身体和增进健康的手段和方法。书写与表达课的目的在于帮助学生形成书面和口头表达能力，这是卓越教师必须具备的基本素质。信息技术课是为使学生掌握一定的信息技术手段，适应未来教学手段与方法的变革需要所开设的课程模块。人文社会科学课与自然科学课为全校选修课，主要目的在于开阔学生的知识视野，增进学生对人文社会科学知识、科学发展及其对社会和环境的影响的认识。

专业教育课程。 专业教育课程是卓越教师培养计划的核心课程，是保证教师具有深厚、坚实的本体性知识的重要基础。随着当今社会知识的发展，许多重大问题需要综合本学科各门课程的知识与技术。所以，核心课程的建立应冲破狭窄的专业领域，重构学科课程和学科交叉的必选和限选课程，为未来的卓越教师形成扎实的专业基础、精准的专业知识提供充分的选择。基于"厚基础、精专业"的理念，专业教育课程应由专业基础课、专业主干课、专业系列课和专业实习（社会实践）与毕业论文（毕业设计）四类课程构成。专业基础课为同科类学生的共同必修课，是按学科门类或一级学科、相近专业打通的专业基础课程，课程的内容既要包含本学科主要知识领域的历史和现状，又要包含新时代的要求和发展趋势，要为学生学习专业知识奠定宽厚的基础，使未来的卓越教师在运用知识方面能达到左右逢源。专业主干课为主修专业的核心课与必修课，是突出某专业方向和体现主修专业特色的课程，课程内容应集中体现为专业性。专业系列课是面向本专业学生开设的限定性选修课，应开设反映学科前沿和研究方法的课程。专业实习（社会实践）与毕业论文（毕业设计）课程的目的在于提高学生的实践能力和综合运用知识的能力。

教师资格教育课程。 教师资格教育课程是为培养学生的教育观、教师专业意识、情感和教学技能而开设的必备课程，是独到体现教师专业化素质、使学生未来能够成功进行教育教学的条件性知识。教师资格教育课程由教育理论类课程、教育实践类课程、教育技能类课程等几类课程构成。适应基础教育改革和不同学科教师发展需要，教育课程的教学内容应具有时代性，其载体是融文本、光盘和网络等多种媒体于一体的实用性强的精品资源库，以满足卓越教师成长和发展的需要。

（三）实践能力训练设计

　　教师职业是应用性、实践性的职业。正如医生需要临床实习一样，卓越教师应具备的创新精神、专业技能、教学能力、教学智慧都离不开实际操作过程。教育实践能力训练是卓越教师培养的重要环节，是提高未来教师从教能力的重要途径。通过实践能力训练，学生才能逐渐从书本到实践，从合格到卓越。因此，要高度重视教育实践能力训练，加强教育实习基地建设，合理安排教育实习的时间和内容。"3＋0.5＋0.5"培养模式即累计半年到中小学校实习、半年回校调整的设计安排，在具体实施中可根据专业性质、学校资源、教师队伍、中小学校条件等因素通过"混合编队"来实现。可以安排到中小学校完成的教学环节有教育见习、教育实习、教育调查、班主任工作等。学生可以分不同阶段到中小学校进行1周至1个月的中短期课程实习或教学实践，也可以在中小学校进行3个月左右的专业实习或教学实践。这种实习方式的顶层设计如能成为大学（U）、实习学校（S）和政府（G）的高度协同，即UGS模式，则可把实习变成大学与当地政府的良性互动，实现互利共赢，接纳实习就会变成实习学校的一种需要和渴求，而不是一种负担。

　　实践能力训练可分为"观察—体验—实践—反思"等几个阶段。"观察"和"体验"是通过教育见习环节来实现的。通过到中小学校见习，学生能够亲身观察并体验教师职业，积累一些对中小学教育教学活动的感性经验；同时，结合教学内容去挖掘一些典型案例，加深对中小学课堂教学、学生辅导、学生管理的了解，从而为更快更好地适应教育职场做好准备。"实践"是通过教育实习环节来实现的，教育实习即真正融入实习学校的教学工作，比较综合地将所学理论与实践、知识与技能结合起来，形成初步的教育教学能力。通过班主任工作，为学生提供更多的实践形式和实践机会，从而培养学生的职业情感和从教能力。"反思"是在实习教师的指导下，从实习效果、从教能力、与卓越教师的差距等方面所做的自我检查与自我认识。通过反思以及反思后的改进和提高，学生能够提高实践能力训练的效果，使自身的实践能力实现质的飞跃和提升。

［原文刊载于《课程·教材·教法》2011年第11期］（柳海民　谢桂新）

未来教育家培养工程中的制度设计与课程安排

2007 年 3 月，温家宝在第十届全国人大第五次会议的《政府工作报告》中提出，从 2007 年开始，在教育部直属师范大学实行师范生免费教育，建立相应的制度。温家宝说："这个具有示范性的举措，就是要进一步形成尊师重教的浓厚氛围，让教育成为全社会最受尊重的事业；就是要培养大批优秀的教师；就是要提倡教育家办学，鼓励更多的优秀青年终身做教育工作者。"教育部师范司为落实国家免费师范教育的决定，确立了"985 教师教育创新平台项目"。教育家的形成是一个过程，师范院校的培养是一个重要阶段。承担免费师范生培养任务的师范大学，要更好地为未来教育家的成长奠基，需要把免费师范生培养作为一项系统工程，在人才培养模式、课程体系和培养实践等方面实施全新的设计。

一、人才培养模式与制度设计

人才培养模式是人才培养方案的核心。完整的人才培养模式由纵向学习时限模式和横向培养过程模式构成。

基于培养未来教育家的需要，纵向学习时限模式可采取"4＋2"本硕一体化的制度设计，即四年本科加两年教育硕士。四年本科主要用于四年坚实的学科专业基础训练，两年教育硕士是专业理论的深化加教师专业理论和实践技能的强化训练。制度设计其招生对象是推荐免试的优秀本科毕业生，学习方式是在职攻读。本硕一体化的培养模式以其本硕两个层次的衔接和教育上的连续保障未来教育家的培养质量。教师教育特色体现在六年学制设计中有一半的时间用于教师职业课程，而且是立足职场，理论和实践相结合的培养模式。

本科第四学年第 7、8 两个学期应是面向职场的专门设计。第 7 学期是顶岗实习，第 8 学期是拾遗补阙。在职场顶岗实习，学生虽是以任课教师身份承担日常学校教学工作，但其本身角色仍与在职教师不同。在进入职场后包括了备课、见习、实习、反思等与实习教师身份相关的一系列必要训练。虽然顶岗的主要任务包括完成必要的教学工作，但顶岗的基本功能是了解职场并对自己是否适应职场和应对职场任务的效果状态进行检测，通过检测确认自己作为教育专业人员的优点和特长、存在的差距和不足，从而有的放矢地在第 8 学期进行补充和修正。第 8 学期的补充程序，是有针对性地补充理论和实践上的不足和缺憾，以期尽可能完美地进入未来的工作领域。立足职场的培养模式是根据职场实际形成的实践教育模式。教育硕士阶段的突出特点是教育理性训练与实践经验增加相结合。

横向培养过程模式的实践表达是：厚基础、精专业、强能力、高素质。

"厚基础"是基于知识素质角度对教育家提出的质量标准。"厚基础"，首先要求知识结构的完整。按照涂尔干的划分，就是兼通两个世界的知识："一是心智的世界，一是物质的世界。"① 美国按照"2061 计划"制定的《科学素养的基准》提出："教育家面临的挑战是：要兼顾科学的方方面面，使它们彼此互补。"② 要求教育家具备有关物质、生物、心理和社会等许多相互关联并且被验证的基本科学素养。其次，要求知识的系统深刻。表现为对人和自然方面，能够全面、系统、准确、敏锐地做出解释，并能给予处理和解决世界问题的思想方法和建议。"精专业"是要求精通一门学科专业，能在特定知识领域内胜任教学。未来的教育家首先必须是优秀的学科教学专家。精通才能深入浅出，精通才能根据学理组织和管理教与学的活动。精通专业的教学是为学生创造"思考的过程、探究的过程、抽象的过程、预测的过程、推理的过程、反思的过程"③。"强能力"是要求具有出色的教育能力、教学能力、教研能力和教管能力。强能力作为"经验智力""反思智力""情绪智力"和"道德智力"，在日常的职业行为之中表现为"思维习惯"④。

"高素质"的根本期待是会做人、会做事、会学习、会合作。会做人，首先是爱生命，能以普世伦理即"人类性的道德共识、道德态度和价值关切"⑤ 关怀人类的共同命运。以人道主义精神关爱人的生命，具有共生意

① 爱弥尔·涂尔干. 教育思想的演进 [M]. 上海：上海人民出版社，2006：339-340.
② 美国科学促进协会. 科学素养的基准 [M]. 中国科学技术协会，译. 北京：科学普及出版社，2001：3.
③ 史宁中，柳海民. 素质教育的根本目的与实施路径 [J]. 教育研究，2007（8）：11-14，57.
④ 科斯塔，卡利克. 思维习惯 [M]. 李添，等译. 北京：中国轻工业出版社，2006：6.
⑤ 万俊人. 寻求普世伦理 [M]. 北京：商务印书馆，2001：27.

识和胸怀。会学习是从个人和社会可持续发展的目的上特别关注和思考人类的学习、人的发展、人的潜能和个体的自我实现方面的事情。会合作是善待他人，做事时善解人意，具有与人合作的意识和能力，具有正义感；对弱势群体富有同情心，把社会公益作为义务；竭诚敬业，履行公职义务和担负起责任；再次是对自己负责，依靠自己解决个人的生存问题并能担当作为家庭成员的责任和义务，适时把握发展机遇，不断超越自己。会做事，即对如何完成一项任务有较好的理解和解决的办法，能高质量完成本职工作。

二、课程安排

依据本硕连读的学制设计和未来教育家的培养目标，在课程体系上应是一体化安排，本科和硕士课程具有连贯性。

本科阶段的课程结构根据高等教育学科专业设置、教师知识结构、学分制等现状，采取四大模块设计，即通识教育课程、专业教育课程、教师职业教育课程和任意选修课程。课程的学时、学分和类型设计对应于未来教育家的质量和素质要求。如果以150学分作为完成本科学程的学分总量，四个课程模块的学分分配大体是：通识教育课程占三分之一，约50学分；专业教育课程占三分之一强，约60学分；教师职业教育课程和任意选修课程占三分之一弱，约40学分。

通识教育课程由通识课和选修课两部分构成，前者约40学分，后者约10学分。通识课由思想政治理论课、健康体育与国防教育课、交流与表达课、数学与信息技术四大类课程组成。思想政治理论课、健康体育与国防教育课是教育部有关文件规定的必修课程。交流与表达课程的安排意在强化教师职业的专业修炼，目的是提高学生善用口头语言和书面语言进行交流与表达的能力。数学课是使学生了解量化方法在自然科学、社会科学和人文科学中的应用，培养学生的理性思维精神与严密的逻辑思维能力。信息技术课是在夯实计算机基础课的基础上，培养学生应用信息技术手段的能力，提高学生的信息素养。选修课体现课程的多元性与广博性，学生能从本专业以外的社会、人文、自然和艺术四类课程中分别选修约10个学分的课程，借以扩大知识视野，了解各类学科的发展动态，学习不同学科的研究方法，培养学科交叉的思想意识，增强审美素养。

专业教育课程是本科教育的核心课程，由专业基础课和专业主干课构成。专业基础课即构成该专业坚实理论基础和后续主干课学习基础的课程，是学生学习专业主干课的台阶和入门必修课，一般可由 7 门（计 27 学分左右）课程构成。专业主干课是充分体现专业性质、专业特色、专业修养和专业发展的课程，是形成专业区别、领域造诣、专业修养的课程。专业主干课的目的就是保证学生形成专业优长和术业专攻。为此，在进行课程安排时，必须认真思考，确保专业基础课具基础性质，专业主干课为主干系列。这里内含着课程选择和设置的科学性和人才培养的专业性，是一项十分重要的专业建设工作。专业主干课一般由 7 门（计 27 学分左右）课程构成，余下的 6 学分为毕业论文。

教师职业教育课程由教育理论类课程（8 学分左右）、教育技能类课程（6 学分左右）、教育实践类课程（8 学分左右）构成。教师职业教育课程是体现教师教育特色、满足教师职业资格条件、达到教育专业标准、具备教师专业能力的课程。其课程安排一方面要保证学生具有将学科教育问题放在更宽广的学科背景中加以思考和审视的能力，另一方面能帮助学生初步形成较强的教书育人、教学实施、教学研究、教育管理的实践能力。

任意选修课程是在一级学科内由各个专业方向通开，学生在一级学科内通选的专业补充、专业拓展和专业提高课程，一般可由 9 门（计 18 学分）课程构成。任意选修课程的设课目的是满足学生的专业兴趣，完善专业课程体系，呈现专业课程发展动态，提高学生的学术前沿意识。

教育硕士阶段的课程安排应是专业理论和教育能力的双提高设计。专业理论提高应侧重突出把握学科理论的基本思想、学科知识的核心构成要素、学科知识的来龙去脉和社会价值等，使学生清晰地掌握学科的内容知识、实质知识、章法知识、学科信念和学科发展。教育能力提高主要侧重把握古今中外著名教育家的教育思想及其形成过程，以及当代主要的教育理念、教学理论、教学模式、教学方法等，培养学生善用先进的教育理论指导教学，善于在继承的基础上结合自身工作实践总结教育经验，提炼、升华新的教育理论和教育思想。

教育家的形成不可能一蹴而就，本科四年和教育硕士的连续培养是期望能为他们未来成为教育家注入必需的"基因"，期望他们通过以后的体悟和自我修炼，在未来实际工作的环境中使这些"基因"显现。

三、未来教育家的素质期望

设计完备的培养模式和课程体系本身并不是自动化的教育家生产线。教育工程不同于物质产品制造业，不能在工程结束之际看到成品。教育是一种对象化的劳动，其劳动特点具有隐蔽性，即教育家的设计和投入在劳动过程开始之前是潜在的，在劳动过程进行时物化在教育过程之中，在劳动过程结束时物化在受教育者的素质中。因此，未来教育家工程的质量，取决于培养模式和课程体系运行过程之中的所有相关因素，如教与学的主体、教与学的配合、课程资源等。而工程的质量也只能通过素质检验的方法来进行。所谓"素质"，是指"人通过合适的教育和影响而获得与形成的各种优良特征，包括学识特征、能力特征和品质特征。对学生而言，这些特征的综合统一构成了他们未来从事社会工作、社会活动和社会生活的基本素养或基本条件"①。素质是可以被超时空把握的，这就意味着未来的教育家可以被抽象化地来到"现在"。如下的未来教育家的素质期望潜藏在我们所设计的培养模式和课程体系以及整个教育教学过程之中。

（一）人品素质期望

未来教育家的人品素质期望是：诚心从教，静心敬业。

从事教育的人，人品是根本。要有为师之心，人师之德。"心不在焉"者，从医则致人死命，从教则误人子弟。在择业自由的社会，诱惑、机会无时无刻不在，选择权属于自己。古人云："学者只事事留心，一毫不肯苟且，德业之进也，如流水矣。""诚心从教"才能干好教育工作，并成就一番事业。"静心敬业"是作为教育家的生命状态、因德而得的人生境界。"致虚极，守静笃"之"致虚""守静"是我国古代推崇的修身之道。当今的为学者也应主修"守静"之性，以远离燥心浮气、浅衷狭量，潜心于教育，勤勉于事业。从是否"诚心"和"静心"，可见其师心德性。

"诚心""静心"还是体察人之善与失的基本能力基础。按照"教也者，长善而救其失者也"的逻辑解从教之理，要做到长善救失，前提就是判断并把握学生之"善"与"失"。按照多元智能理论来说，至少要能判断一个学生的智能特征，擅长的就是其"善"的，就是应该重点施教、大力开发的潜在智能，即所谓"因材施教"。"长善"可以让一个学生实现自我，"救失"可以解决发展中的困难，促成其发展。故"诚心""静心"还是体察人之善与失的基本能力基础。以人为工作对象的教育家，身处你我他的关系，最需以体贴的方法了解和对待他人。故须用心动情，敏锐而细心地帮助未成年人解决重重发展危机。唯有"静心"，才可体察人之心性，做到因材施教；唯有"敬业"，才能避免伤害他人。

---

① 弗洛里安·兹纳涅茨基. 知识人的社会角色 [M]. 南京：译林出版社，2000：7.

（二）专业理论素质期望

学科素质是未来教育家素质的学识特征。按照知识社会学的理论："人类对某些社会系统的参与和人类在社会系统界限内的行为，通常依赖于他们对一个特定知识的参与。一个受过'教育'或'精通'某些理论的人，才被允许扮演一定的角色，成为某些群体的成员，此类群体不允许有'无知者'。"① 教师在社会上扮演的是知识传播者的角色，必须"精通"他所依赖并参与的知识。"知识资本"属于教育家的"能源系统"。而教育家成功的教职生涯取决于其学科素养达到了融会贯通，精益求精，即：通晓学科内容知识，透彻地掌握学科的实质知识，即学科的基本思想。

教育家是教学专家，更是教育理论家和实践家，不但要能善用经验，而且要践行信念。我们期待未来教育家的专业素质修养达到以下境界。

第一，敏而好学，学会认知。 善用经验，首先要攀登人类教育知识高峰。必须"敏而好学"，"敏"者才能"温故而知新"，才能"学而不厌，诲人不倦"。古人云："思虑有得，心气劳耗者，实未得也，强揣度耳。"指的就是死学苦学的状况，说明不够聪慧。"敏"属于天赋，是认知能力的前提。"学会认知"是国际 21 世纪教育委员会提出的"教育的四个支柱"之一，应作为教育工作者专业水准的重要衡量指标。依据卡尔·波普尔"水桶和探照灯：两种知识论"的解释，对于学会认知者来说，现有教育理论就像"探照灯"，个人知识被照亮而逐渐形成。具有认知能力意味着读懂原著本意、知其现实意义、确定应用价值。反复阅读教育著作，总能在其中受到启迪。"精神的水桶说"的知识论认为："我们的精神便类似于容器——一种水桶——知觉和知识都累积在里面。"② 认知过程就成为用别人的思想和理论武装自己头脑的过程。学习的时候死记硬背他人的理论，也就是不善于运用他人经验，更谈不上形成自己的理论。

第二，敏于体察，勤于反思。 教育专业知识和理论不能停留在认知掌握的层面。过去的经验未必适合现在，更不可能解决未来的问题。但思想是超时空的存在，而且是可以启智的。通过认知可以获得心智上的开启，但需要具备"转识成智的能力"③。胡塞尔指出："在广义上，意识这

---

① 弗·兹纳涅茨基. 知识人的社会角色 [M]. 南京：译林出版社，2000：7.

② 卡尔·波普尔. 客观知识：一个进化论的研究 [M]. 舒炜光，等译. 上海：上海译文出版社，198：352.

③ 朱小蔓. 教育的问题与挑战：思想的回应 [M]. 南京：南京师范大学出版社，2000：364.

个词（那时肯定不那么适当地）包含着一切体验。"① 教育家的体验既在"我思"中，亦在我行中。我们把"体察"和"反思"作为思想形成的方法，期待未来教育家做到敏于体察、勤于反思，采用"职业生活体验研究"的方法②践行信念。教育的日常生活总是关于认识、价值、意义的，总是要选择的。这意味着未来的教育家是在教育的哲学生活中，从事雕琢自我的工作，进行道德审美的生活。

第三， 个人知识积累与文字符号表达修炼。 运用语言和文字符号是人的自然禀赋。"文字流传物"③ 是伽达默尔的解释学概念，这个概念揭示了教育家教育思想和理论的存在之所。只要是独到的、深刻的、具有人性光辉的、智慧的文本，就可以作为文字流传物而流传。"符号化的思维和符号化的行为是人类生活中最富于代表性的特征，并且人类文化的全部发展都依赖于这些条件，这一点是无可争辩的。"④ 我们期待未来的教育家把自己的信念通过符号化的呈现而不断积累为个人知识，在我国乃至通向世界教育文化的途中做出自己的贡献。罗素说："在人类，一般是通过文字的证词来获得对于那些还未曾经验到并且不会很快就可以经验到的事物的信念的。"⑤ 文字是人类不断完善自己的表意语言的产物，是人类的创造。对人类来说，文字的意义就在于保存记忆；对于个人来说，文字也就有保存自己历史和固化自己思想的作用。人利用文字来将飘忽不定的思的东西固定下来，把已经过去的事情记载下来。文字具有推动思考的力量，还有助于发展分析和抽象的能力。文字书写的过程就是思考的过程，就是把模糊隐约的变为明显确定的，把潜意识和意识边缘的东西转变为显意识和意识中心的过程。我们期待未来的教育家养成勤动笔、勤思想的习惯，修炼文字符号表达能力。

第四，践行信念。在多远的未来能够成长为教育家，不是取决于未来是否到来，而是取决于你是否具有未来成为教育家的抱负和教育理想信

---

① 胡塞尔. 纯粹现象学通论：纯粹现象学和现象学哲学的观念 Ⅰ [M]. 北京：中国人民大学出版社，2004：45.

② 金美福. 秉持现象学态度的教师教育理论研究 [J]. 教育研究，2007（8）：58-67.

③ 汉斯—格奥尔格·伽达默尔. 真理与方法：哲学诠释学的基本特征：下卷 [M]. 上海：上海译文出版社，2004：503，504.

④ 汉斯—格奥尔格·伽达默尔. 真理与方法：哲学诠释学的基本特征：下卷 [M]. 上海：上海译文出版社，2004：503，504.

⑤ 罗素. 人类的知识 [M]. 北京：商务印书馆，2001：121.

念。未来是"虚无"的，但"只有在虚无中，存在才能够被超越"①，因为有在未来成为教育家的意愿，才有现在诚心从教的行动。践行信念的生活是朝向未来的生活，也是把自己相信的真理变成教育现实的日常的生活。循规蹈矩重复习惯地工作，意味着思考的停止、思想的废弃。没有怀疑，追求安逸，发展也就停滞了。所以，我们所期待的未来教育家，坚持一生探究教育真理，是教育理想的追寻者，也是脚踏实地的实干家。我们所期待未来教育家的素养，最终表现为不但具有践行信念的抱负、能力，还具有探究创新的行动。

（三）专业能力期望

在专业能力方面，除出色的教育、教研和教管能力外，优异的教学能力是一名教育家必备的潜质。一名教师只有具备了良好的教学能力，能进行质量高、效果好的人才培养，才能成为一名教育家。当代社会是一个信息社会，也是一个竞争的社会。中国为在竞争的社会里赢得主动，提出建设创新型国家，中国教育要能为创新型国家建设培养出创新人才，必须对现有的教育教学做出改革。中国的师范教育要塑造一代师范生成为未来的教育家，承担起培养创新型人才的重任，就必须让他们具备与众不同的教学能力和教学境界。宏观地说有三个方面。

第一，在知识的传授上变"双基"为"四基"，即基础知识、基本技能、基本思想和基本活动经验。关于"双基"的传授，中国已有很多成功的教学经验，无须再述。关于"基本思想"，主要是指一门学科内容的核心构成要素或一门学科教学内容的诠释架构和逻辑架构。对于一名教师，讲好"双基"固然是必要的，但同时更应当让学生清晰地了解知识的产生过程、知识间的相互联系以及整个知识体系的框架，从而帮助学生理解知识本身的思维形式和思想方法。"基本活动经验"是指学生亲自或间接经历的活动及其过程。培养创新人才的教育不仅要传授知识，更要激发智慧。单纯传授知识的教育是一种继承结果的教育，激发智慧的教育是一种创新的教育，创新的教育更多的是一种过程的教育。本质上，智慧通常不表现在经验的结果上，也不表现在思考的结果上，而表现在经验的过程、思考的过程、应对任务的过程或分析问题的过程之中。在这些过程中，智慧表现为对问题的处理、对危难的应对、对实质的思考以及办法的提出

---

① 萨特. 存在与虚无 [M]. 北京：生活·读书·新知三联书店，1987：45.

等。因此，智慧是对经验的一种升华。智慧在很大程度上依赖于知识，本质上却不决定于知识的多少，而决定于对知识的理解、对各种知识相互联系的掌握。进一步讲，知识的学习依赖于结果，更多地需要耐力和理解。智慧的学习依赖于过程，因而更多地需要活动、经历和创造。

第二，在能力的提高上变"双能"为"四能"，即分析问题的能力、解决问题的能力、发现问题的能力与提出问题的能力。"双能"与"双基"同样经典，需要坚持培养。但从培养创新型人才的角度分析，培养学生学会发现与提出问题比培养学生学会分析与解决问题更重要。发现问题是指培养学生发现书本上不曾教过的新方法、新途径、新观点、新技巧等。发现是一种自我超越。学生可以在发现的过程中领悟已学过的知识，可以培养学习和钻研的兴趣，可以积累创新的经历，体验成功的快乐，坚定学习的信心。要培养和教育我们的学生在他们未来的教学中善于引导学生去发现，并保护和珍惜学生的好奇心，积极引导他们发现的思路和欲望。诺贝尔奖获得者叶芝说：教师不是把一只水桶注满，而是点燃一堆火焰。在发现问题的基础上提出问题，需要逻辑推理和理论抽象，需要表达的组织和精准的概括，在错综复杂的事物中抓住问题的核心，进行条分缕析的陈述，并给出解决问题的建议，这不是一件简单的事情。提出问题的关键是能够发现疑难，认清问题，概括问题。由于问题的提出，必须进行深入的思考，这样就可以激发学生的智慧，调动学生进入探究的状态。这与跟着教师去验证、推断既有的结论是不同的思维方式。

第三，在思维方式的培养上，变"单向"为"双向"，即演绎思维与归纳思维并重。创新依赖于三个条件：知识的掌握、经验的积累与思维的训练。其中，最核心的是思维的训练。关于"知识的掌握"，我国的基础教育已形成一套行之有效的办法；关于"经验的积累"，学生还缺少很多；而关于"思维的训练"，更是有待加强的弱项。从思维方式的角度分析，与创新有关的思维能力主要有两种：演绎思维能力与归纳思维能力。演绎思维能力是指能够熟练运用演绎思维进行推理的能力。演绎推理或演绎法是从一般到特殊的推理，功能是验证结论与验证真理。反映到教学实践中，就是先有结论、公式、定理、定律等，然后通过许多例证去证明结论的存在。教师的任务是教结论，学生的任务是记住这个结论并能在面临任务时套用这个结论。归纳思维能力是指能够熟练运用归纳思维进行推理的能力。归纳推理或归纳法是从特殊到一般的推理，其功能是发现结论与发现真理。借助归纳推理，可以培养学生根据情况"预测结果"的能力或根据结果"探究成因"的能力。培养归纳思维能力的教学需要探究思维的启发，更多依赖于过程的教育，依赖于经验的积累。我们期待未来教育家在教学中能在归纳思维训练上有所突破，实现两种思维训练的有机结合。

我们认为，未来教育家的成长需要一个漫长的过程，未来教育家培养目标的实现，需要两个方面的共同努力。一方面，需要高师院校有意识地加以培养，为他们注入教育家的素质基因；另一方面，更需要中小学教师的自身奋斗和自我修炼。如果每所师范院校都能做出这样的努力，每位教师都能像教育家那样思考和实践，在教育实践一线的教师就都有可能成为教育战线的佼佼者，成长为教育家。

［原文刊载于《课程·教材·教法》2009 年第 3 期］（柳海民　金美福）

"生活方式"成为教师职业观：教师职业幸福感的真正来源

幸福感是一种主观感受，是需要得到满足、潜能得到发挥、力量得以增长所获得的持续快乐体验。追寻幸福是人的生活动力。倘若不能追求幸福，生活似乎毫无意义。然而，不能否认的是，教师职业幸福感也会存在一种失缺状态，教师职业幸福感的来源亦成为亟须关注的问题。"工作快乐""职业声望"和"利益获得"等的确是教师获得职业幸福感的相关要素，但单纯地把它们完全等同于"职业幸福感"却是误解。那么，教师职业幸福感失缺的内部根源是什么？其真正来源又是什么？

一、教师职业幸福感失缺的内部根源："谋生手段"作为教师职业观

职业观是人们对职业范畴的认识、观念和态度，是价值观在职业认识、观念和态度上的具体体现，职业幸福感的获得与职业观实质上是紧密相关的。倘若教师在其职业生涯中，需要得到满足、潜能得到发挥，从而自我价值得到实现，并且得到外在和自我双重的良好评价，便可以产生一种持续快乐的心理感受和精神状态。显然，教师的这种职业幸福感作为人类职业活动中的幸福体验，绝非凭空生成，而是需要一定的前提条件。一个人若要追求和获得幸福感，必须实现其核心自我，即实现自我价值。核心自我的实现是一个人最大限度的发展，其有效实现必定要以职业为载体，其实现可能性来自意义、技能和乐趣。也就是说，核心自我的实现要以职业的价值认同、自己所具有的实际才能、个人兴趣和意愿为前提条件，并且三者缺一不可。

"谋生手段"作为教师职业观，意味着教师无视或忽略该职业是否为自己所认同和擅长的、是否为自己的兴趣倾向、是否为自己的能力可及并有较大发展前景、是否有利于个人的可持续发展，而仅是为了谋生。在此种教师职业观的规引下，教师选择这一职业，仅是将其作为纯粹的生计工

具，而对于教师职业的价值认同、自己具有的实际才能、个人兴趣和意愿等因素的必要考虑是残缺的。由此，核心自我实现可能性的意义、技能和乐趣三个来源便会处于失缺状态，教师职业幸福感的基本来源也会是虚无缥缈的空中楼阁。

二、教师职业不仅是一种"谋生手段"，更是一种"生活方式"

通过上述分析可知，"谋生手段"作为教师职业观是教师职业幸福感失缺的内部根源。有必要指出，个别教师之所以把"谋生手段"作为教师职业观，主要在于其没能真正明确职业的内涵。职业作为社会劳动分工的一种形式，其内在规定性是由社会劳动分工本身所确定的，既负有社会劳动分工所赋予的职业责任，又是个体劳动转化为社会劳动和个人谋生的基本方式。"职业"是个比较复杂的概念，不同学者对之有不同界定。例如，(1) 职业是一个人为了不断取得个人收入而连续从事的、具有市场价值的特殊活动，这种活动决定着从业者的社会地位；(2) 职业是人们从中可以得到利益的一种生活活动；(3) 职业是一套成为模式的、与特殊工作经验有关的人群关系；(4) 职业是人们为了谋生和发展而从事的相对稳定的、有收入的、专门类别的社会劳动；(5) 职业是"个性发挥、任务的实现和维持生活的连续性的人类活动"。[①] 应该说，无视和否定职业的经济功能，不是一种实事求是的态度；然而，认为职业唯有经济功能，又确也不是实事求是的态度。尤其是教师职业，它的自身特性已经决定了"谋生手段"绝不是其职业意义的全部。

第一，教师职业是具有极强挑战性和创造性的职业。教师职业作为一种培养人的活动，指向人的精神世界，是人类社会具有极强挑战性和创造性的复杂工作之一。由于教师的劳动对象是人的精神、心理和灵魂，职业实践方式以主体间交往为主，交往双方都具有能动性、主体性和个体差异性，所以教师的职业实践是永远处于生成性和暂时性情境中的。教师职业以"回归性""不确定性"和"无边界性"为特性。"回归性"是指"教育工作的责任，没有任何归属，不管怎么高喊'儿童不好、社会不好、家庭不好'之类的批判，这种批判的标像飞镖那样回归，责任还是归自己来负"[②] "不确定性"是指教师的见解与理论不是适用于所有场合，在一种场

---

① 近藤大生，等. 职业与教育：职业指导论 [M]. 宇欣，等译. 北京：春秋出版社，1989：12.

② 佐藤学. 课程与教师 [M]. 钟启泉，译. 北京：教育科学出版社，2003：211.

合来看是圆满的实践，在另一种场合看却是全盘否定的；"无边界性"是指教师的工作无论在时间上还是空间上都具有连续不断扩张的性质，使教师的职域与责任无限制地扩大。因此，教师职业情境中充满着复杂性、混沌性、偶然性和不可预见性，职业规范可能会较为模糊、难以明晰。这种既可被看成科学又可被视为艺术的职业行为方式，决定了教师职业实践的个体性和多元性，也使教师职业实践必然融通于教师的生活之中，成为其生活方式。

第二，教师职业是精神享受大于物质回报的职业。教师是拥有"雅福"的群体，他们的报酬形式实际上不仅通过物质回报一种途径，师生间在课业传授和道德人生上的精神交流和情感融通、学生的道德成长和学业进步进而对社会做出贡献等，都是教师职业生命意义的确证。教师职业幸福感是教师通过艰辛的创造性劳动，把学生培养成才之后，因目标和理想的实现而在心理上和精神上感受到的职业乐趣和人生欢愉，这是其他任何职业所无法享受到的幸福。教师也只有充分认识到这一精神性质，才能真正发现包围自己的人生诗意。有必要澄清，事实上，精神享受与物质回报同样是一种财富象征，二者都为人所需，因此，只有财富类型不同，而无价值高低之分。那种认为精神享受高于物质回报的判断其实是一种误解，那种认为物质贫困理应放弃精神享受的态度更是对财富观的一种误读。生活财富的获得不仅包括谋生手段的物质回报，更包括职业幸福的精神享受，也只有这样的生活才可称为有意义的美好生活。因此，作为精神享受大于物质回报的教师职业，其意义、价值的呈现和幸福感的获得更应体现和贯串于习以为常的教师职业生活方式之中，否则教师将很难真正拥有职业幸福感的弥散体验。

三、教师职业幸福感的真正来源："生活方式"成为教师职业观

"关于幸福的问题实际上是关于生活方式的问题，即需要研究的是，什么样的生活方式是有意义的。显然，有意义的生活必定引起幸福感。"① 总之，教师职业幸福感来源于他所经历的职业生活方式。"生活方式"成为教师职业观，就是教师职业幸福感的真正来源。如果这种生活方式是教师所向往和喜爱并愿意为之发挥自己创造力的生活方式，幸福感便会在这

---

① 赵汀阳. 论可能生活：一种关于幸福和公正的理论 ［M］. 北京：中国人民大学出版社，2004：21.

一过程中通过自我体认和外界刺激合力形成。如果从事一项职业非自己所愿，仅把它看作达成其他目的（如谋生、赢得其他职位和地位等）的"苦役式"手段，而只在职业活动之外才倍感轻松、自由和幸福，那么这种职业活动必然无助于个体经验积累，充满被动性和盲目性，以至于职业活动反而成为在表面上"积极"应对、实质上消极逃避的对象。应该看到，唯有对职业性质和价值达至正确认识，才能从心理上真正接受它，从而体验到幸福。以审美态度对待职业，职业本身便已成为目的，而不是达成其他目的的手段。基于此，职业与生活浑然一体，成为一种享受性而非枷锁式的生活方式，亦是生命体验的重要组成部分。也就是说，教师倘若想获得职业幸福感，就应在职业活动过程中不被组织机构强加的种种目标所累，而能为自己赢得更大自由，在这一过程中自主增添个人创造性，将普遍而单调的职业活动视为展现个性的创作过程，把职业当作开拓自我的经验尝试，而不仅是一项工作和任务的应对和完成。极而言之，诚如有学者认为的那样，作为幸福教育的教师，教育不是牺牲，而是享受；不是重复，而是创造；不是谋生手段，而是生活本身。

当然，不可否认，生存与生计是教师职业的首要基本功能。而内含于"生活方式"之中的"谋生手段"其实只是教师职业幸福感的一个组成部分和片段，绝非全部。除此之外，教师还有从职业中获得快乐、充实人生、实现自我、感受自由的需要。教师一旦从职业中体验到了自由，他与职业之间就建立起一种活泼而丰富的联系，他就会感受到生活的完满和意义的充盈。"只有当心灵忠实地拥护精神生活的事业，反对一种异己的或至少不令人满意的世俗的造作时，人的禀赋才能变成不只是一种被动的态度或单纯的劳动准备状态，而是成为一种完整的行动，实际上，成为无论何种行动的真正灵魂。"[①] 作为"生活方式"的教师职业，将不再仅是为了获取物质的拥有、职位的提升以及他人的尊敬等外在奖励，而已升华为教师尊重和追逐内心的真正召唤、动机和兴趣，宣泄内心深处涌动着的激情而做的事业。事实上，教师职业幸福感得以持续获得的秘密正在于教师自觉激发对于重复职业生活中人和事的不断创造，以此吸引和诱惑自己的生命平静之域。职业倦怠的兑服和幸福感的重新激活，也是依靠这种职业生活方式的持续"经营性"创新。

---

① 鲁道夫•奥伊肯. 生活的意义与价值［M］. 万以，译. 上海：上海译文出版社，1997：89.

　　教师职业幸福感是内化于教师生活方式之中的。缺失了生活方式作为职业幸福感的实体贯串，幸福感便失去了依托载体。目前，主流研究基本认为教师专业发展是实现教师职业幸福感的有效途径，事实上，教师专业发展的实质也正是要形成教师这种"教学和研究于一体"的生活方式。这与本文倡导的"生活方式"成为教师职业观从而诱发教师职业幸福感的基本思路趋于一致。不过我们也应看到，鉴于当下社会人才结构不尽合理、高校发展日益加速、就业压力逐渐增强等客观因素，"谋生手段"作为教师职业观在一定程度上被宽容地赋予了合理性。我们无法强求、更难以保证全体教师都能获得职业幸福体验。"生活方式"成为教师职业观，对于一些教师还只能是一种追求和理想。这就决定了教师职业倦怠和幸福感失缺具有一种时代必然性，教师职业幸福感的达成亦只能是一种有限行为。事实上，幸福感的获得总是有限的。然而，教师应有责任感和义务感，愿意从事教师职业并深信在教学过程中可以获得幸福。一种"虽不能至，心向往之"的不必苛求的平和努力是通往教师职业幸福之路的必要心态。"幸福只可以接近，不可能完全达到，但追求它却能使人生更美好。"①

[原文刊载于《中国教师》2008 年第 1 期，收入本书时略有删改]（柳海民　林丹）

---

①　江畅，周鸿雁. 幸福与优雅［M］. 北京：人民出版社，2006：74-75.

专业化教师教育课程的理论样态与基本结构

　　教师教育走向专业化是教师教育发展的一个重要阶段和必然规律。推进教师教育专业化的历史进程，一方面取决于广大中小学教师的高度自律和不懈努力；另一方面，更需要教师教育界的一番奋斗过程。其中，教师教育的课程结构是专业化教师培养与训练的重要实施载体。课程结构的科学与否，在很大程度上影响着专业化教师的培养质量和水平。

一、专业化教师教育课程设计的背景

　　教育，无论从起源还是从性质上说，都是一种主动的行为，基于人的内在需要。中国的教师教育要走向专业化，其前提假设和内在的动力同样是来自中国教师职业的现实。目前，中国的教师职业和教师的教育、教学行为，就整体而言尚未达到专业化的程度和标准。近年来，有关专业一般标准的研究有很多成果，如威斯特比·吉布森提出的五条专业标准[1]，美国社会学家利伯曼提出的八条专业标准[2]，英国学者霍勒斯在《教师角色》中提出的专业化教师标准[3]，以及班克斯[4]等人的研究成果等，都为衡量我国教师的教育、教学行为与专业标准的差距提供了很好的参照。

　　揭示问题和呈现专业标准不是本文的目的，目的是根据教师教育的问

---

[1]　威斯特比·吉布森在其《教育的社会观》一书中认为，专业的标准有五条：为社会公众提供重要的服务；具有系统的科学知识和独特的专门技术，必须经历过正式的专门训练；有专业人员制定的进入其工作领域的专业标准；由从业人员组成专业团体，维护较高的行为标准，遵守其伦理纲领。

[2]　美国社会学家利伯曼提出的八条专业标准是：范围明确，垄断地从事社会不可缺少的工作；运用高度的理智性技术；需要长期的专业教育；从事者，无论个体或集体，均具有广泛的自律性；在专业自律的范围内，直接负有做出判断、采取行为的责任；非营利性，以服务为动机；形成了综合性的自治组织；拥有应用方式具体化了的伦理纲领。

[3]　霍勒斯提出的专业化教师标准：履行重要的社会服务，接受系统的知识和实践训练，拥有持之以恒的理论与高度的自主性，接受经常性的职业教育，以及信守团体的伦理规范。

[4]　班克斯提出专业工作条件：长期的专门训练，明确的知识体系，系统的伦理纲领，进入专业团体的条件，相当程度的自主权。

题和专业标准，反思以往我们的教师教育课程和教师培养过程对一名合格
教师的成长到底起了多大的作用，成效到底如何。

二、专业化教师教育课程设计的依据

（一）合理的知识结构

科学研究的价值取决于三个方面：能否切中国家的利益；能否推动学
科的发展；能否满足实践的需要。我们研究教师教育课程结构的直接目
标，是促使我们的教师教育更好地满足基础教育第一线的需要，为基础教
育输送一流的师资，实施好的教育与教学。而要满足好的教育与教学的需
要，教师就必须具有一个合理的知识结构，这是我们考虑教师教育课程结
构的第一个依据。

什么是好的教育？教育从起源上说是一种主动的行为，是生存的需
要，是基于本能的内在需要。主动性是人固有的特性之一，人都有受教育
的欲望。孩子生来就不断地向父母求解多种多样的问题，这种求知的欲望
是先天就有的，不是后天教化的结果。因此，教育的使命在于激活、保
存、发展学生学习的欲望，并把学习的潜能开发出来。从严格的定义上
说，教育是一个信息传递过程。在这个过程中，传递和接受信息的双方都
是人，这就可能造成信息的失真。因此，好的教育应该是增容的信息传递
过程。这个过程应该分为三个阶段。第一个阶段是经验信息的传递。经验
信息的传递是通过基因的遗传，通过后天的语言和行为模仿实现的。第二
个阶段是知识信息的传递。在本质上，知识是一种结果，是人思考或经验
的结果。知识信息传递的载体是书本、文字及当代的各种媒体。第三个阶
段是智慧信息的传递。智慧表现为人对知识的灵活运用，运用体现在过程
当中。所以，在本质上，智慧体现在生存的过程、经验的过程、思考的过
程之中，体现在过程中对问题的处理、对危难的应对、对实质的思考以及
实施的技巧等。所以，好的教育不能是仅注重结果的教育，而应该更多地
注重过程；能在整个教育、教学过程中教会学生思考，给他们以道义，给
他们以知识，给他们以智慧，给他们以发展；应该尊重学生的个性，激发他
们的学习兴趣，培养他们养成良好的学习习惯，实现德才兼备的全面发展。

什么是好的教学？教学在本质上是学科内教与学相统一的双边活动。
概括地说，好的教学应该满足五个方面的特点。一是清晰地把握所教学科
的诠释架构或原理架构，也就是所教学科的本质和主线，并能以最简练的

方式做出符合逻辑的解说。所谓"书越读越薄",就是对一门学科知识有了融会贯通的理解之后,能够高度地抽象,揭示该学科的逻辑架构和内容主线。二是熟知本学科知识的来龙去脉,清楚地知道知识的关联。做学问的功夫在于求真,在求真的过程中可以扩展学术视野,使自己的学识变得渊博,使自己变得聪明,积累鉴别与批判的能力。三是教会学生凡事都用心地去思考。思考是一种智力活动,通过思考,不仅可以深化知识的理解,激发创造潜能,而且可以获得各种反馈,明确自己的进步与差距,从而唤起新的学习欲望。四是教会学生懂得欣赏。学会欣赏就是坚定自信。人只有懂得欣赏自己、欣赏工作,才能积极、向上、乐观地热爱生活、热爱大家,才能在工作或学习中体验到快乐,这是激励自己进步的一个重要动力。五是教会学生注意知识和生活的联系。知识来源于生活,但经凝练而成的知识只有再回到生活中,去解决生活中出现的各种问题,才是有价值的知识。"纸上谈兵"的知识积累得再多也是没用的知识。所以,教师要教会或引导学生善于把知识活学活用,切忌死读书。这五点是对一种好的教学的笼统概括,但肯定是切合实际的经验总结。

更进一步,作为一名好的教师,首先应该能够进行好的教学,但只是教学还远远不够,一名好的教师更要能够进行好的教育。教育是对人的整体的培养过程,一名好的教师必须能把教学和教育很好地融合。这不是我们的发明,大约在200年前,伟大的教育家赫尔巴特就说过这样的话。他说:"在这里,我得立刻承认,不存在'无教学的教育'这个概念,正如反过来,我不承认有任何'无教育的教学'一样。"① 实质地说,学校没有对学生的管理,只有对学生的培养。换言之,学校不要从管理的角度对学生进行管理,而应从教育的角度、从培养的角度对学生进行管理,应把教育作为教学的最终目的,通过这样的培养,使每个学生能够实现四个方面的良好发展。

第一,培养学生向上的精神。无论是教哪一学科的教师,都一定要培养学生树立一种向上的精神,有一个良好的身心素质。他应该热爱生活,能够朝气蓬勃地生活,能够感悟到生活的乐趣。向上的精神对于一个人甚至一个民族的发展都是特别重要的。第二,培养学生学习的兴趣。学习兴趣是教育中的大问题。学习的兴趣包括好的学习习惯的养成。我们提倡终

---

① 赫尔巴特. 普通教育学·教育学讲授纲要 [M]. 李其龙, 译. 杭州: 浙江教育出版社, 2002: 13.

身教育，但是如果一个人没有学习的兴趣，那么终身教育是不可能实现的。在学习兴趣中还要有良好的思考习惯。第三，培养创造的激情。没有激情就难有出色的工作。激情来源于信念、深刻的思考和创造的欲望。第四，培养社会责任感。这是大学道德教育的核心。如果我们的学生对自己缺乏责任感，对父母缺乏责任感，对社会缺乏责任感，这将影响到整个社会的发展。

在教学过程中，对教师最重要的要求不在于知识。好的教师不一定是知识最渊博的人，教学的关键在于教会学生如何去辨别这些知识，如何去学习，如何去思考；在于教师能以身作则，"身教重于言教"，用教师的人格力量教育学生。人格的力量包括两个方面：敬业精神和科学精神。这两条就构成了教育的整个精神。

实践好的教学与好的教育，不仅是社会对教师的期望，也是教师自身的期望。教师要在他们的教育教学实践中实现这样的目标，就必须拥有一个合理的知识结构。教育是一个信息传递过程，教师要高质量地完成这种信息传递，需要的知识结构应包括两大类。一类是与所教学科有关的知识，一类是怎样传授这些知识的知识。第一类知识是使教师知道"教什么"，掌握所教学科及其相关内容。第二类知识是使教师知道"怎么教"，掌握教育教学的方法。对于"教什么"的知识，除了应掌握所教学科内容，更由于知识的关联性，必须具备广博的一般文化知识和相关学科的知识。对于"怎么教"的知识，除了教育学科给予的知识，还有一部分是教师通过实践逐渐体会、理解、总结、积累起来的实践知识。这些便构成了教师合理的知识结构。

（二）人才培养模式

确定教师教育课程结构的第二个依据是人才培养模式。科学而完整的课程的概念和意义是：课程是学校根据教育目的和具体的培养目标而精选的人类文化知识的总和及其传授进程。课程是内容与进程的统一。教育实践需要的教师的知识结构直接决定的是内容，而人才培养模式直接展现的是过程，即内容在一个什么样的过程中展开。过程由若干个要素构成。不同的要素，组合方式不同便会产生不同的过程，不同的过程便会产生不同的结果。

人才培养模式通常由两类模式构成：制度模式和过程模式。制度模式是时限过程，指学生在校修业的时间及其方式的规定。过程模式是内容过程，指学生培养过程的指导思想、课业要求、课程构成、实践样态、评价标准、管理制度等方面的范式。

确定人才培养模式的基点是强化教师专业化，因此，应该是在不降低本科基础水平前提下的一种制度安排，应该根据学校的实际条件与可能而为之，不可强求。据此判断，目前某些院校倡行的"2＋2""3＋0.5＋0.5""3＋1"等模式将削弱学科专业基础，有将本科沦为专科的危险。对有条件的院校，理想的人才培养制度模式应该是完全本科基础上的一种变式，如"4＋2"，即四年本科学科专业教育加两年教育硕士或教育学硕士学历的教师教育训练。人才培养的过程模式应实行"宽口径、厚基础、精学科、专业化"。

"宽口径、厚基础"，是基于学校走向综合性和强化教师专业化的双赢需要，实行按一级学科招生、按一级学科设置通修的专业基础课的教学策略。学生通修完一年半左右的专业基础课后，由学生根据自己的职业理想选择从教或非从教的专业。这种课程设置，由于大大加强了专业之间的兼容性，对一年半之后无论选择哪一类专业方向的学生，都给了他们一个宽厚的专业基础和转换的可能。

"精学科、专业化"，是指在学生选择了专业方向、确定了职业理想后，能让他们付之以全部的学习热情，刻苦精学专业系列课或专业核心课。"精学科"的含义有三：一是学科课程要精设，即设置为专业系列课的课程必须是能充分体现本专业性质、特色的核心课程；二是学科课程要精教，指派进行专门研究的教师授课；三是学生的学习内容由宽变窄，由浅到专，可以保证学生做到精学，把专业课程学精、学深、学透，真正做到学有专长。"专业化"指除课程上的专业化学习外，必须完成基于强化专业能力而设计的一系列实践类训练，如从教者的普通话训练、教学媒体技能训练、教育见习、教育实习、班主任工作等，以达到术业有专攻的程度。

综上所述，教师的知识结构与教师的培养模式是我们确定教师教育课程的两个直接因素。

三、专业化教师教育课程的理论样态与基本结构

传统教育以社会为本，以满足社会需要为目的。受机器大工业生产的启发，人类创立了基于人的生产的学校，创立了与职业分类对应的专业，建立了以专业教育为主线的课程结构体系，并延续至今。

　　教师教育，当然，也包括其他类别的教育，要能最大限度地满足学生的学习需求，促进学生的发展，就必须改革现行的人才培养模式，实行课程结构样态转换。课程结构体系要由以专业教育为主线转向以课程为中心；课程的实施与管理或人才培养进程要由学年学分制转向学分制；课程结构样态要由目前的线性单向转向现代教育理念下的网状有向课程结构。

　　以专业教育为主线的课程是一种满足社会需要、强化专业特色的课程，其理论样态的重要特征是线性单向。所谓线性单向，就是各类专业教育在确定课程设置时，首先考虑的是社会需要什么人才，培养这样的人才需设什么专业，与其专业对应的职业门类需要什么知识，而不是培养某类人才需要什么知识。要强调课程与课程之间紧密的逻辑联系，强调课程先后明确严格的次序。学生是按照学校安排好的学年与学期，一往直前地学，按部就班地听。很多学校还在沿用着传统的课程的设计和人才培养方法，在这样的情况下，要实行学分制几乎是不可能的。

　　进入 21 世纪，时代发生了重大变化。社会民主进程的推进，使以人为本上升为社会的首倡理念；科学技术的迅猛发展，导致人类知识总量剧增，知识陈旧周期加快；新旧职业的迅速诞生与消失，导致职业门类变换迅速；新知识与新职业的不断涌现，使终身教育与终身学习成为必需；市场经济体制的确立，使职业自主成为社会主流，如此等等。在这样急剧变化和发展的社会中，传统的以专业教育为主线的线性单向课程设计和学年制，已再无法解决课程的永久效能和学生的主体性问题。因为，我们已无法预测学生未来可能从事哪些工作，需要哪些方面的知识，学年学分制也无法完全满足学生的主体需求和他们的学习愿望。这是一种新的现实。

　　现代教育理念的核心是倡导以人为本，倡导以学生为主体，倡导学生的自主与自由选择，把学习的权利还给学生，由学生自主决定他们的职业志向，根据职业志向决定学习什么课程。

　　以课程为中心的网状有向课程与线性单向课程主要有以下几点区别。

　　第一，以课程为中心，即学校设课的主导思想不再是指向专业，不再围绕专业设课，而是指向学生的选择，围绕人才成长的需要设课。学校的任务是根据学校条件提供课程，至于学生选择什么课程，则由学生自己决定。学校着重考虑的是到底能设置哪些类别的课程。

　　第二，直观地看，线性单向课程是树状课程。在这种课程模式下，课程的学习进程是由学年、学期进行严格规定和推进的，学生只能被动地向前，从基础课学到专业课，然后再到选修课。这种课程模式下的学分制与选课制必然空有其名。网状有向的课程结构是一种网状中有类别设计的课程，学生可以在学校提供的多种类别交叉的课程设计中，自主根据未来的职业去向需要选择一类课程，这些课程什么时间学由学生自己安排。这样，把选择课程及修读时间的权利都交给学生，学生的学习变成以课程为中心，此种情况下实行学分制才有可能。

第三，线性单向课程由于是一个专业制定一套课程计划，学生一旦进入该专业就只能进不能退，必须按照该专业的课程计划学到底，如果中途改变专业方向，那几乎是不可能的。网状有向课程的最大优点是多专业共同的基础课程计划与专业课程计划的结合，这样就给学生提供了重新选择课程和专业的补充程序。在有向的课程类别里，如果学生经过一年多的基础学习，经慎重考虑有意转向别的专业时，学生便可借助相同的专业基础放弃原专业，然后进入新的专业继续学习。

网状有向的课程样态为高师院校的学生提供了广阔的发展空间。无论是师范专业还是非师范专业的学生，都可根据网状有向课程提供的可能，实现自己的职业理想。对于有志于从教的学生，学校为他们提供的网状有向课程类别就是教师教育课程。这组体现时代要求和专业化特征的教师教育课程体系主要包括下列课程。

第一，通识教育课程。联合国教科文组织早在 1966 年发布的《关于教师地位的建议》中指出：所有教师应在大学或与大学水平相当的机构或专门培养教师的机构内，学习普通教育科目、专业教育科目和师范教育科目。通识教育课程具有陶冶人文精神、提高人文素质的内在价值。它可以给未来的教师以深厚的文化底蕴、扎实的文化基础、广博的文化视野、高品位的人文素质和艺术的美感，使他们能够在人际交往中表现出必要的道德水准和良好的个人修养，并能借此去影响受教育者。通识教育课程涉及社会科学、人文科学和自然科学三大领域。在实际的开设中应包括通修和通选两类课程。

第二，学科专业课程。学科专业课程包括专业基础课程和专业系列课程。对于未来的教师而言，对学科专业理论的掌握，应当更侧重于了解知识的产生过程、知识之间相互的联系以及整个知识体系的框架，从中理解专业知识本身的思维形式和思维方法。他们很可能对学科前沿的内容掌握得并不详尽，但应当知道那些内容出现的理由以及给本学科带来的变化，应当知道那些内容的创造性之所在。

第三，教育理论课程。教育理论课程包括一般的教育理论和学科课程与教学的理论。教育科学知识是体现教师职业专业化的知识。教师的工作是一种需要感召力、震撼力和影响力的特殊工作。所谓"学者未必是良师",是说即便是一位优秀的学者,如果没有从师的专业化训练,也未必能成为一名优秀的教师。换言之,一名教师要能在教学中感染每一个学生,使教学充满启发、神奇和艺术性,就必须具有教育科学知识。教育科学知识在强化教师专业化上的特殊作用,是能够让教师根据教育对象的身心发展规律和认知特点,根据教育教学的规律和经验,科学地确定教什么、为什么教、何时教和怎样教。教学效果取决于教师对知识艺术的再现,取决于学生的学习兴趣和对教学内容的理解。教育科学知识可以帮助教师运用合适的方法去激发学生的学习兴趣,善于用学生能够理解的方式去表达任何高深的内容并能使学生理解和掌握,从而免除教学的失误和浪费,取得预期的教学效果。这方面应该是从师的专业训练与非专业训练之间的重大差别。

第四,教育实践课程。教师的教育教学能力形成于教育教学实践之中。教育教学实践不仅是教师师德、文化知识、学科理论、教育理论、教育技能的综合运用,更是对教师教育教学能力的实际检验。教师的学科知识和教育知识只有通过实践才能内化、生成教师的教育教学能力。所以,教育实践对于培养教师的教育教学能力十分重要。目前,我们的教育实践课程仅仅限于毕业前夕的教育见习和实习,这对真正形成学生的教育教学能力远远不够。教育实习仅仅是教师角色的一种体验。教育实践课程应该是内容多样的系列设计,应贯串从入学到毕业的全过程,应包括做好教师工作所需要的方方面面的实践体验和能力训练。

[原文刊载于《课程·教材·教法》2004 年第 10 期,收入本书时略有删改](柳海民　史宁中)

试论教师专业化及其专业化培养

教师专业化是教育事业改革与发展的根本需要，是师范教育培养目标的必然走向。教师专业化必然要求教师培养的专业化，教师培养的专业化是教师专业化的基本保障。我国对教师专业化的认识才刚刚开始，在其专业化培养方面尚存在一些问题，亟待进一步提高认识、深化改革。

一、教师专业化的特质

专业是一个多义词。据《汉语大词典》解释，专业指："① 专门从事某种学业或职业。……② 专门的学问。……③ 高等学校或中等专业学校所分的学业门类。……④ 产业部门的各业务部分。"在英语国家，专业（profession）也通常有两种含义："第一种将专业看成一个较为宽泛、具有一定威信的职业群体，该群体成员都接受过某种形式的高等教育，成员身份的确定主要根据学历而不是他们专有的职业技能；第二种将专业界定为一个有限的职业群落，这一群落中各个个体都有特定的、或多或少类同的制度（institutional）和意识形态（ideological）属性。"① 第二种可以理解为一种职业发展模式。专业社会学在西方已经成为一门独立的社会学学科，专业及其发展已经是专业社会学研究的一个中心问题。我国学者赵康博士将成熟专业的标准概括为六个方面：一个正式的全日制职业（a full-time calling）；专业组织和伦理法规（professional organization & ethical codes）；知识和教育（knowledge & education）——成熟专业具有一个经过界定、深奥且实用的知识和技能的科学体系，这一科学知识体系能够通过一个教育和培训的机制/过程传授和获得；服务和社会利益定向（service & social interests orientation）；社区的支持和认可（community enforcement & sanction）；自治（autonomy）。赵康博士引用的西方学者

---

① 赵康. 专业、专业属性及判断成熟专业的六条标准：一个社会学角度的分析 [J]. 社会学研究，2000（5）：30-39.

沃金斯和德鲁利的研究成果认为：教师这门职业到了 20 世纪中叶已经发展成一门专业，它是伴随着"福利国家"的诞生和发展而出现的一门福利专业。①

当然，对教师职业的专业性的认识有一个过程。20 世纪 50 年代首先在美国兴起的专业结构功能理论，通过与该学派总结的一般专业的五个指标进行对照，得出教师并不是一个真正的专业的结论。后来，一些国际性组织和团体的研究推动了教师专业化的研究。1966 年，联合国教科文组织与国际劳工组织就教师的专业性质发表了《关于教师地位的建议》，而且这一精神在 30 年后又得到重申。《关于教师地位的建议》中明确指出："应把教育工作视为专门的职业，这种职业要求教师经过严格的、持续的学习并保持专门的知识和特别的技术，它是一种公共的业务。"1996 年，联合国教科文组织第 45 届国际教育大会强调了"主要通过实施高水平的初期师范教育和终身职业的专业发展，创设多样化的以适当的评价体系为支撑的职业结构，以及提高教师的物质的和社会的地位，来提高教师的专业化"的原则。我国 1986 年就将教师列入了"专业技术人员"。在 1993 年颁布的《中华人民共和国教师法》、1996 年颁布的《中华人民共和国教育法》中都明确指出："教师是履行教育教学职责的专业人员。"

尽管目前仍有一些学者认为教师的专业性不强，甚至认为教师职业至多只能是一个"准专业"，但无论是国际组织还是国内政府教育主管部门，无论是教育学界还是社会学界，都承认教师是专业人员，教师必须进行专门的培养和培训，教师职业随着社会的发展必将更加专业化。然而，就教师专业化的特点而言，人们的认识并不一致。有的人强调所教学科知识的重要性，强调教师教育的学术性；另一些人则强调传授知识、培养能力的重要性，强调教师教育的师范性。中国师范教育一百余年的发展史始终贯串着学术性与师范性之争，定向型师范教育的时兴时衰、非定向型教师教育的时进时退就是学术性与师范性之争的具体体现。但纵观世界师范教育史，非定向型教师教育取代定向型师范教育将是一种历史总趋势。在此，我们必须指出，非定向型教师教育的发展并没有削弱师范性，反倒使定向型师范教育难以解决的师范性与学术性之争得以较好地解决，教师培养的

---

① 赵康. 专业、专业属性及判断成熟专业的六条标准：一个社会学角度的分析 [J]. 社会学研究，2000（5）：30-39.

质量得以保证并有所提高。所以我们认为，定向型与非定向型教师教育只是教师培养的两种模式，对培养教师的质量没有必然的影响，教师培养质量提升的关键在于能否把握住教师教育的特点，也就是看是否能把握住教师专业化的特质，进而提高教师的专业化水平。对此，史宁中、柳海民进行了系统、深入的研究，明确指出："教师职业专业化就是教师职业训练、职业能力和从教过程的专门化、熟练化、程式化和独到化。它使从业者摆脱了活动的随意性、尝试性和经验性，使活动得以高质量、高效率地顺利进行。"①

"教师专业化的特质是什么"是教师培养的关键性问题。历史上有关师范教育的学术性与师范性之争就是针对这一关键问题。强调其中的一方面而忽视另一方面都是不对的。教师教育带有明显的"双专业"的特点，如物理教育、化学教育、汉语言文学教育、历史教育等，它们分别是物理学、化学、汉语言文学、历史学与教育学组成的一个复合专业。这些专业的最大特点就是两个学科的交叉、融合，两个学科没有孰重孰轻、此厚彼薄，两个学科组合得越巧妙、越一体，这些专业也就越有自己的特点，也就越称得上一个专业，这些专业其专业化的程度也就越高，也越具有不可替代性。同时，这些专业中的属于学科的知识也应有自己的特点，绝不能与综合性大学中的专业课程等同而仅仅具有较高的学术性，应该更强调教师知识的横断面宽、融通性强，即要求以综合性和多元化的学科教育为基础。②

当然，仅仅有这两个方面的结合还不够，教师要能教育好学生，同时使自己终身发展，还必须有广博的文化知识。社会学家凯露（Kyro）认为，一个专业的科学知识体系应该具有"为这一专业"（for the profession）和"关于这一专业"（about the profession）的特点。基于赵康博士的分析，"一个专业的科学知识体系结构犹如一棵向日葵的脸盘。中心部分代表了关于这一专业的知识，周围的叶片代表了为这一专业的知识……关于这一专业的知识落入一个科学（学科）领域，通常由这一科学领域内的总体知识加上几个分支学科的知识所构成。相对于教育（教师）、

---

① 史宁中，柳海民. 教师职业专业化：21 世纪高师教育持续发展的生命力 [J]. 高等师范教育研究，2002（5）：28-34.

② 柳海民. 新世纪中国师范教育改革与发展构想 [J]. 东北师大学报（哲学社会科学版），2000（2）：7-12.

法律（律师）和管理（经理）专业，关于这一专业的知识分别是教育学及其分支学科、法律学及其分支学科，以及管理学及其分支学科。关于这一专业的知识是从事这一职业的人们进行实践的必备知识，舍此无法科学地工作，它的存在奠定了一个职业的专业地位，并以此与其他专业相区分……然而，从事某一个专业性职业的人们光具有关于这一专业的知识仍然是不够的，职业实践处在一个开放的社会大系统中，必须具备这一系统内与这一职业相关联的各个方面的知识……"① 教师专业性要求教师具有广博的普通文化知识。同时，教师要做好"人师"，以身作则、榜样示范，因此，师范生良好品格的培养是教师教育非常重要的方面。

教师职业实践性很强，仅有各方面的一些知识是不能教好学生的。教育方面的知识必须在教育教学实践中应用，才能不断形成自己的教育机智与能力。优秀教师与一般教师的区别更多的是体现在他们的人格特征和教育经验上。所以中国和其他一些发达国家在教师教育过程中都安排了较长时间的教育见习、实习等实践性教学环节。

基于上述认识反思我国教师教育，我们认为，我国目前教师教育方面还存在许多问题。下面我们就教师职前培养阶段存在的一些问题及其改革进行一些思考。

二、我国目前教师专业化培养存在的问题及其改革

为了使我们对我国教师专业化培养方面存在的问题有一个更全面深刻的认识，我们对照"教师专业化的特质"，通过比较"师范大学与综合性、工科、农科、医科等类大学专业计划的异同"，分析"教师与医生、工程师等专业化培养的联系与区别"，全面审视我国教师专业化培养的一些情况。为此，我们对1998年我国《普通高等学校本科专业目录和专业介绍》（高等教育出版社，1998年）中所列文、理、工、农、医五个一级学科中的五个二级学科中的五个非师范专业和两个师范专业进行比较（见表3-2）。

---

① 赵康. 专业、专业属性及判断成熟专业的六条标准：一个社会学角度的分析［J］. 社会学研究，2000（5）：30-39.

表 3 - 2　非师范专业与师范专业计划的比较

一级学科	05 文学		07 理学		08 工学	09 农学	10 医学
二级学科	0510 中国语言文学类		0704 生物科学类		0818 生物工程类	0905 动物生产类	1003 基础医学与医学技术类
专业	050101 汉语言文字		070401 生物科学		081801 生物工程	090501 动物科学	100301 临床医学
	综合类	师范类	综合类	师范类			
培养目标	能在新闻文艺出版部门、高校、科研机构和机关企事业单位从事文学评论、教学与研究、文化宣传的高级专门人才	能在高等和中等学校进行教学与研究的教师、教学研究人员、其他教育工作者	能在科研机构、高等学校及企事业单位从事科学研究、教学工作及管理工作的生物科学高级专门人才	能在高等和中等学校进行教学与研究的教师、教学研究人员、其他教育工作者	能在生物技术与工程领域从事设计、生产、管理和新技术研究、新产品开发的工程技术人员	能在动物科学相关领域和部门从事技术与设计、推广与开发、经营与管理、教学与科研等工作的高级科学技术人才	能在医疗卫生单位、医学科研等部门从事医疗及预防、医学科研等方面的医学高级人才
主干学科	中国语言文学	中国语言文学	生物学	生物学	生物学、化学、化学工程与技术	动物遗传育种学、动物繁殖学、动物营养与饲料学	基础医学、临床医学

一级学科	05 文学		07 理学	08 工学	09 农学	10 医学
主要课程	语言学概论、古代汉语、现代汉语、文学概论、中国古代文学史、中国现当代文学史、马克思主义文论、比较文学、中国古典文献学、外国文学史、民间文学、汉语史、语言史学等	语言学概论、古代汉语、现代汉语、中国汉字学、汉语史、中外语言学史、语言文字处理、中国文化概论、中国古典文献学、文学概论、马克思主义文论、中国现代文学史、中国现当代文学作品选、中国古代文学史、中国古代文学作品选、民间文学、比较文学、写作、文艺心理学、中国文学批评史、语文教学论、自然科学基础等	动物生物学、植物生物学、微生物学、生物化学、细胞生物学、遗传学、发育生物学、神经生物学、分子生物学、生态学等	动物学、植物学、人体解剖生理学、植物生理学、微生物学、生物化学、细胞生物学、遗传学、分子生物学、生态学、生物教学论、人文科学基础等	有机化学、生物化学、微生物学、化工原理、生化工程、生物工艺学、发酵设备	动物生理与生物化学、动物遗传学、家畜育种学、动物营养学、饲料与饲料学、动物繁殖学、家畜环境卫生学、动物生产学、草地学	人体解剖学、组织胚胎学、生理学、生物化学、药理学、病理学、预防医学、免疫学、诊断学、内科学、外科学、妇产科学、儿科学、中医学

续　表

一级学科	05 文学		07 理学		08 工学	09 农学	10 医学
主要实践性教学环节	教学实习、论文写作；8 周	教育实习、见习、教育调查、社会调查或毕业论文等；15—20 周	野外实习、毕业论文等；10—20 周	教育实习、见习、教育调查、社会调查或毕业论文等；15—20 周	军训、生产实习、化工原理课程设计、工艺实验、专业课程设计、毕业实习、毕业作业等；35 周	教学实习、生产实习、课程设计、毕业论文、科研训练、生产劳动；23—25 周	毕业实习；48 周
年限	4 年	4 年	4 年	4 年	4 年	4 年	5 年
学位	文学学士	文学学士	理学学士	理学学士	工学学士	农学学士	医学学士

（一）课程结构：师范专业"双学科"间比重失衡且缺乏有机联系

通过比较可以清楚地发现，师范文理专业与综合性大学中文理专业相比，没有体现其自身的特有的"双学科"特点，师范文理专业有关"关于这一专业的知识"，也就是我们所称的"学科知识"，只考虑与综合性大学文理专业设置的一致性、共通性，强调所教学科专业知识的学习，也就是我们长期坚持的师范大学的"学术性"，而没有把教育专业知识放进"关于这一专业的知识"内，至少是在课程设置上没有把教育专业知识看成与所教学科知识同等重要，致使教育学科知识在"主要课程"中只是点缀。

从表中还可以发现，师范专业主干课程中有关教育学方面的课程只列出了学科教学论（除此之外，还有教育学、心理学等一些相关科目，即使加上这些课程，其比重仍然偏小）。不仅比重小，而且与所教专业知识的联系也不密切，师范大学的课程设置与综合性大学相比没有完全突出自己的特点，与工、农、医学科相比缺乏能反映自身"双学科"特点的有机联系的特色课程，如医学中临床医学专业的病理学、药理学、诊断学、处方学、预防学等，农学中动物科学专业的育种学、繁殖学、饲料学、动物环境学等，工学中生物化工专业的生化工程、生物工艺学、发酵学等。师范院校所开设的教育学、心理学脱离具体学科抽象地讲一些理论性、一般性知识，也没有充分反映"双学科"、交叉型的教师专业化特点。这样的培养教育方案是很难培养出专业性、不可替代性很强的学科教师的。

这一专业设置计划是我国最高教育行政部门颁布的，它是在原有基础上，经过高等学校面向 21 世纪教学内容和课程体系改革计划立项研究，分科类进行专家调查论证，总体优化设置，反复征求意见，并经普通高等学校本科目录专家审定会审议后确定的。《普通高等学校本科专业目录和专业介绍》是普通高等学校专业设置的一项基本的指导性文件。目录规定的专业划分、名称及所属门类，反映了培养人才的业务规格和工作方向，是设置、调整专业，实施人才培养，授予学位，安排招生，指导毕业生就业，进行教育统计、信息处理和人才需求预测等工作的重要依据。我们认为，这一文件中的师范专业计划仍未能充分体现师范学科教育专业的"双学科"特点以及师范大学的"师范性与学术性的对立统一"的特色。为此，我们急需认真研究教师教育课程设置的特点，深化教育学科研究，早日完善并制定出充分"符合教师专业特点、能促进教师专业化成长"的有特色的教师教育的课程体系。

（二）学习年限：四年时间不能很好地完成"双学科"的学习任务

由于师范专业具有"双学科"的特点，学习任务比较重，如想在与其他学科学习年限一样的条件下培养出专业性很强的专业工作者——教师，是一件非常困难的事情；况且，教师又是一个实践性很强的职业，其实践经验需要长期地通过自己的实际工作来体会和积累，不可能在四年的学校教育中全部习得，但是，由于教师工作的对象是人，其在实践中的探索的任何失败或者不成功都可能会对正在成长中的青少年儿童造成不可估量的负面影响，所以，我们的教师教育要尽可能地培养出初步合格的教师，完成"教师的个人教育"和"教师的初步训练"，为教师的终身专业发展打下良好的基础。① 显然，教师教育的四年学习年限不足以很好地完成教师专业化培养的任务，医学教育的学习年限是五年，说明我们对身体健康重要性的认识比对人精神健康重要性的认识还要强。目前，我国已经出现了

---

① 杨之岭，林冰. 詹姆士·波特论"师资三段培训法"［J］. 比较教育研究，1980（3）：14-17.

教师教育大学化的趋势，但中学教师的培养年限急需延长。国内一些师范大学已经开始了这一工作，如北京师范大学。一些学者的研究成果也论证了延长师范大学学制的必要性。① 如果我们承认"师范大学要'学术性与师范性统一'，教师教育要'双学科兼顾'"，而且要认真落实的话，就必须延长其学习年限。

（三）实践环节：理论与实践有所脱节且实践环节薄弱

教师培养与工程师、医生的培养都具有很强的实践性，这是我们所共知的。然而在上述专业计划中可以明显地看出，师范专业的主要实践环节所安排的时间是最短的，只有15—20周，而工学是35周、农学是23—25周、医学是48周。师范专业这么短的实践时间与那么高的实践能力的要求之间产生了巨大的矛盾。

为加强实践环节的教学，使理论教学与实践教学紧密地联系，必须延长实习、见习等实践环节时间，"使学生的从教能力确实高人一筹，非专业化训练可比"②，但为了不影响普通知识和学科知识的学习，我们应该延长本科师范的学习年限，以5年为宜。同时，我们要进行教师教育制度的创新，与基础较好的中学建立"伙伴"关系，把这些学校作为我们的"教师发展学校"。③ 关于这些，不仅国内外不少的专家学者进行了研究，而且有的学校正在实施。现在需要的是进一步探讨其合作模式并尽快推广。

[原文刊载于《东北师大学报（哲学社会科学版）》2003年第5期]（柳海民　孙士杰）

---

① 华东师范大学课题组，谢安邦，唐玉光，荀渊，等. 师范教育发展战略研究：目标、对策与措施 [J]. 高等师范教育研究，2001（2）：6-15.
② 柳海民. 新世纪中国师范教育改革与发展构想 [J]. 东北师大学报（哲学社会科学版），2000（2）：7-12.
③ "面向21世纪教师教育对策研究"课题组. 新世纪师范大学的使命 [J]. 华东师范大学学报（教育科学版），2000（3）：39-46.

教师职业专业化与高师教育学科课程结构改革

　　质量是教育发展的生命。提高质量与效益是一切生产与经营领域保持其顽强生命力的永恒主题，教育亦同理。提高教育质量的核心与关键是不断提高教师质量，不断激发教师的创造生机和自我完善能力。从知识传授的角度看，教师有双重的使命：创造知识并传播知识。教师质量的高低既决定着教师自身的新知识创造程度与知识传播的效果，更影响着人才的培养质量乃至一个国家的科技水平和国际竞争力。因此，铸就教师专业素质的高师公共教育课程的改革，不仅影响着 21 世纪我国高师教育的生存、发展空间，关系着我国教师职业专业化的历史进程，更关系着数以亿计青少年品德与智慧的发展，其实践意义十分重要。

　　教育的要义是提升人的生命意义和价值。教师教育就是通过培养教师的专业素质，提升其在从事教师这一职业中所具有的独特的意义和价值。教师作为一种社会职业，经历了古代社会"以吏为师""僧侣为师"的非专业化阶段，到近现代社会以独立、封闭的师范教育体系进行专门化的培养阶段，再到当代社会的多元化专业性训练阶段。今天，一个开放的、社会化的教师教育新体系正在形成。自 1999 年召开的全国教育工作会议提出"鼓励综合性高等学校和非师范类高等学校参与培养、培训中小学教师的工作"，师范教育界就已感受到了我国教师教育未来发展的必然趋势和即将面临的严峻挑战。上到教育行政部门，下到各师范院校，在高教改革大潮的促动中开始了一系列的教育改革。但客观地分析近几年来的改革，体制改革是主体或主流，改革关注的热点是结构调整与资源重组。目前，大多数师范院校教育学科课程反映的主要问题有如下四个方面。

　　1. 部分院校课程结构长期不变。部分师范院校的教育学科课程至今仍遵循着改革开放之初确立的普通教育学、普通心理学、学科教学论（当时叫学科教材教法）的"老三门"结构，每门课 3—4 学分。前两门课由公共教育课教研部的教师讲授，后一门课由各系的教师讲授。确立这样的课程结构是由当时的具体情况决定的。一是应教学急需，模仿继承了中华人民共和国成立以来师范院校的传统做法；二是参照了当时苏联的经验；三是当时这三门学科尤其是普通心理学和普通教育学比较成熟，有现成的教学内容和教材可用；四是相关学科、交叉学科乃至后来出现的一些应用学科，如教育技术学、教育科学研究方法等，当时尚处于起步阶段；五是对未来教师的教育教学素质缺乏深入细致的研究。但改革开放以来，教育学科发展十分迅速，教育科学已逐渐发展成一个庞大的学科体系，有丰富的学科资源可供选择。基础教育的发展变化对教师的素质要求也越来越高，已不满足于高师毕业生仅能完成知识传授的任务，还要求他们善做班主任，能从事教育科学研究与实验，能针对青少年的心理进行有效的思想品德教育，能开展和组织丰富多彩的班级生活乃至学校活动。但我们的一些师范学院对基础教育的发展还缺乏及时的了解，对国内外教育改革缺少敏锐的洞察和主动改革的意识，至今还有不少院校仍然固守着"老三门"的课程模式，对教育学科的发展和基础教育的需要鲜有灵活的反应和吸收。

2. 部分院校课程内容陈旧落后。一名即将从教的师范生应对锤炼其教育教学技能的教育学科课程抱有浓厚的兴趣，因为他们将从这些课程里学到怎样备课、上课，怎样组织教学环节，怎样做班主任，一言以蔽之，怎样做一名令学生敬仰的优秀教师。但在现实中，部分院校公共教育课程的学习已变成了许多学生的"包袱"。除了教师讲授水平和学生努力程度的影响因素，课程内容缺乏充分的理性魅力和缺乏形成学生教育教学技能的实践指导意义也是重要原因。一些课程内容陈旧落后，缺乏时代性、国际性和最新的教育思想与学术信息；缺乏严密的逻辑体系和独立的内容构成，科学性、准确性不够；缺乏理论与实际的紧密联系，中小学教育教学实践中各种鲜活的问题或案例在课程中难觅其踪。这样的课程内容重刻板的原理罗列，重概念、定义的解说，重理论根据的陈述，然而，理论的价值在于应用，学习的目的是将来的实践，学以致用。一本好的教育学、心理学或学科教学论教材，只要能赋予学生两个学习目的——新的思想理念和实践应用价值，即能让学生从中学到将来他们怎样教和为什么这样教，就是值得学生献出他们的时间和精力的。

3. 教师队伍存在素质不高的情况。很多师范院校未能给教育学科课程以充分的重视是导致教育学科课程教学队伍素质不高的一个重要原因。

高师院校的教育学科课程虽由独立的教研部负责，但教师队伍的流动性很大。每年的任课教师以新教师居多，致使公共教育学、心理学成了新留校教师入职锻炼、实习的课程。虽然如此，新教师毕竟都是科班出身，学历较高，充满了刚刚参加工作的热情和旺盛的精力，只是经验不足。学科教学论教师队伍与之相比则令人担忧。很多院系的学科教学论教师，通常是由不能胜任专业课教学的人构成，很少有专业出身的专门人员去从事该门课程的教学和研究工作。近几年情况虽有好转，但现实依然没有根本改观。本来，从事学科教学论的教师应是教学能力最强的一支队伍。他们不仅要有丰富的中小学教学经验，对中小学教育教学情况非常熟悉，而且在自己的专业教学中出类拔萃，才能在教学中让学生体悟到学科教学论的价值，学习到教育教学的艺术。但现实中，一些教师自身缺少专业训练的教育底蕴，这样的教师队伍很难在教学中唤起学生对该门课程的学习兴趣，也很难培养学生形成精湛多样、灵活变换、富于启发性的高超的教学技能。

4. 一些教师的教学方式不够灵活。一些教师的师范院校的教育学科课程是锤炼学生从教技能的第二专业课。它来源于丰富多彩的教育教学实践，也能以丰富多彩的形式呈现当代的教育教学实践。教学中，除课堂上的言语讲授，亦可采用讨论、观摩、录像、上讲台实践、到中小学做班主任、请特级教师讲座、模拟班会、开展多媒体教学等多种方式完成教学任务。人往往是在面临任务的时候才更关注怎样完成任务。公共教育课教学中，教师可以根据教学内容和培养学生教育教学技能的需要，给学生设计一些他们需实际完成的具体任务，如准备一节课的教案，上讲台讲一次课，或组织一次讨论、班会活动，等等，让学生在这些活动中，应用他们在书本里学到的内容，切实体会这些理论对形成教学技能的重要性。这样，不仅实际培养了他们的教学技能，而且可唤起他们学习本门课程的积极性。这些教学安排都需要教师肯于付出劳动，肯于动脑，肯于刻苦钻研，才能对这些理论融会贯通，在教学中灵活机动地理论联系实际，获得良好的教学效果，而不是习惯于单一的课堂讲授，图省事，图简便，思维肤浅，方法刻板。机械呆板的教学不仅浪费了教师自己的时间和精力，更浪费了学生的宝贵年华。

21世纪的中国教师教育正在走向社会化，这符合世界教师教育发展的趋势。它打破了中国几十年来以封闭、定向的师范教育体系培养教师的传统模式，为新世纪中国教师教育开辟了新的发展方向。高等师范教育要在教师教育社会化的挑战面前获得持续发展的生命力，就必须面对教师教育社会化现实，发挥自身历史优势，根据教师职业专业化要求，以提高质量为宗旨，对赋予师范教育性质、体现师范教育特点的教育学科课程进行创造性的重构和改革。

改革的指导思想是，借鉴世界主要发达国家教师教育发展的有益经验，结合中国师范教育的发展实际，以拓宽师范生雄厚坚实的专业基础、强化教师专业技能、全面提高学生的科学与人文素质为改革目标，在优先实现教师职业专业化的思维框架下改革专业课程和教育学科课程，以形成学生鲜明的教师职业素质优势和无与伦比的社会就业竞争力。教师职业专业化的思维框架即学生在新的课程体系培养下，最终能够具有突出的专业素质：自觉遵守本工作领域的伦理纲领，即崇高的敬业精神、高尚的职业道德、积极健康的个性品质；系统而明确的专业知识结构，包括广博深厚的文化基础、专精的专业理论和现代的教育学科知识；娴熟的专业技能和教学能力；等等。

改革的基本原则和思路是，根据基础教育对教师素质的理想需要和教师职业专业化的时代要求，考虑在校师范生毫无从师经历的现实，在学时学分相对不变或略有增加的前提下，实行小课程、小学分、多门类，精选精讲精学，实行必修与选修结合、理论与实践结合、课内与课外结合。

改革的具体设想是取消偏重原理阐说的普通心理学与普通教育学，代之以能够有效形成学生正确的教育观、教师观和从教技能的新课程。新的课程结构由必修和选修两部分构成。必修课程每门课通常为2学分，每周授课4学时，半个学期（10周）完成。可列为公共必修的课程有：青少年心理学、课程与教学论（或教学论与教师学）、教育科学研究方法。选修课应是能更加充分引起学生选择兴趣的课程，由学生任选，每门课2学分。可列为选修的课程有：现代教育思想、比较中小学教育、中外教育思想史、基础教育专题，等等。这样，新的公共教育课程体系如下表所示。

表 3 - 3　新的公共教育课程体系表

课程 类别		课程名称	周学时	总学时	学分
必修课	公共必修课	青少年心理学	4	40	2
		学校教育心理学	4	40	2
		课程与教学论（或教学论与教师学）	4	40	2
		教育科学研究方法	4	40	2
	专业必修课	学科教学论	3	60	3
		教育实习			6
任意选修课		中外教育思想史	2	40	2
		现代教育思想	2	40	2
		现代教育技术学	2	40	2
		比较中小学教育	2	40	2
		基础教育专题	2	20	1
		教育法规与政策	2	20	1

　　这个课程体系是作为选择从教的学生（含非师范院校）应修读的最基础的教师教育课程。与原来的"老三门"相比，它的优点主要有四点。一是门类多，覆盖面广，而学时、学分基本没有大的变化，各师范院校应用起来没有改革的压力和阻力；同时，提高了对教师的要求，教师由过去讲授一门课变成一学期要讲授两门课，在教学难度加大的同时，要求教师必须更新知识结构，扩展学术研究能力，从而激活教师的工作状态。二是课程结构更趋科学、合理，更贴近基础教育实际需要，具有更强的实践性和实用性。四门公共必修课中的青少年心理学主要揭示青少年的身心发展规律与个性发展特点，给从教者提供施教的依据；学校教育心理学则重在阐明学生如何学，而教师如何教；课程与教学论（或教学论与教师学）教给学生施教的基本技能和为师者应具有的基本素质与班主任的工作策略；教育科学研究方法主要教给学生从事教育研究与实验的方法和能力。三是新课程单位小、门类多，不仅精选了内容，剔除烦冗论述和讲解，做到精益求精，还保证了课程体系具有广泛而丰富的信息含量。四是新课程体系不仅门类新，内容亦新，具有古今结合、中外兼容的特点，可以给学生现代教育思想的熏陶和国际教育视野的拓展，使公共教育课程魅力增强。1997

年，东北师大利用两年时间对公共教育课程体系进行了认真的研究和大胆改革，编写了新大纲新教材，并从 1999 级新生开始试行。初步的实践已经证明，改革取得了良好的效果。

另外，专业课程也必须改革。过去一直困扰师范院校学术性与师范性的问题，主要是囿于单一的师范专业。它突出了师范性，却难以提高学术性。但在今天的师范院校中，专业结构已今非昔比，众多的非师范专业已迅速成长，具备了扩大基础的丰富资源，因此，为全面提高师范生雄厚的学术功底，推动教师教育真正实现专业化，必须对专业课程进行一次大力度改革。基本思路是：打通相关专业基础，实行学分制，建立相关专业通学的共同基础课、专业主干课、教育技能课、任意选修课的课程新体系。唯有如此，学生才能真正具有厚基础、精专业、强技能、宽视野的素质结构和专业能力。

教育学科课程在高师课程体系中虽只占 1/8 左右，却是赋予学校性质，即与一般院校相区别的师范院校的重要标志。它的存在与否是判定有无教师教育的重要分野，它的质量如何关系着师范优势的强弱。因此，高师院校应充分关注它的存在、发展和队伍建设。不论将来高师院校走向何处，教师教育课程永远是其综合性不可或缺的重要组成部分。即使像美国哈佛大学、耶鲁大学、斯坦福大学等这样世界顶尖的大学，学校的特色是培养科学家、领袖人物或工商巨子，但也从不忽略为全校学生提供教师教育课程的教育学院，有些学校甚至因为心理学、教育学研究成就斐然而提升了学校的社会影响，从而声名远扬。

决定教育学科课程教学质量与效果的关键是教师队伍。无论教育学科课程结构改革，还是教师职业技能训练质量的提高，都取决于一支高质量高水平的学术队伍。师范院校要扭转公共教育课教师厌教、学生厌学的局面，一是要真正提高其地位，行政主要领导要高度重视，像公共政治课由校党委书记亲自抓一样；二是要有计划地进行教师队伍建设，包括学历提高、人才聘任、名校进修等；三是要加强教育学科课程改革研究，通过强有力的措施调动教与学的积极性。如此，才能使教育学科课程结构改革顺利进行，不断提高教学的质量与效果，确保其走出困境，成为学生选择的热点。

［原文刊载于《课程·教材·教法》2002 年第 8 期，收入本书时略有删节］

新世纪中国师范教育改革与发展构想

一个世纪以来，中国的教育从来没有像今天这样备受关注，中国的师范教育也从来没有像今天这样如此受公众青睐。这个客观事实至少可以说明一个问题：教育的社会地位在中国发生了历史性的变化，中国老百姓的传统观念在转变，开始愿意让孩子去当教师了。然而，老百姓看重师范并不说明我们的师范教育办好了。在一个新的世纪、新的时代中，中国的师范教育若要做到充分满足社会和受教育者个体的多重需求，并使自身获得最佳的生存与发展，依然任重道远。

一、中国师范教育的旗帜能打多久？

师范教育，英语为 normal education，日本通称教师教育（teacher education），概指"培养师资的专业教育"（《中国大百科全书·教育卷》）。沧海横流，百年巨变。19 世纪末的 1897 年，实业家盛宣怀在上海创办南洋公学，内设师范院，从此，中国诞生了现代意义上的师范教育。1902 年，京师大学堂师范馆开学，成为中国高等师范教育的发端。同年，实业家张謇在江苏南通创立通州民主师范学校，开中国中等师范教育之先河。一个世纪里，中国的师范教育从无到有，从小到大，为中国教育事业的发展贡献良多，功不可没。据 1999 年教师节的数据统计，全国有高等师范学校 232 所，在校生 64.3 万人；中等师范学校 892 所，在校生 91.1 万人；各级师范学校新教师培养量达到 48.3 万人，负责在职教师培养的高等学校师资培训交流中心 35 个，教育学院 229 所，教师进修学校 2 142 所。

任何一个国家的教育都受制于其特定的政治经济和文化传统，师范教育也不例外。一百年来，由于各国政治经济、文化背景和教育传统的不同，世界各国师范教育的发展模式也不同。概而言之，主要有三种基本的发展模式。

第一，定向型模式，又称封闭式独立设置模式，指以独立设置的师范院校培养师资的模式。师范院校是国家培养、训练教师的专门机构，也是教师在职进修的专门场所，它作为有别于其他类型院校的独立体系而存在于国家的总体教育系统中。在实践运作中，它从国家各级教育行政管理到各级师范院校的设立和整个人才培养过程，都有一个相对独立的管理系统和培养方式、课程体系。学生完成规定的课程计划并通过考试毕业后，即同时获得了任教的条件和资格。学生任教前，一般不再需要通过特定机构组织的同专业任职考核。属于此类模式的国家，典型的有俄罗斯、中国、朝鲜等国。

第二，非定向型模式，又称开放式教师课程模式，指通过综合大学的教育学院或师范学院培养师资的模式。这些综合大学的教育学院通过开设面向全校各系的教育学士或教育硕士课程，为某些将来拟从事教师职业的学生提供教师职业方面的专业训练。在这些国家，一般没有或很少有独立设置的以专门培养教师为基本职能的师范院校，但师范教育并未消失，它以另一种形式存在于国家的教育系统中。属于此类模式的国家，典型的有美国、英国、加拿大等。

第三，综合型模式，即师资的培养既有独立设置的师范大学、教育大学，又有综合大学的教育学院，在一个国家中兼有两种师资培养模式。属于此类模式的典型国家有日本、法国、韩国等。如在日本，独立设置的教育大学是培养师资的专门机构，学生从教育大学毕业后，同综合大学教育学院毕业的学生一样，需参加任职前的口试和笔试，合格后方能任教。其他大学毕业的学生若想任教，必须修读 59 个学分的教育课程并通过任用考试方能任教。在韩国，也是两种体制并存，既有专门进行师资培养的教育大学或师范大学，也有综合大学的师范学院。

本文概述世界一些发达国家师范教育发展模式的本意是想通过这些具体的模式说明一个教育基本理论问题。1996 年，全国师范教育工作会议上提出，中国的师范教育五十年不变。这个"不变"提出以后，很多人为此迷惑不解，认为当前社会急剧发展，师范教育又怎么可能静止不动，五十年不变呢？其实，这里涉及一个教育基本理论问题，即师范教育与师范院校是两个不同的概念。师范教育是一个国家各种教育中的一个类别，师范院校则是实施师范教育的一种体制、机构与方式。师范教育作为一种客观存在，不要说五十年，就是一百年乃至更多年，它都会继续存在。只要我们的社会需要教育，需要教师，师范教育将永远存在。至于说师范教育的实施到底采取哪种体制或模式，是独立设置式、综合大学式，还是二者兼有的综合式，这就需要研究哪种模式更有利于师范教育的发展，更有利于教师培养质量的提高，更有利于受教育者个人的发展。师范教育的变与不变，即存在与不存在，取决于社会还需不需要教师；而师范院校的存在体制与发展模式的变与不变，则最终取决于一个国家的政治体制、经济体制和教育体制改革。由此原理出发，可以认为，在我们可见的年代里，师范教育的旗帜将会永远高扬。换言之，即使独立设置的师范院校不复存在，师范教育依然会存在于一个国家的教育体系中，至于采取哪种形式存在，则会因国情不同而不同。

二、新世纪师范教育面临的危机

师范教育的持续存在虽然可以肯定，但近年来国际科学技术的迅猛发展、国内社会主义市场经济体制的确立、社会主义经济增长方式的重大转变和中国教育改革的总体要求，使师范教育，确切地说，是使师范院校的生存与发展面临着危机。

国际上新一轮科技革命和知识经济时代的到来给师范院校带来的巨大压力。当今世界的科学技术革命主要是建立在微电子技术空前发展的基础上的，它将使我们的社会向工业自动化、办公室自动化和家庭自动化方向发展。科学技术革命的趋势使得 21 世纪成为科学技术主导驱动的世纪，谁拥有了科学技术，谁就拥有社会财富，拥有国际竞争的优势。邓小平说，科学技术靠人才，人才培养靠教育。特别是随着知识经济的到来，知识和信息的生产、传播和应用成为国家发展的动力基础，知识型劳动者成为国家最宝贵的资源，这一切都要求教育在传播知识和培养人才方面发挥重要作用。如果说，过去国与国的竞争是资源和资本的竞争，那么，今天则是科学技术、是知识、是人才的竞争。当世界主要发达资本主义国家完成普及义务教育之后，这种竞争又继而升华为教育质量和人才质量的竞争。教师担负着培养人才的重任，教师质量在很大程度上决定了人才的质量。因此，师范院校的教育质量，从根本上影响着中国的教师质量，进而影响着人才质量和中国的国际竞争力。师范院校应该认真审视自己的地位和所承担的历史责任。

社会主义市场经济体制与师范院校计划经济模式的尖锐矛盾。党的十五大明确提出，社会主义经济体制要由计划经济全面转向市场经济。市场经济是依靠价值规律和市场供求原则自发调解生产过程的一种经济形态，它依靠的是经济发展的客观规律而不是人的主观意志即强行计划来发展经济。市场经济体制的确立带来了经济领域的一系列变革。但我们的师范教育整体上依然处于计划经济的模式中，如专业设置、招生规模、毕业生去向、学校里的用人制度、收入分配、自主权等都受着计划模式的制约，没能像经济领域里的企业那样享有法人实体的地位和充分的自主权。由此使我们的一些师范院校机制陈旧，缺乏发展的活力和自由度。这种体制反过来又养成了许多院校的改革惰性，以等、靠、要思想方式主导学校工作，不思进取和改革，求稳怕乱。结果是学校的竞争力越来越弱，社会声誉越来越差。

经济增长方式由外延粗放型向内涵集约型的转变对师范教育内涵发展的急切要求。内涵集约型发展，即通过增加生产中的科技含量、文化含量、高层次人才含量等软投入，通过加强管理，调动人的工作积极性，从而提高经济发展的效益、质量和水平。多年来，多数师范院校由于底子薄，缺乏综合大学的学科优势、自生能力和企业财力的支撑，教师待遇偏低，学校设施陈旧落后，发展空间有限。尤为严重的是，当某些综合大学迅速崛起，出台各种令人心动的优惠招聘政策后，师范院校人才迅速外流。这些外流的人才多是学科带头人，也是学校内涵发展的核心要素。所有这些都严重影响了师范院校综合实力的提升，甚至使一些师范院校丧失底气，无力再与其他院校竞争，至于发展潜力，更是无从谈起了。

非师范院校的严重挑战。中国进入市场经济后，开放的人才市场打破了几十年师范院校独占教师市场的局面，改为用人学校面向社会各类院校毕业生的自由选择。结束计划经济体制下的国家分配的人事制度，形成买方市场后，中小学校再不是单一地从师范院校选择毕业生，而是根据学校的学科需要和"远缘杂交"原则，跳出师范圈，从不同类型的院校选择人才。有人说，现在用人单位对人才的要求是重素质胜过重出身，重能力胜过重学历，重人品胜过重文凭，重名牌胜过重品牌。1999年全国教育工作会议颁布的《深化教育改革全面推进素质教育的决定》又提出："调整师范学校的层次和布局，鼓励综合性高等学校和非师范类高等学校参与培养、培训中小学教师的工作，探索在有条件的综合性高等学校中试办师范学院。"届时，师范院校一统教师培养天下的局面将彻底结束，师范院校本来不强的生存根基将在实力强大的名牌综合大学的冲击下，变得更加薄弱。师范院校面对这一新的严峻竞争，如何继续发挥已有优势，继续持有教师市场，成为迫切需要研究的一个非常严峻的问题。

基础教育发展对新教师素质要求的重大变化。近几年，基础教育领域的发展十分活跃。素质教育、提高质量、学校改制、心理咨询、教育研究、科学实验等不断涌现，发展势头十分强劲，改革内容涉及方方面面。我们师范院校如果不能适应基础教育领域的发展变化对教师素质的新需求，不能在教育理念、课程结构、教学过程、教师专业技能和教师培养方式上有一番较大的改革，而是还因循着几十年不变的教育思想、教学计划、教材讲义、教学模式，跟不上社会和时代的发展变化以及中小学教育改革的需求，我们的毕业生就将很难成为中小学的首选目标。以师范院校开设的公共教育课程为例，一门普通教育学，一门普通心理学，从改革开放之初一直开到今天，近二十年没有大的变化。基础教育的需求在变，教育学科的研究在变。而这两门课在很多师范院校里稳稳地沉淀在课程改革的最底层，从内容到教学模式没有突破性的变化。这样的课程已不能满足学生从教的素质要求，已不能适应基础教育改革的需求，这些因素大大影响了我们师范生的市场竞争力和专业优势。

三、新世纪中国师范教育改革与发展构想

新世纪中国师范教育改革的最终目的是学会生存、学会发展。中国的师范教育要想获得持久的生命力，师范院校要在 21 世纪能够更好地生存与发展，就必须根据社会发展需要，进一步解放思想，继续推进改革进程。

（一）要敢于打破实行了几十年的计划经济体制，根据师范院校的特点，大胆引入和采用市场经济的运行方式

市场经济的一个显著特点是，在国家的宏观调控下，企业主体拥有充分自主权和决策权，因而极大地调动了主体的积极性。中国的师范教育生存于中国市场经济的总体环境中，在各行各业都融入市场经济的大趋势下，师范教育不能独善其身，如继续坚持计划经济的运行方式，则势必使我们师范教育的发展空间变得越来越小，生存能力越来越弱，发展的积极性越来越差。好的工厂应该最清楚当下的市场需要和未来社会公众需求的可能趋向。同理，身处第一线的师范院校也应该最清楚社会的人才市场行情。因此，学校的发展规模、专业设置、招生数量、课程设置等更多地应由学校自己去决定，必要的需要国家调控的方面也要提高工作效率，减少审批环节。要按社会需要和法律要求调整审批标准和规章制度，而不是用现有的种种规章制度限制急切的社会发展要求。换言之，要让规章制度适

应教育的发展，而不是让教育的发展适应规章制度，削足适履。应突破"存在就是合理"的思维定式，要用发展的标准去衡量当下的存在是否还依然合理。

（二）师范教育的发展要向模式多元过渡

中国几十年来沿袭的是以师范院校独立设置的体系揽师范教育的单一模式。这种模式的最大优点是师范院校的级与类与基础教育的级与类高度对应，从而使得我国基础教育的教师来源和教师训练目标十分明确。它的社会存在基础是典型的计划经济，各级学校的用人标准是定型化的小学教师中师层次，初中教师师专层次，高中教师大学层次。进入 20 世纪 90 年代后，市场经济体制的确立改变了师范院校存在的社会基础，基础教育对教师学历层次要求的提高和希望新教师的教育出身多元化的趋势打破了已有的定式，特别是国家鼓励综合大学办师范教育，使独立的师范院校再固守传统的封闭定向型单一模式已不可能。对此，中国的师范教育应以积极的态度面对变化，向多元模式发展。可以考虑的发展模式有：

（1）综合化的师范院校模式，即师范院校以师范专业为主，发展适应社会需要、提高学校品位的非师范专业；（2）综合大学的师范学院或教育学院模式；（3）累积学分模式，即建立高校开放的课程体制，允许学生校际互修，取得国家规定的从教必需的学分；（4）"3＋1"或"4＋1"模式，即三年或四年综合大学教育，加一年教师教育课程训练；（5）资格证书模式，即所有非师范院校毕业生在各级各类学校包括高等学校从教前，必须到国家指定的师范院校修读教师教育课程，取得从教证书。

（三）师范院校生存与发展质量提高的根本办法是强化内涵，提高自身竞争力

师范教育发展多元模式的客观趋势给独立的师范院校带来了严峻挑战，抢占了师范院校的生存与发展空间。在这种形势下，师范院校的唯一选择只能是从这种危机中奋起。眼睛向内，认真研究我们师范院校几十年积累起来的办学经验、教育优势和现存的不足；眼睛向外，研究一下综合大学发展的优良经验、科研方式、课程体系、学校管理优长等。与此同时，更要观照基础教育的人才需求，丢掉"皇帝女儿不愁嫁"的传统心理，通过大胆的改革，强化自己的特色，提高生存竞争力。

（1）在提高学术水平上，要借鉴综合大学的经验，树立科研强校意

识。任何一所师范大学，要明确定位，学校首先是大学。既然是大学，就要按照大学的标准、品位、层次、质量来建设，故科研必须狠抓，要靠科研水平创名牌。

（2）在强化内涵质量上，要狠抓教学，强化教学立校理念，凝聚一批一流的学者队伍。学校是培养人的专门场所，教学是学校的中心工作。教学质量依靠的是教师质量。国内外任何一所著名大学都有一批世界著名的教授，这些人是学校发展的无价之宝。近几年，全国各高校都在经历着人才的竞争。为了争夺学科带头人，各校出台了众多的优惠政策。在目前这种形势下，学校若想提高质量，最简捷的办法是不惜一切力量，引进和培养高层次学科带头人。师范院校的现在和将来都要以质量为核心，一切着眼于社会竞争力。不单纯追求靠扩大学生数量，规模扩张，成长为"恐龙型"大学的外延发展之路。在这点上，我们应深刻吸取国内许多大型企业由迅速膨胀扩大到迅速倒闭的深刻教训。

（3）师范院校的独有特色是培养教师，故强化特色最典型的要求是提高学生从教的专业化水平。通过一套独到的从教训练，使学生的从教能力确实高人一筹，非专业化训练可比。在未来十几年里，师范院校的人才规格应确立在培养能进行素质教育的优秀教师的基础上。若能如此，我们就可继续占领教师市场，继续保持师范院校的社会竞争优势。

（四）集中一切力量改革课程和教学，大力提高教学质量

师范教育的微观改革要从课程和教学改革两方面来操作。课程是学校实现人才培养的载体，是决定教育质量、人才质量的最核心要素。因而，任何教育改革最终都必须落实到课程改革上。改革首先要明确问题。周远清副部长把高校教学现有的问题概括为五个方面：一是专业设置过窄；二是人文教育薄弱；三是教学内容陈旧；四是教学方法固化；五是培养模式单一。师范院校同样存在这些问题。针对这些问题，结合师范教育的特点，我们认为，师范院校的课程改革目标应在于确立一个科学系统的课程结构。科学，即有一个科学的思想方法主导课程改革，目前看，这个思想方法应是课程结构的"宽、精、新"。宽，即专业基础课要宽，要迅速改变过去专业划分过窄的状况，建立同学科同基础的相通基础课，给学生一个宽厚的专业功底。精，即专业主干课要精，门类要精，内容要精，主讲教师要精。新，即专业选修课要新，要紧跟时代、学术前沿、学科发展。系统，即课程构成要成系统、系列或体系，每一个系列或每一个系列中各

门课程之间不完全拘泥于内在的逻辑联系，关键是有助于学生的全面发展和专业能力的形成。如共同教育课，必须突破旧体系，对培养学生从教能力作用不大的普通教育学、普通心理学的陈旧体系，根据中小学对教师教育能力的新需求，设立对提高教师从教技能有直接帮助的小学分课程，如学习心理学、青少年心理学、心理咨询与辅导、教学论、教师论、教育科学研究方法、教育与心理评价与测量、班主任工作等。教学改革要以拓宽专业基础、培养创新潜能、完善高尚人格、提高从教能力为指导思想。强化教师的敬业精神和工作责任感，以新的知识、新的理论、新的方法、新的手段去从事高质量的教学，使学生学到的知识对过去具有诊断性，对现实具有指导性，对未来具有预测性，使学生的发展达到专业基础宽厚、具有创造能力、思想品德高尚、从教技能优异、能进行素质教育、追求人师境界、具有顽强市场竞争力的质量标准。

（五）把握时代，迅速占领教育软件制作与开发市场，为师范院校的新世纪发展夺取一个新的生长点

21 世纪的世界教育将是传统教育方式与现代教育技术迅速融合的时代。现代化教育硬件的迅速普及和多媒体教学的广泛应用，将全面激活教育软件市场。目前少数发达国家已把计算机软件的开发由商用转向教育，即转向大、中、小学课程和教材软件的开发，前景无限。中国目前还有不少人注意这个潜在的领域。多年来，我们师范院校形成了一整套编写教材的经验，拥有一批承担各个层次教材编写重任的著名学者，具有编写教材的雄厚实力。师范院校应充分利用和组织起这些资源，通过培训，转向各级各类教育软件开发市场，迅速占领这一时代前沿的新领域，从而为我们师范院校开辟一个新的用武之地。

振兴民族的希望在教育，振兴教育的希望在教师。国家对教师质量的重视，为我们进行师范教育改革提供了良好的社会环境。我们应突破传统观念，解放思想，大胆改革，方能使新世纪的师范教育重新获得持续发展的生机和活力。

[原文刊载于《东北师大学报（哲学社会科学版）》2000 年第 2 期]

探寻培养创新人才的可行路径

自主创新靠人才，人才培养靠教育。新世纪的新挑战，使得创新人才在经济可持续发展、科技的全球竞争、国家的国际地位提高中变得十分关键。国家之所以如此强调科技创新之于经济社会发展的重要性，如此重视创新人才培养之于创新型国家建设的重要意义，是因为目前我国急需大量创新人才，提高知识创新、技术创新和国防科技创新能力，缩小与发达国家的差距。培养创新人才，路在何方？毫无疑问，创新人才的产生非一日之功，讨论改革我国现行的体制与机制、创新人才培养模式、排除各种干扰和阻力等都是必要的。但是，寻求一条可行并借此破解"钱学森之问"的突破之路可能更为实际。所谓切实可行的路径，应该是每一所学校都能结合其教育活动、每一名教师都能结合其教学内容，去具体地开展、积极地实践、力所能及地实施创新人才培养的伟大事业。

一、在信息传递方式上，由知识教育改变为知识与智慧并重的教育

人对世界的认识大概可以分为三个层次：经验、知识与智慧。经验和知识是可以表述的，我们可以认为其是实体。智慧则潜藏于经验和知识之中，又作用于其上，表现为知识的创造性运用。教育是一个信息传递过程。原始与古代的教育，主体上是经验信息的传递，比如，孔子的教育基本上是一种"经验－描述"的教育。现代社会以来的教育是知识信息的传递。知识在本质上是一种结果，可以是经验的结果，也可以是思考的结果。现行教育中知识的主要载体是书本，教育的目的是使学生掌握和理解这些结果，学校的基本任务是让学生记忆和理解这些知识。知识信息教育的主要特征是课程专家对知识的精选，教学过程中教师对知识的精讲，以及学生对知识的精学。精的标准是学生对知识准确的再现。教学实践的主体表现是教师拿着书本教，学生捧着书本学。现在则把书本中的文字转移

到计算机、多媒体屏幕上，名曰"教育现代化"。这是我们再熟悉不过的一种景象。世界主要发达国家的学校教育已进入知识与智慧信息传递并重的时代。

智慧体现在过程中。在本质上，智慧并不表现在经验的结果上，也不表现在思考的结果上，而表现在经验的过程、思考的过程中。在这些过程中，智慧表现为对问题的处理、对危难的应对、对实质的思考以及实验的技巧等。因此，智慧是对经验的一种升华。智慧在很大程度上依赖于知识，本质上却不决定于知识的多少，而决定于对知识的理解，决定于对各种知识相互关联的掌握。进一步讲，智慧的学习与知识的学习亦有不同。知识的学习依赖于结果，因而更多地需要耐力和理解；智慧的学习依赖于过程，因而更多地需要活动和创造。

知识和智慧并重的教育，体现在教育过程中就是知行统一，手脑并用，行做结合。它在继承知识学习优良传统的同时，把学生实践能力的培养放到教学过程的重要地位，尽可能为学生创造应用知识、孵化智慧的各种机会，让学生在活动、实践、应用、创造中学习，做到灵活运用，从而激发学生的创造力。灵活运用能力的形成需要经历活动和实践的过程，需要多次尝试错误才能找到成功的路径。认为学生有了知识就等于有了智慧，这是对知识和智慧本质及其关系的一种误解。

二、在教育内容构成上，由传统的"双基"改变为"四基"

即在基础知识、基本技能的基础上，加上基本思想和基本活动经验。传统的"双基"是学生发展中的核心要素，对于形成学生坚实的知识基础和基本工作能力是必要的。但从人的发展的角度考虑，特别是从培养创新型人才、提高人才的国际竞争力的角度考虑，仅有"双基"已经不足以让我们的教育领先于世界，也不足以满足我国经济与社会发展的新要求。因此，我们认为，应在"双基"的基础上再加"两基"，变为"四基"，即基本知识、基本技能、基本思想、基本活动经验。

关于基本知识与基本技能，无须多说。基本思想主要指一门学科教学内容的主线或诠释架构与原理架构。对于一名教师来说，讲好一门学科的基础知识和基本技能固然是必要的，但在讲好基础知识的同时更应当让自己和学生清晰地了解知识的产生过程、知识间的相互联系以及整个知识体系的架构，帮助学生理解知识本身的思维形式和思维方法，让学生抓住一门学科知识的"纲"，这样才能达到"书越读越少"的境界。

"基本活动经验"是指学生亲自或间接经历的活动及其过程。从培养创新性人才的角度说，我们的教学不仅要教给学生知识，更要帮助学生形成智慧。知识的主要载体是书本，智慧则形成于经验的过程中，形成于经历的活动中，如教师为学生创造的思考的过程、探究的过程、抽象的过程、预测的过程、推理的过程、反思的过程以及主题活动、制作活动、演示活动、创作活动等。总之，智慧形成于学生应用知识解决实际问题的各种教育教学实践活动与过程中。通过这些活动和过程，学生亲身感悟解决问题、应对困难的思想和方法，就可以逐渐形成正确思考与实践的经验。

三、在基本能力的培养上，把"双能"改为"四能"

"四能"即在分析问题与解决问题能力的基础上，加上"发现问题与提出问题"的能力。在我国教育中，"双能"与"双基"同样经典。分析与解决问题能力的培养作为教育的基本目标要求，经历多年的历史推敲和验证，无疑是合适和正确的，也是必须继续坚持的。但从逻辑层次和难易程度方面分析，在教学过程中，分析与解决问题是已知，发现与提出问题是未知。因此，发现与提出问题比分析与解决问题更重要，难度也更高。

发现问题通常是指个体借助已有的知识基础和经验，发现了书本上不曾教过的新方法、新观点、新途径以及知道了以前不曾了解的新知识。这种发现对教师可能是微不足道的，对于学生却是难得的，因为这是一种自我超越，是一种成功的表现。学生可以在这个发现的过程中领悟很多东西，可以逐渐积累创新和创造经验；更重要的是，可以培养学习的兴趣，树立进步的信心，激发创造的激情。教师对于学生的发现，即便是幻想或是空想，也要珍惜他们的努力，通过正确的引导鼓励他们的积极性。

在发现问题的基础上提出问题，需要逻辑推理和理论抽象，需要表达能力的组织和精准的概括。在错综复杂的事物中能抓住问题的核心，进行条分缕析的陈述，并给出解决问题的建议，这不是一件简单的事情。提出问题的关键是能够认清问题、概括问题。问题的提出必须基于深入的思考和自我组织，这样就可以激发学生的智慧，调动学生的身心进入活动状态。"学问"的真谛就在于不光是学，还要提问。提问需找到疑难，发现疑难就要动脑思考，这与跟着教师去验证、推断既有的结论是不同的思维方式。学生只有多次在这样的思维方式训练下，才能逐渐形成创新的意识、创新的精神和能力。因此，应根据培养创新型人才的需要，在既有的培养分析问题与解决问题能力的基础上，增加发现问题与提出问题能力的培养。

四、在思维方式的培养上，把单向思维改变为双向思维的培养

即把演绎思维培养变成演绎与归纳两种思维形式并重的培养。演绎推理或称演绎法，是从一般性知识的前提推出特殊性知识的结论的推论。演绎推理来源于亚里士多德，他在《工具论》中提出了演绎逻辑的基础作用。《工具论》包括两个主要部分："前分析篇"与"后分析篇"。在"前分析篇"中，他提出了著名的"三段论"理论。所谓"三段论"，就是从前提中可以必然得出结论的思维模式。如人生有死，苏格拉底是人，所以苏格拉底有死。由此可说，演绎推理是一种前提与结论之间具有必然性联系的推理。具体地说，是一种基于概念、按照规则、通过诸多例证进行的推理，因而是一种由一般到特殊的推理。以数学为例，演绎推理是基于公理、定义、定律、公式和符号，按照规定的法则进行命题证明或公式推导。就欧式几何而言，其基本模式可以概括为"已知 A 求证 B"，其中 A 和 B 都是确切的命题。可以看到，演绎推理的主要功能在于验证结论而不是发现结论。关于这一点，黑格尔就说过："三段论不能用于发现真理"。

演绎能力是一种能够熟悉使用演绎推理的能力。从方法论的角度分析，我国教育倡导要培养的"分析与解决问题的能力"，就是一种演绎能力，目的同样是验证已知的结论。对于这种方法，我们的教师再熟悉不过了。也正是由于这种方法，造就了我国教育的优势：基础知识（概念记忆与命题理解）扎实，基本技能（运算技能与证明技能）熟练。但是我们需要猛醒的是，因为演绎推理不能用于发现真理，本文主张要再加上归纳思维训练。

归纳推理是从特殊性知识的前提推出一般性知识的结论的推理。现代归纳推理是英国哲学家培根在他的《新工具论》中提出的。他认为，就"帮助人们寻求真理"而言，三段论的"坏作用多于好作用"。与演绎推理相反，归纳推理是一种"从特殊到一般的推理"，是由一些命题推出一个一般性的较大命题的推理形式。归纳推理的主要功能是发现结论、发现真理，而不是验证结论、验证真理。

与演绎能力类似，归纳能力即熟练运用归纳推理的能力。借助归纳推理，可以培养学生根据情况"检测结果"的能力和根据结果"探究成因"的能力。就创新而言，这两个能力是非常重要的。前者有利于创造新产

品、形成新工艺；后者有利于创造新理论、发明新技术。这些能力可以泛称为归纳能力。

我们在教育过程中，要采取措施，通过教学改革，逐渐实现两种思维、两种能力的同步发展。具体到教学实践中，就要求我们的教师做到在传授知识的同时，留给学生一点时间，让他们提出问题、讨论问题、发表见解，把现在惯常的被动听讲变为主动学习、积极探索。

［原文刊载于《中国高等教育》2011 年第 2 期，收入本书时略有删节］（柳海民 史宁中）

论大学精神的价值

大学以追求真、善、美为鹄的。大学精神的价值，就是大学人作为大学主体存在本身所拥有的内在价值，体现在人对自身价值的追问以及社会对大学及大学人对大学自身的价值追问。我们所探讨的大学精神的价值，是对大学精神的深层关注，是基于这样的思考：价值不仅是满足人的需要和社会的需要，而且体现着人的主动追求——把自己塑造为一个"真正的人"的追求。

大学精神的价值主要体现在人对自身的幸福与无限发展可能性的追寻，这是大学精神的发展价值所在；大学精神是一种求真的精神，追求真理是大学精神的科学价值所在；大学是传承文明与文化的场域，对人的生命意义的追索是大学精神的文化价值所在；大学精神所高扬的智力探险、思维撞击和理性创造都是美的，这种涵养生命、激发生命的创造是大学精神的美学价值所在。大学精神的价值是一个整体价值，其间存在着交叉，划分的标准、根据和尺度是大学精神满足人的发展和社会发展的需要。大学精神可以使大学在不断变化的自我理解中得到更新。

一、发展价值

教育是要唤醒人的潜在本质和能力，使人逐渐认识自我并探索道德。大学的发展变革势必适应其所依存的社会的变革。正如埃利奥特在其就职宣言中所说的："在任何社会中，高等教育机构都往往是一面鲜明反映该国历史与民族性格的镜子……在这个变动不羁的国家里，大学与社会之间存在的这种互动应比那些较少变化的社会表现得更灵敏、更为快捷。"① 因此，教育和受过教育的人获得了这样一种自明：大学的发展也需要灯塔，以到达理想的彼岸。大学精神就是大学的指路明灯，它是大学人对未来的希望，而全体人的发展又以个体人的教育发展为基点。大学精神的理想指

---

① 劳伦斯 A. 克雷明. 美国教育史 3 [M]. 北京：北京师范大学出版社，2002：42.

向是源于对人的发展的无限可能性的坚信——这是大学精神的发展价值。

1. 人的发展

大学精神的发展价值最直接地体现为大学及大学人对"人的发展"的无限可能性的追问与诉求。大学之于人，就是要唤醒人天性中沉睡的洞见和勇气，以促使人领悟其自身存在的价值和使命。"人的最终目标必定是不能达到的，达到最终目标的道路必定是无限的……因此，无限地接近这个目标，就是他作为人的真正使命……人的生存目的，就在于道德的日益自我完善，就在于把自己周围的一切弄得合乎感性；如果从社会方面来看人，人的生存目的还在于把人周围的一切弄得更合乎道德，从而使人本身日益幸福。"①

大学人相信，人是一个过程，他在途中，能够从自身中创造他的将来。"人不是一种代代重复自身的、完成了的生命……人'打破'了恒久重复的、消极的同一循环。他依赖于他自身的主动性，由此，他的生命进程便走向一个未知的目标。"② 人的未来只能是一种开放的可能性，所有的人都具有自我提高的可能性。正是在这样的大学生活世界当中，学生学会了一整套学习的方法，学会关心人类命运、关注人类问题，养成向上的精神，增强了社会责任感，激发了潜能和创造激情；最为重要的是，培养和提高了学习的能力及多方面的技能："发展有效交际技能，提高分析能力，加强解决问题的能力，发展做出重要判断的能力，提高社会交往的老练程度，理解人与环境的关系，发展认识和理解当今世界的能力，发展对艺术和人文学科知识的理解能力和感受性"③。

高等教育"离不开三个基本的价值体系。我们可以把第一个体系确定为正义，把第二个确定为能力，把第三个确定为自由"④。大学正义、能力、自由和忠诚的价值观念对大学人的人格和品行的陶冶发挥着深远的影响。大学为大学人的发展创造了一种精神空间，让每个人能够而且必须在这种精神空间里争取独立生存。

---

① 费希特. 论学者的使命 人的使命 [M]. 梁志学，沈真，译. 北京：商务印书馆，1984：11-12.

② 卡尔·雅斯贝斯. 时代的精神状况 [M]. 王德峰，译. 上海：上海译文出版社，2003：172.

③ 德里克·博克. 美国高等教育 [M]. 乔佳义，编译. 北京：北京师范学院出版社，1991：47-48.

④ 伯顿·克拉克. 高等教育系统：学术组织的跨国研究 [M]. 王承绪，等译. 杭州：杭州大学出版社，1994：272.

2. 大学的发展

大学精神是大学发展的内驱力。大学作为社会需要的、能帮助社会思考、理解和采取行动的一种智力权威机构，被赋予四种职能：培养学生从事研究和教学工作；提供适合经济生活和社会生活需要的高度专业化的培训；向全民开放，以满足最广义的终身教育各个方面的需要；国际合作。[①]大学的正确发展在于大学精神的激励和鼓舞。大学中如果没有一种努力向上的精神文化，教员的内在动机就得不到激励。大学精神是激励大学改革的推动力。不断地变革是大学的生存和发展之道。大学在竞争性的环境中运作，大学变革是为了大学的学术自由，是为了使大学更好地致力于高层次的、世界领先水平的研究，提供最优秀的教学，培养最有竞争力的人才，运用积极的政策和策略来提高学校的声望和竞争力。教育改革的最终目的是产生一系列连续不断的革新，最后达到"教育的永久改革"。[②]

3. 社会的发展

大学是复杂的有机组织，是对现在和未来都会产生影响的一种力量。

推动社会发展，服务社会。大学的核心使命是培养人，因此，培养面向社会的人才是大学发挥社会服务职能的关键。敢于探索未知的大学才是成功的大学，有自由度的研究才能对社会有更大的贡献。有学者提出，大学面向地方社区，与其所在的地区进行良性互动是大学发挥社会服务职能的重要途径，大学要积极发挥这种作用，必须具备四个条件：第一，大学必须能够积聚一批卓越的教师和研究人员，拥有国际一流的研究项目；第二，大学必须对当地社会有影响力，赢得当地的公共信任；第三，地区必须是一个有吸引力的地区，适合优秀人才居住；第四，大学领导人必须积极参与当地商业和政治的领导活动，致力于推动本地区的经济发展。[③]

导引社会潮流，塑造社会风尚。大学要关心社会事物，同时要保持自己的品格。大学的社会批判精神，其归宿是建设，是创新，是导引创新的学习，是面向世界性的问题，使个人和社会能以创造性和建设性的方式对待社会问题。大学的社会批判是对未来教育的建构与憧憬，在知识经济迅

① 联合国教科文组织总部中文科. 教育：财富蕴藏其中 [M]. 北京：教育科学出版社，1996：13.

② 联合国教科文组织国际教育发展委员会. 学会生存：教育世界的今天和明天 [M]. 北京：教育科学出版社，1996：269-270.

③ 国家教育发展研究中心. 2005 年中国教育绿皮书：中国教育政策年度分析报告 [M]. 北京：教育科学出版社，2005：159-161.

猛发展的 21 世纪，这成为大学的职责和使命，它是大学与全人类必须关注和谋求解决的共同课题。

二、科学价值

"在一个科学技术日益深入个人生活和社会生活的世界里，教育不仅在传播科学技术知识方面，而且在发展使人类掌握和利用这些知识的行为方面都应该发挥重大作用。教育还应该承担的任务是：在作为方法的科学技术与作为人类生活与行动目的的价值观之间建立平衡。"[①] 因此，大学精神的价值在于她是一种学术精神、一种科学精神，大学要承担起学术研究的责任，大学所设置的专业"是学术性的，因为它深深扎根于文化和理想主义的土壤"[②]。

1. 科学研究是大学生活的本性

科学研究是大学真正意义上的生活，大学蕴含着丰富的精神生活。大学人在大学自由的氛围里从事科学研究，追求绝对的真理。大学人的思想行为和思想方式应该是"永远向所有可能世界开放着的创造性思想"[③]。大学具有学科综合、人才集中、信息更新及时等优势，应该在国家科技创新体系中占有十分重要的地位，成为基础研究的主力军、应用研究的生力军。大学，特别是研究型大学的科学研究，要起到引领科学技术潮流的作用。大学科学研究的新境界——跨学科交叉研究是提升大学水平的重要途径；要处理好基础研究和应用研究之间的关系，大学在应用研究方面的作用日益受到重视，大学在基础研究方面应该担负更大的责任。[④]

2. 科学研究是教学的源泉

大学教学要以研究成果为内容，研究与教学并重是大学的首要原则。最好的研究者才是最优良的教师，只有这样的研究者才能带领人们接触真正的求知过程，乃至于科学的精神。[⑤] 教学和研究是大学教授的职责，大

---

① S. 拉塞克，G. 维迪努. 从现在到 2000 年教育内容发展的全球展望 [M]. 北京：教育科学出版社，1996：87.

② 弗莱克斯纳. 现代大学论：英美德大学研究 [M]. 杭州：浙江教育出版社，2001：22-23.

③ 赵汀阳. 论可能生活：一种关于幸福和公正的理论 [M]. 北京：中国人民大学出版社，2004：修订版前言 5.

④ 国家教育发展研究中心. 2005 年中国教育绿皮书：中国教育政策年度分析报告 [M]. 北京：教育科学出版社，2005：157-158.

⑤ 雅斯贝尔斯. 什么是教育 [M]. 北京：生活·读书·新知三联书店，1991：152.

学教师首先是一名出色的研究者，但大学教学不是一项简单的任务，大学教学以发展智力为目标，是高层次的理性教育；大学教授在教学中是指导者，学生才是真正的学习主体。① 大学追求卓越，这使得大学将科研与教学结合在一起；大学对社会的贡献，不仅要看那些普遍被认为"有用的"、具有直接的社会效益的研究，还要看那些有同样价值的研究，如文学、历史、音乐、戏剧和艺术。②

3. 科学研究是社会的资本

生产力的飞速发展丰富和改善了人类的生命质量。大学的使命是创造和传播知识，而大学的研究就是创造和传播知识的过程。很多基础研究虽然看上去不能迅速改善社会的福利，却是大学必须做的，这是大学人必须具有的科学精神，是现代社会运行的新型资本。科学的发展提高了人的生活质量，促使人得到全面发展或为人的全面发展奠定基础。因为，科学的总目标是为人类服务，提高人类生活的质量，体现人存在的意义，科学的发展应该与人的发展和谐一致。

科学研究推动了人类的发展与进步。从事科学研究的大学人，除了有强烈的探索未知世界的动机之外，还需要有"知识的良心"和科学的精神，把物质、生命和文化的破坏减少到最小限度。然而，科学技术犹如一把双刃剑，既能造福，又能闯祸；既使人类在更大程度上进入自由王国，又给人类的生存带来了潜在威胁，特别是当代科学技术的滥用产生了大量问题，最明显地表现在"全球性问题"这种综合征上：核威胁、环境恶化、资源枯竭、人口爆炸，等等。当代科学技术的发展及其应用向哲学家们提出了大量必须加以思考和解决的问题。③ 因此，科学意味着要自觉地、统一地管理整个社会生活，它消除了人类对物质世界的依赖性，并为物质世界提供可能性。科学意识到自己的目标和使命，就能在长远中变成改造社会的主要力量。

三、人文价值

对超越价值理想的不懈追求精神，乃人之为人、人区别于动物的重要标志，正是它，体现了人的高贵、尊严和勇气，表明了人在宇宙中的卓尔

---

① Abraham Flexner. A Modern University [J]. Atlantic Monthly，1925（10）：15.
② 国家教育发展研究中心. 2005 年中国教育绿皮书：中国教育政策年度分析报告 [M]. 北京：教育科学出版社，2005：159-161.
③ 孟建伟. 论科学的人文价值 [M]. 北京：中国社会科学出版社，2000：1.

不群。哈佛大学前校长陆登庭说："一所大学如果不能在各个重要的学科领域都竭尽全力，包括对于探究人文价值、社会结构及其历史发展等多种社会形态以及人类传统、文化和世界观起核心作用的人文学科领域，它就不可能真正成为一所杰出的大学。"①

为人类寻找精神的安身之所，是大学精神的人文关怀。人文关怀是人类永恒的理想追求，它关爱和引导着人的发展。对价值理想和价值目标的不懈追求是人与大学的固有本性；大学精神、人文精神的失落，意味着大学人精神生活的迷失和大学教育的乏力。

1. 文化精神的导引

人文精神是一种文化精神，是人类文化的根本精神，是人类创造文化的价值理想，它关注人的自由而全面的发展；它以追求真善美等崇高的价值理想为核心，以人的自由全面发展为终极目的。从此意义上，人文精神就是一种自由精神，它意欲达成一个人文的世界。人性的可塑性极大，文化保持着一种坚定的原动力。大学作为一种精神和文化的象征，它所建构的人类精神文化的象牙塔，是由科学理性精神、宇宙宗教精神和世俗人文情怀所共同支撑的。大学的文化创造能力日益彰显：提升社会价值，研究高深学问，弘扬科学精神，从而发挥大学对社会的文化辐射作用。然而，文化的生命意义不仅在于积淀与传承，它的终极意义是在其文化精神指引下的文化创造与创新。因此，大学不仅导引社会潮流，更是文化潮流的推动者和掌舵者。

大学教育必须重视教育的文化背景，重视民族文化传统和文化的变迁。然而，大学的文化精神正在经受考验。大学的与众不同在于它的批判精神和批判功能的发挥，大学之所以能够发挥这种功能，在于大学拥有作为社会良知的知识分子群体。面对西方强势语境，中国的大学和学者必须具有文化自觉的精神，在全球化和后殖民主义语境中，自己发掘文化的新精神和新生命，从而使中国文化不至于在新世纪被遮蔽。

2. 人文精神的规约

近代科学的发展导致了科学与人文的分裂，这种分裂是由于科学的分科化和技术化而造成的：一些科学家进入越来越狭窄的领域，从事越来越技术化的细节工作，似乎忘却了科学的整体性，也就无暇顾及科学的人文

① 陆登庭. 一流大学的特征及成功的领导与管理要素：哈佛的经验 [C] // 教育部中外大学校长论坛领导小组. 中外大学校长论坛文集. 北京：高等教育出版社，2002：5-6.

根源了。而科学的人文本性是自由，大学精神的人文价值就是追求人的精神自由、学术的自由。从这个意义上讲，科学精神就是一种人文精神。离开了人文精神、摒弃了人文精神的科学精神并不是真正意义上的科学精神，正如离开人类的文化创造、研究和传承的"科学活动"不是真正意义上的科学活动一样。

科学精神是一种自由探索的精神、勇于创新的精神、敢于批判的精神、严谨求实的精神。而这一切又是人文精神的追求，人文精神是人类文化生活的核心灵魂。因此，科学精神与人文精神必将走向共融。保持对真理和知识的追求并为之奋斗，这是大学人的理想，也是科学作为一项认识活动所体现的最根本的文化精神。这种人文精神是"科学的生命"，这种精神潜藏在每一个科学家心中，令人振奋，给生命以新的意义。正是有了这种精神，科学才成为一项迷人的事业，促使大学人全力以赴，用他们的智慧和才能去扩大、丰富人类的精神世界和精神财富。

四、美学价值

康德认为："美有两种，即崇高感和优美感。"[①] 大学精神的美学价值就是大学的优美感和崇高感。赫钦斯曾说："高等教育的目的是培养智慧。智慧就是关于原理和原因的知识。因此，形而上学就是最高的智慧……要是没有……形而上学，大学就不能存在。"[②] 大学精神的美学价值就在于它"无所为而为"，它体现在大学生活的精彩段落中，体现在大学的每一个角落，体现在大学的一草一木，体现在大学的人文环境和大学人的精神风貌上。

1. 大学思想之美

弗莱克斯纳认为，无论民族传统和民族气质多么不同，大学的学者和科学家都应关注四大任务：知识和思想的保存，知识和思想的解释，寻求真理，训练青年学人成为将来继起的工作者。不论社会如何变化，大学都有责任保存与发扬知识和思想。在大学里，思想的清流时时注入人类的宝藏，对于大学教师来说，激发学生自己探索和使研究者团结合作比学问本身更重要。教师要激发学生的责任感，帮助学生摆脱生活和思想的困境，以发现自己。在大学里，创造性的活动、生产性和批判性的探索必须不断

---

① 康德. 论优美感和崇高感 [M]. 何兆武，译. 北京：商务印书馆，2001：译序7.

② 郑祥福，洪伟. 科学的精神：当代西方科学哲学中的认识论问题研究 [M]. 上海：上海三联书店，2001：34.

地扩大、再扩大。大学必然产生思想家、发明家、教师和学生，他们需要去探索人类生活的现象并努力去理解他们。①

社会批判精神，维护大学的独立自由。大学精神是一种自觉的精神，也是一种批判精神。大学对社会的有效批判，主要来自大学的优良学风。优良的学风正是一所大学的大学精神的凝缩与体现，是大学人读书、治学和做人的风气。大学从其产生的那天起，就具备抵抗强权的品质。现代大学已走出象牙塔，发展成为现代社会的轴心机构，但大学仍应与社会保持一段距离——批判反思的空间，这个空间是为了使大学和大学人在参与社会活动所带来的物质刺激和回报面前，不至于使致力于学术研究的教师和学者们的地位和智慧逐渐被物质所淹没，从而腐蚀掉他们的对学术事业的忠诚和奉献精神。

大学精神所崇尚的个性和独创性，在美学的世界里被作为最宝贵的东西。因为，个性的发现和表达是审美活动的真谛，进入审美的境界，就是培育和滋养我们独具个性的发现眼光，就是保留自己可贵的个性世界。大学生活是一种"诗意的安居"，在大学时空中，大学人认识自己，倾听自己心灵深处的呼声，完善自己和塑造自己；在日常生活的工具理性的压制中释放自己，尽力伸展自己的想象力。这种诗意的生存是未完成的、开放的、需要不断更新的，它既是大学及大学人的遗世独立的思考和批判反思精神，又是大学及大学人对未来和生活抱有的乐观美好的憧憬。

2. 大学制度之美

"大学是在一个制度架构之内完成它的任务的：科学研究、教学、学术训练、沟通"，"大学只能作为一个制度化的实体才能存在。在这样一种制度里面，大学的理念变得具体而实在。大学在多大程度上将理念转化成了具体实在的制度，这决定了它的品质。倘若将它的理念剥离出来，大学就一文不值了。"② 因此，大学精神与现代大学制度是共生的。

中国的大学人在创建世界一流大学的历程中逐渐认识到：要使中国大学在世界大学之林占有一席之地，就必须从基本制度上着手对中国大学进行改革，这包括教师制度、学生制度和学校管理制度。要建立真正的现代大学制度，就必须处理好行政管理权力与大学学术权力的关系，以维护大学自治的传统，尽可能避免政府和社会对大学的过多干预。在大学自身建

---

① 贺国庆，等. 外国高等教育史 [M]. 北京：人民教育出版社，2003：459.

② 雅斯贝尔斯. 大学之理念 [M]. 邱立波，译. 上海：上海人民出版社，2007：108.

设过程中，也要处理好大学行政权力与学术权力的关系，以实现大学作为学术组织的民主管理。

现代大学制度与大学发展密切相关，要确保学术自由，形成大学的内部良性循环与互动，从而使大学赢得好的声誉，以吸引好学生和好教师。大学人对学术自由和大学自治的追求，从更深层次呼唤现代大学制度的创建与创新，大学的进步与发展都需要现代大学制度的有力保障。现代大学制度的创建不仅要依赖外部力量——政府和社会，更应该依靠自身的力量。

3. 大学环境之美

大学人之间的精神交流，大学与社会、大学与社区的交往互动，有利于美化、净化社会环境和社会风气。

大学人文环境之魅力。建筑是有形的历史，学者是无声的思想。"悠久的年代是崇高的。假如它是属于过去的时代的，那么它就是高贵的；如果它是展望着无法窥见的未来的，那么它就具有某些令人畏惧的东西。一座最远古的建筑是可敬慕的"①。古今中外的著名学府的校园设计与建造都有特色。优美、肃穆的校园所发挥的陶冶功能是无与伦比的，是一所大学别于其他大学的独有魅力。"大学校长应该培养一种氛围，一个环境，让所有的教授都能够最好地做他的研究、教学。"② 大学应该提供一种人文环境。因为对大学人来说，生活质量和品位格调十分重要。大学校园必须有浓厚的学术和文化气息，实用清洁，动静皆宜，置身于大学的历史与文化中，丰富着大学人的人文底蕴。

社会的人文环境与大学人文环境的互动。大学的健康成长，也需要一个良好的社会人文氛围。而科技和文化又存在着密切的关系，世界上的科技中心，基本上都是文化中心，一个高科技城市必定是文化城市，这座城市里一定会有著名大学。文化是开放的，大学的文化不能紧锁在校园内，它要走出校园，进入社区和走向社会。大学的校风、学风、工作作风和精神气质对社会生活和社会风气的影响是潜移默化的、不容忽视的。大学与社区的文化互动和资源共享对大学的发展是非常重要的。面对社会问题，社区与大学需要联手共同解决。

[原文刊载于《教育研究》2008 年第 8 期]（柳海民　常艳芳）

---

① 康德. 论优美感和崇高感 [M]. 何兆武，译. 北京：商务印书馆，2001：5.
② 吴家玮. 大学发展战略：资源的获取与管理 [J] // 教育部中外大学校长论坛领导小组. 中外大学校长论坛文集. 北京：高等教育出版社，2002：411-412.

近五年美国高校教师若干问题的研究

　　高等院校是国家学术与科技研究前沿，高校教师是国家科学技术研究的重要力量，美国尤为如此。高校教师的状况不仅直接影响着高层次人才培养的质量和数量，而且直接制约着科学技术的发展水平乃至国家的国际地位及其声誉。美国拥有一个庞大的高教系统，也拥有一支数量可观的高层次教师队伍。了解这支队伍的现有发展状态及其有关的若干问题，对于吸收借鉴其中的有益之处，加快中国高教改革步伐，可能有所启示。

一、美国高校教师队伍成分构成

　　据美国教育部 1992 年发布的报告统计，到 1989 年秋季学期，美国各级各类高校有正式雇员 2 473 116 人。其中，公立院校 1 720 769 人，私立院校 752 347 人；四年制大学里工作的 2 030 365 人，二年制学院工作的 442 751 人；教授约 162 000 人，副教授 116 000 人，助理教授 111 000 人。①

　　美国大学的教职员队伍主要由两大部分人员构成：一部分是被学校当局正式聘用的专业人员，称为 professional staff，约 150 万人，具体包括教学和研究人员、助教和助研、行政管理人员、非教学专业人员；另一部分是被学校当局正式聘用的非专业人员，称 nonprofessional staff，约 90 万人，具体包括技术人员、专业人员助理、办事员和秘书、熟练工人、服务与维修人员。在美国大学，不论专业人员或非专业人员，都有全日制和半日制之分。在上述 2 473 116 名雇员里，全日制身份的为 1 779 044 人，占 71.9%，半日制人员为 694 072 人，占 28.1%；教师和助教约占全部人员的 40%，办事员和秘书约占 18%，其他约为 22%。其各类人员成分的具体比例见表 3‑4。

---

① Snyder T D, Griffith J E. Digest of Education Statistics 1992 [M]. U. S. Government Printing Office, Superintendent of Documents, Mail Stop: SSOP, Washington, D C 20402-9328. 1992: 222.

表 3 - 4   1989 年美国高校中各类人员成分所占比例

工作类型	全日制和半日制		全日制	半日制
	总计	百分比		
所有院校雇员总计	2 473 116		1 779 044	694 072
专业人员	1 531 071	61.9	1 000 396	530 675
教学研究人员和助研、助教	987 518	39.9	524 426	463 092
行政管理人员与非教学专业人员	543 553	22.0	475 970	67 583
非专业人员	942 045	38.1	778 648	163 397
办事员和秘书、技工、熟练工人、	454 373	18.4	366 148	88 195
服务与维修人员	487 672	19.7	412 500	75 202

资料来源：Digest of Education statistics. U. S. Department of Education. 1992：222.

从表中统计可见，美国大学的专业人员占多数，而非专业人员居少数。非专业服务人员比例如此之小，大学还能有效运转，原因何在呢？据了解，在美国大学的学校工作正常运转中，除上述两大类正式受雇于学校的教职员承担工作外，美国大学的共同做法是充分重视和利用了大学本科生和研究生的力量，让他们参与、承担教学、科研和校内服务、管理等各项工作。例如，由研究生兼任助教和助研，不专设此类职称的人从事该项工作；由本科生轮流兼任图书馆馆员、资料室室员、汽车队司机、宿舍管理员、食堂勤杂员、实验准备员、商店售货员、信件收发员等。总之，在学校的各个服务场所，都有学生在那里顶班工作。美国大学的这种做法既可使学校工作不受影响，正常运行，又可大量削减正式人员的编制和数量，减少经费支出，消除正式雇员与学校当局指派不灵等矛盾，同时可锻炼研究生和本科生的工作能力，解决他们的生活费用支出。美国大学的这种人员安排和管理方式有值得我们吸取经验的地方。大学的改革中，人事制度改革是重要内容之一。面对机构重叠、机构臃肿、效率低下、开支庞大诸问题，我们不妨从美国大学的这种管理方式中获得解决膨胀的方法和改革的启迪。

二、工资待遇与社会地位

从总的方面看，美国大学教师享有较高的工资待遇，其年均工资总量，1991 年平均达到 42 147 美元，远高于中小学教师（年均 34 413 美元）。大学教师之所以享有较高的工资待遇，不仅是由于美国学历与工资同步的政策，即不同的学历隶属于不同的工资档次，学历越高，工资越高，而在大学工作的教师又绝大多数拥有硕士以上学历，故工资必然较高，也由于大学是美国高科技研究的中心，大学教师既是教学人员，又是国家科技骨干，他们承担着国家重大科技攻关项目和基础理论研究的任务，在国家科学技术发展中起着重大的作用，因此，受到国家的充分重视，拥有较高的工资收入。

从具体方面看，美国大学教师的工资有五个基本特点：一是学历不同，工资明显不同。据 1990 年的统计，拥有 1—3 年大学学历的男性教师年均工资为 31 734 美元，而拥有五年以上大学学历者为 49 304 美元，相差 17 570 美元。二是学衔不同，工资明显不同。据统计，在 1990—1991 学年度，教授的年均工资为 55 527 美元，而一般教学人员的工资只为 26 372 美元，相差 29 155 美元，差一倍以上。三是教师所在高校层次不同，工资亦明显不同。例如，四年制大学教师的年均工资为 49 408 美元，而二年制学院教师的工资只为 36 645 美元。四是男女有别，性别不同，工资也明显不同。在 1990—1991 学年度，大学男性教师的年均工资为 45 048 美元，而女性年均工资为 35 864 美元（以上数字见表 3 - 5 和图 3 - 1）。五是州与州的大学之间也不相同。例如，加利福尼亚、康涅狄格、新泽西、纽约等州及华盛顿哥伦比亚特区的大学教师工资为全美最高，年人均最高工资达到 52 049 美元；而西弗吉尼亚，南、北达科他，阿拉斯加等州的大学教师工资都比较低，一般只为年均 32 000 美元左右。[①] 至于公立和私立，在中小学里，公立学校教师的工资远高于私立学校，前者年均 26 200 美元，后者为 16 600 美元，但在大学里，公、私立之间没有太明显的区别。如上所述，大学里教师工资分配上的这些明显差别（性别差除外），无疑成了激励教师刻苦钻研、努力奋斗的重要机制，调动着教师去攀登新的台阶，实现更高的价值动机和目标。"一分耕耘、一分收获"的社会反作用力在整个社会形成一种追求高学历的良好学习气氛，促使人民的整体文化素质水平不断提高。

[①] Snyder T D, Griffith J E. Digest of Education Statistics 1992 [M]. U. S. Government Printing Office, Superintendent of Documents, Mail Stop: SSOP, Washington, D C 20402—9328. 1992: 232.

表 3 - 5　1990—1991 学年度美国高校全日制教学人员九个月平均工资

单位：美元

学校层次	所有教学人员	学衔				性别	
类型		教授	副教授	助理教授	教师	男	女
所有高校	42 147	55 527	41 388	34 420	26 372	45 048	35 864
四年制大学	49 408	63 420	44 858	37 815	27 102	52 403	39 767
二年制学院	36 645	44 921	37 637	32 250	28 163	38 462	34 235
公立院校	42 310	55 360	42 091	35 129	26 988	45 075	36 458
四年制大学	47 499	60 536	43 851	36 889	25 647	50 405	38 363
二年制学院	37 064	45 412	38 040	32 671	28 637	38 786	34 741
私立院校	41 743	55 893	39 925	33 088	24 865	44 983	34 307
四年制大学	53 801	69 683	47 341	39 938	31 214	56 915	43 199
二年制学院	24 017	29 535	26 434	24 582	20 868	25 903	22 498

资料来源：Digest of Education Statistics. U. S. Department of Education，1992：231，367-386.

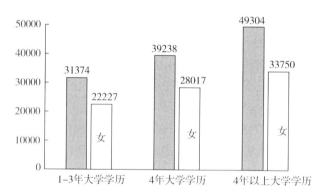

图 3 - 1　不同学历、性别的教师年均收入比较

　　关于教师职业的社会地位，1989 年 5 月美国进行的社会职业志愿调查统计表明，教师职业在社会各行业排名中，名列榜首，位居第二（见表 3 - 6）。说明教师职业在美国社会各行业中拥有着较高的社会声望，大学教师尤其如此。据了解，"教堂或宗教组织"的工作所以为众多的人所选择，名列第一，其原因并非工资待遇高，而主要是出于人们的宗教信仰。如果排除这一因素加以分析的话，那么，教师职业的社会地位就更为明显。

表 3 - 6 **1989 年美国社会职业志愿调查 职业选择百分比**

	学校或 其他教育机构	教堂或 宗教组织	政府部门	医院	社会福利 机构	体育	其他
总计	15.1	37.4	13.2	10.4	9.9	7.8	6.2
男	10.5	35.9	17.2	7.0	10.1	11.8	7.5
女	18.8	38.5	10.1	13.1	9.7	4.6	5.2

资料来源：同表 3 - 5，P.33.

三、学历、学衔、性别、年龄分布与任职资格

从统计数据看，美国当前的大学教师队伍，其整体学历水平以博士为主，学衔以教授为主，年龄以 40－50 岁为主，性别以男性为主。故其整体特征表现为高学历、高学衔、年富力强、男性居多（详见表 3 - 7）。这反映了一个问题，学历越高，女性越少，高学历领域成为男性主宰的世界。这一现象不仅在美国，在中国及其他一些国家也都如此。高学历领域女性变少的原因，恐怕不能完全归于性别差异，亦有众多的社会因素掺杂在内。中国的大学教师队伍相比之下特点则是两端小、中间大——不论学历还是学衔，以中间层次居多。美国大学的教师队伍整体学历水平高，其根本原因是聘用条件的制约。在美国，许多大学规定，谋求大学教师职位的人最低必须具有硕士学位，在拥有硕士学位要求以上学术项目的系科专业，则通常要求需具备博士学位才可能受聘。至于具备学士学位的人，想挤进大学任教几乎是没有可能的。其实在美国大学里，除非专业特殊或缺口较大的冷门学科领域可降低聘任标准，否则，具有硕士学位的人也是很难入围的。只有具备博士学位或博士后研究背景的人才有较大的受聘可能性。有些州立初级学院还要求谋职人员在完成硕士学位以后修读一定的教育课程，并持有该州颁发的从教证明，方可申请学院教师的职位。申请大学教师职业的多重要求说明，在美国并不是随便什么人都可进入大学任教的，只有那些条件比较优越的人才能叩开大学讲堂之门。较高的工资待遇、聘用的多重要求和一定的入围难度，都成为抬高大学教师社会地位的重要筹码，从而保证了大学教师职业一直拥有较大的社会吸引力和较高的社会声望。

表 3 - 7　1987 年秋，美国大学全日制正式教学人员的学历、

学衔、性别与年龄分布　　　　　　单位：千人

总计	性别		学衔						学历				年龄						
	男	女	教授	副教授	助理教授	讲师	教师	其他	学士	硕士	博士	其他	34以下	35—39	40—44	45—49	50—54	55—59	60以上
489	356	133	162	116	111	8	56	36	11	134	276	68	48	72	82	92	74	59	62

资料来源：同表 3 - 5，P. 226-227.

四、师生比例

美国大学的师生比例总的发展趋势是逐渐变小。目前，大学的教职员与学生之比已从 1976 年的 1：5.4 下降到 1989 年的 1：4.8。在同一时期，教师与学生之比已从 1：16.6 下降到 1：15.7，从事管理和其他非教学工作职员的比例已从 15% 上升到 21.9%（见表 3 - 8 和图 3 - 2）。师生比例变小说明三个问题：一是教学班级规模变小，教师的工作效率和设备利用率相对下降；二是教职员尤其是职员人数的增长快于学生的增长，学校的负担越来越重；三是师生比例的膨胀与缩小基本处于自然发展状态，仍无一个权威性的分析来说明大学里的师生比例到底多少为最佳。

表 3 - 8　1976、1987、1989 年美国公私立大学师生比例

年份	所有院校		公立		私立	
	专业人员	非专业人员	专业人员	非专业人员	专业人员	非专业人员
1976 年	9.8	11.9	10.5	12.9	8.1	9.6
1987 年	8.2	11.5	9.0	13.2	6.3	8.2
1989 年	8.2	11.6	8.9	12.8	6.5	9.0

资料来源：同表 3 - 5，P. 168.

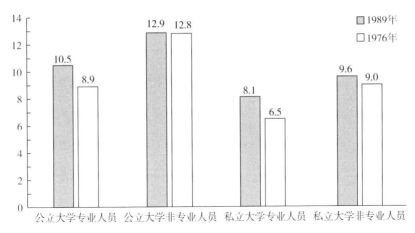

图 3 - 2　1976 年和 1989 年美国国大学学生与专业和非专业人员比例

五、美国大学的"Tenure"机制

英文"Tenure"的中文含义是终身制。终身制是在美国大学特行的确认一名教师终身拥有该工作职位的制度。换言之，一名教师一旦获得了校方批准的 Tenure 职位，便从此拥有了一份可在该校终身工作的保证，从此也再无失业的威胁。

Tenure 始倡于 1915 年，经 1925 年的完善后，到 1940 年作为一种倡议被正式提出。到 1970 年，这项倡议被许多大学的官方决策层认同和采纳，从此成为一种制度开始在美国各大学实行。Tenure 制度的实行，标志着供职于大学的教师一旦成为 Tenure，便从此享有一项社会其他任何各业都不具有的职业优惠。

Tenure 的条件取决于各大学自己的规定。一般地看，成为 Tenure 的条件有六个方面：工作年限、论文和著作数量、科研项目、开课门数、教学质量、工作态度。一般公立大学规定，任职于该校的教师工作满 6 年以上，发表论文和著作 12 篇（本）以上，有一定层次水平的科研项目，工作态度积极，教学质量高，便有资格申请 Tenure。私立大学的条件通常略高于公立大学，如在年限上通常规定为 7 年。至于具体规定，各所大学不同。各个美国大学的 Tenure 机制有三个特点：一是公私有别。在公立大学中，约 63％的教学人员拥有 Tenure，但在私立大学里约为 56％。二是男女有别。在拥有 Tenure 的教师中，男性占比约为 68％，女性占比则约为 45％。三是学衔高低有别。Tenure 职位主要是在教授和副教授中授予，助理教授以下授予比例很小（详见表3-9）。

Tenure制实行以后，毁誉参半。赞成者认为，实行 Tenure 制度，可以激励教师勤奋努力，不断拼搏，不管是一般教师还是拥有高级学衔的教授、副教授，只要没成为 Tenure，便始终处在失业的危机之中。所以，Tenure 可以刺激各层次教师在学术、科研、教学等方面努力，不断完善自我，为学校创造一个良好的教学与科研的竞争气氛。同时，Tenure 作为一种职业优惠，既可吸引更多有才能的人涌入大学，增强大学的社会吸引力，又可提供一种经济补偿，使大学与法律、医疗等高薪领域相比，有独特的诱人优势。反对者则认为，Tenure 制度会使大学的经济负担越来越重，以至无法承受的程度。这是因为，它一方面减少了补充年轻教师的机会，另一方面，对成为 Tenure 以后不求进取、得过且过混日子的人又无法剔除。它还导致教师专注科研，忽视教学，因为科研比教学更容易测量。特别是被评为 Tenure 的教师教学质量下降。关于 Tenure 的争论仍在继续，Tenure 机制仍在实行。我们不妨从美国大学的 Tenure 机制中获得些改革的启示，设计增加竞争的机制。

表 3-9　1990—1991 学年度大学全日制教学人员中拥有终身职位人数百分比

大学层次类型	总平均百分比	不同学衔拥有终身职位百分比					不同性别拥有终身职位百分比	
		教授	副教授	助理教授	教师	讲师	男	女
各类高校	61.1	95.6	80.8	18.5	6.5	7.0	67.7	45.2
四年制大学	65.2	97.2	85.4	9.0	3.5	2.1	71.6	43.5
二年制学院	58.6	93.6	85.2	50.3	15.3	26.8	60.5	51.7
公立院校	62.8	96.3	83.7	21.5	8.2	8.5	69.3	47.3
四年制大学	66.3	97.3	88.3	9.7	4.2	2.4	72.8	44.5
二年制学院	57.0	93.7	85.4	51.0	15.6	26.9	60.6	52.0
私立院校	56.4	93.8	73.5	11.8	1.5	1.1	63.4	39.7
四年制大学	61.7	96.8	76.3	7.1	1.4	1.4	68.1	40.7
二年制学院	45.3	90.2	70.9	29.0	4.3	—	52.8	39.1

六、美国大学教师面临的问题和挑战

失业问题。失业是资本主义社会的普遍现象。失业机制对美国学校来说，是提高员工工作效率和人、财、物利用率的有效方式，然而，对教师是一种灾难和危机。美国大学不同于中小学，它直接受制于联邦和州政府预算的制约，某个系科专业的关闭是随时可能的。学校把教师的所有信息输入计算机，一旦减裁人员的数量确定，计算机便根据早已排列好的顺序由后往前，打出人员名单，然后一纸通知发给本人，被解雇的人真是欲哭无处，欲诉无门，因为系主任可能并不比本人早知道。所以，在美国大学里工作的教师，只要拿不到 Tenure，就时刻可能处于失业的忧虑之中。

开设新课是每名美国大学教师经常面临的挑战。在美国大学里，一名教师开五、六门课是常事。大学实行选课制，如一名教师的课连续两个学期没人选或选者甚少，该课程就可能被淘汰。一名教师被淘汰的课程越多，其被解聘的可能性就越大。所以，一名教师必须时时关注学术领域，不断寻求开设新的课程，提高教学质量，才有可能永远立足于大学，保证自己的工作。

〔原文刊载于《高等师范教育研究》1993 年第 4 期〕

四 上下求索

中国教育学思考

教育学原理：历史性飞跃及其时代价值

——纪念改革开放 *40* 周年

　　教育学原理是教育科学体系中的一门基础性学科，它以研究教育基本理论问题、探求教育一般原理、为教育理论发展和教育实践改革提供综合性研究指导为鹄的。改革开放 40 年以来，中国的教育学原理学科从无到有、从小到大、从弱到强，实现了重大的历史性飞跃，在促进中国教育学学科发展和体系完善、回应教育改革重大需求和重大问题等方面发挥了独到作用。洞见学科发展的重大理论与实践成果，既是总结学科发展经验、向改革开放交出一份世纪答卷的必要之举，也对进一步加强学科反思，开掘学科场域，推进学科发展，助力建设具有中国特色、中国风格和中国气派的教育学原理，具有重要的意义。

一、创立学科，厘清"元"题，推动学科走向科学化

　　一个学科的创立是其存有与发展的前提和本体论承诺，其学科定位与学科属性则为其"是其所是"的实质性规定，是关乎"如何看"与"如何做"的根本性问题。改革开放以来，因应国家经济建设、国民素质提高、教育美好生活期待的时代任务与历史语境，教育学也实现了从书斋到田野、从理性自足到科学发展、从依附精英到面向大众的时代飞跃。特别是21世纪以来，随着教育学知识分化及其科学化进程的推进，教育学在遭遇成为"次等学科""教育学终结"等危机后，走上了奋进之路，肩负起回应现实需要的重任。这一"生存还是毁灭"（"to be，or not to be"）的哈姆雷特之问，促发教育学者和管理部门就此展开了富有成效的研究与讨论。这些有力度的行动对教育学原理学科的确立、学科定位与属性的厘清及教育学原理"元层次学科"地位的稳固助益极大。

（一）创立教育学原理学科

教育学原理旧称教育基本理论，与教育原理、教育概论、教育通论等

混称在一起。改革开放前，在我国具有重要影响的学科建制文件中，未有关于教育学原理学科的专门表达。为适应我国高等师范院校重建的需要，教育部于 1978 年颁布了第一个对教育学具有重要影响的学科建制文件《高等师范院校教育系学校教育专业学时制教学方案（修订草案）》。该文件规定高等师范院校需设"教育理论"课程，包括马克思列宁主义、毛泽东教育思想研究、鲁迅教育思想研究、现代教育技术、教育哲学、教学论和思想政治教育。1981 年，国务院批准的《首批硕士学位授予单位及其学科、专业名单》及《首批博士学位授予单位及其学科、专业名单》都是"教育基本理论"的学科表达。1988 年，《普通高等师范院校本科专业目录（征求意见稿）》中则将教育基本理论等同于教育概论。到 1990 年 10 月，国务院学位委员会和国家教育委员会颁布的《授予博士、硕士学位和培养研究生的学科、专业目录》中开始出现"教育学原理"称谓，其学科代码为 040101。在此基础上，经多次征求意见、反复论证，国务院学位委员会和国家教育委员会在 1997 年 6 月修订的《授予博士、硕士学位和培养研究生的学科、专业目录》中仍然使用了"教育学原理"的学科称谓，学科代码为 040101，沿用至今。教育学原理学科诞生后，学科的主要任务是研究教育中的基本理论问题，探求教育的一般规律，为教育理论的发展和教育改革提供综合性的研究成果。

教育学原理学科名称的确立成为教育学学科发展的一个标志，之于教育学原理学科发展意义重大而深远。它框定了教育学原理学科的研究领域和学科边界，即"研究教育中的基本理论问题，探求教育的一般原理"；它汇聚了有志于从事教育学原理学科研究与教学的领域专家和莘莘学子；它凝聚了教育学原理学科的学术研究主题、研究话语、研究群体和研究活动，并由此孵化出一大批学术研究成果和学科发展平台，如教育学原理学科硕士和博士学位授权点等。教育学原理学科的确立，推动这门学科实现了由少到多、由弱至强的历史性发展，使之成为教育学科群中一个庞大的学科。

（二）厘清学科定位

教育学原理的学科定位及其属性是其在教育学科群中所处的位序及其学科价值。教育学原理是教育学中的基础学科，为其他二级学科提供理论观点和思想方法，为研究各级各类教育提供理论基础。教育学原理也从其他二级学科中吸取养料。教育学原理作为一门学科，在教育学学科体系中属于"原理理论",是基础理论研究学科,是所有教育学分支学科的学科基础,具有"独特的哲学性格"。其"原理理论"表现在,通过经验世界本身来确立新的基本假设,运用分析的方法揭示现象的普遍特征,它是建立于原理(原则)基础之上的演绎推理体系;① 其"独特的哲学性格"表现为一种宏观的、统观全局的学科视野与反思性、智慧性的理论表达,"其他有关学科理论的终点,恰恰就是教育学原理的起点"②。教育学原理不仅要研究教育学自身,澄清基本的概念、命题、理论之含蕴及其相互关系,追求逻辑的自洽完善,为其他教育学分支学科打下坚实的学理基础;而且以人类社会的"全部教育现象为研究对象"③ 去分析和阐明其演变发展的一般过程和规律,揭示其本质。教育学原理的基础学科地位并不意味着其可以取代其他分支学科的理论观点,而是表明它是在人类教育实践和相关理论基础上形成的关于教育总体的基本看法,因而在理论上更具概括性、综合性,对实践具有更为普遍、更为全面的指导意义。④

教育学原理是教育科学体系中的一个组成部分。教育学是学科总体,教育学原理是局部,当然是教育学学科体系中的一个重要组成部分。教育学作为研究培养人的艺术,其肇始时间可以追溯到西方古希腊的柏拉图、亚里士多德,中国古代的孔子时代。教育学原理则在 20 世纪初叶才出现。仅就见诸名称而言,如 1904 年日本迟秀三郎的《教育学原理》、1933 年桑代克的《教育学原理》。20 世纪中叶以后,教育学有了快速发展,涌现了一大批新兴学科。纵向上有学前教育学、职业教育学、高等教育学、终身教育学等,横向上有特殊教育学、成人教育学、远程教育学等,交叉上有教育哲学、教育社会学、教育统计学、教育测量学、教育评价学等,由此构成以教育现象和教育规律为共同研究对象的学科总体,即教育科学。在这诸多的新兴、交叉、边缘学科中,教育学原理是教育科学完整体系中的基础学科,它侧重探求教育的基本规律、基本原理和基本方法。

建设具有中国特色、中国风格与中国气派的教育学原理,必须立足中国语境,明确学科定位,拓展学科边界,开阔学科视野,不断从实践及其

---

① 齐梅,柳海民. 教育学原理学科的科学性质与基本问题 [J]. 教育研究,2006(2):28-32.

② 李瑾瑜. "教育学原理"的名与实:读胡德海教授新著《教育学原理》[J]. 教育研究,1999(6):78-80.

③ 项贤明. 教育学的学科反思与重建 [J]. 教育研究,2003(10):14-18.

④ 李虎林. 胡德海先生的教育学原理学科观及研究方法探析 [J]. 当代教育与文化,2016,8(5):58-63.

他学科中吸取理论养分，守正出新，因应多学科融合日益扩大的时代趋势，他我交融；必须具备专业和朴素两种气质，扎根于中国土壤，通俗而不庸俗，采取多元回归策略，从而赢得广大教育学人的认同。①

（三）明确学科属性

"教育学是科学抑或艺术""教育学是人文科学还是社会科学"，是教育学史上的经典论题，围绕这些论题，基于不同的学术立场和文化语境，学者们提出诸多富有启发性的观点。"教育学是科学抑或艺术"是从教育学"合科学"的面向，对教育学科学化之路的危机之问。有学者指出，"科学"指向"知"，追求符合教育事实的规律；"艺术"指向"行"，探寻指导教育实践的规则。两者的对峙实质上是"科学理论"与"实践理论"的分野。随着教育学作为统一知识体的瓦解，"教育学是科学抑或艺术"这一论题面临着前提性的困境，但又由于其对教育学发展路向的暗示，获得了在现时代的存在合理性。②"教育学是人文科学还是社会科学"论题则是"人的视角"与"社会视角"的立场分疏嵌入教育学的体现。教育以关怀生命、促进生命发展为立场③，以"人的培养"为核心的"精神世界"和"意义世界"为研究对象④，由此规约了教育学是源于生命、基于理解和认同的人文科学属性。有学者断言，"教育学属于人文科学，是经典的、正式的人文科学学科。"⑤ 但教育学的研究对象是一切人类社会中的教育现象，有"宏观教育事业现象"和"微观教育活动现象"之分，研究教育事业现象的宏观教育学，其学科属性倾向于社会科学，而研究教育活动现象的微观教育学，其学科属性则属于人文科学。⑥ 随着教育学知识的分化与整合、教育学多元化发展态势的增强其人文价值取向必然成为教育学内生的学科情怀，而作为综合科学的教育学更有利于教育学学科的自身发展。⑦ 因此，在学科性质上，教育学应该超越人文科学与社会科学两分法，整合

① 柳海民，徐海娇. 推进学科反思　促进理论创新：近年来教育学原理学科发展概观 [J]. 教育研究，2016，37（1）：157-159.

② 程亮. 教育学：科学抑或艺术 [J]. 教育研究，2005（7）：12-19.

③ 冯建军. 论教育学的生命立场 [J]. 教育研究，2006（3）：29-34.

④ 满忠坤. 论作为人文科学的教育学 [J]. 教育发展研究，2017，37（23）：70-77.

⑤ 张楚廷. 关于教育学的属性问题 [J]. 现代大学教育，2012（6）：5-9，111.

⑥ 王鉴，姜振军. 教育学属于人文社会科学 [J]. 教育研究，2013，34（4）：22-29.

⑦ 王洪才. 教育学：人文科学抑或社会科学？：兼与张楚廷先生商榷 [J]. 教育研究，2012，33（4）：10-17.

二者的学科优势，积极主动地汲取自然科学前沿研究的有益养分。通过学科开放、科际整合与视野融合，最终将教育学建设成真正意义上的成熟的综合性学科。① 概言之，教育学是一门以人文学科为学科原点的社会科学。②

（四）创建学科体系

一门学科是否具有逻辑清晰、结构合理、要素完备的内容体系，是衡量其发展水准的重要指标，教材则是体现内容体系、研究成果的集大成者。自 1978 年我国教育学学科恢复重建以来，教育学教材已经从凯洛夫的《教育学》中跳出，形成了中国自己的、符合学科定位的理论体系。它走过了 20 世纪 70 年代复归、80 年代创新、90 年代完善的时代历程，进入学科体系共识阶段。

教育学原理内容体系的创建得益于我国教育学教材建设取得的长足发展，其为教育学原理内容体系的明晰和成熟奠定了坚实的基础。改革开放以来，如雨后春笋般涌现的"普通教育学"性质、影响较大、使用广泛的教育学教材主要有华中师范学院等五院校合编的《教育学》（1980 年）、黄济与顾明远主编的《中师教育学》（1986 年）、王道俊和王汉澜主编的《教育学》（1988 年）、石佩臣主编的《教育学基础理论》（1996 年）、十二校联编的《教育学基础》（2002 年）等。这些教育学教材的核心内容包括教育与教育学的概念、教育的产生与发展、教育本质、教育与社会发展、教育与人的发展、教育目的、教育制度、课程、教学、德育、教师、学生、课外或综合实践活动、教育研究方法、学校教育管理等，可归结为七个"理论原题"，即教育的起源、教育的本质、教育的功能、教育的规律、教育的目的、教育的制度、教育者与受教育者。教育学原理学科的内容体系虽具差异，但就主要研究问题已达成共识，这为教育学原理内容体系的形成开阔了共识空间，扩展了话语平台。

教育原理类教材的不断涌现，为教育学原理确定其内容构成、比较其两者的区别提供了很好的学科参照。一般认为，教育原理是教育学或教育学原理的一个组成部分。既是总体中的一个组成部分，教育原理与教育学原理当同在"原理"，异在"体系"，即两者既然名称不同，实质内容体系

---

① 王建华. 教育之学：超越人文科学与社会科学 [J]. 中国教育学刊，2006（9）：1-4，12.
② 余小茅. 教育学：以人文学科为学科原点的社会科学 [J]. 山西大学学报（哲学社会科学版），2014，37（6）：80-86.

也一定是有所不同的。改革开放以来出版的属于"教育原理"性质或明确标示为《教育原理》的著作、教材有厉以贤的《现代教育原理》（1988年）、陈桂生的《教育原理》（1993年）、叶澜的《教育概论》（2006年）、郑金洲的《教育通论》（2000年）、冯建军的《现代教育原理》（2001年）、柳海民的《教育原理》（2006年）等。富有倾向性的"理论原题"是：教育的基础，教育起源，教育本质，教育功能，教育结构，教育活动及其内容（五育的上位表达），教育途径（教学、社会实践等途径的上位表达），教师与学生等。

教育学的理论体系是所有各类教育学的胚胎，故教育学原理与教育学应有近似的理论体系构成。在彼此近似的理论体系中，教育学与教育学原理似在体系，异在内容侧重，即两者因为内容体系相近而共称为教育学，又因为内容侧重不同而分别称为教育学和教育学原理。教育学原理侧重理论，故可将教育学原理称为理论教育学；教育学侧重应用，故可将教育学称为实践教育学。改革开放40年来出版的教育学原理著作和教材有成有信等编写的《教育学原理》（1993年）、叶澜主编的《教育学原理》（2007年）、扈中平主编的《教育学原理》（2008年）、柳海民主编的《现代教育学原理》（2002年）等。在这些著作和教材的内容体系中，其"理论原题"一直稳定在：教育起源与发展，教育本质，教育规律（教育与社会发展、教育与人的发展），教育目的，教育制度，课程，教学，德育，教师和学生。

二、创生学派，融通理论与实践，提供教育学的发展范式

教育学的学科建设主要靠"立论"，教育学的学派建设主要靠"实证"。真正的教育学学派是在实践中"做"出来的，而不是在书斋里"论"出来的。教育学的学派意识及其实践路向，凸显了教育学研究者以及整个教育学科的主体性，是教育学作为一门自立、自为、成熟学科的重要标志。[①] 中国教育学派的提出，强化了中国教育学的主体意识，凸显了中国教育学发展的民族性与本土化关注。2003年，中国教育学会发表了《中国教育学会关于教育学术界学风建设倡议书》，呼吁"通过教育研究育己、育人，创造出更多、更好的学术精品，孕育出中国的教育学派、中国的教

---

① 靖国平. 从"学科立场"到"学派立场"：论中国教育学的学派意识及其实践路向 [J]. 高等教育研究，2006（1）：76-81.

育家"。21 世纪的中国呼唤教育学派。创生中国教育学派的必要性在于社会和人发展的需要，深化对复杂教育现象认识的需要。学科发展的需要及教育实践的需要；其可能性在于教育学主体的学派意识增强，学科相对成熟，教育家群体的素质得以提高，发表学术著作的渠道相对畅通，以及具有创建学派所需要的组织条件。① 其意义在于独立于相关学派和独立于西方教育学派。其基本路径包括建构性创生和渐进性创生，移植性创生和内源性创生，理论性创生与实践性创生。而宽容与批评意识、独立与整合意识、现实与学术意识是研究者的基本意识。② 风云几秩，"生命·实践"教育学派、主体教育学、新教育学、情感教育学、情境教育学、理解教育学、生命教育学等中国教育学派已破茧而出，并有学派林立、百花竞放之象。

以裴娣娜教授为代表的主体教育理论倡导者认为，教育视野中的"主体"有别于哲学范畴中"主体"的多重规定，主要指"具有社会性的从事着认识和实践活动的现实的个人或社会集团"，包括个体主体和群体主体。其理论脉络是："两个层面"，即"对人主体性的建构"与"对学校作为办学主体的主体性的建构"；"三个体系"，即主体教育的理论体系、实践体系和制度体系；"四个命题"，其一，价值性追求与工具性追求相结合，将责与权真正还给教育主体；其二，在实践活动基础上通过交往促进主体性的发展；其三，在社会化过程中实现个性化；其四，优化育人环境，实现个体主体与群体主体有差异的发展。主体教育研究的方法论范式则是"形而上"的理论引导与"形而下"的实验研究相结合。③

著名特级教师李吉林开创的情境教育，由最初语文学科的情境教学发展到涵盖儿童成长诸多领域的情境教育。她提出情境教育是顺应儿童天性，突出"真、美、情、思"四大元素，以"儿童—知识—社会"三个维度作为内核的教育。情境教育以脑科学的最新成果为理论支撑，将儿童认知活动与情感活动结合起来，形成了具有独特优势的"全面提高儿童素质"的课程范式与操作体系。④ 2008 年 11 月，"李吉林情境教育国际论坛"在江苏省南通市举行，来自国内外的近百名专家学者参与研讨，全面、深入探讨和总结了情境教育的理论价值和实践意义。2013，李吉林老

---

① 易连云，杨昌勇. 论中国教育学学派的创生 [J]. 教育研究，2003 (4)：37-42.

② 李政涛. 论中国教育学学派创生的意义及其基本路径 [J]. 教育研究，2004 (1)：6-10.

③ 裴娣娜. 主体教育理论研究的范畴及基本问题 [J]. 教育研究，2004 (6)：13-15.

④ 李吉林. 情境教育的独特优势及其建构 [J]. 教育研究，2009，30 (3)：52-59.

师在《一个主旋律"三部曲"——儿童"快乐、高效"情境学习范式的构建历程》的报告中展示了进一步对儿童学习本质问题的追问，反思、提炼了最新成果。历经近 40 年的理论建构与实践探索，该成果已享誉中国基础教育界，并于 2014 年获得我国首届基础教育国家级教学成果特等奖。

改革开放 40 年来，我国德育领域形成了富有代表性的情感教育、知性德育、生活德育等德育理论主张，引领了我国的德育研究与实践。其中，朱小蔓教授是情感教育理论的倡导者和实践的行动者。情感教育的理论主张是：对己培养自知自控、自尊自爱、自信自强的情感品质；对人培养同情关怀、仁慈宽容、理解体谅等品质；对自然培养敬畏、爱恋、保护、珍惜等品质；对社会培养亲和、公正、负责、奉献等品质。情感教育的实践策略是以情动感受、体验共鸣为内在机制的情感反应模式和移情共感模式为主，创设情境，再现生活，加深感受，重视觉知，把道德认知与道德体验结合起来，把隐性与显性结合起来，在特定的情感场中，形成特定的道德情感品质。①

2004 年，《教育研究》发表的对叶澜教授的访谈录《为"生命·实践教育学派"的创建而努力——叶澜教授访谈录》，标志着"生命·实践"教育学的正式面世。"生命·实践"教育学历经 30 余年的理论探究与实践探索，已从多视角、多层面形成了若干重要理论成果和实践成就。在理论探究层面，第一，它对"教育是什么"做出了独到的中国式表达："教天地人事，育生命自觉"；第二，对中国文化传统、中国社会发展与教育学发展的关系给出了新的学术回答；第三，对教育学研究的性质定位、人性假设、审美追求、发展内动力与路径，以及"教育学人"自身发展问题等进行了专题探究；第四，对中外著名教育家的教育理论"基因"进行了凝练。无论是夸美纽斯、杜威、苏霍姆林斯基的教育学，还是陶行知、黄炎培、晏阳初等教育流派，其共同的教育学"基石"乃"实践"。"生命·实践"教育学的"基石"是扎根于其中的"新基础教育"学校整体转型性变革。叶澜教授于 20 世纪 90 年代初发起并主持了中国社会转型时期的学校转型性变革综合研究，它以"育生命自觉""成事·成人"等为核心价值取向，以实现当代中国学校整体转型性变革、改变师生在校生存方式和创造学校教育新生活为目标，先后与上海闵行、江苏常州、江苏淮安、山东青岛、广东深圳、福建厦门等地教育局、教研室和百余所中小学开展合作

---

① 朱小蔓，梅仲苏. 道德情感教育初论［J］. 思想·理论·教育，2001（10）：28-32.

研究，持续深入学校现场，参与课堂观察，与师生互动交流，实现了理论与实践双向动态建构意义上的"新基础"。

在理论与实践交互构建的 30 余年学术耕耘中，"生命·实践"教育学形成了以教育学独立学科性为立场，以"生命·实践"为内核基因，扎根教育实践、教育学发展史、马克思主义哲学、当代科学哲学、民族文化精神与传统等命脉根系的当代中国教育学之整体形态。2018 年 5 月，《回归突破："生命·实践"教育学论纲》英文版发布会暨国际研讨会举行，标志着"生命·实践"教育学走向世界。

上述中国教育学派是 40 年来中国教育学理论的里程碑式发展，也是世界教育学的耀眼中国元素。其昭示了，中国教育学界须立志追求中国教育学理论的"原创性"，提升中国教育学人的学术自觉与建设自觉，以中国学派"做"中国教育，将学科意识化入学派知行，贯通学科基因与学派命脉，立足本土亦放眼全球，通过"理论与实践的双向建构"激发教育学原创活力。

三、创新话语，关注重大课题，铸就新的理论建树

改革开放 40 年来，教育学原理学科取得了长足的发展，形成了诸多具有中国特色、中国风格和中国气派的教育理论，对中国的教育改革与教育实践起着越来越重要的作用。长久以来，我国教育理论界围绕"教育·社会·人""教育学的学科立场""教育和国民性""中国话语原创""教育本质""教育先行""元教育学""素质教育""教育现代化""教师专业发展"等重大理论与实践课题展开了广泛而深入的讨论与实践，这些重大的理论与实践成果不仅对促进教育学原理的学科发展具有非凡意义，也对促进我国教育学的发展产生着持续而深远的影响。时至今日，仍然极富生命力与时代意义的典型理论有"中国话语原创""教育本质""教育现代化""教师专业发展"等。

（一）创新中国话语，凸显理论原创

近代以降，教育学建基于科学范式的理论假设及其实践操作之上，呈现了理论陈述的知识样式和规范控制的话语方式，特别是在大众化、全球化语境的今天，传统的、西化的教育学话语方式正在引起越来越多教育学者的"反常感"与"不适感"，因此，构建具有中国特色的教育学话语方式及其体系成为教育学原理的时代课题。从中国教育学学术话语变迁看，

经历了"知识化和专业化"与"超越知识的文化追求"阶段，已进入"构建中国教育学话语体系"阶段。构建具有中国特色、中国风格、中国气派的教育学话语体系，既是中国教育学的内在要求，也是使中国教育学走向世界并在世界舞台上发出中国声音的有效途径。中国表达、中国实践、中国经验、中国文化，是教育学中国话语的四个要素，^① 教育实践是教育学中国话语体系构建的物质基础，丰富的现实生活是教育学学术话语体系的支撑。教育学原理中国话语的现实表达，需要确认教育学话语主体，提高话语自明性；规范教育学话语秩序，提升话语自反力；锻造教育学话语自觉，助推话语创生。^② 坚持问题导向，用自己的话语解读当代中国教育实践变革，以批判反思的方式准确揭示教育实践变革的内在逻辑，学习借鉴人类文明成果。^③ 坚持"本土情怀"与"跨文化视野"的统一，"政治"与"学术"的话语和谐，"逐利"与"育人"话语平衡。

教育理论原创是教育学原理赓续的自主话语创新，是教育研究的理性诉求，是教育创新的价值尺度和导向。很多学者认为，原创性的教育理论是一个需要在多维视野中透视其理论意蕴的多重规定性概念：其一，原创理论应是具有"独立之创""始初之创""纯粹之创""确立之创""突破之创"等品性的"新质获得性存在"；其二，原创理论应是对教育理论产生的"自明性""公理性"前提进行先验批判，从而完成思维跃迁，获得认识成果的"先验批判性存在"；其三，原创理论不可能通过一般的逻辑推理来实现，重要的前提是理论研究者能否在已有的复杂的认识背景中分离、改变解释框架和原则，以新方式体认教育活动的本真内涵，因此，其是一个"逻辑断裂性存在"；其四，原创理论是一个历史的、发展着的概念，表征及其内涵的提问方式与衡量标准都是伴随着各自研究领域的发展、成熟以及与此阶段相适应的人们的"认识论"基础的变化而不断演进的，因而其又是一个"历史过程性的存在"。^④ 然而，由于学术批判力的弱化，问题意识的淡薄，以及教育理论与实践的疏离等原因，^⑤ 我国教育理

① 冯建军. 构建教育学的中国话语体系 [J]. 高等教育研究, 2015, 36 (8): 1-8.

② 曹雁飞. 自我规训：教育学话语自主自持的创生之路 [J]. 中国教育学刊, 2017 (11): 28-31, 64.

③ 刘旭东, 蒋玲玲. 论中国教育学术话语体系的当代构建 [J]. 教育研究, 2018, 39 (1): 18-25, 58.

④ 柳海民, 孙阳春. 再论教育理论的原创性 [J]. 东北师大学报（哲学社会科学版), 2004 (5): 5-14.

⑤ 柳海民, 李伟言. 教育理论原创：缺失归因与解决策略 [J]. 教育研究, 2003 (9): 13-17.

论原创屡遇瓶颈。但学者们勇于直面困境，建构了教育理论原创的多元路径，即提高学术批判力，增强教育研究问题意识，着力推动教育理论向教育实践回归，树立教育研究的超功利关怀，关注本源文化，直面本土对象，创造本土话语，培养创造性的教育理论思维，重建"中国性"的教育知识体系。

（二）诠释教育本质，生发国家战略

对教育本质的探问，既是教育学人的理论自觉，也是见诸教育实践的形上努力。教育的本质是教育的内在规定性，是教育区别于其他事物的根本特性。教育本质问题是所有教育理论问题的"原题"，任何教育论题的展开都以教育本质的在场为内在逻辑。教育本质的核心是回答"教育是什么""教育应该做什么""教育必须做什么"。

人们对教育本质的认识，体现了"由外而内""求同存异"的认识论图景。自 1978 年开启教育本质讨论始，经历了从把教育属性当作教育本质的认识迷雾，到"生产力""上层建筑""双重属性""多重属性""社会实践活动""特殊范畴""生产实践""精神实践""社会化""个性化""产业""非产业"等的百家争鸣，① 终至教育本质认识的渐趋统一——教育是一种培养人的社会实践活动。至此，"培养人的社会实践活动"成为界定教育本质的基本内在"尺度"，我们无论为这一基本尺度添加多少其他属性，都无碍于教育区别于其他社会实践活动的"是其所是"。对教育本质的理解并非单向度、单层次。叶澜教授把对教育概念的界定分为三种：划界式界定、结构性界定与功能性界定，分别从教育与非教育之别、教育的内部结构与教育的价值效应对教育的本质进行了阐释，较全面地勾勒了教育本质的理论脉络，明确了教育本质并不意味着教育本质认识的"大一统"，学术贵在倡新立异。近年来，在不断回顾教育本质论争、总结理论成果的同时，也涌现了一些关于教育本质的再认识，如教育本质的"主体间指导学习说""自为的教育本质观""现象学的教育本质观"等，这些观点逐渐以关系性思维取代实体性思维，从永恒的、固定的教育本质观，走向情境的、开放的教育本质观，对进一步丰富教育本质的内涵具有重要的现实意义。

教育本质讨论的意义和价值是重大而深远的。其认识论上的价值是明

---

① 李润洲. 教育本质研究的反思与重构 [J]. 教育研究，2010，31（5）：11-16.

晰了教育的本质，价值论上的价值是坚定不移地确证和呼唤：教育的初心即基本功能是育人为本。教育发挥了育人为本的功能，才得以促进经济社会发展和中华民族的伟大复兴，使教育成为未来社会发展的核心，推动社会生发了科教兴国、教育优先发展的国家战略。其本体论上的价值则是揭示了教育规律。育人为本、优先发展要达到预期目标和理想效果，就必须始终遵循教育规律，适应和促进社会发展对人才的迫切需求，适应和满足受教育者的身心特点和身心发展，培育德智体美等全面发展的社会主义建设者和接班人。其实践论上的价值主要表现在：按照教育本质要求发展教育，遵循教育规律办好教育。革除教育时弊和功利行为的教育主张，成为素质教育这一世纪性教育改革工程的重要理论基石和核心内容，并推动建立基于人的全面发展的创新教育新形态。其方法论上的价值则是改变了教育研究范式，推进教育研究和教育研究者走出"象牙塔"，投身火热的教育改革实践，在研究教育发展重大问题和解决教育改革重大需求的过程中建功立业，彰显教育研究的现实价值。其矛盾论上的价值是有助于认识中国教育的特殊矛盾，针对中国特色社会主义的社会发展道路、中国人口多地域差别大的发展情境、不同历史时期社会基本矛盾不断变化等现实要求，对不同时期、不同地域、不同类别的教育改革给出富有动态性、针对性和有效性的国家理念与国家设计、国家方案与国家策略，持续提升教育理论的理性魅力和其生命力。①

（三）构建教育现代化，推进未来布局

1983 年，邓小平为北京景山学校题词："教育要面向现代化，面向世界，面向未来。"教育现代化的主张一经提出，在教育学学术场域的延展便与中国其他领域的现代化话语、西方现代化理论以及中国学术生产机制密切交织，开启了中国教育现代化的理论建构与实践探索的热潮。它历经 20 世纪 80 年代的萌芽初探、20 世纪 90 年代中期的蓬勃发展，到 21 世纪的全面总结与再布局，40 年坚持不懈地致力于中国教育现代化的伟大建设历程。这些庞大的研究基数体现了教育基本理论界对其"纵横交错的切入视角""内外交融的问题把握""观念与策略多元呈现"的"贯通式"把握与存异求同，其理论构建"大致是按照诸如概念、特点、内容与体系、

---

① 雷江华，金保华. 教育本质论争的历史回顾及价值［J］. 河北师范大学学报（教育科学版），2012，14（7）：18-22.

指标、途径、反思等逻辑维度展开"①。

明确、刷新其实质内涵。 所谓教育现代化,是将社会现代化的理念全面对象化为教育现实,将传统教育全面转向现代教育的过程。教育现代化不是简单地否定传统教育,而是在新的历史条件下对传统教育的扬弃与改造,通过对传统教育的选择、改造、发展和继承得以实现,具有强烈的时代性。教育现代化是教育思想观念、教育体制机制、教育内容资源、教育方式方法、教育设备手段、教育管理评价、教师专业素质等全方位的现代化,其核心是"人的现代化"。人的现代化的实质是人的现代性及其实现,教育现代化的本质是教育现代性的增长,教育现代性的框架由教育的多样性及人与社会现代化的客观要求决定。②

开发、完善其评价指标。 有学者从资源、质量、公平性、持续性、管理及生命活力等角度确定学校教育现代化的指标体系。③ 有研究在实证积累的基础上,从教育理念、体系建设、投入保障、管理制度、教育普及、教育质量、教育公平及服务贡献等方面,设计开发面向国家、区域、省份或特大城市的教育现代化监测评价指标体系。④ 有学者对教育现代化评价指标进行了系统研究,在对照借鉴 CIPP 评价模型及我国各地评价指标的基础上,确定了教育现代化评价的四个基本指标(背景指标、投入指标、过程指标、产出指标)与五个综合指标(布局合理度、发展均衡度、学习化社会、教育满意度、改革影响力)。⑤

强化传统与人文反思。 要跳出教育现代化的"文化负累"思维,认识到传统并非教育现代化的对立面,中国教育现代化既不能固守传统,亦不能抛弃传统,而是要在传统与现代的"延传变体链"上重构教育传统,实现传统与现代的整合。⑥ 首先要更新传统,确定传统的现代意义,尊重它在现实教育中的反映和价值。同时,整合应具有强烈的开放性,加强与

---

① 孙阳."教育现代化"的可能诠释:知识社会学路径的话语研究 [J]. 华东师范大学学报(教育科学版),2014,32(1):50-57.

② 褚宏启.教育现代化的本质与评价:我们需要什么样的教育现代化 [J]. 教育研究,2013,34(11):4-10.

③ 邬志辉.学校教育现代化指标体系的建构设想 [J]. 民办教育研究,2003,(5).

④ 董焱,王秀军,张珏.教育现代化发展评价指标体系研究 [J]. 教育发展研究,2012,32(21):55-58.

⑤ 杨小微.教育现代化评价之核心指标三问 [J]. 教育科学研究,2015(7):5-9.

⑥ 胡金木,栗洪武.在"延传变体链"上思考中国教育现代化 [J]. 华东师范大学学报(教育科学版),2017,35(2):92-98,124.

世界各国文化教育的相互沟通和整合。① 另外，需要重新审视教育现代化进程中的人文向度，以应对"科技发达背后的危机""经济富裕背后的贫困"以及"教育成果背后的失败"等现代性困境。

阐明未来战略方向。 教育现代化的未来努力，要坚持正确的政治方向，推进中国特色社会主义教育理论体系研究；明确教育的重要战略地位，加快推进教育供给侧结构性改革，办好优质公平教育，统筹城乡教育协调发展；继续深化教育改革，鼓励教育创新，推进我国教育治理体系和治理能力现代化；加强推进教育现代化的实践探索和科研指导，以教育信息化推动教育现代化，提高服务决策及社会发展的质量和水平；着力引领社会舆论，营造教育事业科学发展的良好环境；着力探索教育科研战线协同攻关、集成创新的新途径、新机制等。②

（四）关注教师专业发展，助力教师成长

教师专业发展是实现人才培养、推动教育改革、促进国家发展的关键。我国自20世纪90年代明确提出教师专业发展问题以来，其迅速成为广大教师、教育学和心理学理论工作者及教育决策者关注的焦点，所取得的研究成果十分丰硕。

教师专业发展的本体研究。 一是明确其内涵，即教师专业发展是指教师的专业情意、专业知识和专业能力不断内在化、深刻化、完善化和个性化的过程，表现为教师专业信念与理想的坚持与追求，专业情感与态度的深厚与积极，专业知识与技能技巧的丰富与娴熟，教学风格和品质的独特与卓越。③ 二是明确其知识维度，即教育知识、学科知识、学科教学知识和通识性知识。三是探索其特征，即教师专业发展既具特殊性、时代性、文化性，④ 也具发展要素的内生性与自觉性、过程理解的阶段性与动态性及发展状态的非终结性⑤。四是建立从招生环节、培养环节、入职环

① 周鸿. 教育现代化：传统与现代的整合 [J]. 教育研究，1997 (6)：18-22.
② (1) 童世骏，徐辉，陈锋，等. 聚焦2035中国教育现代化（笔谈）[J]. 中国高教研究，2018 (02)：18-21；马晓强，崔吉芳，刘大伟，等. 中国教育现代化发展的总体趋势和挑战 [J]. 教育研究，2017，38 (11)：18-27；田慧生. 协同创新 提高质量 为加快推进教育现代化提供智力支持 [J]. 教育研究，2017，38 (3)：9-15.
③ 王鉴，徐立波. 教师专业发展的内涵与途径：以实践性知识为核心 [J]. 华中师范大学学报（人文社会科学版），2008 (3)：125-129.
④ 胡定荣. 教师专业标准的反思 [J]. 高等师范教育研究，2003 (1)：38-41，48.
⑤ 刘万海. 教师专业发展：内涵、问题与趋向 [J]. 教育探索，2003 (12)：103-105.

节及职后提高等方面一体化的教师教育质量保证体系。① 五是建构由教师
自我更新、专业学习、发展机制、发展环境及教育大数据等构成的教师专
业发展理论模型。② 六是聚焦教师专业发展的未来走向，夯实教师专业发
展的政策基础，着力于基于专业标准的教师专业发展模式创新，实现政策
制定者与理论研究者的协调。③

教师专业发展的多学科路径。 从哲学的角度研究教师专业发展成为
普遍范式。如有学者在关于教师专业发展的哲学主体性思考中建构了教师
主体性的结构，即教师主体性集中体现在独立自主性、自觉能动性、创造
超越性和独特性四个方面，以及发展的主体意识、主体能力、主体人格和
主体价值四个层次。④ 从心理学角度研究教师专业发展也是一种值得关注
的范式。如有学者借西方学者关于"教师焦虑"的研究成果研究教师专业
发展，指出了教师的五种焦虑，即身份—结果焦虑、投入或努力焦虑、专
业能力焦虑、影响焦虑及公平焦虑。⑤ 从社会学角度研究教师专业发展，
更多地以"教师专业社会化"或"教师社会化"为命题，应用功能主义研
究范式、解释主义研究范式和批判理论研究范式等，基于不同文化语境，
为教师专业发展提供了多样化的诠释。⑥ 教育学对教师专业发展的研究重
点集中在讨论教师与课程的关系上，一是教师外在于课程说，二是教师与
课程良性互动说。⑦ 另有诸多研究采取了管理学、文化学、生态学、复杂
科学等科学理论与方法的阐释进路。学科视角虽然众多，但讨论的问题和
研究的宗旨只有一个，同时，没有一个可通用的发展范式。要激励教师专
业发展、提高教师发展质量，必须考虑多种因素，应用多种方法，选择多
种路径，实施多元政策。

教师专业发展研究的多元方法论。 目前，关于教师专业发展研究的

---

① 朱旭东. 教师教育标准体系的建立：未来教师教育的方向 [J]. 教育研究，2010，31（6）：30-36.
② 朱旭东. 论教师专业发展的理论模型建构 [J]. 教育研究，2014，35（6）：81-90.
③ 吴文胜. 基于专业发展的教师政策回顾与展望 [J]. 教育科学研究，2018（1）：38-42.
④ 李骏骑，李春燕，李峻巍. 关于教师专业发展中的主体性思考 [J]. 教育理论与实践，2005（18）：33-34.
⑤ 李骏骑，李春燕，李峻巍. 关于教师专业发展中的主体性思考 [J]. 教育理论与实践，2005（18）：33-34.
⑥ Zeichner K M，Gore J M. Teacher Socialization [A] //Houston W R，Haberman M，Sikula J. Handbook of Research on Teacher Education [C]. New York：Macmillan Publishing Company，1990：329-332.
⑦ 朱旭东，周钧. 教师专业发展研究述评 [J]. 中国教育学刊，2007（1）：68-73.

方法论呈现多元化趋势，主要有以下四种。一是理性思辨方法论。哲学、教育学、管理学等学科对教师专业发展的研究多是以理性思辨的范式进行的，其是教育学原理的基本方法论。二是实证主义方法论。从心理学学科视角研究教师专业发展多采用此类研究方法论。三是人文或解释主义方法论。质性研究是这类研究采用的主要方法，如教育叙事、教师生活史研究、教育人种志等。四是批判主义方法论。这种批判主义方法论在女性主义教育学、马克思主义教育学对教师专业发展的研究中有充分体现。后现代主义的教师专业发展理论中提倡的教师参与社会变革、教师的批判反思精神等也体现了批判的向度。

学者们对教师专业发展的深耕，催生了我国教师教育学的理论成型，全面提高了教师教育研究的理论水平，拓展了其理论视野和理论资源，为教师教育学科建设、教师教育改革决策和教师专业发展提供了全方位的理论支撑和实践依据。

［原文刊载于《教育研究》2018 年第 7 期］（柳海民　邹红军）

困境与突破：论中国教育学的范式

"范式"是美国科学史家库恩（T S Kuhn）创立的一个重要理论，也是他"科学革命动态发展模式"的重要基础。库恩在《科学革命的结构》（*The Structure of Scientific Revolutions*）（1962）一书中提出了"范式"（paradigm）概念，其原意是"语法中的词尾变化"，库恩借用它来表示范畴、模式、模型等，后又扩大到表示包括范例等的重大科学成就以及某一科学共同体成员共同遵循的一整套规定。库恩的"范式"概念是由科学理论要素、社会心理要素和形而上学要素三部分组成的复杂结构网络，是规律、理论、标准、方法等构成的一整套信念，是某一学科领域研究者的世界观，它决定着某一时期科学家们秉持的共同信念、价值标准、理论背景、研究方法和技术路线等。具体而言：（1）范式是一种全新的理解系统，即有关对象的本体论、本质与规律的解释系统；（2）范式是一种全新的理论框架，即构成该学术群体的研究基础、研究范围、概念系统、基本范畴和核心理论；（3）范式提供的是一种全新的理论背景，即一个学术共同体学术活动的平台和论坛；（4）范式是一种方法论和一套新颖的基本方法；（5）范式表征一种学术传统和学术形象，标志着一门学科成为独立学科的"必要条件"或"成熟标志"。必须看到，这五个方面均体现为对科学研究的各种信念、认知成果、研究方法的整合与升华。因此，从这一意义上说，范式的实质是科学活动的整合和升华，范式的转变实质上就是一套全新的发现问题和解决问题的方法的转变。

库恩的科学观是一种动态理论，它关于科学发展的图式可以表述为：前科学—常规科学—科学革命—新的常规科学—新的危机。因此库恩认为，范式在科学发展中起着十分重要的作用，范式的形成标志着从原始科学到成熟科学的重要转折。在常规科学时期，范式决定科学的各个方面，科学共同体在范式框架内从事高度定向的解难活动，这些活动标志着科学的进步。当旧范式面临反常和危机，为新范式所取代时，科学革命便会发生。科学革命标志着科学发展的又一重大转折，标志着科学共同体以一种全新方式看待世界，同时意味着新的常规科学的到来。因此，研究"中国教育学的范式"对于中国教育学的健康发展具有重大意义。教育学的范式作为教育学发展进程中人们对教育学具有支配地位的看法和公认的系统性思想体系，特别是作为处理教育学问题的依据，以一种范式规定了教育学的建构准则，指明了人们借以选择和明确探究的教育学问题，决定了教育学者的研究方法和研究程序。同时，教育学的范式除了具有维持教育科学处于稳定状态以及给共同体提供一种解题规范和范例的作用，还具有一项基本功能，即学科规训作用。也就是说，教育学的范式能够约定教育学科的边界，并使教育学科的边界成为清晰透明的领域。显然，教育学的范式正是由于具有了这种隐性的学科规训作用，从而可以保证教育学共同体成员的程序化工作，引导教育科学的健康和稳定发展。

一、教育学范式的中国历程

在中国教育学的发展历程中，我们一直把教育理论或教育科学发展的希望寄托在引进后的自立上，以至于曾经长时间被动地接受着来自西方和苏联的教育学的灌输，被"西方范式"和"苏联范式"长期困扰，没有形成属于自己的独立的教育学范式。事实上，类似的现象也出现在法学等其他人文社会科学的发展历程中。在西方现代性范式的支配下，西方范式一度成了界定和评价中国理论的依据和标准，一些学者并依此而建构和规划中国理论发展的现代化目标及其实现道路。虽然"他山之石，可以攻玉"不无道理，但是必须承认，中国教育学发展过程中自我意识薄弱和本土情怀匮乏所引发的教育学范式危机，已经严重阻碍了中国教育学的健康发展。

（一）"苏联范式"的影响

中国教育学风风雨雨走过的艰难历程中，曾经对我国教育学范式产生过深远影响的，当属 20 世纪 50 年代传入我国的苏联凯洛夫教育学。苏联教育家凯洛夫率先把马克思主义的基本原理应用于教育学科探索，把教育学分成四大块——教育学总论、教学理论、德育理论和学校管理理论，从而建构了较为全面而系统的教育学科体系，这也成为现代教育学科的基本范式之一。凯洛夫教育学传入我国后，很快成为我国教育学科的标准范式。随着凯洛夫教育学著作的翻译出版，我国掀起了学习凯洛夫教育学的热潮。其主编的《教育学》也成为师范院校教育学教科书的蓝本而被广泛流传。据统计，凯洛夫主编的老本（1948 年）《教育学》在我国印刷 1 次，印数为 291 516 册；新本（1956 年）共印 8 次，印数为 193 897 册；老本、新本总计印数为 50 万册左右。当时（1957 年）的城市中小学教师几乎人手一册。从某种意义上说，凯洛夫教育学对我国教育学的发展，尤其是教育学教科书的建设，产生了持久的烙印式影响。北京师范大学 1956 年编写的《教育学讲义》即完全沿用了此范式。20 世纪，我国教育学教科书从五六十年代的初步建设到八十年代的大量涌现，亦都建立于此范式之上。南京师范大学 1980—1984 年组织编写的《教育学》是一本教育理论界普遍认可的比较成功的教育学教材。尽管其在具体内容组织上不乏自身特色，使教育基本原理、教学理论、德育理论和学校管理理论各自有了较为清晰的理论脉络，但是，整体基本框架依然沿袭了凯洛夫的教育学范式。

20 世纪 50 年代前后，中国的政治、经济、文化等处在新制度的初建中，当时，苏联与中国社会制度相同，在建设社会主义的道路上先行了一步，全面学习苏联是正常的。苏联教育学范式对中国教育学发展的重大贡献是：为我国了解教育学的性质和逻辑架构提供了具体的范本，为建立我们自己的教育学奠定了十分必要的认识基础和理论基础，亦提供了展开教育学研究的基本思路。但由于当时和后来国情的原因，我国教育学者的视野受到限制。国际比较的严重缺乏和可用资料的严重匮乏，使很多学者误将苏联教育学当成经典框架，久经熏陶形成的思维定式和评价标准影响了我国教育学的研究思路，延缓了教育学的发展进程。这种情况直到 20 世纪 80 年代中国改革开放后才发生转变。

（二）"西方范式"的浸入

中国本土的教育学在"文革"后得到了前所未有的发展。总体而言，这一阶段的学科建设不断加强，学术观点趋向多元，学术视野日渐拓展，国际交流日益加强。教育学发展的原因可以归为两个方面：一是西方教育学浸入的启迪，二是中国教育学者的拼搏努力。中国自 1979 年开始便掀起了一股翻译、编译西方教育学和教育理论成果的热潮，如联合国教科文组织编著的《学会生存：教育世界的今天和明天》（上海译文出版社 1979 年版）、奥恩斯坦著的《美国教育学基础》（人民教育出版社 1984 年版）、范斯科德等著的《美国教育基础——社会展望》（教育科学出版社 1984 年版）、罗伯特·梅逊著的《西方当代教育理论》（文化教育出版社 1984 年版）、赫尔马·

格·弗兰克著的《未来教育科学入门》(中国世界语出版社 1986 年版)、佛罗斯特著的《西方教育的历史和哲学基础》(华夏出版社 1987 年版)、米亚拉雷等著的《教育科学导论》(光明日报出版社 1989 年版)、布鲁巴克著的《教育问题史》(安徽教育出版社 1991 年版)、杜威著的《民主主义与教育》(人民教育出版社 1994 年版)、拉伊著的《实验教育学》(人民教育出版社 1996 年版)、怀特著的《再论教育目的》(教育科学出版社 1997 年版),以及教育研究方法、教学论、课程论等方面的论著不下几十本。这些西方教育学著作的引入,大大开阔了中国教育学者的视野。它们不仅为中国教育学研究注入了新的资料,提供了新的理论和方法,更为重要的是,为中国教育学研究的深化和发展呈现了新的范式和思路。它们启示我们:教育学的研究不仅要关注宏观,更要关注微观;不仅要研究理论,更要深入实践;不仅要有量化,更要有质化;不仅需要演绎继承,更需要归纳创新。一种原创教育理论的形成不是来自相互模仿和反复推演,而是来自多年实验后的理论升华;不是凭空"想"出来的,而是扎根"做"出来的。

中国教育学者在吸收借鉴西方教育学发展范式的同时,开始了中国化教育学的建设历程。从 1978 年北京师范大学教育系率先编写《教育学讲授提纲》开始,各版本的教育学教材如雨后春笋般迅速登上教学舞台。到 2006 年为止,已有 300 余个版本问世。近三十年的建设过程大体可分为两个大的阶段。前十五年基本上是应教学急需致力于《教育学》教材建设的阶段。这些《教育学》虽版本不同,但逻辑架构、内容体系大同小异,就整体架构而言,尚未摆脱苏联范式的影响。后十五年则是开始独立建构、体系创新的十五年。这个十五年,中国的教育学有了明显发展。标志是:教育学的逻辑架构开始跳出苏联教育学的框架,研究重点开始由热衷于编写教材转向撰写质量更高的专著;由关注普通教育学的内容建构转向学科分化的深度建设;由传统的研究方法转向与新方法的兼容并用,教育学出现了一个更加繁荣、多样的发展局面。这期间,不仅出版了一批质量较高的教育学教材,如修订后的"五院校"的《教育学》、南京师大教育系编的《教育学》、东北师大石佩臣主编的《教育学基础理论》等,更有一批推动教育学走向深化和分化的力作问世,如厉以贤主编的《现代教育原理》、成有信主编的《现代教育引论》、孙喜亭的《教育原理》、叶澜的《教育概论》、金一鸣的《教育原理》、胡德海的《教育学原理》、黄济和王策三主编的《现代教育论》等。这些著作,无论在内容体系还是理论深度方面,都达到了全新的历史水平。

然而，由依赖心理所引发的诸如"引进"情结、缺乏原创性研究等问题依然存在。由于教育学研究缺乏学术创新思维和自觉意识，中国教育学界与国外教育学界相比的弱势状态及学术流向的单向性并未彻底改变。我国教育学学科体系的建设和发展尚处在过程之中，"盲目移植"西方范式同样会导致教育学科缺乏时代特征和中国特色。究其根源，一方面是出于拘泥于西方范式和相关学科模式，另一方面是不善于从本国广阔而丰富的教育改革实践中获得灵感。

（三）中国教育学范式的学理内涵

范式作为一个科学共同体成员共同遵循的理论信念、价值取向（或价值关怀）、思维方式、概念系统和技术手段的总和，为研究者提供了一种观察世界的视野与理论参照的体系，并进而形成了一门学科的理论传统和研究取向。由此研探中国教育学范式的学理内涵，我们可以厘定其应具有以下三个基本要点：其一，已有的教育学传统。它不仅表现为教育学的理论形态，还包括教育理论的形成、应用，以及相关研究所运用的技术、材料等非理论形态的东西。其二，已经得到教育学共同体公认的研究和建构模式，以及教育学共同体开展教育科学研究活动的共同信念、规范、过程和操作策略。其三，应用方式与评价体系。一定时期既定的应用方式和评价体系，一方面可使教育学范式所代表的研究传统得以延续和发展，另一方面也将最终导致该范式下的科学共同体走向破裂，原有范式被新的范式所替代。概言之，"中国教育学的范式"是在一定历史时期内中国教育学工作者群体在教育学领域中秉持的共同信念和遵循的研究模式，这种信念和模式影响与制约着彼此的共同基本观点和基本理论方法，为研究提供了类同的教育学理论框架和问题解决框架，从而形成中国教育学领域的一种共同研究传统和发展趋向。

二、中国教育学范式体系

理论范式、学科范式和研究范式是中国教育学范式的三种基本类型。

（一）理论范式的困境与出路

理论范式是指教育学的理论框架、理论模型、思维方式以及理解教育现实的思想体系与教育科学共同体的共识性理性遵循。理论范式的缘起是本土性，或者说理论范式最终只能在本国的教育实践中抽象、检验和发展。长期以来，由于政治影响下的仿苏思想、西方文化的影响以及我国学者原创思维的缺乏，实质性的中国教育理论范式并未真正形成。与此同时，真正扎根于我国本土的非权威和非系统性教育理论备受冷落、少有人问津。久而久之，真正结合我国实际的本土化理论范式凤毛麟角。脱离了中国教育实践的理论范式丧失了"本国实践"这一理论研究的基本立足点。事实上，在实践中真正对中国产生过较大影响的教育理论无不是本土化的，比如陶行知、陈鹤琴等的教育理论就是如此。亦诚如毛泽东在著名的《实践论》中所说的："知识的问题是一个科学问题，来不得半点的虚伪和骄傲，决定地需要的倒是其反面——诚实和谦逊的态度。你要有知识，你就得参加变革现实的实践。你要知道梨子的滋味，你就得变革梨子，亲口吃一吃。你要知道原子的组织同性质，你就得实行物理学和化学的实验，变革原子的情况。"①

表面来看，中国教育学的理论范式危机是"苏联范式"和"西方范式"的"猖獗肆虐"。但稍做实质性的考察，我们便可发现，理论范式危机的根源仍是教育理论与教育实践脱节的问题。道理很显然，正是因为本应相互"滋养"的教育理论与教育实践严重脱节，我们才会"巧"取西方范式和苏联范式演绎下的非本土理论范式，替代本应在中国本土催生的理论范式。应该说，中国教育理论对教育实践的诠释能力和指导能力的弱化，根本原因可能在于教育学理论视野狭隘、远离教育现实。"问题及其解决是理论生成的出发点和归宿，问题意味着智慧。人们发现了问题，往往意味着人们有了新的思维方式和新的研究视角，才会有破旧立新之举和原创性的成果。"② 教育理论研究致力于基础理论的建构和概念体系的阐释是无可非议的，可是，以此为藉规避教育具体现实问题的解释和解决，一味关注理论前沿的思辨与探讨，担当专职评论家、指挥者，这既不是一个负责任的教育研究者的所作所为，也很难为教育实践者所接受。中国的教育理论要从中国的教育实践中生成，这就需要众多真正踏实扎根于中国教育现实的研究者去躬身实践。在理性上，有些研究者心知肚明地知道要消解理论与实践的鸿沟就必须走出原有狭隘的生活空间，但回到现实中却始终不肯从"高阁深院"中走出。触摸不到真实的教育情境，则理论研究者只能在教育问题的诠释领域花费工夫。在教育理论研究中，缺失了问题意

---

① 毛泽东.毛泽东选集：第1卷 [M].2版.北京：人民出版社，1991：287-288.
② 柳海民，李伟言.教育理论原创：缺失归因与解决策略 [J].教育研究，2003 (9)：13-17.

识就缺少了中国语境下产生的教育问题，打上中国印记的教育理论也就很难产生。

虽然理论与实践出现裂痕不可避免，但"距离是障碍，是困难的本源。"① 过度脱离实践的教育理论，原本就是无根之论。事实上，真正的思想学术大师并不是那些蜗居于自己书房中的人，而是那些始终能与现实生活保持密切联系，并从生活中汲取激情和灵感的人。实践哲学已经昭示我们，教育理论与教育实践具有本然统一性。这也是理论范式无法逾越的生成逻辑。"教育理论应当始终保持它应有的实践品格，让教育实践完整地表达自身。教育理论不应当是对教育实践的抽象反映，教育实践也不是教育理论的机械应用。教育理论与教育实践是参与的关系，教育理论总是表现在具体的教育实践中，在参与人与人之间的教育活动中成就并实现着自身。因此，教育理论不仅是理论的，而且是实践的；教育理论的价值不仅仅在于'认识到什么'，更重要的在于'实现着什么'；教育理论的意义也不仅在于得到一个概念认识的结果，还在于一个不断实现的过程。教育理论和实践就在参与和实现中表现出本然的统一，教育理论亦在这种参与和实现关系中获得其合法性和有效性。"②

（二）学科范式的困境与出路

学科范式是指教育学的认识模型、展现教育世界的理论框架和整理教育现象的方式，通常以教材的理论框架和体系来呈现。学科范式的形成通常与三个因素有关：历史、思维与需要。中国教育学是一门十分年轻的学科，即使从 20 世纪二三十年代开始出现教育学的学科范式算起，也不过一百年的时间。中华人民共和国成立后，新的社会制度和社会意识形态性质决定了教育学科重建的必然性。关于思维因素，主要是指在一段相当长的时间内，很多研究者依赖的都是一种演绎思维模式。演绎思维的主要功能是参照、模仿和验证真理。表现在学科范式上是模仿他人的学科架构，难以形成独立的理论体系。需要是指一种紧迫感。我们今天所以强调要创新，要建立自己的学科范式，一方面是因为我们有了一定的历史基础，另一方面更是独立于世界学术之林的需要。中国的教育学发展到今天已经有了长足的进步和自己的特点，但存在的问题也很明显。这些问题主要表现

① 杜威. 哲学的改造 [M]. 许崇清，译. 北京：商务印书馆，1997：64.
② 宁虹，胡萨. 教育理论与实践的本然统一 [J]. 教育研究，2006（5）：10-14.

在学科范式的"依附性"。目前中国教育学的发展还不够独立，教育学严重地附着在其他相关学科上。50 多年来，教育学在太多的束缚与依赖中建立，它既受到意识形态的控制，跟随着国外教育学科不断变化，还受到学科性质的自我局限，依附于其他学科。应该说，教育学欲形成自己的理论体系，借用和移植其他学科的部分理论架构、充分关注其他学科的发展境况，从而不断充实自身，对探索和建立完整完善的教育学科而言，必要且有益。但在"幸"的同时，也有"憾"的一面。这就是：由于过多依附于其他学科，教育学所研究和探讨的问题常可还原为哲学、伦理学、经济学等学科的问题，教育学自身独立的对象域反而被遮蔽。诚如教育学的创始人夸美纽斯所说："有关教育问题的讨论因缺乏知识基础使得一种令人满意的教育理论一直没有出现，并导致教育理论的研究过分依赖于业已形成的那些知识体系——尤其是哲学、心理学和社会学。"[1] 固然，教育学在其发展完善的过程中，需要从其他学科汲取营养，重视与不同学科的知识整合。但是，各种理论都有其特殊适应的对象和背后的基本假设，不当的移植很可能会误用其建立的知识体系和方法适切性。不加选择、检验与批判的"拿来主义"和不分青红皂白的蜂拥而上，显而易见是有害的。

现代教育学肇始于夸美纽斯的《大教学论》，他提出的人与教育、普及教育、统一学校、班级授课制、教学内容、教学原则、教学方法等重要思想奠定了现代教育发端的学科范式。但是，夸美纽斯的教育学尚处于初创阶段，不能视为教育学基本学科框架的经典范式。直到赫尔巴特《普通教育学》中引入了教育目的、多方兴趣、性格、道德等话语，在伦理学的基础上建立了教育目的论，在心理学的基础上建立了教育方法论，首次将教育学分成三大板块（第一卷，教育的一般目的；第二卷，多方面的兴趣；第三卷，性格的道德力量），现代教育学学科的准范式才得以诞生。"中国近代教育学科各科目的发展，其起点都是由国外'引进'的，连最'中国'式的学科'中国教育史'在 20 世纪的第一本著作，也是译自日本学者撰写的……近代中国教育学以'引进'为发展的起点，已成为不争的事实。"[2] 的确，先学日本、再学美国、后学苏联，是我国教育学走过的三个基本阶段。这个"三部曲"不但反映了我国社会、政治和经济发生的巨大变化，也反映了教育学仿效对象的区别，更反映了教育学科在不同历史

---

① 陈桂生. 略论教育学成为"别的学科领地"的现象 [J]. 教育研究，1994（7）：38-41.
② 叶澜. 中国教育学发展世纪问题的审视 [J]. 教育研究，2004（7）：3-17.

时期从内容到体系上的发展过程。

打破教育学对其他学科的依附的困扰需要一个过程，绝非一朝一夕之功可以完成。其中重要的是，我们不能仅把认识停留在无休止的议论阶段，而是要通过深入学科范式本身的持续研究和不懈努力去改变目前的现实。教育学作为一门科学，不同学科间和不同国家间会有一定的相通之处。但教育学作为一个有别于其他学科研究对象的专门领域，作为有别于其他国家教育的固有现象，不仅会因其自身具有的教育事实的不同而导致理论内涵的区别，更会因教育主体与适应客体的需要不同而导致理论体系的差异。因此，我们应认真地梳理和探讨，逐渐建立起能够标志中国风格的学科范式。

（三）研究范式的困境与出路

研究范式亦即教育学的方法论问题，属于元教育学的研究范畴。从学科发展的角度看，研究范式既是一门学科得以成立的重要条件，又是学科建设的重要对象。对教育学研究范式的研究，是近几年教育学术界的公认热点。"范式"理论由库恩提出后，后继的学者又给予了它不同的阐释。比如，古芭（Guba）和林肯（Lincoln）认为，要理解范式必须从本体论、认识论与方法论三个层次上进行。因此，方法论主要受认识论假设的影响，尤其是关于"知识是否能够被论证与如何被论证"假设的影响。一旦研究者掌握了某种"论证套路"时，这种认识论将直接影响他所采用的具体研究方法，也会间接操纵研究中架构起的理论结构和内容。波普在《教育研究中的范式》（1975）中提出了规范性和描述性两大研究范式。在教育研究领域，人们一般认为存在两种研究范式：定量研究范式和定性研究范式，国内也分别简称为量的研究和质的研究。胡森在其主编的《国际教育百科全书》（1985）中撰写的《教育研究的范式》一文对教育研究范式的理解包括："一是模仿自然科学，强调适合于用数学工具来分析的经验的、可定量化的观察。研究的任务在于确定因果关系，并做出解释。另一范式是从人文学科推衍而来的，所注重的是整体和定性的信息，以及说明的方法。"① 事实上，这种划分只是着眼于教育研究的基本现状。如果将视野扩展到教育研究乃至人类认识发展的历史长河，显然还存在第三种研究范式，即哲学思辨的研究范式。尽管人们习惯于把哲学思辨同质的研究混

---

① 瞿葆奎. 教育研究方法［M］. 北京：人民教育出版社，1988：179.

为一谈，但实际上，无论就其隐含的哲学背景还是理论旨归，它们都有着本质的区别。同时，量的研究、质的研究和哲学思辨分别对应着人类认识发展的不同时期，有着各自不同的理论取向，实现着不同的理论建构方式。因此，教育学的研究范式亦可简单概括为三大类：量的研究、质的研究和哲学思辨。

在中国教育学的研究范式中，哲学思辨的研究范式一直为很多人津津乐道，至今占据着主导地位，而具有实证倾向的量的研究和质的研究近年刚刚有所兴旺。追根溯源，在教育学学科来源和特征上，教育学主要导源于哲学，研究者也常常有意无意地把哲学结论应用推广于教育学，并且"习得"了哲学注重思辨的特征。此外，中国教育学之所以存在重哲学思辨、轻实证倾向的研究范式危机，从根本上说，依旧与我们长期以来被"西方范式"持续影响密不可分。由于我们对"西方范式"的"拿来"，便少了许多主动的、耐心的、费力的、实证的教育研究，以至于在教育学研究中偏重在书斋里进行深层的哲学沉淀和概念辨析，忽视以必要的实践积累作为理论重建前提。不过可喜的是，目前我们对于由哲学思辨转向实证倾向的教育研究范式已经形成共识。尤其是作为具有实证倾向最重要表征的"质的研究"已为越来越多的研究者所接受和应用。教育研究范式中的"弱实证性"似乎有所改变，但新的问题也随即而来。表现是，在目前的教育研究中存在着一种更为严重的研究范式"跟风"倾向，即无论研究问题的内容和性质如何都冠之以"质的研究"名义，这其中不乏各类"形同而神不同"的无谓研究。这种现象的要害是，无视研究主题的特定性，抛弃了研究范式是由研究内容所决定的基本立场。

事实上，无论量的研究、质的研究还是哲学思辨、综合研究，都是以解释和解决教育问题为终极"目的"的方法论形式及其运用的必要"手段"。比如，作为实证倾向的量的研究和质的研究，本是相辅相成的两类方法，实无相互攻讦的必要。"20 世纪 80 年代以来，西方教育研究领域中颇为激烈的量化与质性研究范式之争，其表是方法论之争，其里却有着浓厚的政治立场与意识形态冲突色彩。正是因为这种激进立场的介入，人们过于夸大了二者间的范式差异，而漠视了其中存在的相容性。教育与其他社会科学研究所面临的社会现实是主观建构和客观型构的统一，量化与质性方法并不存在必然对立，而是具有相容性和相互补充解释的作用。"①

---

① 阎光才. 教育研究中量化与质性方法之争的当下语境分析 [J]. 教育研究，2006（2）：47.

因此，不同研究范式似乎表面存在冲突，实则各有所长、各有所短。至于应用哪种方法更为合适，则取决于具体的研究目的和研究问题是什么。

三、中国教育学的范式重建与"中国教育学"的生成

（一）重建的主体：教育学者

宏观分析中国教育学范式的重建问题，可以把它理解为重建主体和重建客体及其相互关系的问题。其中，首要的也是核心的是重建主体——教育学者及其作为。教育学者在中国教育学范式重建中除了应增强多元化的研究意识、复杂性的研究意识、国际化的研究意识及学习探究意识，更为重要的是应在范式重建中"与时俱进"。具体而言，应避免三种倾向：（1）与教育"现状"隔绝。有生命力的教育理论不是来自"浪漫主义"的幻想，浪漫主义者虽然关注教育现实并且融情于事，表达着知识分子的"草根"情结以及对于整个社会的深切关怀，但易产生感情冲动和超越现状的无稽之想，"理想主义"的立场贯串始终，难使理想与现状有效弥合。（2）与教育"变化"隔绝。这种倾向常常是"无病呻吟"，在关注教育现实的同时，经常携有挑剔眼光批判现实，误认一些本已在教育现实中得到解决的问题为"未决问题"，无法有效回应客观真实，生活在牢骚之中，而不去做建设性的努力。（3）与教育"趋势"隔绝。这种倾向在"自说自话"的学者群体中最为多见。不同于上述两个学者群体的地方在于，他们不关注、不太关注或者不知应关注什么教育现实，只能终日迷恋书斋，表达理性空谈，无济于真正的教育发展。

在中国教育学范式的重建过程中，还有一种努力是教育学者必须做出的，就是克服对学术过度的功利追求，树立教育研究的超功利关怀。必须承认，教育学者从事的事业首先是一项职业和一份工作，那就要履行其满足学者生活物欲需求的功能，就无法剔除其功利性与实用性的成分。但是，当功利追求达到一定程度时，一些现象诸如心性浮躁、急功近利等也就伴随而来。现实中，一些教育学者常常将中国教育学范式建立的真意束之高阁，而盲从于一些所谓的热点和前沿。另外，科研管理中对于"数量"的片面追求，学术评价中"务虚"导向的创新机制等，都诱导了一些学者的浮躁和科研取向。体制的重要性正体现在它"本身就包含着既定的信息，告诉人们是创新有利还是守成有利，是采取创新的活动方式还是采

取守成的活动方式更能与现行的关系相吻合"①。由此，科研管理体制的改革似乎更加刻不容缓、势在必行。

（二）重建的客体：范式系统

中国教育学的范式重建是中国教育学工作者群体的共同使命。承上所述，理论范式、学科范式和研究范式构成了中国教育学的"范式系统"。也就是说，理论范式、学科范式和研究范式是中国教育学范式的统一体。教育学范式不是单指理论范式、学科范式和研究范式中的任何一个，而是指它们共同构成、相互制约的这个总体。

需要指出的是，目前有一种片面理解，即谈到教育学的范式便理解为是指教育学的研究范式。事实上，过于强调教育学的研究范式而忽视教育学的理论范式和学科范式，把教育学范式沦为教育学研究范式的孤立存在，是极其片面的理解。毫无疑问，教育学的研究范式是其理论范式和学科范式的"阿基米德支点"，具有基础性地位和根基性作用，但在教育学的整体研究中，不能片面地"唯研究范式"，单纯地把教育学范式的重建寄希望于研究范式的重建上，否则对于中国教育学的健康发展是一种极大威胁和损害。

所谓系统，是由相互联系、相互依赖、相互制约、相互作用的事物和过程组成的具有整体功能和综合行为的统一体。系统总是由两个以上相互联系和彼此影响的部分构成的集合体，总是具有一定的界限，既把系统与环境区分开来，又促使系统与环境不断地进行能量、信息与物质的交换。它虽然是由相对独立的各个部分组成的，却是具有一定功能和特性的有机整体。简言之，系统是相互作用的诸元素的复合体，"多元性"和"相关性"是系统的最基本规定性。中国教育学的范式作为一个范式系统，其理论范式、学科范式和研究范式作为系统中必不可少的三个元素，应各司其职、各安其位并且共同发挥应有作用。具体地说，理论范式的重建应"以问题为中心"，摒弃"事不关己高高挂起"的"傲慢与偏见"；学科范式的重建应"多元融合"，摒除唯谁独尊的单一路径；研究范式的重建应"回归生活世界"，摆脱"研究者在天空自由翱翔，实践者在地上艰难蠕动"这一樊篱。唯有这样，中国教育学的范式才可能完整无缺且尽善尽美地引领中国教育学的健康发展。

---

① 颜晓峰.创新理论的若干问题 [J].上海社会科学院学术季刊，2002（2）：44-52.

（三）"中国教育学"的生成："中国教育学学派"创生的必要前提

重建中国教育学的范式不是毫无根据地在中国教育学的发展过程中"画蛇添足"，一切努力最终都是指向"中国教育学"的生成。而任何教育学的生成绝非凭空而来，必须借助学派的创生且将其作为必要前提。学派是一门学科自身结构的重要构成，其形成过程也是学科自身的发展过程。"学派的产生既是一种社会历史现象，也是一种历史的学术现象，其实现的前提在于社会的和学术的必要性与可能性转化为必然性。"① 不论从一个国家、一门学科还是从世界范围来看，一门学科的发展如果缺少学派的形成，这门学科就必然缺乏强大的支撑力量和共有语言的凝聚力。有学者提出，学派至少应具备人物的代表性和研究的群体性、立场的一致性和发展的脉络性、学说的独立性和发展的对话性三个基本特征。建构性创生与渐进性创生、移植性创生与内源性创生、理论型创生与实践型创生是学派创生的三种基本形式。因此，衡量当代中国教育学学派的基本标准主要应有三点：其一，立足于研究当代中国教育的基本问题和重大课题，形成了基本的、重要的、符合时代精神和现代人素质发展需要的教育理论、思想和观念；其二，其教育理论、思想、观念是科学的、严密的、体系化的、连续的和可持续发展的；其三，其理论、思想、观念是长期付诸实践的，并且被实践证明是切实可行、行之有效的，对实践产生了重大而积极的影响。

应该说，教育学学派在中国的创生不仅是社会与人的发展对新教育理念和深化教育现象认识的需要，而且是完善与发展我国教育学体系和教育实践的需要。不过，我们也应看到，开创性研究的断裂、理论体系的不系统、研究方向上的随意性、创学派之勇气和动力的缺乏以及学术规范意识的淡漠等因素，都是我国教育学学派空场的深层根源。教育学的学派意识应体现在两个最基本层面：其一，教育学作为一个学科群体，相对于其他学科群体具有独立自主的研究领域、学术地位、价值体系和方法策略；其二，在教育学科群体内部，各种思想流派、理论学说及实践模式异彩纷呈，既表现了整体性、系统性和连续性，又体现了差异性、多元性和丰富性，彼此不断地碰撞、协商、交流与对话，具有内在的活力、批判性和可持续发展的潜力。而"范式"强调的正是一个科学共同体成员所共同具有

---

① 易连云，杨昌勇. 论中国教育学学派的创生 [J]. 教育研究，2003（4）：37-42.

的、不言而喻的理论信念、价值取向（或价值关怀）、思维方式、概念系统和技术手段的总和。它为研究者提供了一种观察世界的视野与理论参照的体系，并进而形成了一门学科的理论传统和研究取向。显然，中国教育学学派的创生必将有助于教育学范式的构建与重建，并推动中国教育学的最终生成。此外，宽容意识与批评意识、独立意识与整合意识、现实意识与学术史意识的融入在中国教育学学派的创生过程中也是至关重要的。

［原文刊载于《东北师大学报（哲学社会科学版）》2007 年第 3 期，收入本书时略有删节］（柳海民　林丹）

20 世纪中国教育学发展之镜鉴

所谓镜鉴，即历史是一面镜子，以史为鉴。

客观地讲，整个 20 世纪，中国教育学的发展是有目共睹的。时至今日，我国已初步形成了以教育为研究对象的学科丛和从事教育学研究的教育学者群。20 世纪伊始，教育学"降临"（叶澜语）神州大地，代代学人薪火相传，锲而不舍。20 世纪 80 年代末期，"教育学的春天"向我们姗姗走来。但是，面对人文学科群对教育学科相对独立性的责难以及教育实践工作者对教育理论工作性质的非议，我们的教育理论工作者，特别是刚刚涉入教育学领域的青年研究生，明显地表现了"底气不足的尴尬"。本文试图通过对 20 世纪中国教育学的历时性流变以及共时性特征的梳理，提出些许教育学科发展走向的中观层面的建议，以求研究情结的回归，以期实践情结研究的拓展。所谓研究情结，是指以教育学研究为己任，踏踏实实做学问。而所谓实践情结，是指我们的教育研究要追求与教育实践的统一（统一不是契合，教育理论与教育实践的必要的张力是推动教育理论创新、发挥教育实践工作者主观能动性的题中之义），多进行一些常人方法学指导下的过程研究，以求与研究情结下的结构研究相互辉映，从而使我们在欣赏璀璨之星空的同时，能够注意到那些闪烁着自己光芒的星星。

一

今天即将过去，明天也即将过去，人类唯一不能回避的是昨天。

关于 20 世纪中国教育学的走向，学者群中大约有两种意见，一种是以叶澜教授为代表的"六阶段说"[1]；一种是以黄济教授为代表的"四阶段说"[2]。笔者倾向于以黄济教授为代表的"四阶段说"。

---

① 叶澜. 中国教育学发展世纪问题的审视 [J]. 教育研究，2004（7）：3-17.
② 黄济. 中国近百年教育思想回眸 [J]. 北京大学教育评论，2003（2）：5-11.

总体看来，20 世纪，中国教育学的一个突出的特点是与百年时代风云的变换息息相关。当然，作为观念文化构成的教育学，总要受制于经济、政治的发展与脉络，这是任何人文学科都摆脱不了的境遇，基于上述理由，笔者认为可以把整个 20 世纪中国教育学的发展分为两个时期，中华人民共和国成立前与中华人民共和国成立后，即 20 世纪上半叶从启蒙时期到救亡时期的阶段和 20 世纪下半叶从意识形态到非意识形态的阶段；进而将两个时期加以划分，则有：（1）启蒙教育学阶段；（2）救亡教育学阶段；（3）意识形态教育学阶段；（4）非意识形态教育学阶段。

将意识形态教育学再细分为教育学的改造与"苏化"（1949—1956年）、教育学的中国化（1957—1966 年）、教育学的语录化（1966—1976年）（郑金洲，2002）的观点是论者由这一阶段政治背景的侧重点不一而做出的价值判断。笔者考虑与其他三阶段层次划分平行的缘由，将1949—1976 年这一时期的教育学发展走向作为一个整体来考察。

（一）启蒙教育学阶段（1900—1919 年）

1901 年，我国学者王国维从日本引进以赫尔巴特为代表的"传统教育学"。以赫尔巴特为代表的传统教育思想与教学模式主张以教师为主，通过学科课程和课堂教学组织形式来系统地传授知识，展开教育生活。这种教育学，杜威称之为传统教育学，其思想基础是德国的实践哲学（伦理学）和统觉心理学。而后，我国的学者在引介国外教育思想的同时，开始自己编著教育学著作，较早的有王国维的《教育学》、蒋维乔的《教育学》，后有罗振玉编的《教育丛书》，在较大的范围内对西方教育学理论的发展有一整体概观。

1912 年，民国政府成立，时任民国第一任教育总长的蔡元培明确地区分了政治与教育，但并没有隔断两者的联系。这种"为教育而教育"的思潮是寻求教育学相对独立性的开始。然而，好景不长，在那个政治风云忽变的时期，教育学相对独立的思潮早早夭折了。在 20 世纪中国的现实环境下，再加上十月革命后俄国革命思想的传入，由王国维引进、蔡元培发展的启蒙教育学失却了其所依赖的生长土壤，它向着一种政治实用性的"救亡教育学"的转化也就成为必然了。

（二）救亡教育学阶段（1919—1949 年）

严格地讲，教育救国并不是 20 世纪中国教育学发展的一个独立的阶段，而是中国传统的"实用理性"（李泽厚语）在新时代的体现。它渗透在一切教育学家和一切教育实践家的心灵深处。在中华民族处于危亡关头的 20 世纪 30 年代，教育救国成为一种时代思潮，并一直影响到整个 20 世纪 40 年代，甚至整合进 20 世纪下半叶的意识形态教育学中。在这一时期，中国思想界围绕三大主题进行争论，即关于中国社会当时的主要矛盾的争论、中国社会性质的争论以及"国粹主义"与"西化"的争论。在教育界，主流思想是实用主义教育思潮。在五四前夕，杜威在其弟子的帮助下，在中国大地传播实用主义教育思想。当然，那个时代的主旋律——实用主义教育学的存在并不排除不同的声音：一种是采取德国文化教育学的主张建构教育学；一种是采取苏俄的唯物主义建构教育学。用今天的观点看，那个时代教育学的发展也算得上是百家争鸣、百花齐放了。

值得指出的是，这一时期的教育实验，如陶行知的"生活教育"、晏阳初的"平民教育"、黄炎培的"职业教育"、梁漱溟的"乡村教育"和陈鹤琴的"活教育"，在当时实属难能可贵的尝试，彰显了救亡教育学的特征。

（三）意识形态的教育学（1949—1976 年）

中华人民共和国成立以后，中国在国际上的处境与当时中国的国内政治经济背景使教育学界无法做出更为深刻的理论反思。这一时期的早些时候，教育学是全面学苏的教育学。苏联教育学中过于讲求统一性和绝对化的形式主义倾向对我国教育学的成长造成了一定的消极影响。随后，由于中苏关系的破裂，在教育上的最具体表现是口号从全面学苏转向走自己的路。1958 年的"教育大革命"就是走自己的路口号下的产物。而后，中国教育学在"文革"中停滞不前甚至大幅度退步。

（四）非意识形态的教育学（1976—2000 年）

非意识形态的教育学本身也是一种意识形态。与过去的意识形态不同的是：它是向意识形态之外的实践生活、生命体验、新鲜事物无限开放的意识形态。它是一种否定意识形态在一切认识与实践领域的唯一性和统一性的意识形态。其原则是百花齐放、百家争鸣。这一时期，论者对教育学的研究对象、教育学的逻辑起点、教育学的学科地位与教育理论与实践等元问题进行了争鸣，且对教育学研究的基本问题，包括教育起源、教育功能、教育规律与人的全面发展等问题进行了论争。教育理论工作者在新时期热情高涨，对教育理论的基本问题也形成了一些共识。

20 世纪八九十年代，在中国大地掀起了一场翻译热，人们高举鲁迅先生的"拿来主义"大旗，在此基础上进行广泛的中西教育学比较研究。那时的教育学界可谓是雄心勃勃，好像中国出现像杜威那样的教育家指日可待了。然而，一些新进的青年学人用大量的生活吞剥的外来新名词对教育学的经典范畴进行轮番的"地毯式轰炸"之后，又以西方后现代的姿态对以往的教育学范畴和教育问题加以解构。其实后现代思想与中国历史上忽视理论建构、一味妙悟的教育学发展历程有某种暗合。教育学中最先锋的思想与 20 世纪 90 年代的国学热和传统文化的回归走着同一条路。20 世纪，中国教育学从走出国门到回归国学，画出了一个历经百年的大圆圈。

二

中国的教育学已悄然走进了 21 世纪，它在 21 世纪的发展不可能在忘掉过去的一片空白中重起炉灶，必须好好反省我们在教育学探索中走过的路，并以更加认真踏实的态度向西方学习，逐步实现教育学的中国化、现代化与相对独立化。

20 世纪中国教育学发展的脉络大抵与其他人文学科譬如哲学、社会学、美学、经济学一样，磕磕绊绊，饱尝艰辛。人们对于教育学的认识往往停留在知识层面，通俗地讲，就是停留在一种师资培训的教材内容之上。在笔者看来，用教育学去思考与思考教育本身就是一种生活方式。教育学不只是一种知识、一套话语方式、一种逻辑追问，更是一种信仰、一种品质、一种性格。

纵观 20 世纪中国教育学共时方面的特征，笔者认为重点应在以下几点：

（一）教育学是否为一门科学的追问响彻 20 世纪

自王国维从日本将赫尔巴特教育学引介到中国，"教育学是一门科学吗"的追问一直回响在每代教育学者耳边。赫尔巴特对于教育学的贡献大致可以概括为他对教育学科学化所做出的尝试与努力。他所处的年代正是实证主义风靡全球的时代，实证主义为人文学科在以自然科学为主导的科学殿堂中赢得了声誉。但人文学科不仅仅是实证主义的，还是历史主义、浪漫主义、人文主义的。赫尔巴特由于在方法论上是唯心主义的、形而上学的，他最终也没有实现教育学科学化的初衷。

后来，中国的教育学由主要学习德国过渡到主要学习杜威的实用主义教育学。实用主义之于中国并不陌生。当时的中国"救亡压倒了启蒙"（李泽厚语），实用主义教育学与当时学者"教育救国"的内在渴求一拍即合。杜威赞成斯宾塞在教育中多一些科学、少一些文学的主张，他对"文科教育"并不怎么注重。"文科"一词原来的意思是"自由人"的教养，所谓"自由人"就是从不工作的人。"自由人"与实用主义教育学"道不同不相为谋"。当时的人们并不认为民主主义社会是一种只可"心向往之"的社会，实用主义的教育学与中国人内心深处的实用理性形成了一定的契合度，追求教育学的科学化成为某种心照不宣的约定。在当时的政治背景下，科学化的教育学尚不能由可能变为现实，更何况科学化之外的探求了。

中华人民共和国成立以后，苏联教育学的范式注入了那一代教育学研究者的意识。用今天的眼光视之，苏联教育学的模式是政治实用主义的，但这正是马克思主义经典作家所反对的。"你们赞美大自然悦人心目的千变万化与无穷无尽的丰富宝藏，你们并不要求玫瑰花与紫罗兰散发出同样的香味，但你们为什么却要求世界上最丰富的东西——精神只能有一种存在方式呢？"① 但当时的人们正沉浸在建设家园的热情之中，无暇考虑马克思主义经典作家的原意，这是那个时代所不能逾越的。那个时期，中国教育学也是一元的，一元之于科学，本身就是一致的。

20 世纪 80 年代以来，在行文中更多地把教育学看作一种价值科学，是多元的。我们认为，关于科学化的教育学与非科学化的教育学的论争，即教育学的价值无涉与价值涉入不是一个层面的问题，而是一个真实的假问题。教育学在波普尔所述的纯粹"世界 3"层面上是价值无涉的，但"世界 3"与"世界 1""世界 2"在层面上是平行的，在实践中也是相互影响的。于是，在整个大"世界"中，教育是价值涉入的。借用曾经风靡一时的社会学主流范式——结构功能主义的范畴来讲，结构是价值无涉的，是描述性的，功能是价值涉入的，是规定性的。当然，何应描述？何应规定？这关系到教育学研究者的理论修养问题，此处不做赘述。

综上所述，教育学的真正魅力并不在于它是一门科学，而在于它不是一门科学。科学，即人类对于世界的理性把握，而科学成了科学主义，乃

---

① 全国十九所高等院校中文系《马恩列斯文艺论著选讲》编写组. 马克思 恩格斯 列宁 斯大林文艺论著选讲 [M]. 沈阳：春风文艺出版社，1981：52.

是人类对于宇宙的一种态度。它强调宇宙万物，包括人类社会的制度习俗、规章典籍，只有经过理性的检验，其存在才是合理的。这是现代主义的方法论。而后现代主义的思维启示我们：理性主义并没有把非理性作为"理性的一种"。当代学者将视点投向复杂性科学，将会是打破科学主义研究范式的"破冰之旅"。

（二）教育学基本理论何以存在的探求一直在代代教育学者群中构成追问

教育学何以存在？这是教育学元理论中一个很重要的命题。这一命题中的教育学是复数的教育学，包括教育哲学、教育社会学、教育未来学等交叉学科和课程论、教学论、德育原理等下位学科。对教育哲学、教育社会学、教育未来学何以存在的回答，我们可以用哲学、社会学、未来学何以存在来展开论述。而对课程论、教学论、德育原理等下位学科何以存在，可以用"实践"二字加以拓展进行论述。不然，教育学何以存在的问题归根结底是教育基本理论何以存在的问题。教育基本理论何以存在的合理性与合法性论证不能成功地建构，教育学何以存在将成为代代教育学者难以回答的问题。

20世纪关于教育学何以存在的追问只是存在经验层面，而在先验层面缺乏寻根性的探寻。他们的逻辑是教育学在西方存在，在中国也应存在。而关于经验层面教育基本理论何以存在的论证又以教育学何以存在的论证来加以回答。一般认为，教育基本理论与教育哲学间的研究对象有诸多"交集"，但二者还是有严格区分的。我们认为，唯心主义教育学、存在主义教育学、后现代主义教育学的划分是教育哲学层面的；而要素主义教育学、永恒主义教育学的划分是教育基本理论层面的。我们认为，教育基本理论是介于理论学科（纯粹理性）与实践学科（实践理性）之间的一门学科。它在教育学科大家族的位置大抵相当于美学置于哲学、伦理学之间的位置，即过渡的位置，发挥着桥梁与纽带的作用。康德的判断力批判将其纯粹理性批判与实践理性批判有机地衔接起来，至少他做出了那样的努力与尝试。同样的逻辑，教育基本理论试图将理论学科与实践学科很好地联系起来。教育基本理论是理论学科与实践学科的"最大公约数"，也是两类学者在"沟通理性"（哈贝马斯语）层面的"最小公倍数"。

近年来，关于教育理论与教育实践的脱节，人们一般以两个层面来展开叙述：一是教育理论工作者对理论作用的"夸大"承诺；二是教育实践工作者对其主观能动性的"缩水"评估。笔者认为，出现教育理论与教育实践的脱节是对教育基本理论何以存在这一问题回答得不好造成的。比如，叶澜教授在教育哲学层面提出了"生命教育"的理念，而在实践层面，有些实践工作者对这一理念提出的背景不管不顾，有人甚至误读为在课程比重上应以活动课程代替学科课程。教育基本理论工作者应及时地站出来，将叶澜教授提出的"生命教育"的理念与晏阳初先生"生计教育"的思想有机地结合。在实践操作层面将"生命教育"与"生计教育"结合才是生命教育的初衷。再如，石中英教授在 2003 年初提出"存在教育"的理念，这对于实践群体中哲学功底不是很好的工作者来说很难深刻理解，而这时教育基本理论工作者就须把"存在教育"的理念与欧美国家的"生涯教育"理念结合起来理解，生涯之设计本身就是一种客观的"存在"，一种在制度上合法、在观念上合理的"存在"。

教育基本理论在 21 世纪要想焕发青春，就需担当起应有的责任，将纯粹理性与实践理性在沟通理性层面上由可能变为现实。这也是教育学新的理论生成点，古老的原本就是新鲜的，经典的原本就是原创的。

（三）如何使我国传统教育思想的"因子"在引介西方教育思想的背景下得到激活，是 20 世纪中国教育学发展的再一主题

20 世纪，中国教育学由学德、学美而后学苏，再而后开始学习人文学科中的"显学"，如伦理学、社会学与经济学等诸学科。但学习不能代替自己思考的过程。中国的教育学者尚需将来自"四海"的教育学有效地"过滤"，使其在中国找到生长的土壤，更好地指导教育实践。而真正做好这一步，就不能回避激活中国传统教育思想"因子"的问题。传统是本能与理性之桥（哈耶克语）。倘若不怀疑泱泱大国在文化终极上的异质性，不怀疑炎黄子孙在价值取向上的异质性，就不必怀疑教育传统对于中国引介外来教育思想的巨大排斥力。我们认为，实用理性与实用主义教育学是这种排斥力的特殊表现，排斥之极致本来就是另一片天地。另外，人文学科群的其他学科对于教育学的镜鉴意义就在于它们都是以"人"为研究对象的学科。但我们还应看到，教育学是以人的身心发展为特殊研究对象的，这是与其他人文学科间的"分水岭"。由于中国教育学的发展还不够充分，学科的积淀还未形成，一方面，我们对于别的人文学科的借鉴成为教育理论新的增长点，另一方面，教育学分支学科的发展形成了某种"路径依赖"，即教育学成了"别的学科的领地"（陈桂生语）。我们认为，对

于别的学科的借鉴是步入良性循环的轨道还是被动锁定在低级状态，一方面与借鉴的方式、路径有关，另一方面，也与教育学者的意志、思路有关。如何在保持教育学的"自我意识"（叶澜语）的同时建立一种稳妥的借鉴体制，是我们须深深思索的。费孝通先生多年来一直强调文化自觉，即对于异质文化不需过分自卑，也不需一味排斥。而我们的教育学发展在笔者看来也需建立一种文化自觉，不仅仅是针对借鉴异国文化而言的，也是针对借鉴我国的其他人文学科而言的。

论及至此，我们对教育学研究方法做深入的反思。20世纪中国教育学发展的谱系之中，对于方法论在哲学层面与心理学层面思考得比较多。哲学层面的反思是宏观意义上的，心理学层面的反思是微观意义上的，两者共同奏起一曲教育学前进的美丽乐章。但再加之以中观层面的反思是否能使这一乐章更加绚丽呢？答案是肯定的。

一般认为，教育学的基础学科有三方面的构成，即哲学、社会学以及心理学。那么，源自中观层面社会学的思考也需反映到教育学的方法论反思上来。比如，近年来教育学界推崇备至的质化研究，其方法论基础是社会学层面的常人方法论。但任何一位质化研究者都不能回避以下选择：是叙事研究还是报告文学，是对话研究还是新闻采访，是人种志研究还是文学批评。"我们并不把社会理论视为任何一门学科的专有领地，因为关于社会生活和人类行动文化产物的问题是跨越社会科学与人文科学的。"（古登斯语）也许，我们会用诸如此类的论据来回答上述问题，但人文学科融合的走向并不否认彼此间的分野。如果不怀疑教育学研究的特殊性，就需对常人方法论对于教育学的特殊意义加以界定。

值得指出的是，我们须对长久以来方法论的误区加以纠正，笔者归纳为以下四点：（1）历史研究的嵌入性诉求。长期以来，我们的教育史研究偏重于史料，而忽视文学材料的涉猎。人文学科学者群有一个基本的共识：历史是官方的文学，文学是民间的历史。试想，我们在研究某一时期的教育时加之以相关报告文学的论据，那么这样的历史将会鲜活许多，教育史的镜鉴意义会更彰显。（2）经验研究的科学性追求。教育经验之于教育研究特别重要，但教育经验研究不等于教育经验的简单罗列、整理与梳理。英克尔斯关于"现代人研究"是一个经典的经验研究，其中严密的逻辑与精巧的设计给人以心服口服的力量[①]。但我们教育学界这方面的尝试

[①]　风笑天. 英克尔斯"现代人研究"的方法论启示［J］. 中国社会科学，2004（1）：66-77.

少之又少，其中的缘由是我们须反复思索的。（3）综合研究的重提性渴求。后现代哲学思想现在已笼罩整个世界，其反对宏大叙事的思想也在人文学科界得到了广泛的认可。但事物总是有其两面的。我们对于宏大叙事须采取辩证思路，反对非此即彼，这也许才是后现代哲学思想带给我们的真正启示。（4）实验研究的伦理性要求。这似乎是老生常谈。其实不然，实验研究对于伦理性要求很高。因为其被试是活生生的人，倘若研究设计有疏忽，将会造成一批人的"成长困难"。因而，我们在进行实验研究时应反复论证。当然，这也是每一位教育理论工作者的基本研究品质。关于历史研究、经验研究、综合研究与实验研究如何共处的问题，笔者借用费孝通先生经常提起的一句话作为回答："各美其美，美人之美，美美与共，天下大同。"

三

20 世纪中国教育学的发展充满了荆棘，回顾曾经走过的路，我们感慨万千。将这万千感慨镜之鉴之，将成为 21 世纪中国教育学带给我们诸多惊喜的重要理由。21 世纪，中国教育学成长的速度已经加快，相信每一位教育理论工作者已感觉到身边的氛围。诚然，我们的教育学还不是成熟的教育学，但承认自己的不成熟难道不是另一种成熟吗？

只要我们代代教育理论工作者生生不息，薪火相传，教育学成为人文学科群"显学"的日子将指日可待。

［原文刊载于《教育理论与实践》2006 年 21 期，收入本书时略有删节］（柳海民 王晋）

推升中国教育学术发展质量的强劲引擎

　　1979 年改革开放伊始，一份国家级的专业性学术期刊《教育研究》创刊。40 年筚路蓝缕，《教育研究》始终坚持办刊的初衷：坚持"双百"方针，倡行学术自由；提倡解放思想，开展学术讨论；悦纳古今中外，汲取学术营养；推动理论研究，解决实践问题。40 年的发展证明，《教育研究》做到了。

一、紧扣时代脉搏　推升学术话语质量

　　自创刊以来，《教育研究》荟萃了"素质教育""教育公平""教育均衡""教育现代化""教师专业发展"等重要学术话语。这些话语不仅引领了同时期的学术潮流，且为推进教育理论研究与教育改革实践贡献了重要的学理支撑与实践智慧。

　　1985 年，《中共中央关于教育体制改革的决定》提出，"教育体制改革的根本目的是提高民族素质，多出人才、出好人才"①。1993 年 2 月，中共中央、国务院印发《中国教育改革和发展纲要》，明确要求"中小学要由'应试教育'转向全面提高国民素质的轨道，面向全体学生，全面提高学生的思想道德、文化科学、劳动技能和身体心理素质，促进学生生动活泼地发展"②。为此，《教育研究》在 1994 年第 3 期刊发了 1993 年 10 月以"整体改革与素质教育"为主题的"全国中小学整体改革第六届研讨会暨讲习会"的综述文章。以此为开端，素质教育主题的论文连续刊出，几年间发文量达 20 篇。素质教育讨论的重大价值在于厘清了素质教育的内涵、素质教育与"应试教育"、素质教育与个性发展、素质教育与教学改革等方面的关系，从学理上论证了素质教育的合理性与可行性。从此开

---

　　① 教育部. 中共中央关于教育体制改革的决定. [EB/OL]. http://www.moe.gov.cn/jyb_sjzl/moe_177/tnull_2482.html.

　　② 教育部. 中国教育改革和发展纲要 [EB/OL]. http://www.moe.gov.cn/jyb_sjzl/moe_177/tnull_2484.html.

始，素质教育一直成为我国各级各类教育的主流思想和主流实践，成为贯彻落实党的教育方针、实现人的全面发展的中国实践。

"教育现代化"肇始于邓小平于 1983 年提出的"三个面向"。《教育研究》自 1994 年起，集中刊登关于教育现代化的研究成果，视野开阔，选题丰富，作者面广。这些刊发论文对教育"三个面向"的系统、全面、深入论说，对全国教育界深刻认识"三个面向"的战略意义和时代价值发挥了不可多得的历史作用。一是推进了教育现代化的实质和内涵研究：教育现代化是将社会现代化的理念全面对象化为教育现实，将传统教育全面转向现代教育的过程，是教育思想观念、教育体制机制等的现代化，其核心是"人的现代化"；二是推动了其评价指标的开发与完善，如有学者借助 CIPP 评价模型开发的 4 个基本指标与 5 个综合指标；三是在现代化的理论背景中强化传统与人文反思，实现古今中外互通与整合；四是阐明未来战略方向，明确教育的重要战略地位，加强推进教育现代化的实践探索等。[①] 教育现代化思想的确立，成为我国教育发展的旗帜和教育改革的方向，对前瞻未来面向世界，推动中国教育改革发展的系统设计与规划，对加强教育的改革开放等发挥了极其重要的作用。《中国教育现代化 2035》文件的出台，《教育研究》亦有所功。

《教育研究》近 20 年来聚焦教育公平，研究主题几乎囊括了所有焦点问题，如政治学、伦理学、社会学等多学科视域下的教育公平理论研究、教育公平本质研究、教育公平的类型研究、教育公平的原则研究、教育公平和平等与效率的关系研究、教育公平与教育均衡发展研究等。自 1994 年开始，年均发文量达 14 篇，催产大批高质量论文，引领了教育公平的学术话语。有研究认为，教育公平研究成就了两次重要的理论飞跃：一次是从关注基本权利的平等到关注非基本权利的机会均等的飞跃；另一次是从关注同一、平衡化、均等化的发展到关注多元、特色、差异性的内涵式发展的飞跃。[②] 在教育改革实践领域，教育公平与均衡研究的诸多成果促使国家郑重地做出由"能上学"到"上好学"、由精英教育到普及教育、由粗放发展到内涵发展、由规模扩张到提高质量的重大历史性转轨。

教师是提高教育质量的关键。《教育研究》于 2001 年起刊登有关教师

---

① 柳海民，邹红军. 教育学原理：历史性飞跃及其时代价值：纪念改革开放 40 周年 [J]. 教育研究，2018，39（7）：4-14.
② 冯建军. 教育基本理论研究 20 年：1990—2010 [M]. 福州：福建教育出版社，2012：654.

专业发展的文章并开辟专栏，2010—2018 年，发文量均在 15 篇以上。概而观之，这些论文主要聚焦在三个领域：一是关于教师专业发展的本体研究，包括内涵、维度、特征、体系、理论模型与未来走向；二是教育专业发展的多学科审视，研究者采取了哲学、心理学、社会学、教育学、管理学、文化学、生态学、复杂科学等科学理论与方法的阐释进路；三是教师专业发展的方法论探索，主要有马克思主义方法论、理性思辨方法论、实证主义方法论、人文或解释主义方法论和批判主义方法论等。[①] 学者们对教师专业发展理论的深耕，催生了我国教师教育学的理论成型，全面提高了教师教育研究的理论水平，拓展了其理论视野和理论资源，为教师教育学科建设、教师教育改革决策和教师专业发展提供了全方位的理论支撑和实践依据。[②] 与此同时，这些教师专业发展的理论成果，为实践上加强教师队伍建设、明确教师专业发展的内容、激发教师自我完善的专业反思、更有效地做好教师培训等都提供了前所未有的理论指导。

二、倡导思想自由　推升学术争鸣质量

《教育研究》自创刊以来，不仅在重要学术话语方面起到了引领作用，更在发表学术见解、提高学术争鸣质量方面发挥了表率作用。《教育研究》呈现的重要学术争鸣有很多，如教育本质论、人的全面发展论、教育产业化论、教育学科属性论等，这些都是当时具有较高学术水平的论证。这里，仅以教育本质讨论为例。

教育本质争鸣源于教育基本理论界对"文革"时期"教育是阶级斗争工具"教育本质观的批判性反思。1978 年，邓小平在第一次全国科学大会上旗帜鲜明地提出"科学技术是生产力"的论断。这一时期，我国的工作重心已由"阶级斗争为纲"转向"以经济建设为重心"，思想进一步解放。服务于国家社会主义现代化建设，教育科学承担着"探索教育本身的以及与经济关系的种种规律，为实现四个现代化服务"[③] 的艰巨时代任务。教育是阶级斗争工具的荒谬主张扭曲了教育的职能是育人为本的正确学理，未能厘清教育的本质特性和社会属性。因此，学术界迫切希望对教育

---

① 柳海民，邹红军. 教育学原理：历史性飞跃及其时代价值：纪念改革开放 40 周年 [J]. 教育研究，2018，39 (7)：4-14.

② 柳海民，邹红军. 教育学原理：历史性飞跃及其时代价值：纪念改革开放 40 周年 [J]. 教育研究，2018，39 (7)：4-14.

③ 编者的话 [J]. 教育研究，1979 (1).

作为阶级斗争工具的本质定性予以清理，从而厘清教育与生产力的关系，明确教育的社会功能，还教育的初心与使命。

1979 年，《教育研究》以思想解放先行者的姿态率先开辟专栏，拉开了教育本质讨论的序幕。[①] 教育本质讨论发轫于 20 世纪 70 年代，持续至 20 世纪 90 年代，历经了争鸣与辩驳阶段（1978—1982 年）、沉寂与扩展阶段（1983—1988 年）、总结与反思阶段（1989 年以后）。以《教育研究》所刊发的教育本质讨论文献为分析样本，呈现发生在这一"战场"上的"学术交锋"。（见图 4 - 1）

于光远于 1978 年发表在《学术研究》第 3 期的《重视培养人的研究》开启了论争之先声，但这一年，讨论教育本质的文章寥寥无几。直到 1979 年《教育研究》创刊后，全国性的对教育本质的讨论才真正达到高潮。1979 年，《教育研究》发表教育本质讨论文献 12 篇，占比超过全国刊发此类文章的 25% 以上。以《教育研究》为平台，当时主要形成了四种观点：上层建筑说[②]、生产力说[③]、社会现象说[④]、综合属性说[⑤]。

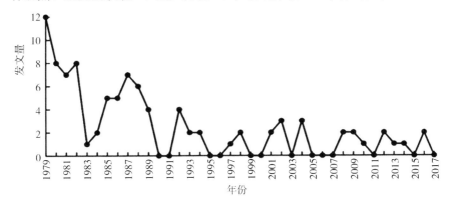

图 4 - 1　1979—2017 年《教育研究》教育本质研究文献年度分布图

随着"上层建筑说"与"生产力说"交锋的深入，"双重属性说"逐

① 《教育研究》于 1981 年从原来的双月刊改为月刊，为教育本质争鸣提供了广阔平台。
② 李放. 教育是社会的上层建筑 [J]. 教育研究，1979（1）：45-49；石佩臣. 作为上层建筑的教育的特点 [J]. 教育研究，1979（3）：61-65；鸣镝. 教育是统治阶级的工具 [J]. 教育研究，1979（2）.
③ 花永泰，张美今. 生产力直接对教育发生作用 [J]. 教育研究，1979（1）：4；黄风漳. 现代教育是现代生产力的新因素 [J]. 教育研究，1979（2）：33-35.
④ 邹光威. 教育是不属于上层建筑的社会现象 [J]. 教育研究，1979（2）：38-39.
⑤ 初思. 教育同社会生活各个方面都有密切联系 [J]. 教育研究，1979（3）：66-67.

渐取代"上层建筑说",与"生产力说"并驾齐驱。如:成有信等人认为,教育的本质是生产性与阶级性的统一;胡德海等人则坚定地支持"教育生产力"说。"生产力说"又分为"精神产品说""总体劳动说""培养劳动力说"与"物质生产说"。① 与此同时,有研究者关注到教育本质讨论中"把教育的某种社会职能误以为教育的本质,或把本质与职能等同起来,从而模糊了对教育本质的认识",开始对教育本质及其职能做出区分。②

　　理越辩越明。1986 年,南京市第四中学龚永宁在《教育研究》上发表《简论教育的本质和职能》一文,他认为,教育是人类自身的生产实践,是一种社会的基本实践活动。翌年,内江师范专科学校王希尧发表《评"教育是人类自身的生产实践"》一文,提出教育是社会劳动能力的生产实践活动。此时期,教育本质讨论阵容虽不及前一阶段壮观,但激烈程度有过之而无不及。此后,教育本质争鸣进入了反思与总结阶段。进入 21 世纪后,教育本质研究虽偶有文章问世,但不乏创见,如"教育是人之自我建构的实践活动"③"教育是主体间的指导学习"④ 等。

　　教育本质争鸣起源于对教育的政治工具性批判。伴随讨论的深入,日趋凸显的是教育学人的学术自觉。自由开放的学术讨论使教育学术界逐渐拨开教育现象的迷雾,廓清了教育的基本内涵、属性与特征,"人们普遍认识到教育具有独立于政治、经济、文化的独特性"⑤。十年讨论的重大历史价值在于,让教育回归初心和永恒使命,明确了教育本质与教育属性的区别,否定了教育是阶级斗争工具的错误主张,引领教育复归本质。

　　清晰认识教育的属性、功能和价值,明确教育是什么与应该干什么,为教育界分析教育现象、诊断教育问题、把握教育实践,尤其对提高教育的社会地位提供了重要的认识论前提和理论依据。这场学术争鸣,让教育从此复归培养人社会实践活动的正确位置,国家也进一步强调"教育是社会发展的战略重点之一"(党的十二大)、"把教育摆在社会发展的首要位置"(党的十三大)、"把教育摆在优先发展的战略地位"(党的十四大)和 1997 年以后历届党代会"坚持教育优先发展战略地位"等重大战略部署。

① 陆立军. 教育劳动的生产性质 [J]. 教育研究,1981 (8):53-55.

② 黄凤漳. 教育的本质与职能的联系 [J]. 教育研究,1981 (7):46-50.

③ 鲁洁. 教育:人之自我建构的实践活动 [J]. 教育研究,1998 (9):13-18.

④ 郝文武. 教育:主体间的指导学习:学习化社会的教育本质新概念 [J]. 教育研究,2002 (3):14-18.

⑤ 冯建军. 教育基本理论研究 20 年:1990—2010 [M]. 福州:福建教育出版社,2012:189.

三、坚持学术标准　推升研究成果质量

一本杂志的生命力存乎于质量和水平，《教育研究》40 年的春华秋实，是自我与他者的相互支撑与成长。创刊以来，《教育研究》始终坚持学术标准，不断提高办刊质量，催产了大量高质量学术论文，汇聚了众多高水平项目成果，培育提升了一大批教育学者。

（一）催产大量高质量学术论文

《教育研究》是一本公认的高质量刊物，刊文的社会辐射是确证其质量和水平的标准之一。我们统计了 2013—2018 年《教育研究》文章被《新华文摘》转载情况，以期更加客观、全面地说明《教育研究》在教育学期刊群中的重要地位。2013—2018 年间，《教育研究》被《新华文摘》全文转载 52 篇，论点摘编 48 篇，以平均数计算，则平均每期被全文转载超 1 篇，论点摘编 1 篇。而《新华文摘》每期教育栏目仅有 3 篇文章，论点摘编也只有 4—5 篇，这意味着在我国所有教育类杂志中，《教育研究》占据了被《新华文摘》转载率的 1/3，如果将网络版转载量计算在内，则转载率更高。由此观之，《教育研究》在酝酿、催产、选择、刊登高质量教育研究论文方面具有举足轻重的作用与地位。

（二）汇聚众多高水平项目成果

在 2013—2018 年《教育研究》刊发的 1 576 篇学术成果中，标有基金资助项目的有 1 007 篇，占比 63.9％。其中，国家社会科学基金项目资助的研究成果最多，占所有受资助成果的 18.46％。受国家社会科学基金项目、教育部人文社会科学项目、全国教育科学规划项目、国家自然科学基金项目、教育部人文社会科学重点研究基地重大项目、教育部哲学社会科学研究重大课题攻关项目等基金资助的项目成果占所有受基金资助项目成果的 77.47％。考虑到我国庞大的教育学期刊群与上述课题的数量，应该说，《教育研究》近几年汇聚的项目研究成果的数量、水平、层次、规格都是很高的。

（三）培育提升一大批教育学者

40 年来，《教育研究》凝聚了一大批教育学一流学者、领军人物，他们刻苦钻研，笔耕不辍，共同推动并见证了《教育研究》的初生、成熟与

今日的辉煌。正如有学者在纪念《教育研究》创刊 35 周年时所言,《教育研究》以其教育学术刊物"龙头"的地位,给众多的教育学人以展示自己的舞台,从而成就了一批又一批的学者。这些学者曾经或者正活跃在教育理论、教育政策和教育实践的各领域,成为重大教育改革的谋划者、见证者、参与者和积极推动者。[①] 中国的教育学者在成就《教育研究》之质量和水平的同时,提升了一代代教育学者的学术地位和社会影响。

40 年来,《教育研究》以它开阔的学术胸襟与眼光、薪火相传的社会责任感,汇聚、培育了有志于从事教育研究与教学的莘莘学子,为他们编织教育理想、抒发教育情怀、修炼教育理论、躬耕教育实践提供了源源不断的学术滋养。正是经此高品质窗口和平台,一代又一代教育学人走向学界,走向读者,走向成熟,走向广阔的教育天地。

40 年勠力同心,40 年华章荟萃,40 年学人济济。《教育研究》走过的 40 年是见证中国图强复兴的 40 年,是中国教育披荆斩棘的 40 年,亦是教育学人一代芳华的 40 年。《教育研究》成为 40 年的窗口与缩影,它的意义不止于分享历史的喜悦,更在于打开未来的可能。

［原文刊载于《教育研究》2019 年第 10 期］

---

① 戚万学.《教育研究》之于学者与学术［J］. 教育研究,2014,35（4）：19-22.

王逢贤先生的教育思想与治学品格

2013 年 12 月 13 日，中华人民共和国第一代著名教育理论家王逢贤教授，经历与病魔的顽强抗争，安然地离开了我们。作为他的弟子、朋友和同事，在切身感受了丧师丧友之痛后，更多的是缅怀他对我国教育学术创新、教育理论建构和教育学科发展的杰出贡献。正是以王逢贤先生（以下简称先生）为重要代表的这一代学人的奋发有为，中华人民共和国的教育学在经历了学习和摸索之后，终于形成了具有中国特色、中国风格和中国气派的理论体系、理论主张、学术话语和学术立场。我们不仅要学习先生的创新理论和独到主张，更要学习其治学之道和学术精神。

一、求学以改变命运：先生的教育人生

先生是东北边疆海岛之子，1928 年 7 月 2 日生于辽宁大连长山列岛东南端的海洋岛渔村。小岛地处祖国边陲，远离大陆，又因其扼渤海、据黄海、东望朝鲜的地势，历代均为战略要冲和军事重镇，因此常常经磨历劫，经济社会和教育发展水平一直较为落后。作为贫苦渔民之子，先生自幼困苦备尝，在亲朋邻里的帮扶下，方才勉强完成在海洋岛普通学堂和皮口公学堂的学业。小学阶段，学习优异的先生深得老师们的偏爱。学校老师所描绘的海岛对岸的生活，让他在童年时期就有了无尽向往；学校老师对其学习和发展的殷切期望，则使他奠定了求学以改变命运的朴素信念。

1944 年春，先生进入旅顺师范学校读书。但由于战乱，一年后学校停办，他又不得不返回海洋岛，在海洋岛小学作为代课教师执教半年余。1946 年春，为了继续学习，先生再次离岛，满怀信心寻找读书之所，却在战事频仍的环境中不意成为广大东北青年流亡学生的一员，一直颠沛流离于旅大、沈阳、长春和北平等地。其间，为了维持生计，他曾流落过难民站，当过鱼店、瓷器店的学徒，做过街头摊贩；为了读书报国，他曾风餐露宿、徒步辗转于各大城市，先后在公立免费的长春中学进修班、沈阳小学师资训练所史地班、辽宁省立师专先修班和英语科、长白师范学院

（北平）史地系求学；为了追求真理，他积极参加了抗议游行、护校等许多进步学生运动和地下学生工作，认真学习革命理论并在北平加入了进步青年的地下组织——"青年进步同盟"。

北平和平解放后，长白师范学院于 1949 年 2 月迁回吉林，同时并入我党创办的东北大学（1950 年易名为东北师范大学）。此时，历史赋予了先生选择自我发展道路的权利——要么"南下"参加革命工作，要么"北上"继续攻读大学。矢志向学的先生坚持选择了后者，进入东北大学三部地理系继续大学本科学业，并顺利加入中国新民主主义青年团。1951 年，东北师范大学为适应学校转型，建设和储备高等师范教育青年教师队伍，在各系遴选了一批在校生赴国内外高校进修学习。学习优异的先生因之进入中国人民大学教育系教育研究班，主要从师于苏联专家，其专业生涯自此从地理学转向教育学，其与教育学之缘便再也不曾分离。在 1952 年的院系调整中，中国人民大学教育系并入北京师范大学教育系，先生所在研究班也集体并入北京师范大学教育系教育研究班。

1953 年 8 月，先生完成在北京的研究生学业，旋即返回东北师范大学教育系任教，并得到学校的重视和我国著名教育学家、时任教育系系主任陈元晖教授的赏识。学校将先生是年申报的研究选题"教育是人类社会生活永恒范畴又是历史范畴"列入全校科研计划，教育系则委任其为第一届研究生班的班主任和教育理论课（陈元晖教授主讲）助教，同时担任系主任秘书。从流亡生涯中获得崭新生命的先生，在这一时期焕发了献身社会主义高等教育事业的极大热忱。他通过虚心请教前辈学者、专心研读马克思主义经典文献和苏联教育理论，不断夯实自身的马克思主义和教育学的理论功底，先后独立撰写了《全面发展与因材施教》《关于普通学校思想政治教育的几个问题》等系列论文，主编了吉林省教育厅委托编写的全省中等师范学校《教育学》教材，于 1956 年晋升为讲师并任教研室秘书，逐渐在我国教育学领域崭露头角。

"文革"期间，东北师范大学教育系被撤销，并入政治教育系，先生到吉林省永吉县三家子公社大荒地大队插队，学术研究陷入停顿。

先生执教杏坛正好一甲子。如果说其前 30 年是学术奠基期、蛰伏期、开拓期，那么"文革"结束后的 30 年，则是其学术旺盛期、专攻期、升华期。进入改革开放新时期以后，先生得到组织的接纳，又适逢教育研究事业迎来春天，其学术生命自此得到全面激活。这一时期，先生心无旁骛地培养人才、著书立说，先后于 1985 年、1986 年擢升为教授、博士生导师，承担了"中小学爱国主义与共产主义教育研究""新时期德育基本理论问题研究""顺境教育理论及学校模型"等国家级课题 4 项，主编、合作主编或独立编著了《教育学原理》（1980 年）、《德育原理纲要》（1983年）、《中小学生爱国主义共产主义教育引论》（1987 年）、《学与教的原理》（2000 年）、《德育新论》（2000 年）、《优教与忧思》（2004 年）以及"德育理论丛书"（7 部，1999 年）、"义务教育课程标准实验教科书"《思想品德》（7—9 年级，共 5 本，2004 年）等有重要影响的讲义、专著和教材，连续独立发表了《学校德育过程特点初探》（1979 年）、《试论教育的经济效果和投资的性质》（1979 年）、《爱的教育、陶冶教育新探》（1980年）、《马克思的异化理论与人的全面发展》（1981 年）、《少年期的本质特征和教育的几个问题》（1983 年）、《贯彻"三个面向"中的几个德育问题》（1985 年）、《试论德育观念的更新》（1986 年）、《现代教育先行论再探》（1986 年）等高质量的系列学术论文数十篇，获得了全国首届教育科学优秀成果一等奖、第二届中国高校人文社会科学研究优秀成果一等奖和"五个一工程"入选作品奖等诸多重要学术奖励，成为我国德育原理、教育基本理论等领域诸多方向上少有的学科开拓者和学术先驱。

1983 年 9 月，全国教育科学规划领导小组成立，先生作为少有的布衣教授代表担任领导小组成员（其间兼任首届德育学科组组长）并连任13 年，还曾担任国务院学位委员会教育学科评议组成员和全国教育学研究会（今名中国教育学会教育学分会）副理事长（负责联系德育专业委员会工作），为我国新时期的教育学科建设事业尤其是德育学的规划与发展做出了重要贡献。1986 年，东北师范大学教育学原理学科由先生牵头申报并获批博士学位授予权，并在 21 世纪初分别获批教育部人文社会科学重点研究基地（农村教育研究所①）、国家重点学科，从而全面引领、带动了我国东北地区教育学科的繁荣发展，为我国教育学科发展的区域突破做出了杰出贡献。20 世纪 80 年代末至 90 年代，他多次应邀前往日本、加拿大等地讲学访问，在争取海外力量大力支持我国教育事业发展、促进境内外教育学术交流方面发挥了重要作用。

先生还曾兼任中国教育学会学术委员会委员、中国教育学会教育学分会学术顾问、国家教育发展研究中心兼职研究员、中央教育科学研究所学术委员会委员、教育部人文社会科学重点研究基地东北师范大学农村教育

---

① 该所前身系王逢贤先生于 1986 年创立并长期担任所长的东北师范大学普通教育研究所.

研究所和南京师范大学道德教育研究所学术委员会主任、吉林省教育学研究会理事长、《教育研究》杂志编委和顾问、《中国德育》杂志编委会副主任、香港田家炳教育基金会德育研讨会顾问和评委等多个重要学术职务，荣获全国中小学德育先进工作者奖、香港柏宁顿孺子牛金球奖、曾宪梓教育基金教师三等奖、吉林省首批省管优秀专家等奖励，在海内外享有很高的声望。

在先生求学生涯的大部分时期，我国东北地区或为日寇所窃据，或陷于各种战火之中，民不聊生；在先生治学生涯的前部分时期，我国政治环境复杂，学术难彰。因此，先生的求学、治学之路与千千万万一心向学的同龄人一样，经历了当下人们难以理解的艰辛与坎坷，饱含着诸多难以言说的苦难与无奈。而支撑他勇于跨越这段艰辛与坎坷、甘于承受这些苦难与无奈的人生信念，或在于中国伟大文化传统内嵌于其血液中的求学以改变个体命运、国家命运的基因。正所谓"前事不忘，后事之师"，我们在为我国老一辈学者后半生的苦尽甘来而感到欣慰的同时，似乎还应将他们这代人的痛苦记忆铭刻于心，为个体价值之彰显、为国家发展之顺昌而不懈努力。

二、求知以创造历史：先生的教育思想

列宁说："判断一个人的历史贡献，主要不是看他为历史贡献了多少，而是看他为历史贡献了哪些新东西。"列宁的话告诉了我们一个道理，一个学者的最大存在价值和最大学术贡献莫过于创造历史。在先生上百篇学术论文和部分学术著作中，他所创立的带有划时代和里程碑意义的独到理论和原创思想有很多，以我们的学术认知和个人理解，主要的有如下几大方面。

（一）全面发展论

先生的很多理论主张，由于其紧扣时代，适应和满足了社会发展的重大需求，见解独到，思维深刻，观点系统，发表后经常会引起很好的学术评价和很大的社会反响。《马克思的异化理论与人的全面发展》一文就是其中的代表作之一。[①] 在这篇论文中，先生深刻地剖析了马克思的异化理论，全面阐述了人的全面发展的完整内涵。

---

① 王逢贤. 马克思的异化理论与人的全面发展 [J]，教育研究，1981（7）：18-25.

先生首先明白、具体地指出，马克思的异化概念的基本含义，是从人自身分离出的各种力量，逐渐跟自身疏远，从而反过来成为控制、支配自己的异己力量的过程。马克思的异化理论是揭示人的异化产生和克服的一种科学方法论，是研究人的学说和人的全面发展学说的一种历史辩证法。

先生认为，马克思在科学地论证人的本质的问题的基础上，揭示了人的异化产生和克服的历史规律。[①] 根据这个历史规律，马克思论证了资本主义制度的反人道性质和异化产生的根源，指出"有产阶级和无产阶级同是人的自我异化"，论证了共产主义革命的最终目的，不仅在于推翻资本主义制度，消灭一切剥削阶级，更重要的是在于消灭无产阶级自身，高度发展生产力，创立一个能够满足人们日益增长的物质需要和精神需要的新世界，也就是最终扬弃人的异化，使全社会的成员都得到彻底解放和全面发展，成为自由的、文明幸福的人。

先生指出，在马克思的异化理论中，关于人的学说的核心问题就是真正的人性论和人道主义，即全面地、历史地揭示人的本质，关心人的命运，把人真正当作人看待，人自身的自由和幸福就是人最高价值之所在。这样，关心人、尊重人、发展人、最大限度地满足人对物质和精神文明的需要，就是一切革命和生产活动的出发点和归宿。总之，在马克思主义关于人的学说看来，人是目的，而不是手段。

在上述剖析基础上，先生在国内率先阐述了人的全面发展的完整内涵。先生认为，关于人的全面发展，不应仅仅是当时很多学者认为的"体力和智力充分的自由发展和运用""体力劳动和脑力劳动相结合是人的全面发展的本质特征"。人的全面发展，应包括如下几个有机联系的含义。

其一，人的全面发展是人的体力和智力同时获得充分的自由发展。先生分析说，本来，劳动产品作为人的目的和能力的结合，是人的本质的一种具体体现和肯定。但劳动对象和劳动产品的异化，劳动者自身体力和智力的异化，使劳动者生产的财富越多越陷入贫困，体力和智力的劳动越畸形。人在劳动中，不论缺乏相应的体力和智力，还是体力和智力受到摧残，都是一种异化和不自由。所以，人的全面发展首先应该是使人克服劳动异化，使"体力和智力获得充分的自由发展和运用"，这一点是人们公认的主张。

其二，人的全面发展是人的才能和志趣获得充分的多方面发展，成为

---

① 王逢贤. 优教与忧思 [M]. 北京：人民教育出版社，2004：106-114.

各方面都有能力的人，即能通晓整个生产系统的人。先生依据马克思在《资本论》中指出的大工业发展中出现的两个生死攸关的问题，赞同马克思关于人的才能的全面发展同现代大工业的技术基础的革命性联系在一起，是一种社会生产的普遍规律的观点。只有这样的人，才有条件"根据社会的需要或他们自己的爱好，轮流从一个生产部门转移到另一个生产部门"，而不再受固定职业的束缚，开始扬弃劳动异化。扬弃劳动异化，把人从机器的附属品中解放出来，就能体现人的本质。

其三，人的全面发展是人的道德精神和审美情趣的发展。先生指出，马克思在论说人的发展时，在许多场合确实讲的是体力和智力的全面发展，没有同时提到道德和审美情趣的发展。但马克思在分析劳动的过程中，也确实没有忽略人的道德因素。先生举例说，如马克思曾明确指出"只有在集体中，个人才能获得全面发展其才能的手段，也就是说，只有在集体中才可能有个人的自由"。还比如，马克思说的"人的自我丧失"，不仅指体力和智力，也包括道德和审美需要的丧失，因为"精神空虚的资产者为他们自己的资本和利润欲所奴役"。它把人的纯朴感情"淹没在利己主义打算的冰水之中"，"把人的尊严变成了交换价值"。马克思还说过：在资本主义条件下，忧心忡忡的穷人甚至对最美丽的景色都没什么感觉；贩卖矿物的商人只看到矿物的商业价值，而看不到矿物的美和特性。先生说，由上述可见，我们没有理由把人的道德和审美情操列在马克思主义关于人的全面发展的含义之外。

其四，人的全面发展是人利用客观规律改造自然和社会的自觉程度，达到了"从心所欲，不逾矩"的境界，真正获得了自由，成为自身的主人。先生认为，从马克思、恩格斯对人的自由的本质所做的精辟分析中，就能比较容易理解人的全面发展的这个极为重要的含义，即"个人的全面发展，只有到了外部世界对个人才能的实际发展所起的推动作用为个人本身所驾驭的时候，才不再是理想、职责"，也只有这时才能使"人以一种全面的方式，也就是说，作为一个完整的人，占有自己的全面的本质"。这也就是对人的异化的彻底扬弃，使人的本质真正得到复归，使人的个性真正获得自由和谐的发展，成为文明幸福的人。

先生的这篇论文发表后，引起了重要的社会反响。原因为除论文本身首次剖析了马克思的异化理论与人的全面发展的关系外，首次提出马克思主义关于人的全面发展的含义除了公认的人的劳动能力，即智力与体力的全面发展，还包括才能与志趣、道德与审美以及改造自然与社会能力的发展这一独到的解读。

（二）教育先行论[①]

从 1979 年到 1998 年，先生连续发表几篇相关论文，率先提出和论证了现代教育先行思想，包括教育先行的概念、历史上教育发展的基本模式、教育先行的现实必然性以及落实教育先行的实践对策等。先生教育先行思想的主要价值，不仅在于"对教育的本质与职能的认识的一个深化或飞跃"[②]，更在于为 1992 年党的十四大确立"把教育摆在优先发展的战略地位"提供了重要的理论依据和舆论氛围。

早在 1979 年，先生就在其发表的《试论教育的经济效果和投资的性质》[③] 一文中指出，只有把教育投资纳入生产投资的范畴，列入国民经济发展计划之中，只有不断扩大教育投资的数量，才能保证教育事业和国民经济相适应地高速发展；并明确提出，研究一下我国目前的教育经费在国民生产总值中所占的比例，是否完全符合社会主义经济有计划按比例发展的规律，要不要适当地扩大教育投资，是很有必要的。这为厉以宁等先生之后研究提出国家财政性教育经费占国民生产总值 4% 的指标创造了良好的舆论环境。1983 年 6 月，先生在《中国社会科学》杂志社组织召开的"教育科学的现状与发展"学术座谈会上，以其敏锐的眼光和迫切的心情，明确提出要按"教育先行"这个现代社会发展的客观规律办事，必须使教育走在各项现代化建设事业的前面，增加教育投资，加快教育发展速度，扩大教育事业规模。[④]

1986 年，先生再次指出，教育先行不仅是一个千真万确的重大事实，也是一个重大的理论课题。他当时认为，研究教育先行的重大意义在于：教育先行不仅是新技术革命从宏观上向教育学提出的重大课题，教育先行说的创立将可能就是皮亚杰所希望的教育学史上一个新的里程碑。

关于教育先行的概念，先生指出，教育先行作为宏观教育现象，包括对现实社会先行和对未来社会先行两个方面的内容。对现实社会而言，先

---

① 王逢贤. 优教与忧思 [M]. 北京：人民教育出版社，2004：121.

② 《教育研究》杂志编辑部. 党的十一届三中全会以来中国教育科学的回顾与展望 [M]. 北京：教育科学出版社，1988：36.

③ 王逢贤. 试论教育的经济效果和投资的性质 [J]. 吉林师大学报（现名《东北师大学报（哲学社会科学版）》），1979（2）：41-47，54.

④ 李克敬. 教育科学应该有一个大发展 [J]. 中国社会科学，1983（6）：50.

行是指在全局工作的设计安排中使教育走在其他工作的前面；对未来社会而言，先行是指要持以前瞻的眼光把教育置于优先的地位。前者是时间上的定位，后者则是空间上的定位。

先生认为，对教育发展在经济和社会发展中的地位，事实上存在着三种模式和主张。一是教育后行论，即教育走在经济发展之后，先发展经济后发展教育，整个古代社会都是这个模式。先生引用孔子与其弟子的对话作为佐证。"子适卫，冉有仆，子曰：'庶矣哉！'冉有曰：'既庶矣，又何加焉？'曰：'富之。'曰：'既富矣，又何加焉？'曰：'教之。'"孔子这种"庶、富、教"的主张，明确地把发展教育置于人口繁衍和发展经济之后。这不是孔子轻视教育，而是其符合古代社会现实的发展规律。二是教育并行论，即教育与经济同步发展。三是教育先行论，即先发展教育，后发展经济。先生为此举例证明说，日本明治维新时期，经济远落后于欧美等工业发达国家。但他们在经济比较困难的条件下，走了一条教育先行之路。他们于1872年颁布新学制，开始普及义务教育。即使在二战后经济处于全面崩溃的年月，也没有忽视教育先行问题。教育先行成为二战后日本经济高速发展的"秘诀"，日本人自己就总结说，日本能成为世界经济大国，首先应归功于明治以来的教育所储备的人才。

人类社会进入现代社会以来，实行教育先行有其客观必然性。先生对这种必然性给予了系统的论述。先生指出了以下几点。

第一，教育先行是由现代社会的物质文明建设与科技、人才之间的相互作用关系所客观规定的。现代科技的迅猛发展及其在生产上的广泛应用和日益提高的劳动生产率，必然引起现代产业种类的扩充和就业人口的结构性迁移，进而引起社会生产和生活方式的变革。这些改变都对人的素质提出了更多更高的要求，其中较重要的一点就是具有高度应变能力的通才。

第二，教育先行是由现代社会的精神文明建设与教育的相互作用的关系所客观规定的。无论是民主和法治的进步，还是人口控制和优化，都离不开教育对人的素质的培养和提高。发展教育需要物质文明提供必要的条件；同时，发展教育、培养人才又可为物质文明的发展提供源源不断的高素质劳动者，进而推动物质文明和精神文明的进步。

第三，教育先行是由现代社会发展的高速度与教育周期长的矛盾关系所客观规定的。现代科技发展的激增，使知识更新周期越来越短。知识更新周期缩短的主要表现是科技的物化时间、生产设备的更新时间、新产品新工艺的陈旧时间都越来越短。但培养人才的周期是比较长的。要解决现代社会发展加快，要求快出人才和教育周期较长的矛盾，用"揠苗助长"的办法不行，只能使教育走在两个文明建设的前面，使教育面向未来，超前为未来培养人才。先化人后化物，教育要先行。

第四，教育先行是由教育投资效益的长效性和增效性所客观规定的。教育投资是以提高人的智力、精神和生产能力等为结果，不像物质产品所具有的一次性价值和耗损率，具有潜在的长期有效性、增效性和历史的传留性价值。正由于人们对教育投资的社会效益有了这样的科学认识，人们才把教育经费由传统的消费性投资观念转变为生产性投资观念，不断提前增加教育投资量。

第五，教育先行是由现代教育自身建设的先行性所客观规定的。教育为现代社会的今天和明天发展服务，教育内部各要素必须首先进行现代化，才能使教育作为一个完整的社会实体发挥其先行的社会职能作用。总之，教育先行，教育自身的现代化建设要先行，这是现代教育发挥作用的前提。

不仅如此，先生还对教育先行的社会实现提出了个人的建议。他认为，教育先行，只有教育自身的先行是不够的。教育先行更是一个社会问题，只有通过一个国家总体战略的推进才能实现。为此，他提出五项措施去推动落实，包括：加强对教育的领导，把教育纳入总体规划；不断增加教育经费，做到"两个增长"；不断调整内部结构，使之与外部内部需要相适应；建立健全教育科研体制，加强教育预测，提高教育效率；加强教育立法，保证教育先行。

仅此，先生还觉得意犹未尽，于是提出了一个"为教育服务"的全新概念。在《呼唤"为教育服务"的理论》① 这篇论文中，先生提出，要全面落实教育优先发展的战略地位，急切地呼唤为"为教育服务"的理论提供认识基础。他说："要叫马儿跑得好，又叫马儿不吃草，是不行的。"当时在教育理论上只有教育为社会服务，还没有社会为教育服务的理论。所以，解放思想，创立"为教育服务"的概念和理论，是落实教育优先发展战略地位和加强教育理论建设的当务之急。"为教育服务"的理论落实到实践上，就是要以实际行动给教育办实事，就是要像邓小平那样，重视教

---

① 王逢贤. 呼唤"为教育服务"的理论［M］//国家教育发展研究中心. 邓小平教育思想研究文集. 南昌：江西教育出版社，1994：145.

育，给教育部门当"后勤部长"。

（三）教育规律说

先生一生从教，热爱教育，研究教育，痛感遵循教育规律才能办好教育的必要。早在 1980 年前后，他就撰文大声呼唤要"自觉地按照教育规律办学校"[①]。先生在论文中先声夺人，明确阐述了教育规律的内涵、结构、层次和实践遵循。

先生指出，马克思主义认为，凡是规律性的东西，都是客观的。它是事物运动变化过程中的内部诸关系的本质联系和发展的必然趋势。在另一篇论文中，先生进一步引证列宁的话指出，"规律就是关系"，"本质的关系或本质之间的联系或关系"。宇宙间各种事物内部和事物之间，只有那些固有的、必然的、普遍的关系，是决定这一客观事物与其他事物的根本区别及其发展趋势的内在力量，才是"本质的关系"。教育是由教育者、受教育者、教育目的、内容、途径、方法、组织等要素构成的一种社会实践活动。这些要素的发展变化，总的看是受着教育外部的因素和教育内部的因素所制约的。"如果我们把一定国家的政治经济制度、生产力发展水平、社会结构、人口发展、民族传统、地理条件等对教育发展提出的需要和提供的可能性，称作教育的外部规律；那么，受教育者的德、智、体、美、技之间互为条件地全面发展；在教育途径上以教学为主，全面安排其他活动；循序渐进……就可以称为教育内部的规律。"[②] 先生在这篇论文中就教育的内部规律谈了以下八个方面的具体规律。

第一，要使受教育者在德、智、体、美、技几个方面，互为条件地全面发展。其要义是处理好整体与局部的关系。在教育过程中对教育的各个组成部分要全面地抓，不能分哪个第一，哪个第二；哪个实，哪个虚；哪个先，哪个后；哪个多些，哪个少些。落实各育任务时，既要突出对实现某种教育任务的特殊作用，又不能对各育任务实行绝对分工。对每个受教育者，既要求他们全面发展，又不能是绝对平均的发展；对不同的受教育者，也不能要求他们齐头并进地发展。

第二，要坚持教学为主，全面安排各种教育途径的活动。其要义是处理好教学活动与其他活动之间的关系。先生指出，教学、课外活动、生产

---

① 王逢贤. 优教与忧思 [M]. 北京：人民教育出版社，2004：16.
② 王逢贤. 优教与忧思 [M]. 北京：人民教育出版社，2004：23.

劳动、科技活动、社会活动、家庭生活等都是学校不可缺少的教育途径，都需在时间和空间上予以恰当安排，但不能平等对待，要始终以教学为主，其他活动应服从于教学。因为教学是在教育者的直接指导下，以学习教材为主要内容，以课堂教学为基本组织形式，可在较短时间内使受教育者受到全面系统的影响。所以，必须把教学放到"为主"或中心地位，绝不能置于"为辅"的地位。"为主"但不是"唯一"，而是同时要发挥好其他途径的作用。先生在这里的强调，用意非常明确：摆好主次是遵循规律，主次颠倒就是违背规律。

第三，要坚持循序渐进，逐步提高，讲求教育效果。其要义是处理好教育要求与学生身心发展规律和个体认识特点之间的关系。先生指出，受教育者身心发展的阶段性和内在规律性，人类总体认识与个体认识过程之间的一般性与特殊性，以及德智体美劳教育内容的系统性等，都有他们各自的客观顺序。组织教育过程必须遵循这些客观的顺序性，逐步提高受教育者的发展水平，才能获得实际的教育效果。打破这种顺序，乱提"高难度""高速度"和"跃进"等口号，只能导致"揠苗助长""欲速则不达"的后果，造成教育的"浪费"。

第四，要坚持"少而精"，抓好基础教育，在此基础上培养"举一反三"的能力。其要义是处理好一和三、少和多、约和博的关系。先生以敏锐的时代意识指出，人类知识发展至今已浩如烟海，任凭受教育者用尽毕生，也难全部掌握。同时，从知识结构上看，既没必要去储存人类积累的全部知识和思想，更没必要也不可能"对号式"地掌握未来生产和社会生活所需要的全部知识和思想。只要从人类的知识宝库中选择少而精的东西，使学生在掌握基础知识和基本技能的基础上，利用迁移的规律，发展其"举一反三"的基础学力，就能保证学生在未来生产和生活中应对千变万化的世界。所谓"少而精"，指经过由博而约的提炼过程，把广博知识中那些带有共同要素的基本知识和基本技能抽象出来，作为学生持续学习新东西的"基础学力性内容"，教给学生，才能发展其举一反三、触类旁通的能力。所以，基础教育应始终把"双基"教学与能力培养结合起来，杜绝"满堂灌""大突击"和"题海战术"。

第五，要把语言传授、实际训练和情境陶冶相结合，使各种教育手段综合地发挥作用。其要义是处理好各种教育手段之间的联系和关系。三种教育手段的结构、作用和运用过程不同，都要求教育者的精心设计、认真组织和密切融合，才能充分发挥他们各自的特殊功能。

第六，坚持启发教育，使受教育者主动地、生动活泼地得到发展。其要义是处理好启发与注入、说理与灌输之间的关系。启发教育与注入教育、禁欲教育、控制教育相对立，把受教育者当作积极、能动的客体，尊重、信任他们，用诱导、置疑、示范等方法，激发他们的学习欲望，促使他们生动活泼地发展。先生认为，启发受教育者的主观能动性是教育者充分发挥主导作用的集中体现。一个真正的善教者，不是背着学生走路，也不是推着或牵着学生走路，而是放开手引导学生自己走路。这就说明，只有启发教育才能培养出具有独立性和创造性的人才。正因为如此，启发教育过程的设计和组织，比注入教育需要教育者付出更多的精力，表现更高超的教育艺术。

第七，坚持因材施教，"长善救失"，使每个受教育者都能受到良好的教育，得到健康的发展。其要义是处理好先天与后天、个体与群体之间的关系。先生指出，受教育者因先天遗传与后天发展的不同而存在差异，这些差异具有极大的可塑性和变异性。教育者既要进行一视同仁的教育，还要从每个学生的实际出发，因材施教，才能收到良好的教育效果。先生说，因材施教的目的不是扩大差异和消除差异，而是"长善救失"，这与天才教育和淘汰教育从根本上不同，而是一种有利于每个学生发展的差别教育。

第八，要坚持尊师爱生，教学相长。其要义是处理好师与生、教与学之间的关系。先生指出，"尊师"是为了"重道"，"爱生"是为了"育才"。只有尊师爱生，师生之间建立起民主平等、互教互爱的关系，才能形成乐教与乐学的动力，使教育过程成为一条"无泵管道"，教育内容中的真理和智慧畅通无阻地流向受教育者的心田，才能推动教学相长和"青出于蓝而胜于蓝"。反之，如果违背了这条规律，师生之间建立起的是那种冷漠的"父子式"的或"交易式"的关系，则其必然成为教育过程顺畅运行的阻力。即使有千条妙计，也很难把他们联结在一起，结果是厌教与厌学。

先生在明确了教育基本规律①，即外部与内部规律的基础上，一口气

---

① 20世纪90年代末，先生在其博士生课程讲义中又提出了教育规律是"两个需要与两个可能的契合"的观点并做了系统阐述。其中，"两个需要"是指社会需要和个人需要；"两个可能"是指社会发展提供的可能和个人身心发展提供的可能。需要与可能互动的中心在于人的发展；教育基本规律即社会和个人发展的双向需要与各自发展水平的契合统一。

列举了教育活动中的八条具体规律。其时，即使在教育理论界，对什么是教育规律、教育中到底有没有规律尚且茫然。先生的这番论述，不仅揭示了教育规律的初始内涵，而且指明了教育规律的结构，即外部规律和内部规律，以及教育规律的层次，即基本规律与具体规律。先生的这些论述，无疑对后续的教育规律理论研究起到了重要的引领和奠基作用。

不仅如此，先生在完成教育规律理论探究的同时，更把研究的目的指向教育实践，期盼实践领域能够按照教育规律办教育。先生有针对性地提出了以下几点。

其一，"内行领导"是教育规律，"外行领导"是违背教育规律的教育现象，必须变"外行领导"为"内行领导"。变的办法是"必须对那些钻不进去的人，浮在表面上的人进行教育，使他们成为内行"①，严格要求领导干部要懂得一点教育学②。

其二，办教育是通过培养未来需要的人为社会服务的，不能急功近利；教育要密切联系实际，但不能用其他社会实践的办法代替教育规律。

其三，教育方针政策、教育思想与教育规律不能等同。教育政策法令不是教育规律本身。人们根据对教育规律的正确认识，可以制定正确的教育政策法令，也可能根据对教育规律的错误认识制定出错误的政策法令。

其四，教育经验同教育规律也不能混同。先生认为，教育经验有正反两个方面，正面经验是反映了教育规律的有效做法，反面经验是违背教育规律的无效做法。正确的教育经验是对教育规律的感性认识，正确的教育理论是对教育规律的理性认识。在实际工作中，推广教育经验虽然必要，但不能以此确认是否遵循了规律，也不能替代教育规律的研究。

先生如此深入浅出、正反对照地阐述教育规律，用意是希望人们不仅重视教育规律、认识教育规律，更要在教育实践中遵循教育规律。只有这样，才能避免不断重演的教育失误，少犯经验主义的种种错误。

（四）教育过程论

先生认为，教育过程是科学的教育学必须研究的一个重要课题。多年来，许多学者从不同的侧面探讨了德育过程、智育过程、体育过程、美育

---

① 吉林师范大学《毛泽东选集》简介编写组. 毛泽东选集：第 5 卷 [M]. 长春：吉林人民出版社，1977：144.

② 吉林师范大学《毛泽东选集》简介编写组. 毛泽东选集：第 5 卷 [M]. 长春：吉林人民出版社，1977：479.

过程、教学过程等。但对整体教育过程的研究至今仍是教育科学发展上的空白。先生甚至断言，教育科学的里程碑式的成果很可能是在教育过程这个总课题中。

为了填补这个空白，先生不遗余力地把教育过程及其整体优化的课题作为他学术研究中的一个重要方向而不断求索，发表了一系列的独创之见，包括教育过程的含义、教育过程的价值、教育过程的整体把握等。此外，他不仅在 1980 年编就的《教育学原理》讲义中专章论述了教育过程的基本问题，还自 1987 年始特地开设并长期讲授了"教育过程前沿问题研究"这门博士生课程。

（1）关于教育过程的含义。先生指出，在教育学史上多见对教学过程、学习过程或德育、智育等过程的论述，但对教育过程作为一个整体概念，则很少被提及。近几十年来，有人开始关注这个命题，但对其内涵的解释是各式各样的。他认为，教育过程作为一个整体概念，不能只揭露教育实践活动的一个侧面，应反映实现教育目的的整个教育活动的基本要素及其相互作用的全过程。教育是根据一定教育目的培养人的一种社会实践活动。在这种活动中，要实现教育目的，达到预期效果，就需要通过一系列措施，进行长期而全面的影响。这种教育过程就是教育者按照一定的教育目的，在受教育者的积极参与下，有计划、有系统地采取一系列有效的教育手段，对受教育者进行全面影响的过程。

（2）关于研究教育过程的方法论。先生指出，研究教育过程，不能将各种具体的教育过程的分述或它们的简单合并代替作为整体的教育过程。研究教育过程应抓住构成教育过程的重要成分和基本矛盾。研究教育过程，应把握马克思研究生产劳动过程时所用的方法。马克思认为，劳动过程是由劳动者、劳动对象和劳动手段三个要素构成的。教育作为一个过程，也有它构成的基本要素，这就是教育者、受教育者和教育手段。但必须指出，这三个要素同物质生产劳动过程是有本质上的不同的。最后，还要研究教育过程的连续性和周期性的特点。

（3）关于教育过程与认识过程。先生指出，教育过程是一个认识过程，既要遵循人类总体认识的一般规律，又有其自身的特殊规律。关于人类总体认识的一般规律，正如列宁指出的那样，是从生动的直观到抽象的思维，并从抽象的思维到实践。毛泽东则将其概括为：从感性认识而能动地发展到理性认识，又从理性认识而能动地指导革命实践，改造主观世界和客观世界。教育过程既要遵循人类总体的一般认识规律，又要遵循其自身的特殊规律，即以间接经验为基础。正如恩格斯指出的那样，由于"承认了获得性的遗传，它便把经验的主体从个体扩大到类；每一个体都必须亲自去经验，这不再是必要的了；它的个体的经验，在某种程度上可以由它的历代祖先的经验的成果来代替"①。

（4）关于教育过程优化。先生指出，一段时间以来，我国的教育改革是单项改革。由单项改革走向整体改革，这是一个历史进步，整体改革的目的就是用整体教育代替单一教育，以最大限度地提高教育质量和社会效益。学校教育整体改革的核心问题是优化教育过程。实践证明，学校教育整体改革如没有整体教育优化的理论导向，不仅会是盲目的，而且很容易走进误区。为此，必须有对学校教育整体结构的整体把握，实现教育过程的整体优化，以消除单一教育活动和单一教育过程模式对受教育者多方面和谐发展的分割以及不应有的内耗。这些整体有：教育目标整体，通过课程规范的教育内容整体，教育方法整体，教育时空环境和教育途径整体，教师和学生整体，学校、家庭和社会影响的整体，上下年级和学校衔接的整体以及学校管理和评价的整体。先生对每一个整体都做了详细具体的论述。

先生关于整体教育过程的研究成果可谓我国教育过程理论研究中的少有篇章。

（五）学校德育论

先生一生的科学研究和学术贡献以德育见长，虽然他生前经常否认自己是德育专家，但综观其学术成果，差不多有一半的分量是关于德育的言说。先生的德育思想几乎涵盖了德育的意义、本质、地位、功能、价值、内容、过程、特点、原则、方法、途径等所有的领域，并具体而鲜明地体现着其理论的原创性、话语的引领性、见解的独到性和内容的系统性。难怪在一段历史时间里，有中国德育的"南鲁（洁）北王（逢贤）"之说。限于篇幅，这里撷取几个具有代表性的理论建树。

1. 德育过程多端论

德育过程具有多种开端的理论是先生德育思想中一个经典的主张，一经提出就很快得到了学界的认同，并被纳入教育学教科书，作为一个成熟的理论知识广为传播。

---

① 王逢贤. 优教与忧思 [M]. 北京：人民教育出版社，2004：80.

先生指出，从人类认识的基本规律看，在德育过程的循环往复、不断发展的总进程中，每一种思想品德的形成归根结底是以知为开端，沿着知、情、意、行的内在程序，以形成行为习惯为终端的。但是，由于知、情、意、行具有独立性，个体的思想品德形成过程并非一律沿着上述程序进行。实际上，知、情、意、行各方面都可作为开端。就是说，德育过程既可以从传授政治、道德知识开始，也可从陶冶情感，或从磨炼意志，或从训练行为开始。具体从何入手，要根据受教育者的知、情、意、行的发展状况和教育因素的发展变化等条件而定。这就是先生著名的德育过程多端论。

现实中，受教育者每一种思想品德的形成，其知、情、意、行的发展方向和水平，经常处于不平衡状态。比如，"通情达理"和"情通理不通""理通情不通"，言行一致或不一致，动机与效果的统一或背离，持之以恒或浅尝辄止等，都是上述诸因素平衡与不平衡的具体表现。这就需要在德育过程中，利用多种开端规律，有针对性地从不同侧面入手，而不能固守由知到行的固定模式。

2. 德育观念更新论

1986年，先生在《教育研究》上发表论文，提出德育要适应历史发展，树立新的德育观念。

第一，认清德育与两个文明建设的关系，树立德育的使命观念。先生指出，德育属精神文明范畴。要认清社会主义现代化建设的根本目的，不仅是使人的物质生活富起来，在精神生活方面也要富起来；认清两个文明建设是互为目的和互为手段的辩证关系；认清不加强精神文明建设，物质文明建设也要走弯路。

第二，认清"德治"与"法治"的关系，树立德育的"治国安邦"观念。"德治"与"法治"是维护社会秩序、治国安邦，促进社会安定和维护国家长治久安都要兼施并用的两个职能，两者不能偏废。既不能用"法治"代替学校德育，也不能夸大学校德育的作用。

第三，认清德育与智育、技术教育的关系，树立德育是不可替代的独立实体观念。德育、智育和技术教育各有自己独到的任务和职能，彼此互为基础和条件。智育为德育和技术教育提供了认识基础，德育则为学生知识和技术的学习提供精神动力。实践中，只有摆脱"智德论"和"科技直接物化论"的影响，才能树立起德育的实体观念。

第四，认清以共产主义思想为核心的德育的战斗力与社会上各种消极思想影响的关系，树立德育的优势观念。因为，学校德育不仅有预设的内容，还有一支优秀的教师队伍，有特定有效的教育计划，可以有针对性地展开教育，从而形成强有力的影响，并把消极因素降到最低限度。

3. 德育地位实体论

先生一直重视德育地位的实质、演变和表述等问题的研究。在先生看来，学校的各项教育工作都涉及有没有德育的位置、是什么位置以及如何表述和体现其所存在的位置问题。德育基本理论深入探讨德育地位问题，不仅是逻辑发展的必然要求，也是教育实践对德育理论导向的迫切呼唤。为此，先生在 20 世纪 80 年代初就指出，要摆正德育在学校教育中的地位，坚持各育并重、适时侧重，而不要把"第一""首位"等某些程度、顺序、层次上的形容词轻易地等同于理论上的科学论断。之后，经过长期研究，先生创造性地提出了德育的相对独立实体性思想。

第一，关于德育地位的层次。先生认为，德育的地位有两个层次：其一为深层性的地位，即德育在整个教育组成部分中是否为一个独立实体；其二为表层性的地位，即德育同其他教育组成部分相比，是同等重要还是占首位或次位。① 关于前者，先生的答案是肯定的，并做出了系统论证。

第二，德育作为相对独立实体的客观规定性。先生指出，德育作为学校教育中的一个相对独立实体，并非人们主观臆造的，而是具有三个方面的客观规定性。一是德（广义的）的社会存在和个体存在的同时性及其各自功能的不可代替性对教育提出的客观要求。二是在社会的德与个体的德之间双向转化的过程中，需要德育这个不可代替的、有效的媒体发挥功能。三是德育业已形成独特的由对象、目标、内容、过程、原则、方法、途径、队伍、管理和评价等要素构成的可操作系统。此三方面的客观规定性也正是"德育地位"这个命题可以成立和讨论的前提。②

第三，完善德育实体是发挥学校德育优势的保证。为加强和完善德育实体的建设，研究和维护德育应有的地位，先生对当时涌现的唯物质需要的实惠论、科技直接物化论、人的本性自私论、以智代德论、以法代德论、完全寓它论等否定德育独立实体性的观点和看法进行了深刻的批判③，

---

① 王逢贤. 德育的独立实体性不容否定 [J]. 中国教育学刊，1990（1）：23-27.
② 鲁洁，王逢贤. 德育新论 [M]. 南京：江苏教育出版社，1994：97.
③ 王逢贤. 德育的独立实体性不容否定 [J]. 中国教育学刊，1990（1）：23-27.

并基于学校德育六大独特优势的分析[①]，指明了德育实体建设的十大主要内容[②]，强调完善德育实体建设是发挥学校德育优势的保证。

4. 德育的社会环境优化论

先生认为，发挥学校德育的主导作用，专靠学校自身的努力是不行的，必须首先优化社会环境。之所以要优化，是因为社会的积极因素和消极因素，同时以多元的、散在的、直观的、即时的、自我的方式，对青少年构成强烈的刺激和诱惑。与此同时，青少年正处在人生观、世界观形成的关键期，极易受到各种社会因素的影响。社会上各种消极因素和不良风气，对青少年良好思想品德的形成构成了严峻挑战。从先入为主的品德形成规律看，从整治社会不良环境入手，优化社会环境，具有全局性的治本功效。如何优化？先生提出了以下观点。

第一，从战略高度，重新使人人树立起两个文明一起抓的现代社会发展观，走出以牺牲精神文明和教育先行为代价换取国内生产总值的误区。

第二，在进一步深化经济、政治体制改革的过程中，加强法治建设，特别应对青少年的健康成长加以法律保护。

第三，积极建设发展新文化和新品德，正确认识和处理社会本位和个人本位的关系，使人人都能为优化环境、保护青少年健康成长多做实事。

第四，大力扶植、宣传好人好事，提高榜样的说服力和可信度。

第五，积极鼓励民间性的正当社区文化、企业文化、职业文化和家庭文化建设。

第六，社会也要广开渠道，对广大青少年进行基础文明、艰苦奋斗、集体主义、爱国主义、社会主义、民主与法治和心理健康教育。

社会环境优化可以防止青少年沉沦于社会的逆境之中，在积极因素占主导的社会顺境中健康成长。

5. 提高德育效率和效果论

针对长期以来德育难做、工作难做、效率不高、效果不好的问题，先生直面现实，对如何提高德育的效率和效果给出了系统的理论回答。

先生经研究认为，德育效果有三种不同类型，各类效果具有显著特点。其一为"正效果型"，即教育者提出的教育要求被受教育者接受，变成了他们的品性，并在行动上表现，有时还会增效，表现出超教育者要求

[①] 王逢贤. 加强德育工作 发挥德育优势 [J]. 求是，1990 (18)：13-17.

[②] 鲁洁，王逢贤. 德育新论 [M]. 南京：江苏教育出版社，1994：113-116.

的优良品性，这可称为超正效果型。其二为"零效果型"，即教育无效，这种受教育后"依然故我"的现象，说明教育者进行的德育是一种无效劳动，其效果等于零。其三为"负效果型"，即教育者的教育不仅无效，反而引起受教育者的反感，使其产生了厌烦、不满和对立情绪，甚至是与教育要求相背离的思想和行动。这种事与愿违、与目的完全相反的效果即"负效果"。

有了对德育效果的分析，该如何提高德育的效率和效果呢？先生从五个大的方面做了系统的解答。

一是，全面透彻地了解受教育者。怎么了解？这包括：了解学生德、智、体、美、技的发展水平和方向，发展的外在表现和内在情况；学生在思想、政治、法治、道德观念及其行为规范方面发展的方向和水平及它们之间的关系；学生的单项品德构成要素，即知、情、意、行的发展水平和方向以及它们之间平衡和不平衡的情况及发展趋势；学生品德的上述发展情况与外部影响因素的关系；学生品德的年龄、性别差异和个别差异；学生品德的上述发展情况在教育前、教育中、教育后的表现；学生某一种品德的阶段性发展、变化过程和发展趋势。

二是增强德育内容的吸引力和说服力。怎样增强？先生指出，要结合社会发展和青少年发展的现实需要，增加新的具体内容；要正视青少年求新、求真、求实的要求，敢于回答他们思想"热点"中迫切需要回答的问题；要结合学生年龄发展阶段和品德发展阶段，变"高、大、全""齐步走"为分层次、多开端、循序渐进；要善于从学生的实际出发，为他们接受德育内容找到一个可以被接受的恰当起点。

三是优化德育过程的结构。怎么优化？要改变那种封闭的、单项的、无序的、受动的、缺乏内在活力的"奉送真理"的模式，构建一种开放的、双向的、有序的、主动的、充满活力的自求真理的模式。为此，需要德育工作者充分认识德育过程的构成要素和实质，正确认识和处理各种品德之间的关系，充分利用品德形成的外部条件和内部条件，掌握德育过程的特点，深入研究德育过程的序列，等等。

四是充分发挥德育方法的整体效应，把各种德育途径结成综合影响的合力网络。怎么发挥？先生指出，每一种德育方法和途径的功能对实现某项德育任务内容都有它的局限性。只有根据德育任务内容的要求和德育情境的特点，使各种方法途径合理配合，发挥各种方法途径的整体作用，才有助于提高德育的效率和效果。

五是，充分发挥教育者"身教"和教育爱的作用。怎么发挥？先生认为：第一，要保持"身教"和"教育爱"的纯真性；第二，要增强"身教"和"教育爱"作为教育手段的教育意识，学会运用这种特殊手段的教育技能；第三，要发展教育者的教育机智。

三、求真以率先垂范：先生的治学品格

先生学术贡献卓越，为中国的教育学留下了一系列具有奠基性价值的教育思想和理论，极大地丰富了中国教育学，推动了教育学的历史发展和进步。不仅如此，先生身上的治学之道以及学者、师者风范同样是一笔宝贵的精神财富，值得我们认真地学习和体悟。

（一）一位信仰真理的马克思主义者

先生的学术研究始终坚持以马克思主义为指导，与社会的主流价值并肩前行。先生自 1950 年正式提出入党申请，经历长达 35 年的不懈努力和组织考验，在 1985 年终于加入党组织。数十年来，他始终坚信中国共产党和马克思主义，始终坚信党中央的领导，始终坚信社会主义道路和改革开放。为确保自己的学术研究具有正确的方向性和与时俱进的时代性，先生自费订阅了《光明日报》《参考消息》《中国教育报》和《中国青年报》，不仅认真阅读其上传递的各类时政信息和学术动态，还勤于分类收集、汇编、制作成剪报。在悬车、杖朝之年，他又学会了使用电脑，从而经常流连于各大门户网站和学术论坛。坚持读报和上网的习惯，为先生积累了丰富的学术和教学素材，这些素材又为先生的教学和科研注入了源源不断的时代元素，更让他的学术成果始终贯串着马克思主义的方法论和中国特色社会主义的鲜活理论。

（二）一位矢志追求真理的学者

先生之所以学术成果众多，学术见解独到，学术影响广泛，都取决于他矢志追求真理的治学精神。

治学术，先生始终关注社会发展的重大需求，保持敏锐的学术求真意识，让自己站在学术前沿。先生认为，学术的价值在于服务社会需求，服务教育改革，服务学生发展。他的研究始终面向着改革前沿，从中发现新动向、新问题和新对策。岁月催人老，先生却观念不旧、思想不老、精神不怠，一个重要原因是先生与时代同呼吸、共命运，坚持透过事物之表象

穷究、把握问题之实质。

治学问，先生始终坚守自己的学术领域，一辈子不离教育基本理论，不离德育，这是学术大家共有的学术品格。无论发言、写作、发表论文、撰写教材，先生始终在同一领域耕耘，他把所有的兴趣、所有的精力、所有的智慧都放在了同一领域的深耕精耘上。正是这种专一、执着、求真把先生送到了学科研究的最前列，使先生成为该领域的领军人物。

治学风，先生忧国、忧民、忧天下，始终以高度的社会责任感，教导我们要甘于清贫、甘于寂寞、甘于奉献，板凳坐得三年冷、语不惊人死不休；要勇于排除各种诱惑、各种干扰，不随波逐流。先生不仅这样说，亦率先垂范这样做。对国家发展，他无时无刻不在关注；对不良社会现象，他深恶痛绝；对不学无术巧取功名，他严厉批评，如因此而求到他，他会不留余地地坚决拒绝。在这方面，先生为我们树立了榜样。

（三）一位坚守大学本真的师者

先生一生不曾离开过大学课堂，其坚守大学本真的敬业品质可从以下三个案例中管窥一斑。

其一，勇于承担本科生课程。1999年，先生已年过古稀，当时学校倡导教授为本科生授课。先生得知这一信息后，立即向学院申请讲授本科生的"教育学专题"专业课程，每周为高年级本科生讲授一次教育学有关重大前沿问题。这在我校的终身教授和国务院学科评议组成员中是唯一的。时任东北师大校长史宁中教授为此多次在全校大会高度赞誉先生的这种责任感和敬业精神。

其二，坚持讲授博士生课程。先生就就业业，一直坚持为全学院的博士研究生讲授"当代重大教育理论前沿问题研究"专业基础课，哪怕其已年逾八秩，因行走不便而每次需博士生接送，仍坚持登台授课。更为重要的是，博士生课程讲授了20多年，他的讲义从来是常讲常新。每年授课，他都要重新备课、亲书讲义，锤炼其中的基本观点，并根据其时的热点问题增添更具解释力的剖析。

其三，自己的博士生在哪里，先生的课堂就在哪里。20世纪90年代后，先生招收的博士生散布在祖国的大江南北，他们有时因在职公务缠身难以按时来校上课。为了保证培养质量，先生就带上上百本书，南下深圳，西去贵州，上门给博士生送课。这种认真负责的教学态度和严格履行教学要求的敬业精神，令人敬佩。

　　我们以为，判断一位教育家历史价值的标准之一，是其品行、思想影响的广度和深度。先生一生矢志求学、求知、求真的学者、师者和大家风范，给中国教育学界留下了令人难忘的记忆。凡接触过先生或领略过先生教诲的学人，都能真真切切地领悟到一位严师、良师、人师的风范。作为严师，先生以严律己，以严律人，为诸多教育学人树立了做事做人的榜样；作为良师，先生以身作则，教给方法，指点路径，独立思考，立新主张；作为人师，先生融道义、学问、智慧、引领于一体，令相知相熟于先生的学人肃然起敬。

［原文刊载于《中国教育科学》2015 年第 3 期］（柳海民　周霖）

"生命·实践"教育学里程碑式的跃升

今天来参加叶澜老师创立的"生命·实践"教育学的研讨会,心情特别激动,原因有两点:一是压力,压力来自叶澜老师众多研究成果的"横空出世",这是叶澜老师 30 年酝酿的成果,叶澜老师主编的成果让我震撼,自觉不是懒惰之人,但与叶澜老师相比甚觉惭愧。由此,我们可以看到叶澜老师视学术为生命的治学精神和拼搏进取的生命追求,她不仅在书斋里研究、创造中国的教育理论,更把她的学术生命放在奔波于那么多的基地校,值得我们学习。二是欣喜,作为一个与叶澜老师同领域的学术同人,看到由于叶澜老师及其团队的努力,中国的教育学有了一个可以自立于世界学术之林的教育学派,中国教育学的发展有了一次突破性的、里程碑式的跃升。

一、理性的高度

判定一项理论或学说水平的一个根本标准就是理论的原创性和科学性。《回归突破——"生命·实践"教育学论纲》(以下简称《论纲》)中,叶澜老师原创性地、立体式地回答了教育学中最根本的两个问题:教育是什么?教育学是什么?这个回答过去是直面、平面、直接的定义,叶澜老师给出的是立体式的回答。叶澜老师给出的回答给了我们多维的思考和意义,这是一个学人给出的学理解读。对生命的解读——类生命到个体生命到教育学的生命,等等,都是层层递进的。

二、学科的深度

对学科理论纵横两个维度的挖掘,叶澜老师在《论纲》中从纵的角度以其独到的眼光挖掘了教育学科史上几位具有教育学发展里程碑式人物的教育学理论。看了叶澜老师的解读,我们有了一种恍然大悟的感觉,如夸美纽斯的自然、卢梭的自由、康德的理性、赫尔巴特的可塑性、杜威的生活，我很认同，我们都讲，夸美纽斯是开创的，赫尔巴特是科学的，杜威是划分传统与现代教育理论的里程碑式人物，对里程碑式人物的挖掘，如果能够提炼出他们的基因，对"生命·实践"教育学的基因具有理论奠基作用，或者说，提炼出这种基因，才能证明理论的自洽性，给自己的理论提供可以存在的理由。叶澜老师说："找基因就是找教育学的魂"，《论纲》以回到"原点"的思路方式，从纵向的维度挖掘寻找了历史上各家教育理论的魂，又从横向的维度从五个层面确定了叶氏教育学的基因——"生命·实践"。叶澜老师关于"生命·实践"的教育观说得特别明确：教育是基于、直面、为了、通过生命所进行的人类生命事业，生命是教育的魂，实践是生命的情，学校是生命的体。总而言之，教育是一项充盈着生命的人类实践活动，这是叶氏教育学与其他普通教育学的不同之处。叶澜老师所讲的教育之魂特别简洁、清晰，寓意极其深刻。

三、学派的力度

列宁说：判断一个人的历史贡献，不是看他为历史贡献了多少，而是看他为历史创造了哪些新东西，一个人物最大的价值莫过于创造历史，叶澜老师及团队今天就创造了中国教育学新的发展历史。这个力度在于它是理论上的"道"和实践上的"器"两者高度的统一，用叶澜老师团队自己的总结就是"五个一"：一套教育理论、一种研究方式、一批转型学校、一支研究队伍、一条改革之路。参与实验的学校是非常幸运的，在这样一个"道"的指导下完成基础教育改革，为我国基础教育改革走出了一条路。

四、人性的温度

叶澜老师教育学指向的生命，体现了叶澜老师自己的生命，她把自己半生生命用在了创建"生命·实践"教育学的历程之中，体现了崇高的生命价值；她这种生命价值指向教育的本质、学生的生命；所以，她深入教育实践，从发展学生的生命的过程中生成学术和学科的生命；叶澜老师带领的学术团队的生命，因为有了研究主题、范式、方法，因此可以确保团队延续下去，为华东师大、中国教育学界创造更多的新的教育理论。理论研究是理性的、冷冰冰的，但叶澜老师的研究是充满人性和关怀的。

［原文刊载于《当代教育与文化》2015 年第 3 期］